普通高等教育经管类专业系列教材

Excel在会计和财务中的应用
（第九版）（微课版）

崔婕　主　编

崔杰　姬昂　胡飞　副主编

清华大学出版社
北　京

内 容 简 介

本书结合新近的财会法则，从 Excel 2016 的基础知识入手，以企业的会计核算流程为主线，采用循序渐进的讲解方法，由浅入深地介绍如何利用 Excel 解决企业会计核算和财务分析等问题。本书主要包括 Excel 概述、Excel 进阶、Excel 高级应用、Excel 在会计凭证中的应用、Excel 在会计账簿中的应用、Excel 在会计报表中的应用、Excel 会计核算、Excel 在工资核算中的应用、Excel 在应收账款管理中的应用、Excel 在固定资产管理中的应用、Excel 在财务管理中的应用，以及 Excel 在财务分析中的应用等内容。本书运用大量实例对 Excel 的各种应用进行了详细介绍。

本书内容翔实、结构清晰、图文并茂、通俗易懂，既突出基础性内容，又重视实践性应用，具有很强的实用性和可操作性，易学易懂。每章都穿插了大量极富实用价值的示例，并对重要的知识和应用技巧进行了归纳和总结，配上重点难点内容的教学视频，进一步保障读者的学习效果。每章末尾都安排了有针对性的思考练习，以便读者巩固所学的基本概念和知识，同时培养读者的实际应用能力。本书可用作高等院校信息管理与信息系统专业、会计电算化专业及相关专业的教材，还可用作 Excel 在会计和财务中应用的培训教材，也是广大 Excel 使用者不可多得的一本参考书。

本书的电子课件、数据源文件和习题答案可以到 http://www.tupwk.com.cn/downpage 网站下载，也可以扫描前言中的二维码获取。另外，扫描前言中的视频二维码可以观看教学视频。

本书封面贴有清华大学出版社防伪标签，无标签者不得销售。

版权所有，侵权必究。举报：010-62782989，beiqinquan@tup.tsinghua.edu.cn。

图书在版编目(CIP)数据

Excel 在会计和财务中的应用：微课版 / 崔婕主编. —9 版. —北京：清华大学出版社，2024.4（2025.2重印）
普通高等教育经管类专业系列教材
ISBN 978-7-302-65922-8

Ⅰ.①E… Ⅱ.①崔… Ⅲ.①表处理软件—应用—会计—高等学校—教材 ②表处理软件—应用—财务管理—高等学校—教材 Ⅳ.① F232 ② F275-39

中国国家版本馆 CIP 数据核字 (2024) 第 064905 号

责任编辑：胡辰浩
封面设计：周晓亮
版式设计：孔祥峰
责任校对：成凤进
责任印制：沈　露

出版发行：清华大学出版社
网　　址：https://www.tup.com.cn, https://www.wqxuetang.com
地　　址：北京清华大学学研大厦 A 座
邮　　编：100084
社 总 机：010-83470000
邮　　购：010-62786544
投稿与读者服务：010-62776969, c-service@tup.tsinghua.edu.cn
质 量 反 馈：010-62772015, zhiliang@tup.tsinghua.edu.cn

印 装 者：三河市人民印务有限公司
经　　销：全国新华书店
开　　本：185mm×260mm
印　　张：22
字　　数：522 千字
版　　次：2006 年 5 月第 1 版　　2024 年 5 月第 9 版
印　　次：2025 年 2 月第 4 次印刷
定　　价：79.00 元

产品编号：104197-01

前言

Excel是Office系列软件中用于创建和维护电子表格的应用软件,它不仅具有强大的制表和绘图功能,而且内置了数学、财务、统计和工程等多种函数,同时提供了数据管理与分析等多种工具。通过它,用户可以进行各种数据处理、统计分析和辅助决策操作,因此其被广泛地运用于会计、财务和管理等工作中。Excel 2016自面世以来,以新颖的界面、更简洁的操作等优势,成为Excel应用最广泛的版本。

本书以图文并茂的方式,结合大量实例和详尽的操作步骤说明,全面地向读者介绍了Excel 2016在会计和财务工作中的具体运用。全书分为两大部分,共12章。第一部分(第1至3章)由浅入深地介绍了Excel 2016的基础知识;第二部分(第4至12章)介绍了如何运用Excel 2016进行账务核算、财务分析,以及企业的日常管理等。各章的主要内容如下。

第1至2章的内容主要让读者了解Excel的工作界面,掌握单元格和工作表编辑的各种操作方法,掌握公式、函数等功能在Excel中的应用;第3章内容是在读者掌握基本知识的基础上,介绍Excel数据管理与分析、Excel的图表,以及Excel图形与艺术字等高级功能的使用,使读者对Excel的掌握再上一个新台阶;第4至6章结合会计工作的账务处理程序,分别讲解如何利用Excel编制会计凭证、登记账簿和编制会计报表等;第7章介绍了运用Excel进行会计核算的综合案例,读者运用第4至6章所学的知识,可以进行企业的完整日常会计账务处理,从而对使用Excel进行会计核算有更深入、更全面的了解;第8章介绍了Excel在工资账务处理流程中的应用,主要包括工资数据的查询、汇总分析等;第9章介绍了Excel在应收账款管理中的应用,主要包括应收账款统计、逾期应收账款分析、应收账款账龄分析等;第10章介绍了Excel在固定资产管理中的应用,主要包括如何计算固定资产的累计折旧、账面价值等;第11章介绍了Excel在财务管理中的基本应用;第12章介绍了Excel针对编制完成的财务会计报表进行财务分析的应用,主要包括运用Excel对企业财务报表进行比率分析、趋势分析、比较分析和综合财务分析等。

本书实例丰富、针对性强,配有习题、重点难点内容的视频讲解,全方位帮助读者强化学习效果。本书既可用作高等院校信息管理与信息系统专业、会计电算化专业及相关专业的教材,又可用作Excel在会计和财务中应用的培训教材,是适合广大Excel使用者的一本参考书。

本书由崔婕担任主编,崔杰、姬昂、胡飞担任副主编,具体编写分工如下:崔杰编写第1、8、11章;胡飞编写第2、6章;崔婕编写第3、4、5章;姬昂编写第7、9、10、12章。除以上作者外,参与本书编写的人员还有穆乐福、高光辉、董帅、付强、毕鹏翾、宋丽、范新安、何保国、宁震霖和游雅娟等,在此特向他们表示感谢。在本书的编写过程中,我们参考了相关著作和文献,在此向这些著作和文献的作者深表感谢。

由于作者水平有限，本书难免有不足之处，欢迎广大读者批评指正。我们的邮箱是992116@qq.com，电话是010-62796045。

本书的电子课件、数据源文件和习题答案可以到http://www.tupwk.com.cn/downpage网站下载，也可以扫描下方的"配套资源"二维码获取。另外，扫描下方的"教学视频"二维码可以观看教学视频。

扫描下载　　　　　　扫一扫

配套资源　　　　　　教学视频

作　者

2024年1月

目 录

第1章　Excel概述……………1
1.1　Excel 2016的工作界面……………1
- 1.1.1　标题栏……………2
- 1.1.2　快速访问工具栏……………2
- 1.1.3　"文件"按钮……………3
- 1.1.4　功能区……………4
- 1.1.5　"启动器"按钮……………6
- 1.1.6　名称框与编辑栏……………7
- 1.1.7　工作区……………7
- 1.1.8　"工作表"标签……………7
- 1.1.9　状态栏……………7
- 1.1.10　水平、垂直滚动条……………8
- 1.1.11　"快速分析"工具……………8

1.2　自定义Excel……………10
- 1.2.1　设置屏幕显示……………10
- 1.2.2　设置默认值……………11
- 1.2.3　自定义状态栏……………12
- 1.2.4　自定义快速访问工具栏……………13
- 1.2.5　自定义功能区……………14

1.3　本章小结……………16
1.4　思考练习……………16

第2章　Excel进阶……………19
2.1　基本操作……………19
- 2.1.1　了解Excel的基本操作对象……………20
- 2.1.2　创建工作簿……………22
- 2.1.3　打开工作簿……………24
- 2.1.4　保存工作簿……………25
- 2.1.5　数据的输入……………26
- 2.1.6　数据快速填充……………31
- 2.1.7　编辑工作表……………36
- 2.1.8　修饰工作表……………42
- 2.1.9　打印工作表……………51

2.2　公式……………57
- 2.2.1　公式概述……………57
- 2.2.2　公式的基本操作……………60
- 2.2.3　公式的引用……………63
- 2.2.4　公式的错误与审核……………65
- 2.2.5　数组计算……………68

2.3　函数……………69
- 2.3.1　函数概述……………70
- 2.3.2　常见的函数……………71

2.4　本章小结……………88
2.5　思考练习……………88

第3章　Excel高级应用……………91
3.1　数据管理与分析……………91
- 3.1.1　建立数据列表……………91
- 3.1.2　数据排序……………94
- 3.1.3　数据筛选……………96
- 3.1.4　快速分析筛选……………98
- 3.1.5　分类汇总数据……………99
- 3.1.6　数据透视表……………102

3.2　图表……………108
- 3.2.1　图表的概述……………108
- 3.2.2　创建图表……………110
- 3.2.3　改变图表类型……………111
- 3.2.4　编辑图表……………112
- 3.2.5　迷你图表……………120
- 3.2.6　三维图表……………121

3.3　本章小结……………123
3.4　思考练习……………123

第4章　Excel在会计凭证中的应用 125

- 4.1 会计凭证概述 125
  - 4.1.1 会计凭证的含义及作用 125
  - 4.1.2 会计凭证的类型 126
- 4.2 建立和处理会计科目表 126
  - 4.2.1 建立会计科目表 126
  - 4.2.2 美化会计科目表 127
- 4.3 建立会计凭证表 129
  - 4.3.1 设计会计凭证表 129
  - 4.3.2 自动生成会计凭证编号 130
  - 4.3.3 自动显示会计科目 133
  - 4.3.4 数据筛选 137
  - 4.3.5 快速分析筛选 138
- 4.4 本章小结 140
- 4.5 思考练习 140

第5章　Excel在会计账簿中的应用 141

- 5.1 会计账簿概述 141
  - 5.1.1 会计账簿的意义与作用 141
  - 5.1.2 会计账簿的类型 142
- 5.2 日记账 143
  - 5.2.1 设置日记账格式 143
  - 5.2.2 借贷不平衡自动提示 143
- 5.3 分类账 144
  - 5.3.1 设置总分类账格式 144
  - 5.3.2 建立总分类账 145
  - 5.3.3 修改总分类账版面 150
  - 5.3.4 显示单一科目分类账 153
- 5.4 自动更新数据透视表 154
- 5.5 科目汇总表 155
  - 5.5.1 科目汇总表概述 155
  - 5.5.2 建立科目汇总表 156
- 5.6 科目余额表 158
  - 5.6.1 设计科目余额表 158
  - 5.6.2 编制科目余额表 160
- 5.7 本章小结 165
- 5.8 思考练习 165

第6章　Excel在会计报表中的应用 167

- 6.1 会计报表概述 167
  - 6.1.1 会计报表的含义及作用 167
  - 6.1.2 会计报表的分类 168
- 6.2 Excel在资产负债表中的应用 168
  - 6.2.1 设置资产负债表格式 168
  - 6.2.2 资产负债表的编制 171
- 6.3 Excel在利润表中的应用 173
  - 6.3.1 设置利润表格式 173
  - 6.3.2 利润表的编制 176
- 6.4 Excel在现金流量表中的应用 179
  - 6.4.1 设置现金流量表格式 179
  - 6.4.2 现金流量表的编制 181
- 6.5 Excel在所有者权益变动表中的应用 181
  - 6.5.1 设置所有者权益变动表格式 181
  - 6.5.2 所有者权益变动表的编制 183
- 6.6 本章小结 183
- 6.7 思考练习 184

第7章　Excel会计核算 185

- 7.1 会计核算概述 186
  - 7.1.1 手工记账会计循环流程 186
  - 7.1.2 Excel记账会计循环流程 187
- 7.2 使用Excel进行会计核算案例 188
  - 7.2.1 企业资料概况 188
  - 7.2.2 使用Excel进行会计核算的准备工作 191
  - 7.2.3 使用Excel进行会计核算 197
  - 7.2.4 使用Excel编制会计报表 202
- 7.3 本章小结 219
- 7.4 思考练习 219

第8章　Excel在工资核算中的应用 223

- 8.1 制作员工工资表 224
  - 8.1.1 背景资料 224
  - 8.1.2 基本工资项目和数据的输入 225
- 8.2 工资项目的设置 228

- 8.2.1 "岗位工资"项目的设置……228
- 8.2.2 "住房补贴"项目的设置……229
- 8.2.3 "奖金"项目的设置……230
- 8.2.4 "应发合计"项目的设置……231
- 8.2.5 "事假扣款"项目的设置……232
- 8.2.6 "病假扣款"项目的设置……233
- 8.2.7 "扣款合计"项目的设置……233
- 8.2.8 "养老保险""医疗保险"项目的设置……234
- 8.2.9 "应扣社保合计"项目的设置……235
- 8.2.10 "应发工资"项目的设置……236
- 8.2.11 "代扣税"项目的设置……236
- 8.2.12 "实发合计"项目的设置……237

8.3 工资数据的查询与汇总分析……238
- 8.3.1 利用筛选功能进行工资数据的查询……238
- 8.3.2 利用VLOOKUP函数进行工资数据的查询……241
- 8.3.3 依据部门和员工类别的统计分析……242

8.4 工资发放条……245
- 8.4.1 生成工资发放条……245
- 8.4.2 打印工资发放条……246

8.5 本章小结……247
8.6 思考练习……247

第9章 Excel在应收账款管理中的应用……249

9.1 应收账款管理概述……249
- 9.1.1 应收账款的概念和作用……249
- 9.1.2 应收账款管理的必要性……250

9.2 应收账款统计……250
- 9.2.1 应收账款明细账的建立……250
- 9.2.2 各债务人的应收账款统计……252
- 9.2.3 利用函数、图表统计各债务人应收账款……255

9.3 逾期应收账款分析……258
- 9.3.1 计算分析应收账款是否到期……258
- 9.3.2 计算分析应收账款逾期天数……261

9.4 应收账款账龄分析……264
- 9.4.1 建立应收账款账龄分析表……265
- 9.4.2 计算应收账款坏账准备的金额……267

9.5 本章小结……269
9.6 思考练习……269

第10章 Excel在固定资产管理中的应用……271

10.1 固定资产概述……271
- 10.1.1 固定资产的概念……271
- 10.1.2 对固定资产进行单独管理的必要性……272

10.2 固定资产卡片账的管理……273
- 10.2.1 固定资产卡片账的建立……273
- 10.2.2 固定资产卡片账的查询……276

10.3 固定资产折旧……279
- 10.3.1 固定资产折旧的计提……279
- 10.3.2 固定资产折旧函数……280
- 10.3.3 折旧函数应用举例……282
- 10.3.4 固定资产计提折旧的具体应用……286

10.4 本章小结……289
10.5 思考练习……290

第11章 Excel在财务管理中的应用……291

11.1 货币时间价值的计量……291
- 11.1.1 货币时间价值概述……291
- 11.1.2 运用Excel计算时间价值指标……293
- 11.1.3 时间价值运用——长期债券决策分析……300

11.2 资本成本的计量……302
- 11.2.1 资本成本概述……302
- 11.2.2 个别资本成本的计量……302
- 11.2.3 综合资本成本的计量……306

11.3 项目投资评价基本指标……307
- 11.3.1 项目投资评价指标概述……307
- 11.3.2 动态评价指标的计量……307

11.3.3 项目投资决策模型 ……………… 310
11.4 本章小结 ………………………………… 311
11.5 思考练习 ………………………………… 311

第 12 章　Excel在财务分析中的应用 ……………………… 313

12.1 财务分析概述 …………………………… 313
  12.1.1 财务分析的目的 ……………… 314
  12.1.2 财务报表分析的方法 ………… 314
  12.1.3 财务分析的数据来源 ………… 315
12.2 Excel在财务比率分析中的应用 ……… 316
  12.2.1 财务比率分析的具体指标 …… 316
  12.2.2 利用Excel计算和分析财务比率 …………………………… 321
12.3 财务状况的趋势分析 …………………… 325
  12.3.1 趋势分析的具体方法 ………… 326
  12.3.2 Excel在财务状况趋势分析中的应用 …………………… 326
12.4 企业间财务状况的比较分析 …………… 331
  12.4.1 财务状况比较分析的具体方法 ……………………………… 331
  12.4.2 Excel在企业间财务状况比较分析中的应用 …………… 333
12.5 财务状况综合分析 ……………………… 334
  12.5.1 财务状况综合分析的具体方法 ……………………………… 335
  12.5.2 Excel在企业财务状况综合分析中的应用 ……………… 337
12.6 本章小结 ………………………………… 340
12.7 思考练习 ………………………………… 340

参考文献 …………………………………………… 343

第 1 章

Excel 概述

随着计算机对人类社会的全方位渗透，面向各行各业的计算机应用软件应运而生。其中，电子报表软件因给人们提供了一种高效的数据通信、组织、管理和分析工具，而备受瞩目。Excel是微软公司Office办公系列软件中的电子表格处理软件。它是目前市场上最强大的电子表格制作软件之一，和Word、PowerPoint及Access等软件一起构成了Office办公软件的完整体系。它不仅具有强大的数据组织、计算、分析和统计功能，而且可以通过图表、图形等多种形式将处理结果形象地显示出来，还能够方便地与Office其他软件互相调用数据，并能够通过互联网实现资源共享。对于未使用过Excel的用户来说，第一次使用Excel时，会因不熟悉它的界面、菜单栏和工具栏而不知所措。本章的主要目的便是帮助Excel初学者建立对Excel的全面认识。

Excel 2016是微软公司于2015年推出的Office办公软件中的一个组件，与早前推出的Excel 2003相比有了很大的变化，相比之前推出的Excel 2007和Excel 2010，Excel 2016有了相当多的新功能。

本章学习目标
- 认识Excel 2016的工作界面。
- 熟悉自定义工作环境。

1.1 Excel 2016的工作界面

在Excel中，各种操作将在工作簿文件中执行。用户可以根据需要创建很多工作簿，每个工作簿显示在自己的窗口中。默认情况下，Excel 2016工作簿使用.xlsx作为文件扩展名。每个工作簿包含一个或多个工作表，每个工作表由一些单元格组成，每个单元格可包含值、公式或文本。图1-1显示了Excel中比较重要的元素和部分，为Excel 2016的工作界面，主要由标题栏、快速访问工具栏、"文件"按钮、功能区、名称框、编辑栏、工作区和滚动条等部分组成。

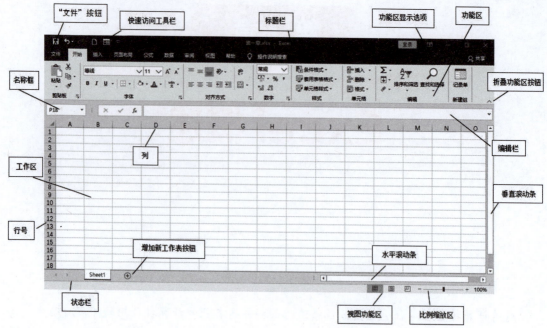

图 1-1　Excel 2016 的工作界面

1.1.1　标题栏

标题栏位于 Excel 窗口的最上方，用于显示当前工作簿和窗口的名称，由快速访问工具栏、工作簿名称和程序窗口按钮等组成，如图1-2所示。标题栏的最左端是快速访问工具栏。标题栏的最右端(即程序窗口按钮)是对Excel窗口进行操作的4个按钮，分别为"最小化"按钮、"最大化"或"还原"按钮、"关闭"按钮，以及功能区显示选项按钮，单击相应按钮即可对窗口进行相应的操作。其中，功能区显示选项按钮用于显示或隐藏功能区，选择是否显示选项卡及命令。

图 1-2　标题栏

1.1.2　快速访问工具栏

快速访问工具栏是Excel 左上角的一个工具栏，其中包含"保存"按钮、"撤销"按钮和"恢复"按钮等。图1-3所示为快速访问工具栏。

图 1-3　快速访问工具栏

快速访问工具栏也可以放置在功能区的下方。单击快速访问工具栏右侧的"自定义快速访问工具栏"按钮，弹出"自定义快速访问工具栏"菜单，如图1-4所示。选择"在功能区下方显示"命令，可以将快速访问工具栏移到功能区的下方，效果如图1-5所示。

第 1 章 Excel 概述

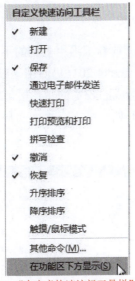

图 1-4 "自定义快速访问工具栏"菜单

图 1-5 将快速访问工具栏移到功能区的下方

1.1.3 "文件"按钮

在Excel 2016中,单击"文件"按钮会显示一个不同的屏幕(Microsoft Office Backstage),Microsoft Office Backstage视图取代了传统的文件菜单,用户只需要通过单击鼠标,即可执行与工作簿相关的各项操作,如图1-6所示。该屏幕的左侧包含了一些命令,要退出Microsoft Office Backstage视图,则单击左上角的返回箭头按钮。

图 1-6 Microsoft Office Backstage 视图

1.1.4 功能区

菜单和按钮的旧外观已被新的功能区取代，Excel 2007放弃了沿用多年的下拉菜单，将各个命令经过精心组织，以功能区这一全新的面貌出现。Excel 2016仍沿用了Excel 2007中的功能区。功能区位于标题栏的下方，是由一排选项卡组成的较宽的带形区域，其中包含各种按钮和命令，如图1-7所示。默认情况下，功能区由开始、插入、页面布局、公式、数据、审阅、视图等选项卡组成。

图1-7 功能区

如图1-8所示，各部分的含义如下。
- 选项卡：每个选项卡代表在Excel中执行的一组核心任务。
- 组：每个选项卡包含一些功能类似的组，并且将组中相关项显示在一起。
- 命令：选项卡的各种按钮或者菜单项。

图1-8 选项卡、组、命令

功能区中的各选项卡提供了不同的命令，并将相关命令进行了分组。以下是对Excel各选项卡的概述。

开始：此选项卡包含基本的剪贴板命令、格式命令、样式命令、插入和删除行或列的命令，以及各种工作表编辑命令。

插入：选择此选项卡可在工作表中插入需要的任意内容——表、图、图表、符号等。

页面布局：此选项卡包含的命令可影响工作表的整体外观，包括一些与打印有关的设置。

公式：使用此选项卡可插入公式、访问公式审核工具，以及控制Excel执行计算的方式。

数据：此选项卡提供了Excel中与数据相关的命令，包括数据验证命令。

审阅：此选项卡包含的工具用于检查拼写、翻译单词、添加注释，以及保护工作表。

视图：此选项卡包含的命令用于控制有关工作表显示的各个方面。此选项卡上的一些命令也可以在状态栏中获取。

开发工具：默认情况下，该选项卡不会显示。它包含的命令对程序员有用。若要显示"开发工具"选项卡，请选择"文件"|"选项"命令，然后选择"自定义功能区"，在"自定义功能区"的右侧区域，确保在下拉选项中选择"主选项卡"，并在"开发工具"前的复选框内打上钩的标记。

加载项：如果加载了旧工作簿或者加载了会自定义菜单或工具栏的加载项，则会显示此选项卡。Excel 2016中不再提供某些菜单和工具栏，而是在"加载项"选项卡中显示这些用户自定义的界面。

以上所列内容中包含标准的功能区选项卡。Excel可能会显示其他一些通过加载项或宏而引入的功能区选项卡。

使用功能区的方法很简单，只需单击需要使用的功能按钮即可。将鼠标指向某个功能按钮并在其上停留片刻，将会出现该按钮的功能说明。

有些功能按钮含有下拉箭头，单击该箭头可以打开下拉库，从中可以选择该功能的子功能，如图1-9所示。下拉库在很大程度上可以将复杂的对话框设置简化。

图1-9　下拉库

如果需要将功能区最小化，以便为工作区留出更多的空间，则可以将鼠标移至功能区并右击，在弹出的"自定义快速访问工具栏"菜单中选择"折叠功能区"命令，或者单击"功能区选项卡"按钮，选择显示选项卡。最简单的操作还是单击"折叠功能区"按钮，如图1-10所示，此时功能区会隐藏起来。

图1-10　功能区最小化

除了功能区，Excel 2016还支持很多快捷菜单，可通过右击来访问这些快捷菜单。快捷菜单并不包含所有相关的命令，但包含对于选中内容而言最常用的命令。快捷菜单将显示在鼠标指针的位置，从而可以快速、高效地选择命令。所显示的快捷菜单取决于当前正在执行的操作。如图1-11所示，如果正在处理工作表，则快捷菜单中将会包含有关选定工作表元素的命令。

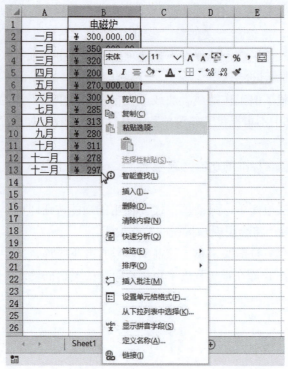

图 1-11　使用快捷菜单

1.1.5 "启动器"按钮

"启动器"按钮 位于选项卡中某个组的右下方，单击图1-12所示的剪贴板的"启动器"按钮即可打开对应组的对话框或者任务窗格。

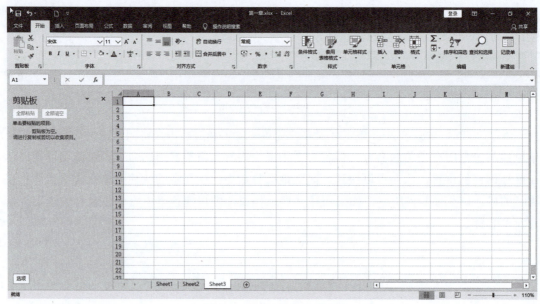

图 1-12　单击"启动器"按钮

1.1.6 名称框与编辑栏

名称框与编辑栏位于功能区的下方,如图1-13所示。名称框用于显示所选单元格或单元格区域的名称,如果单元格还未命名,则名称框显示该单元格的坐标。编辑栏用于显示活动单元格中的数据或公式。

图1-13 名称框与编辑栏

1.1.7 工作区

工作区是由行线和列线组成的表格区域,用于显示或者编辑工作表中的数据。它是占据屏幕最大且用于记录数据的区域,所有的信息都将存放在这张表中。图1-14所示为工作区。

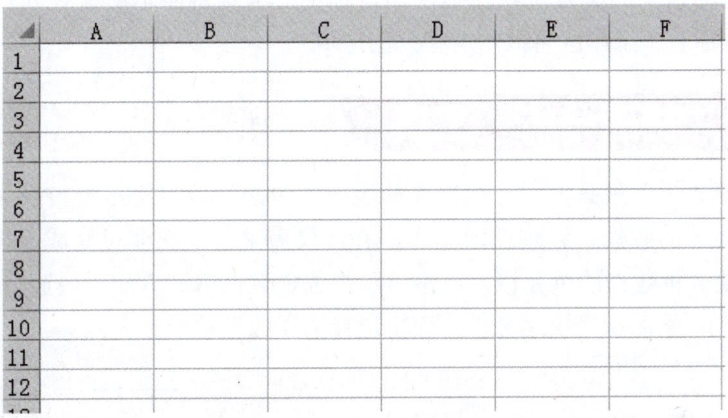

图1-14 工作区

1.1.8 "工作表"标签

"工作表"标签位于工作区的左下方,如图1-15所示。"工作表"标签用于显示工作表的名称,可以通过单击新工作表按钮⊕来增加新的工作表,要想切换工作表,只需单击"工作表"标签就可以激活相应的工作表。

图1-15 "工作表"标签

1.1.9 状态栏

状态栏位于工作区的下方,如图1-16所示。状态栏不仅可以显示当前命令或操作的相关信息，还能够根据当前的操作显示相应的提示信息。

图 1-16　状态栏

在默认情况下，状态栏的右侧显示“视图”工具栏。“视图”工具栏中列有“视图快捷方式”按钮、“显示比例”按钮110%和“显示比例”区域。用户单击“视图快捷方式”相应按钮，可以选择视图方式。通过调整显示比例，可以快速设置工作区的显示比例。

1.1.10　水平、垂直滚动条

水平、垂直滚动条分别位于工作区的右下方和右边，如图1-1所示。水平、垂直滚动条用于在水平、垂直方向改变工作表的可见区域。滚动条的使用方法有以下3种。

- 单击滚动条两端的方向键，单击一次则工作区向指定的方向滚动一个单元格；如果按住鼠标，则工作区将一格一格地持续滚动。
- 单击滚动条内的空白区，工作区将以一次一屏的频率向指定的方向滚动。
- 拖动滚动条中的小方块，在拖动的过程中，屏幕将显示所移到的行号或者列号，释放鼠标后，工作区将显示所移到的区域。

1.1.11　“快速分析”工具

使用“快速分析”工具，用户可以在两步或更少的步骤内将数据转换为图表或表格，预览使用条件格式的数据、迷你图或图表，并且仅需单击一次即可完成选择。如图1-17所示，选择包含要分析数据的单元格，单击显示在选定数据右下方的“快速分析”按钮(或按Crtl+Q组合键)，然后在“快速分析”库中选择所需的选项卡。

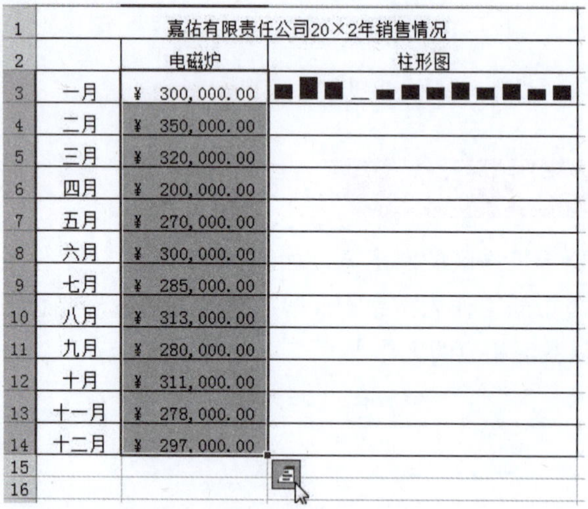

1	嘉佑有限责任公司20×2年销售情况		
2		电磁炉	柱形图
3	一月	¥ 300,000.00	
4	二月	¥ 350,000.00	
5	三月	¥ 320,000.00	
6	四月	¥ 200,000.00	
7	五月	¥ 270,000.00	
8	六月	¥ 300,000.00	
9	七月	¥ 285,000.00	
10	八月	¥ 313,000.00	
11	九月	¥ 280,000.00	
12	十月	¥ 311,000.00	
13	十一月	¥ 278,000.00	
14	十二月	¥ 297,000.00	
15			
16			

图 1-17　“快速分析”工具

选择一个选项，或者指向要查看其预览的每个选项。用户可能会注意到，可选择的选项并不总是相同的。这是因为这些选项会随着在工作簿中选定的不同数据类型而改变。

用户可以通过"格式化"添加数据栏和颜色等来突出显示部分数据，从而可以迅速看到最高值和最低值，如图1-18所示。

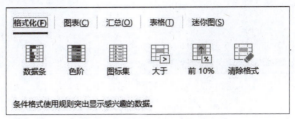

图 1-18　快速分析库—格式化选项卡

"图表"让Excel根据用户所选的数据类型建立不同图表。如果用户没有看到所需的图表，请单击"更多图表"，如图1-19所示。

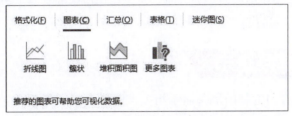

图 1-19　快速分析库—图表选项卡

"汇总"用于计算列和行中的数字。例如，"求和"用于插入总计，当用户向数据中添加条目时，该数值会增大。单击左右两侧的黑色小箭头，可以查看其他选项，如图1-20所示。

图 1-20　快速分析库—汇总选项卡

"表格"中的"表"用于轻松地排序、筛选和汇总数据。"空白数据"用于生成报表，从数据透视表列表字段中选择字段，如图1-21所示。

图 1-21　快速分析库—表格选项卡

"迷你图"是指可随数据一起显示的小图形。用户可以通过迷你图快速查看趋势，如图1-22所示。

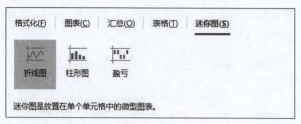

图 1-22　快速分析库—迷你图选项卡

1.2　自定义 Excel

用户在使用 Excel 2016 进行数据处理时，对工作环境中的某些参数进行设置，如设置工作表中网格线的颜色、设置是否显示滚动条等，可以通过系统设置来实现。

1.2.1　设置屏幕显示

工作表的多数操作与定制的屏幕显示相关。例如，工作表窗口中是否显示网格线，单元格中是否显示公式或值，以及显示或隐藏批注等。设置屏幕显示通常使用如图 1-23 所示的"视图"选项卡。

图 1-23　"视图"选项卡

"视图"选项卡由以下 4 个组组成，其中各组的含义如下。

1．"工作簿视图"组

该组用于控制查看、显示或者预览文档的外观。

2．"显示"组

该组用于控制是否在 Excel 2016 中显示编辑栏、网格线和标题的窗口，用户只需选中或取消选中相应的复选框即可。

3．"缩放"组

该组用于控制文档的缩放显示，使文档缩放为用户所需的比例。单击"缩放"按钮，在弹出的对话框中选择所需的显示比例，然后单击"确定"按钮即可。

4．"窗口"组

该组用于设置工作窗口显示要求。

1.2.2 设置默认值

如果不对Excel 2016进行设置，Excel 2016系统将自动使用其默认设置。在实际应用中，如果一些经常用的默认值不符合所需，则可以对其进行修改。

1. 设置默认文件位置

单击"文件"按钮，在打开的"文件"面板中单击"选项"按钮，打开"Excel选项"对话框，在该对话框中单击"保存"标签，如图1-24所示。在该选项卡的"默认本地文件位置"文本框中输入默认文件夹的路径，然后单击"确定"按钮即可设置默认文件位置。

图 1-24 "Excel 选项"对话框的"保存"界面

2. 设置工作表中的字体和字号

单击"文件"按钮，在打开的"文件"面板中单击"选项"按钮，打开"Excel选项"对话框，在该对话框中单击"常规"标签，如图1-25所示。在"新建工作簿时"区域中单击"使用此字体作为默认字体"后的下拉箭头，从该下拉列表中选择需要使用的字体；单击"字号"后的下拉箭头，从该下拉列表中选择需要使用的字号，然后单击"确定"按钮即可设置工作表中的字体及其字号。

3. 设置工作簿中工作表的数量

单击"文件"按钮，在打开的"文件"面板中单击"选项"按钮，打开"Excel选项"对话框，在该对话框中单击"常规"标签，如图1-25所示。在"新建工作簿时"区域中的"包含的工作表数"文本框中输入所需工作表的数量，然后单击"确定"按钮即可设置新建的工作簿中工作表的数量。

图 1-25 "Excel 选项"对话框的"常规"界面

1.2.3 自定义状态栏

在状态栏上右击，在弹出的快捷菜单中可以选择或撤选菜单项，来实现在状态栏上显示或隐藏信息，如图1-26所示。

图 1-26 "自定义状态栏"菜单

1.2.4 自定义快速访问工具栏

Excel的早期版本中,用户可以自定义菜单或者工具栏,在菜单或工具栏中增加或减少某个命令,更改菜单和工具栏的排列,将菜单或者某个工具栏拖动成为浮动的菜单或者工具条,自定义快捷键。但是在Excel 2016中,用户不能自定义功能区,只能根据需要自定义快速访问工具栏,从而添加命令。

如果要自定义快速访问工具栏,则可以单击快速访问工具栏右侧的"自定义快速访问工具栏"按钮 ,在弹出的"自定义快速访问工具栏"菜单中选择相应的命令。下面通过一个实例来进行讲解。

【例1-1】图1-27所示为"自定义快速访问工具栏"菜单。单击"新建"命令,将"新建"按钮 添加到快速访问工具栏中,添加后的效果如图1-28所示。

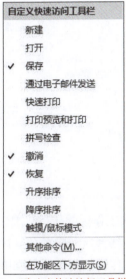

图1-27 "自定义快速访问工具栏"菜单

图1-28 添加"新建"按钮

Excel 2016将某些早期版本中的功能设定为选择性命令,如果在Excel 2016中使用这些命令,必须以自定义方式将该命令取出后,才可以执行该命令。具体操作步骤如下。

01 单击"文件"按钮,在打开的"文件"面板中单击"选项"按钮,打开"Excel选项"对话框,在该对话框中单击"快速访问工具栏"标签,如图1-29所示。

02 在右侧窗格中单击"添加"按钮,将左侧列表中的命令添加到右侧列表中,单击"确定"按钮,该命令即可添加到快速访问工具栏中。当不需要该命令时,在右侧的命令列表中选中要删除的命令,单击"删除"按钮,即可将其从快速访问工具栏中移除。

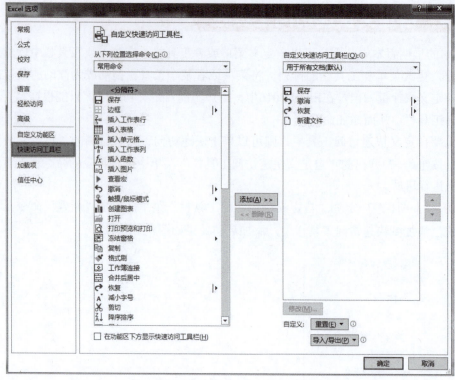

图 1-29 "Excel 选项"—快速访问工具栏

1.2.5 自定义功能区

Excel 2016中可以将功能区隐藏或者最小化,以便扩大工作区的显示范围。单击标题栏右侧的功能区选项按钮,即可将功能区隐藏或者最小化。选择自动隐藏功能区,则功能区全部隐藏,单击应用程序的最顶部则会显示出来,单击工作区则继续保持隐藏状态。若选择显示选项卡,功能区则只显示选项卡的名称,单击任一选项卡,选项卡会浮于工作区的上方,单击工作区,选项卡则会消失。选择显示选项卡和命令,可将功能区按照默认形式显示,即始终显示功能区命令和选项卡。

功能区中的各选项卡可由用户自定义,包括功能区中选项卡、组和命令的添加、删除、重命名及次序调整等操作。具体操作步骤如下。

01 在功能区的空白处右击,在弹出的快捷菜单中选择"自定义功能区"选项,打开"Excel选项"对话框,在左侧的窗格中选择"自定义功能区"标签,如图1-30所示,在右侧的窗格中可以实现功能区的自定义。

02 单击"自定义功能区"窗格下方的"新建选项卡"按钮,系统自动创建一个选项卡和一个组,单击"确定"按钮,功能区中便会出现新建选项卡的结果,如图1-31所示。在"自定义功能区"窗格右侧的列表中选择新添加的选项卡,单击"删除"按钮,即可从功能区中删除此选项卡。

第1章 Excel概述

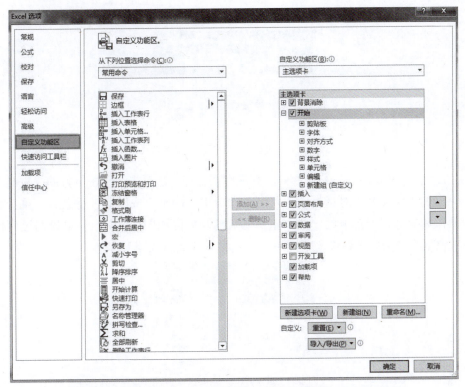

图1-30 "Excel选项"—自定义功能区

图1-31 新建选项卡后的结果

03 在"自定义功能区"窗格中右侧的列表中选择任一选项卡,单击下方的"新建组"按钮,系统会在此选项卡中创建组,单击"确定"按钮即可,结果如图1-32所示。在"自定义功能区"窗格右侧的列表中选择新添加的组,单击"删除"按钮,即可从选项卡中删除此组。

图1-32 新建组后的结果

04 在"自定义功能区"窗格中单击右侧列表中要添加命令的组,再单击左侧列表中要添加的命令,然后单击"添加"按钮,即可将此命令添加到指定的组中,单击"确定"按钮即可在功能区中找到新建组及这些命令,结果如图1-33所示,但命令只能添加到自定义

15

组中。在右侧列表中单击"删除"按钮，即可从组中删除此命令。

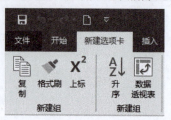

图 1-33　在自定义组中添加命令后的结果

05 在"自定义功能区"窗格右侧的列表中选择任一选项卡，单击下方的"重命名"按钮，在弹出的"重命名"对话框中输入名称，单击"确定"按钮即可重命名。重命名组、命令的操作和重命名选项卡的一致。重命名后的功能区如图1-34所示。可以通过"自定义功能区"窗格右侧的"上移"▲、"下移"▼按钮来调整选项卡、组、命令的次序。

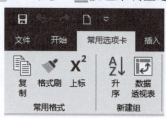

图 1-34　重命名选项卡和组后的结果

1.3　本章小结

通过本章的学习，读者应该对Excel的工作界面有了全面的认识，并对Excel的基本操作有所了解。读者应该掌握的内容如下：熟悉Excel的工作界面，知道各部分的名称、用途；学会使用水平、垂直滚动条；了解Excel的菜单类型并掌握其操作方法；学会识别各种命令符号的含义；掌握快捷键的使用方法；学会使用Excel对话框，了解对话框中的各种选项及其操作方法。以上是使用Excel的基础。

1.4　思考练习

1. 填空题

（1）在Excel 2016中，单击＿＿＿＿＿按钮，打开的Microsoft Office Backstage视图取代了传统的文件菜单，用户只需通过单击即可执行与工作簿相关的各项操作。

（2）＿＿＿＿＿用于显示工作表的名称，还可以进行工作表切换，只需要单击＿＿＿＿＿就能够激活相应的工作表。

（3）快速访问工具栏是Excel标志右边的一个工具栏，其中包含＿＿＿＿＿、＿＿＿＿＿和＿＿＿＿＿等。

(4) 默认情况下，Excel功能区有_____、_____、_____、_____、_____、_____、_____、_____等选项卡。

(5) 标题栏的最右端是对Excel进行操作的4个按钮，分别是_____、_____、_____和_____按钮。

(6) 编辑栏可以用来_____。

2. 上机操作题

在"快速访问工具栏"中添加"打印预览"命令。

第 2 章

Excel 进阶

Excel作为功能强大的电子表格软件,具有很强的数据处理功能。用户可以在单元格中直接输入公式或者使用Excel提供的函数对工作表中的数据进行计算与分析。通过本章的学习,读者将能够熟练使用Excel的基本功能进行数据处理。

本章学习目标
- 掌握Excel的基本操作。
- 了解Excel的公式并熟练运用。
- 了解Excel的常用函数并可以灵活运用。

本章教学视频
- 工作表的基本操作。
- 快速填充。
- 拆分和冻结工作表。
- 公式的基本操作。

(以上教学视频可通过扫描前言中的二维码进行下载。)

2.1 基本操作

Excel的基本操作主要包括了解Excel的基本操作对象、创建工作簿、编辑工作表和修饰工作表等内容。下面分别对其进行详细介绍。

2.1.1　了解Excel的基本操作对象

Excel的基本操作对象包括单元格、工作表、工作簿和工作范围。

1. 单元格

单元格是Excel工作簿基本操作对象的核心，也是组成Excel工作簿的最小单位。图2-1所示为单元格示例，图中的白色长方格就是单元格。单元格可以记录字符或者数据。在Excel的操作中，一个单元格内记录信息的长短并不重要，关键是以单元格作为整体进行操作。单元格的长度、宽度及单元格内字符串的类型可以根据需要进行改变。

单元格可以通过位置标识，每一个单元格均有对应的列号(列标)和行号(行标)。图2-1所示的B2、C4、D6等就是相应单元格的位置，可以向上找到列号字母，再向左找到行号数字，将它们结合在一起即为该单元格的标识。

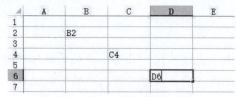

图 2-1　单元格示例

2. 工作表

使用工作表可以对数据进行组织和分析，可以同时在多张工作表上输入并编辑数据，并且可以对来自不同工作表的数据进行汇总计算。在创建图表之后，既可以将其置于源数据所在的工作表上，也可以将其放置在单独的图表工作表上。图2-2所示为工作表，工作表由单元格组成，纵向为列，分别以字母命名(A、B、C、…)；横向为行，分别以数字命名(1、2、3、…)。

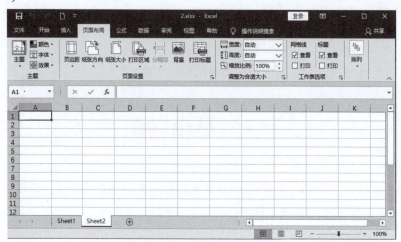

图 2-2　工作表

工作表的名称显示在工作簿窗口底部的工作表标签上。要从一个工作表切换到另一个工作表进行编辑，可以单击"工作表"标签。活动工作表的名称以下画线显示。可以在同一个工作簿内或两个工作簿之间对工作表进行改名、添加、删除、移动或复制等操作。

如图2-2所示的工作表，当前的名称为Sheet2。每张工作表均有一个标签与之对应，标签上的内容就是工作表的名称。将鼠标移到工作表中的某一单元格上单击，该单元格的边框将变为粗黑线，这就表示该单元格已被选中。在图2-2中，选中的单元格是A1，即A列第1行。在工作表中选中单元格后，即可在该单元格中输入字符串、数字、公式和图表等信息。

3. 工作簿

Excel工作簿是计算和存储数据的文件，每一个工作簿都可以包含多张工作表，因此，可在单个文件中管理各种类型的相关信息。如图2-2所示的工作簿就有2个工作表，分别是Sheet1和Sheet2，当前显示的工作表是Sheet2。

在工作簿中，要切换到相应的工作表，只需单击工作表标签，相应的工作表就会成为当前工作表，而其他工作表则被隐藏起来。如果想要在屏幕上同时看到一个工作簿中的多个工作表(如Sheet1和Sheet2)，首先打开该工作簿并且显示其中的一个工作表Sheet1，然后进行以下操作。

01 选择"视图"|"新建窗口"命令。

02 单击新建窗口中的Sheet2。

03 选择"视图"|"全部重排"命令，如图2-3所示。

04 在弹出的如图2-4所示的"重排窗口"对话框中，选择"垂直并排"选项，单击"确定"按钮，如图2-5所示，即可同时看到工作簿中的Sheet1和Sheet2工作表。

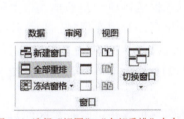
图 2-3　选择"视图"|"全部重排"命令

图 2-4　"重排窗口"对话框

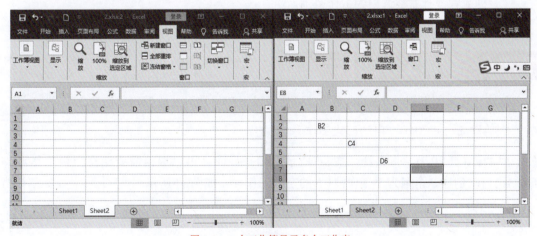
图 2-5　一个工作簿显示多个工作表

如果工作中需要同时打开多个工作簿进行编辑，可以在打开多个工作簿后，参照以上步骤进行操作。

4. 工作范围

Excel中的工作范围是指一组选定的单元格，它们可以是连续的，也可以是离散的，如图2-6所示。如果选定一个范围后再进行操作，则这些操作将作用于该范围内的所有单元格。例如，用户可以对一个工作范围内的单元格同时设置大小、边框和注释。当然，工作范围由用户选定，它可以是一个单元格，也可以是许多单元格，还可以是整个工作表或整个工作簿。

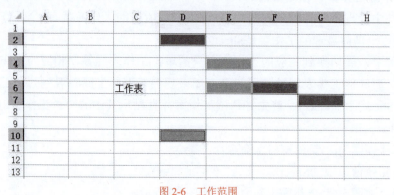

图2-6　工作范围

工作范围如果是一个单元格，操作会很简单，只要单击该单元格就可以选中这个工作范围。不过，在实际应用中，工作范围一般是若干单元格。这又分为以下几种情况。

- 如果要选中工作表中的一片连续区域，可以在要选区域一角的单元格上单击并按住鼠标左键，然后拖动鼠标，这时屏幕上会出现一片黑色区域，当这片黑色区域刚好覆盖要选中的区域时，释放鼠标左键，此区域就被选中为工作范围。
- 如果要选择几片不相连的区域或单元格，可以按住Ctrl键，再选择单个或多个单元格即可选定所需的工作范围。
- 如果要选中一行或一列单元格，可以单击列号区的字母或者行号区的数字，则该列或者该行就被选中为工作范围。
- 如果单击行号区和列号区的交界处，将选中左上角的单元格。

2.1.2　创建工作簿

创建工作簿即新建一个Excel文档，可使用以下几种常用方法创建工作簿。

1. 启动 Excel 2016，自动创建工作簿

启动Excel 2016，将出现如图2-7所示的选择界面，可以根据需要选择空白工作簿，Excel则自动创建一个名为"工作簿1"的空白工作簿，如图2-8所示。

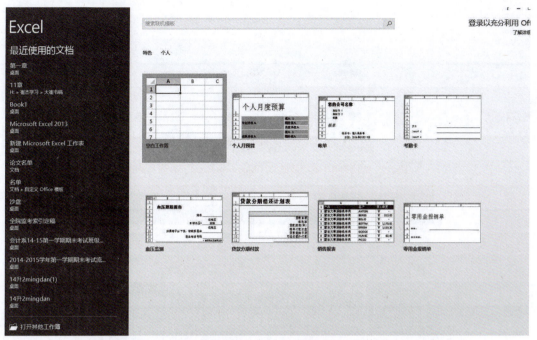

图 2-7 启动 Excel 2016 的选择界面

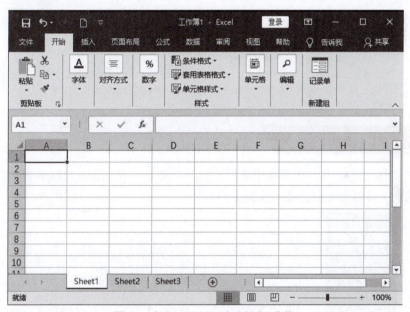

图 2-8 启动 Excel 2016 自动创建工作簿

2. 使用"新建"命令创建工作簿

右击桌面，选择快捷菜单中的"新建"|"Microsoft Excel工作表"命令，如图2-9所示，Excel将自动创建一个工作簿，如图2-10所示。

除以上两种方式外，如果在已经打开Excel工作簿的情况下，想再新建工作簿，可以单击快速访问工具栏中的"新建"按钮 ，或者单击"文件"按钮，打开"文件"选项卡，在菜单中选择"新建"命令，选择"空白工作簿"选项即可创建一个空白工作簿。

图 2-9　快捷菜单中的"新建"|"Microsoft Excel 工作表"命令

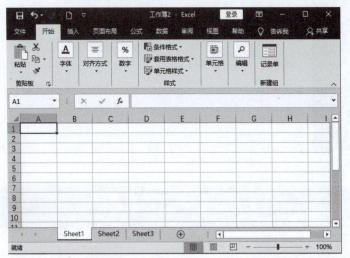

图 2-10　使用"新建"|"Microsoft Excel 工作表"命令创建的工作簿

2.1.3　打开工作簿

打开"文件"选项卡，在菜单中选择"打开"命令，在如图2-11所示的"打开"界面中选择所需的工作簿即可打开该工作簿。

图 2-11　"打开"界面

2.1.4 保存工作簿

通过以下步骤即可完成保存工作簿的操作。

01 单击快速访问工具栏上的"保存"按钮 ■。

02 打开"文件"选项卡，在菜单中选择"保存"命令，或者选择"另存为"命令，选择要保存工作簿的位置，然后浏览到所需的文件夹。若选择计算机为存储位置，则弹出如图2-12所示的"另存为"对话框。

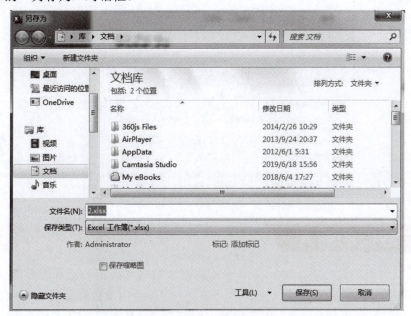

图 2-12　"另存为"对话框

03 在"文件名"文本框中输入"成绩表"。

04 单击"保存"按钮，完成操作。

这样即可将新文件命名为"成绩表"。由于采用了默认工作路径，因此这个工作表自动被存放在Office所在驱动器的My Documents目录下，也可以根据需要选择工作路径。

在图2-12中的"保存类型"下拉列表中可以改变文件的格式，这样可以在其他程序中使用Excel制作的电子表格。

当工作告一段落或者需要进行其他工作时，需要对已经完成的工作进行保存。保存操作可以将所完成的操作从内存中储存到硬盘上。在实际使用Excel的过程中，随时保存十分必要，这样可以避免数据的意外丢失。

使用以下设置还可以实现对文件的自动定时保护。

打开"文件"选项卡，选择"选项"命令，在打开的"Excel选项"对话框中选择"保存"选项，在打开的"自定义工作簿的保存方法"界面中设置"保存自动恢复信息时间间隔"，如图2-13所示，系统默认的时间间隔通常为10分钟，可以根据实际需要进行设置。

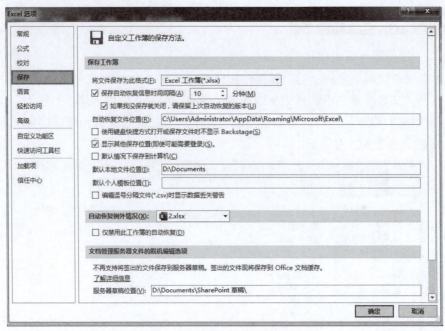

图2-13　文件自动定时保护设置

2.1.5　数据的输入

要创建工作表，就必须在单元格中输入数据。当启动所需的输入法并选中目标单元格后，即可开始输入数据。在工作表的单元格中，可以使用常数和公式这两种基本数据格式。常数是指文本、数字、日期和时间等数据；而公式则是指包含等号"="的函数、宏命令等。

在向单元格中输入数据时，需要掌握以下3种基本输入方法。

- 单击目标单元格，直接输入数据。
- 双击目标单元格，单元格中会出现插入光标，将光标移到所需的位置后，即可输入数据(这种方法多用于修改单元格中的数据)。
- 单击目标单元格，再单击编辑栏，然后在编辑栏中编辑或修改数据。

1. 输入文本

文本包括汉字、英文字母、特殊符号、数字、空格及其他能够从键盘输入的符号。在Excel中，一个单元格内最多可以容纳32 767个字符，编辑栏可以显示全部字符，而单元格内最多只可以显示1 024个字符。

在向单元格中输入文本时，如果相邻单元格中没有数据，那么Excel允许长文本覆盖到其右边相邻的单元格中；如果相邻单元格中有数据，则当前单元格只显示该文本的开头部分。要想查看并编辑单元格中的所有内容，可以单击该单元格，此时编辑栏可以将该单元格的内容显示出来，如图2-14所示。

在输入文本的过程中，文本会同时出现在活动单元格和编辑栏中，按Backspace键可以删除光标左边的字符；如果要取消输入，单击编辑栏中的"取消"按钮，或按Esc键即可。

图 2-14　显示单元格中的所有内容

在单元格中输入文本后,如果要激活当前单元格右侧相邻的单元格,按**Tab**键即可;如果要激活当前单元格下方相邻的单元格,按**Enter**键即可;如果要使当前单元格成为活动单元格,单击编辑栏中的"输入"按钮即可。

默认情况下,按Enter键后单元格会向下移动。如果要改变按Enter键后单元格的移动方向,具体操作步骤如下。

01 打开"文件"选项卡,选择"选项"命令,在打开的"Excel选项"对话框中,选择"高级"选项,打开如图2-15所示的"使用Excel时采用的高级选项"界面。

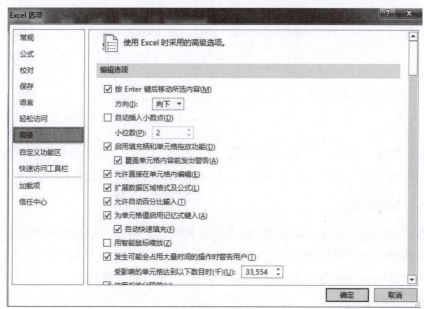

图 2-15　设置单元格的移动方向

02 单击"方向"下拉箭头,在弹出的下拉列表中选择单元格移动的方向(该下拉列表中包含"向下""向右""向上"和"向左"4个选项)。

03 单击"确定"按钮,完成设置。

2. 输入数字

数字也是一种文本,和输入其他文本一样,在工作表中输入数字也很简单。要在一个单元格中输入一个数字,首先选中该单元格,然后输入数字,最后按Enter键。

在Excel中,可作为数字使用的字符包括:0、1、2、3、4、5、6、7、8、9、-、( )、.、e、E、,、/、$、¥、%。

在单元格中输入数字时，有一点与其他文本不同，即单元格中的数字和其他文本的对齐方式不同。默认情况下，单元格中文本的对齐方式为左对齐，而数字是右对齐。如果要改变对齐方式，可以在"单元格格式"对话框中进行设置(在后面的章节中介绍)。

在向单元格中输入某些数字时，其格式不同，输入方法也不相同。下面着重介绍分数和负数的输入方法。

1) 输入分数

在工作表中，分式常以斜杠"/"来分界分子和分母，其格式为"分子/分母"，但日期的输入方法也以斜杠来分隔年月日，如"2025年1月28日"可以表示为"2025/1/28"，这就有可能造成在输入分数时系统会将分数当成日期处理的错误。

为了避免发生这种情况，Excel规定：在输入分数时，须在分数前输入0作为区别，并且0和分子之间要用一个空格隔开。例如，要输入分数2/3，需输入"0 2/3"。如果没有输入0和一个空格，Excel会将该数据作为日期处理，认为输入的内容是"2月3日"，如图2-16所示。

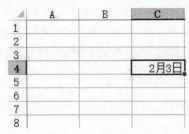

图2-16　没有输入"0"和空格的分数显示结果

2) 输入负数

在输入负数时，可以在负数前输入减号"-"作为标识，也可以将数字置于括号"( )"中。例如，在选定的单元格中输入"(1)"，然后按Enter键，即可显示为-1。

3. 输入日期和时间

日期和时间实际上也是一种数字，只不过有其特定的格式。Excel能够识别绝大多数用普通表示方法输入的日期和时间格式。在输入Excel可以识别的日期或时间数据之后，该日期或时间在单元格中的格式将变为Excel某种内置的日期或时间格式。

1) 输入日期

用户可以使用多种格式来输入一个日期，斜杠"/"或"-"可以用来分隔日期的年、月和日。传统的日期表示方法是以两位数来表示年份，如2025年1月28日，可以表示为25/1/28或25-1-28。当在单元格中输入25/1/28或25-1-28并按Enter键后，Excel会自动将其转换为默认的日期格式，并将两位数表示的年份更改为4位数表示的年份。

默认情况下，当用户输入以两位数字表示的年份时，会出现以下两种情况。

○ 当输入的年份为00和29之间的两位数年份时，Excel将解释为2000至2029年。例如，输入日期29/6/28，Excel将认为日期为2029年6月28日。

○ 当输入的年份为30和99之间的两位数年份时，Excel将解释为1930至1999年。例如，输入日期30/1/8，Excel将认为日期为1930年1月8日，如图2-17所示。

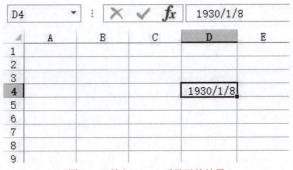

图 2-17　输入 30/1/8 后显示的结果

❖ 提示：

为了尽可能地避免出错，建议用户在输入日期时不要输入以两位数字表示的年份，而要输入以4位数字表示的年份。

图2-17所示的结果是多种日期显示格式中的一种。如果要设置日期的其他显示格式，具体操作步骤如下。

01 选中目标单元格。

02 选择"开始"|"单元格"|"格式"|"设置单元格格式"命令，如图2-18所示。

03 在弹出的"设置单元格格式"对话框中打开"数字"选项卡，然后选择"分类"列表框中的"日期"选项，如图2-19所示。

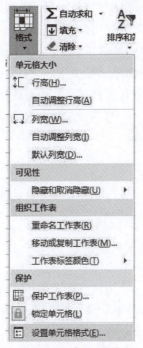

图 2-18　选择"设置单元格格式"命令

图 2-19　"数字"选项卡

04 在"类型"列表框中列出了日期的所有显示格式，选择所需的格式，然后单击"确定"按钮。

2) 输入时间

在单元格中输入时间的方式有按12小时制和按24小时制输入两种，二者的输入方法不同。如果按12小时制输入时间，要在时间数字后加一个空格，然后输入a(AM)或p(PM)(字母a表示上午，p表示下午)。例如，下午4时30分20秒的输入格式为4:30:20 p。如果按24小时制输入时间，则只需要输入16:30:20即可。如果用户在按12小时制输入时间时只输入时间数字，而不输入a或p，Excel将默认为上午的时间。

◆ 提示：

在同一单元格中输入日期和时间时，须用空格分隔，否则Excel将把输入的日期和时间当作文本。在默认状态下，日期和时间在单元格中的对齐方式为右对齐。如果Excel无法识别输入的日期和时间，也会把它们当作文本，并在单元格中左对齐。此外，要输入当前日期，可使用Ctrl+;快捷键，而要输入当前时间，则可使用Ctrl+Shift+;快捷键。

4. 输入公式

公式指的是一个等式，利用它可以通过已有的值计算出一个新值。公式中可以包含数值、算术运算符、单元格引用和内置等式(即函数)等。

Excel最强大的功能之一是计算。用户可以在单元格中输入公式，以便对工作表中的数据进行计算。只要输入正确的计算公式，经过简单操作，计算结果将显示在相应的单元格中。如果工作表内的数据有变动，系统会自动将变动后的答案计算出来。

在Excel中，所有的公式都以等号开始。等号标志着数学计算的开始，它也提示Excel将其后的等式作为一个公式来存储。公式中可以包含工作表中的单元格引用。这样，单元格中的内容即可参与公式中的计算。单元格引用可与数值、算术运算符及函数一起使用。

输入公式的具体操作步骤如下。

01 选中要输入公式的单元格。

02 在单元格中输入一个等号"="。

03 输入公式的内容，如3+5、A2+A3或Al+5等。

04 按Enter键，完成操作。

5. 输入符号或特殊字符

输入键盘上没有的符号或特殊字符，具体操作步骤如下。

01 选中目标单元格。

02 选择"插入"|"符号"命令，在弹出的"符号"对话框中选择"符号"选项卡，如图2-20所示。

03 在该选项卡的列表框中选择所需的符号或特殊字符，然后单击"插入"按钮。

04 此时"取消"按钮将变为"关闭"按钮，单击该按钮，即可在单元格中输入所需的符号或特殊字符。

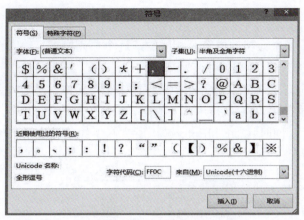

图 2-20 "符号"选项卡

6. 输入多行数据

需要在一个单元格中输入两行数据时，只要同时按 Enter 和 Alt 键即可在第二行开始输入，如图 2-21 所示。

选择"开始"|"单元格"|"格式"|"设置单元格格式"命令，打开"设置单元格格式"对话框，打开其中的"对齐"选项卡，在"文本控制"选项组中选中"自动换行"复选框，如图 2-22 所示，Excel 会自动将超出单元格宽度的内容转到第二行显示。

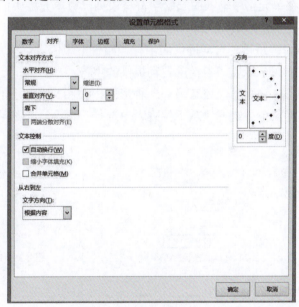

图 2-21 输入多行数据　　　　图 2-22 "对齐"选项卡

2.1.6　数据快速填充

用户经常需要在表格中输入一些有规律的数据，如果按常规方法逐个输入这些数据，既费时又容易出错。下面介绍又快又准确地输入这些有规律的数据的方法。

1. 在多个单元格中输入相同的数据

如果表格中有很多单元格的内容是相同的，逐个单元格重复输入会很麻烦，可使用一次填充多个单元格的方法，具体操作步骤如下。

01 按Ctrl键，同时选中需要输入相同数据的多个单元格，然后输入数据。此时，只在活动单元格(最后选取的单元格)中显示输入的内容。

02 输入完成后，同时按Ctrl和Enter键，所有选中的单元格中都将出现相同的输入数据，效果如图2-23所示。

图 2-23　输入相同数据

❖ **注意：**

一定要同时按Ctrl和Enter键。如果只按Enter键，那么只会在活动单元格中输入数据。

2. 自动完成输入功能

如果在单元格中输入的起始字符与该列已有单元格中的内容相同，那么Excel可以自动填写其余的字符，如图2-24所示。

按Enter键将接受自动提供的字符。如果不想使用自动完成输入功能，则可以忽略继续输入。按Backspace键可以清除自动提供的字符。

自动完成输入功能还有另外一种形式。在图2-25所示的内容中，右击单元格，然后在弹出的快捷菜单中选择"从下拉列表中选择"命令，系统将列出所在列所有相邻单元格中的内容供用户选择。

图 2-24　自动完成输入

图 2-25　Excel 提供相邻单元格内容供选择

3. 自动填充

如果需要输入的数字或文字数据并不完全一样，而是遵循某种规律，如需要输入1~100作为编号，那么逐个手动输入会很麻烦。这时可使用Excel的自动填充功能，在连续的单元格内产生有规律的序列，具体操作步骤如下。

01 建立一段有规律的数据，然后选中它们。这段有规律的数据既可以在同一列，也可以在同一行，但是必须在相邻的单元格中。假设建立了1~2的一个序列，如图2-26所示。

02 单击按住填充控制点，向下拖动到合适的位置后释放鼠标，Excel会按照已有数据的规律来填充选中的单元格，如图2-27所示。

图 2-26 自动填充前　　　　　图 2-27 自动填充后

自动填充还有另外一种方式。如果用鼠标左键拖动填充控制点，单击出现的下拉箭头，将会弹出如图2-28所示的快捷菜单。在该快捷菜单中，可以改变填充的方式或指定充的规律。其中，各命令及其含义如下。

- "复制单元格"指将选中单元格中的内容填充到拖动范围内其他的单元格中。
- "填充序列"指按照选中单元格中数据的规律进行填充。
- "仅填充格式"指仅填充格式而不填充数据。
- "不带格式填充"指按照新单元格的格式填充数据。
- "快速填充"会根据从已有数据中识别的模式，一次性输入剩余数据。

使用Excel处理日常事务时，经常需要填充日期序列。Excel提供了十分方便的日期填充功能。首先在单元格中输入一个日期，如2022-01-5，然后用鼠标右键拖动填充控制点，在打开的快捷菜单中选择日期的填充方式，结果会将日期填充到拖动的区域，如图2-29所示。此时，新增4种填充方式，其中，"以天数填充"指依次填入以输入日期开始的每一天；"填充工作日"指跳过周六和周日，只填充工作日；"以月填充"指填充每月中和输入日期同处在一天的日期；"以年填充"指填充每年中和输入日期处在同一月、同一天的日期(即仅改变年份)。

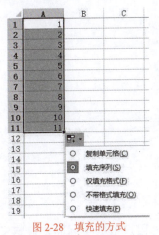

图 2-28 填充的方式　　　　　图 2-29 日期的填充方式

4. 根据所建议的内容拆分数据列

Excel自2013版本新增了一个快速填充功能，根据所建议的内容拆分数据列就是快速填充功能的应用。例如，我们需要将图2-30学生名单表中A列姓名中的姓氏和名字分隔到单独的B列和C列，可按照以下步骤进行。

	A	B	C
1	姓名	姓	名
2	陈文娟		
3	陈卓		
4	樊参参		
5	樊芯宇		
6	方伟双		
7	方展		
8	付蒋卿		
9	付月清		
10	高绘品		
11	关茜		

图 2-30　学生名单表

01 在B2单元格中输入“陈文娟”的姓“陈”字，单击B3单元格，然后选择“开始”|“编辑”|“填充”|“快速填充”命令(或者选择“数据”|“数据工具”|“快速填充”命令)，则B列姓氏填充完毕，如图2-31所示。

	A	B	C
1	姓名	姓	名
2	陈文娟	陈	
3	陈卓	陈	
4	樊参参	樊	
5	樊芯宇	樊	
6	方伟双	方	
7	方展	方	
8	付蒋卿	付	
9	付月清	付	
10	高绘品	高	
11	关茜	关	

图 2-31　快速填充姓氏结果

02 在C2单元格输入“陈文娟”的名“文娟”，单击C3单元格，然后选择“开始”|“编辑”|“填充”|“快速填充”命令(或者选择“数据”|“数据工具”|“快速填充”命令)，则C列名字填充完毕，如图2-32所示。

	A	B	C
1	姓名	姓	名
2	陈文娟	陈	文娟
3	陈卓	陈	卓
4	樊参参	樊	参参
5	樊芯宇	樊	芯宇
6	方伟双	方	伟双
7	方展	方	展
8	付蒋卿	付	蒋卿
9	付月清	付	月清
10	高绘品	高	绘品
11	关茜	关	茜

图 2-32　快速填充名字结果

5. 用户自定义填充序列

Excel提供了多种预定义的序列，除此之外，还允许用户根据实际需要自定义序列。自定义序列的具体操作步骤如下。

01 打开“文件”选项卡，选择“选项”命令。

02 弹出“Excel选项”对话框，选择“高级”选项，在打开的“常规”界面中单击“编辑自定义列表”按钮，如图2-33所示。

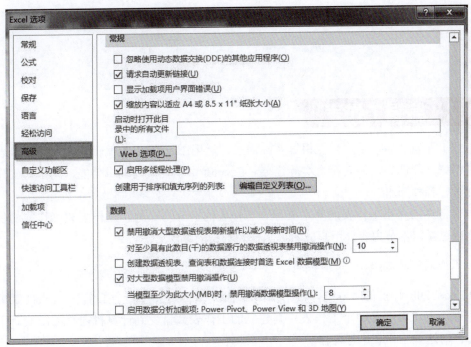

图 2-33 "编辑自定义列表"按钮

03 弹出"自定义序列"文本框，对话框左侧有系统已经默认定义好的序列。如要定义一个新序列，则可在右侧输入新的序列数据，如输入"中，美，法，德"。按Enter分隔列表条目。

04 单击"添加"按钮，此时自定义序列下方会出现新建序列内容，如图2-34所示。

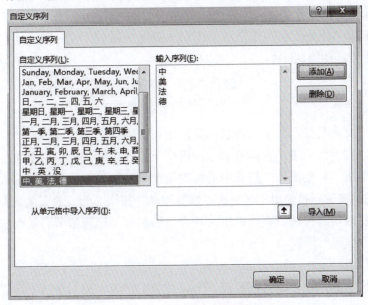

图 2-34 自定义序列的设置

05 单击"确定"按钮，完成自定义序列的设置，并返回工作界面。

此时，单击工作表中的某一单元格，输入"中"，然后向右拖动填充控制点，释放鼠标即可得到自动填充的"中，美，法，德"序列内容，如图2-35所示。

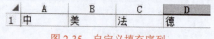

图2-35　自定义填充序列

2.1.7　编辑工作表

建立工作表之后，用户需要根据实际需求，运用Excel提供的编辑功能，对工作表中的数据进行修改和调整，使其符合实际需要。Excel提供了强大的编辑功能，用于对工作表及其数据进行各种操作。

本节将详细介绍工作表的基本操作、工作表的拆分与冻结、工作表和工作簿的保护等内容。通过学习本节内容，用户应掌握工作表数据的编辑方法。

1. 工作表的基本操作

在Excel 2007以前的版本中，一个工作簿中最多可以包含255个工作表，Excel 2007之后的版本理论上可以有无限个工作表，其建立的工作表数量受到计算机内存的影响。下面将介绍如何对这些工作表进行操作。

1) 激活工作表

要激活一个工作表，可以使用以下方法之一。

- 单击工作簿底部的工作表标签。
- 使用键盘，按Ctrl+PageUp快捷键激活当前页的前一页工作表；按Ctrl+PageDown快捷键激活当前页的后一页工作表。
- 使用工作表的"标签滚动"按钮。当在工作簿中显示不了过多的工作表标签时，可以单击"标签滚动"按钮对工作表标签进行翻页。"标签滚动"按钮在工作簿的左下方，如图2-36所示。

图2-36　"标签滚动"按钮

另外，如果要滚动显示其他工作表标签，则在所需方向上连续单击"标签滚动"按钮中的滚动箭头，直到所需工作表标签显示在屏幕上；如果要一次滚动多个工作表，则可按Shift键，然后单击"标签滚动"按钮中的标签滚动箭头；如果要显示最前或者最后一个工作表，则按住Ctrl键的同时使用左键单击"标签滚动"按钮左侧或者右侧的标签滚动箭头；如果右击"标签滚动"按钮，则可以直接从弹出的当前工作簿的所有工作表列表中选择需要切换到的"工作表"标签。

2) 插入工作表

在编辑工作表的过程中，经常要在一个已有的工作表中插入新的工作表，可以使用以下操作方法之一。

- 选择"开始"|"单元格"|"插入"|"插入工作表"命令。
- 选择工作表，单击"新工作表"按钮⊕。

3) 删除工作表

要删除某个工作表，可以使用以下操作方法之一。

- 单击工作表标签，然后选择"开始"|"单元格"|"删除"|"删除工作表"命令，如图2-37所示。

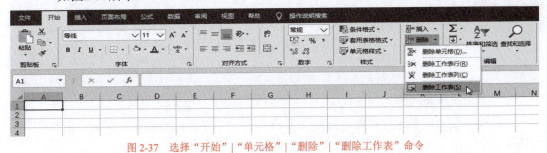

图2-37　选择"开始"|"单元格"|"删除"|"删除工作表"命令

- 在需要删除的工作表标签上右击，从弹出的快捷菜单中选择"删除"命令。

❖ **注意：**

一张工作表被删除以后将无法恢复，因此在删除之前用户一定要慎重考虑。

4) 移动和复制工作表

Excel工作表可以在一个或者多个工作簿中移动。如果要将一个工作表移动或者复制到不同的工作簿中，那么这两个工作簿必须都是打开的。

(1) 使用菜单。

使用菜单移动或复制工作表的具体步骤如下。

01 右击要移动的工作表。

02 选择"移动或复制工作表"命令，打开"移动或复制工作表"对话框，如图2-38所示。

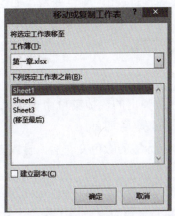

图2-38　"移动或复制工作表"对话框

03 在"移动或复制工作表"对话框中的"工作簿"下拉列表中选择需要移动的工作簿，然后在"下列选定工作表之前"列表框中选择要移至位置之后的工作表。如果是移动，则要取消"建立副本"复选框的选中状态；如果是复制，则应选中"建立副本"复选框，最后单击"确定"按钮。

(2) 使用鼠标。

单击需要移动的工作表标签,将它拖至指定的位置,然后释放鼠标。在拖动的过程中鼠标变成一个小表和一个小箭头。如果是复制操作,则需要在拖动鼠标时按住Ctrl键。

❖ 注意:

若将一个工作表从一个工作簿中移至另外一个工作簿中,而目标工作簿含有与此工作表同名的工作表,Excel将自动改变此工作表的名称并使之变为唯一的名称。例如,Sheet2将变为Sheet2 (2)。

5) 对多个工作表同时进行操作

一次对多个工作表进行操作,方法是先选中多个工作表,然后执行移动、复制和删除等操作。

选中多个工作表的方法有以下两种。

- 单击工作表标签的同时按Ctrl键,则该工作表与以前选择的工作表同时被选中。
- 单击工作表标签的同时按Shift键,则选中连续的工作表。

❖ 注意:

如果要取消选中工作表中的一个,可以在按Ctrl键的同时单击该工作表标签。如果要取消所有被选中的工作表,可以右击某个选中的工作表标签,然后在弹出的快捷菜单中选择"取消成组工作表"命令;或者不按键盘,直接单击一个未选中的工作表标签即可。

6) 重命名工作表

为工作表起一个有意义的名称,可以方便辨认、查找和使用工作表。为工作表命名有以下3种方法。

- 单击工作表标签(如Sheet1),然后选择"开始"|"单元格"|"格式"|"重命名工作表"命令,此时工作表标签Sheet1的颜色变灰,如图2-39所示。输入新的工作表名称,效果如图2-40所示。

图 2-39 重命名工作表前　　　　　　图 2-40 重命名工作表后

- 在工作表标签上右击,从弹出的快捷菜单中选择"重命名"命令,工作表标签颜色变灰后,输入新的工作表名称即可。
- 双击工作表标签,工作表标签的颜色变灰后,输入新的工作表名称即可。

7) 隐藏与显示工作表

如果不希望某些工作表被他人查看,可以使用Excel的隐藏工作表功能将工作表隐藏起来。隐藏工作表还可以减少屏幕上显示的窗口和工作表,避免不注意的改动。例如,可隐藏包含敏感数据的工作表。当一个工作表被隐藏后,它的标签也被隐藏起来。隐藏的工作表仍处于打开状态,其他文档仍可以利用其中的信息。

隐藏工作表的操作步骤如下。

01 右击需要隐藏的工作表的标签。

02 选择"隐藏"命令，选定的工作表将被隐藏。

❖ 注意：

不能将同一个工作簿中所有的工作表都隐藏起来，每一个工作簿至少应有一个可见的工作表。

显示隐藏的工作表的步骤如下。

01 右击任意一个工作表标签，选择"取消隐藏"命令，打开如图2-41所示的"取消隐藏"对话框。

02 在"取消隐藏"对话框中选择需要取消隐藏的工作表，然后单击"确定"按钮即可。

图 2-41　"取消隐藏"对话框

2. 拆分和冻结工作表

Excel提供了拆分和冻结工作表窗口的功能，利用这些功能可以更加有效地利用屏幕空间。拆分和冻结工作表窗口功能是两个非常相似的功能。

1）拆分工作表

拆分工作表窗口是把工作表当前活动的窗口拆分成若干窗格，并且在每个被拆分的窗格中都可以通过滚动条来显示工作表的每一部分。所以，使用拆分窗口功能可以在一个文档窗口中查看工作表不同部分的内容。

(1) 拆分。

- 选定拆分分隔处的单元格，该单元格的左上角就是拆分的分隔点。
- 选择"视图"|"窗口"|"拆分"命令，如图2-42所示。
- 工作表窗口将拆分为上、下、左、右4部分，如图2-43所示。

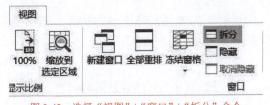

图 2-42　选择"视图"|"窗口"|"拆分"命令

	A	B	C	D
1	客户账号	客户名称	客户编号	开户日期
2	6010040203566	工程第十建设有限公司	P2706441	2013-07-05
3	6110402146614	明天集团有限公司	P3717807	2014-03-05
4	5110040236423	科隆电器有限公司	P3850608	2014-07-05
5	5100000233333	天荣地产公司	P5728308	2014-10-05
6	7710040215232	金源股份有限公司	P5185655	2014-12-08

图 2-43　拆分工作表窗口

❖ 提示：

拆分工作表时，也可选定行号或者列标，这样拆分后的窗口将为上下或者左右两部分。

(2) 取消拆分。

单击拆分窗口的任一单元格，选择“视图”|“窗口”|“拆分”命令，或者在分割条的交点处双击。如果要删除一条分割条，则在该分割条上双击。

2) 冻结工作表

对于比较大的工作表，屏幕无法在一页里同时显示标题和数据，冻结工作表窗口功能也能将当前工作表活动窗口拆分成窗格。所不同的是，在冻结工作表窗口时，活动工作表的上方和左边窗格将被冻结，即当垂直滚动时，冻结点上方的全部单元格不参与滚动；当水平滚动时，冻结点左边的全部单元格不参与滚动。通常情况下，冻结行标题和列标题，然后通过滚动条来查看工作表的内容。使用冻结工作表窗口功能不影响打印。

(1) 冻结。

- 选择一个单元格作为冻结点，在冻结点上方和左边的所有单元格都将被冻结，并保留在屏幕上。
- 选择“视图”|“窗口”|“冻结窗格”|“冻结窗格”命令，如图2-44所示。

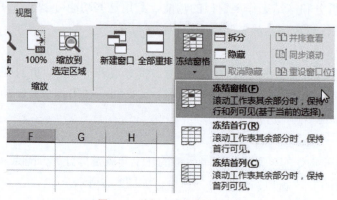

图 2-44　选择“冻结窗格”命令

- 冻结窗格后，工作表将变为如图2-45所示的状态。拖动垂直/水平滚动条，可保持显示冻结区域中行/列的数据。

(2) 撤销冻结。

选择“视图”|“窗口”|“冻结窗格”|“取消冻结窗格”命令，即可撤销冻结。

	A	B	C	D
1	客户账号	客户名称	客户编号	开户日期
2	6010040203566	工程第十建设有限公司	P2706441	2013-07-05
3	6110402146614	明天集团有限公司	P3717807	2014-03-05
4	5110040236423	科隆电器有限公司	P3850608	2014-07-05
5	5100000233333	天荣地产公司	P5728308	2014-10-05
6	7710040215232	金源股份有限公司	P5185655	2014-12-08

图 2-45　冻结工作表窗口

3. 保护工作表和工作簿

如果用户必须放下手中的工作，但又不想退出Excel，此时可以为工作表和工作簿建立保护，这样能防止错误操作对工作表数据造成损害。

1) 保护工作表

保护工作表功能可以防止修改工作表中的单元格、Excel宏表、图表项、对话框编辑表项和图形对象等。保护工作表的具体操作步骤如下。

01 激活需要保护的工作表。

02 选择“审阅”|“保护”|“保护工作表”命令，打开如图2-46所示的“保护工作表”对话框。

03 在该对话框中选择保护的选项并输入密码，然后单击“确定”按钮。输入密码(可选)可以防止未授权用户取消对工作表的保护。密码可以为字母、数字和符号，并且字母区分大小写。密码的长度不能超过255个字符。

04 在弹出的“确认密码”对话框中再次输入密码，如图2-47所示，单击“确定”按钮。

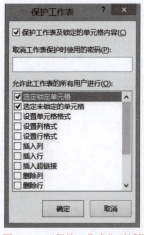

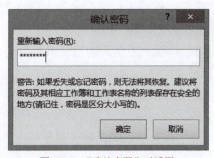

图 2-46　“保护工作表”对话框

图 2-47　“确认密码”对话框

若有人试图修改受保护的工作表，这时会弹出如图2-48所示的警告对话框。

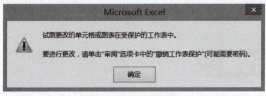

图 2-48　警告对话框

2) 保护工作簿

保护工作簿功能可以保护工作簿的结构和窗口,以防止对工作簿进行插入、删除、移动、隐藏、取消隐藏及重命名工作表等操作,从而保护窗口不被移动或改变大小。启用保护工作簿功能的操作步骤如下。

01 激活需要保护的工作簿。

02 选择"审阅"|"保护"|"保护工作簿"命令,如图2-49所示。

图2-49 选择"审阅"|"保护"|"保护工作簿"命令

03 在弹出的"保护结构和窗口"对话框中,选择需要保护的选项并输入密码,如图2-50所示,然后单击"确定"按钮。

图2-50 "保护结构和窗口"对话框

04 在弹出的"确认密码"对话框中再次输入密码,单击"确定"按钮。

"保护结构和窗口"对话框中的各选项及其含义如下。

- "结构":保护工作簿的结构,避免删除、移动、隐藏、取消隐藏、插入工作表或者重命名工作簿。
- "窗口":保护工作簿的窗口不被移动、缩放、隐藏、取消隐藏或关闭。
- "密码(可选)":与"保护工作表"中的密码功能相同,可以防止未授权用户的非法操作。

3) 取消保护

如果要取消工作表或者工作簿的保护状态,可以选择"审阅"|"保护"|"撤销工作表保护"或"撤销工作簿保护"命令。

如果原来没有设置密码,选择所需命令即可取消保护;如果原来设置了密码,选择所需要的命令后将打开"撤销工作表保护"对话框或"撤销工作簿保护"对话框,输入正确的密码,然后单击"确定"按钮,即可取消保护。

2.1.8 修饰工作表

一个专业的电子表格不仅需要有翔实的数据内容和公式分析、统计功能,而且应配有较好的外观。

本节将通过对表格外观参数(文字大小、字体、颜色、对齐方式、单元格的边框线、底纹,以及表格的行高和列宽等)的设置来美化工作表,从而更有效地显示数据内容。

1. 设置单元格格式

用户可以对Excel中的单元格设置各种格式,包括设置单元格中数字的类型、文本的对齐方式、字体、单元格的边框及单元格保护等。用户不仅可以对单个单元格和单元格区域设置格式,而且可以同时对一个或多个工作表设置格式。设置单元格格式的操作步骤如下。

01 选择需要进行格式设置的单元格或者单元格区域。

02 选择"开始"|"单元格"|"格式"|"设置单元格格式"命令,或者在选中的单元格上右击,在弹出的快捷菜单中选择"设置单元格格式"命令,打开"设置单元格格式"对话框,如图2-51所示。

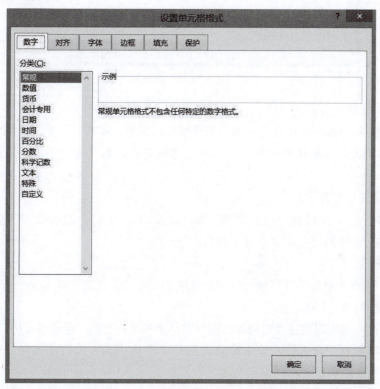

图2-51 "设置单元格格式"对话框

03 在"设置单元格格式"对话框中设置单元格的格式,然后单击"确定"按钮即可。

1) 设置数据的对齐方式

为了排版整齐,单元格中的数据一般需要对齐。默认情况下,单元格中的文字是左对齐,数字是右对齐。

如果要改变数据的对齐方式,则需要将"设置单元格格式"对话框切换到如图2-52所示的"对齐"选项卡,在该选项卡中进行文本对齐方式的设置。

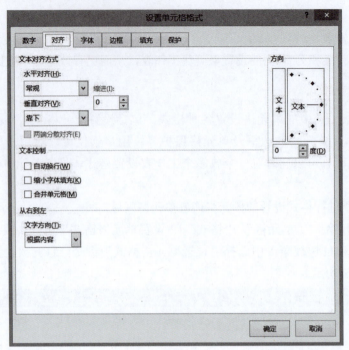

图 2-52 "对齐"选项卡

(1) 设置水平对齐方式。

"水平对齐"下拉列表中包含常规、左(缩进)、居中、靠右、填充、两端对齐、跨列居中和分散对齐等选项，默认选项为常规，即文本左对齐，数字右对齐，逻辑值和错误值居中对齐。

(2) 设置垂直对齐方式。

"垂直对齐"下拉列表中包含常规、靠上、靠下、居中、两端对齐和分散对齐等选项，默认选项为常规选项，即文本靠下垂直对齐。

(3) 设置缩进。

"缩进"微调框用于设置将单元格内容从左向右缩进，缩进的单位是一个字符。

(4) 设置文本控制选项。

"文本控制"选项组包括"自动换行""缩小字体填充"和"合并单元格"3个复选框。

- "自动换行"复选框：选中该复选框，单元格中的文本自动换行，行数的多少与文本的长度和单元格的宽度有关。
- "缩小字体填充"复选框：选中该复选框，Excel会根据列宽自动缩小单元格中字符的大小，使之一致。
- "合并单元格"复选框：选中该复选框，所选单元格将被合并成一个单元格，如果所选的单元格中都有内容，则单击"确定"按钮后，Excel会弹出一个消息框，提示只保留左上方单元格内容，单击该消息框的"确定"按钮即可。

(5) 设置文本的旋转方向。

"方向"用来改变单元格中文本旋转的角度，例如，若要将文本从右上往左下转，则使用负数，反之则使用正数。

"开始"选项卡中提供了常用的文本对齐方式的快捷按钮,如图2-53所示。利用这些快捷按钮可以大大提高工作效率。

2) 设置单元格字体

要设置单元格字体,将"设置单元格格式"对话框切换到如图2-54所示的"字体"选项卡,然后在"字体"选项卡中对字体、字形、字号、下画线、颜色和特殊效果进行设置。

图 2-53 对齐方式的快捷按钮　　图 2-54 "字体"选项卡

(1) 设置字体、字形、字号。

Excel提供的字体包括宋体、仿宋体和楷体等字体,可以在"字体"列表框中选择系统提供的任意一种字体。

Excel提供的字形包括常规、倾斜、加粗和加粗倾斜,可以在"字形"列表框中选择系统提供的任意一种字形。

字体的大小由字号决定,可用字号取决于打印机和文本所用的字体,在"字号"列表框中选择一种字号可以设置文本或者数字的大小。

(2) 设置下画线、颜色。

打开"下画线"或者"颜色"下拉列表,根据需要选择不同的下画线类型或者颜色。

(3) 设定普通字体。

选中"普通字体"复选框,"字体"选项卡中的各个选项将重置为默认值。

(4) 设置特殊效果。

"删除线"复选框:选中该复选框可以产生一条贯穿字符中间的直线。

"上标"和"下标"复选框:选中这两个复选框中的其中之一,可以将选中的文本或数字设置为上标或者下标。

"开始"选项卡提供了常用的单元格字体格式设置的工具按钮,如图2-55所示。使用这些按钮可以使工作变得更加方便。

3) 设置单元格边框

在工作表中给单元格添加边框可以突出显示工作表数据，使工作表更加清晰明了。若要设置单元格边框，则将"设置单元格格式"对话框切换到如图2-56所示的"边框"选项卡，然后在该选项卡中进行设置即可。

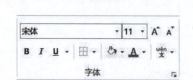

图2-55　单元格字体格式设置的工具按钮

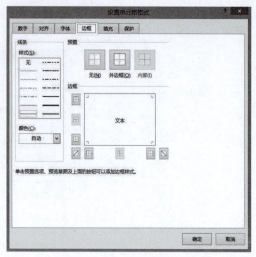

图2-56　"边框"选项卡

❖ 技巧：

利用边框可以产生三维效果，方法是将浅色作为背景色，以白色作为边框顶部和左部的颜色，黑色作为边框底部和右部的颜色，这样就会产生凸起的效果，反之则产生凹进的效果。

4) 设置单元格图案

如果想改善工作表的视觉效果，可以为单元格添加图案，Excel提供了设置单元格图案的方法。设置单元格图案，首先将"设置单元格格式"对话框切换到如图2-57所示的"填充"选项卡，然后在该选项卡中进行图案的设置。

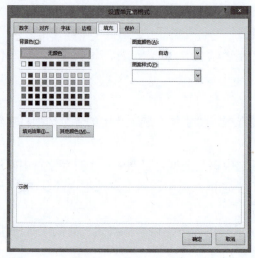

图2-57　"填充"选项卡

在"填充"选项卡中可以对单元格的底色、单元格底纹的类型和颜色进行设置。在"示例"预览框中可以预览设置的效果。

5) 单元格保护

用户可以为单元格设置保护，防止进行非法修改，在此之前必须设置工作表保护。在设置工作表保护后，只需将"设置单元格格式"对话框切换到如图2-58所示的"保护"选项卡，即可对单元格进行保护设置。

图 2-58 "保护"选项卡

> ❖ 技巧：
>
> 当定义了一个单元格格式后，又要把这个单元格格式用于其他单元格时，使用格式刷能够快速地实现此操作。选中已经定义了格式的单元格或范围，单击"常用"工具栏中的"格式刷"按钮，然后单击需要复制单元格格式的单元格或单元格区域即可。

2. 格式化行和列

为了使工作表更加美观，需要适当地调整工作表的列宽和行高。适当的调整有助于在一页中显示更多的数据，甚至可以在一行或者一列中隐藏保密的数据。

1) 调整行高和列宽

Excel中，工作表的默认行高为14.25，列宽为8.38。要改变行高和列宽，可以使用鼠标直接在工作表中进行修改，也可以利用菜单进行修改。

方法一： 将鼠标移到行号区数字的上、下边框上或列号区字母的左、右边框上，按住鼠标左键并拖动调整行高或列宽至所需位置后释放鼠标即可。

方法二： 选择"开始"｜"单元格"｜"格式"｜"列宽"命令，打开"列宽"对话框，如图2-59所示。在"列宽"文本框中输入列宽值，然后单击"确定"按钮即可。

如果选择"开始"｜"单元格"｜"格式"｜"自动调整列宽"命令，Excel将自动调整列宽，使之适合列中最长的单元格的宽度。

图 2-59 "列宽"对话框

调整行高和调整列宽的操作相似,只是应选择"开始"|"单元格"|"格式"|"行高"命令。

2) 隐藏与取消隐藏

要将某些行或列隐藏起来,首先选中需要隐藏的行的行号区数字或列的列号区字母,然后选择"开始"|"单元格"|"格式"|"隐藏和取消隐藏"命令,最后在子菜单中选择需要隐藏的内容即可,如图2-60所示。

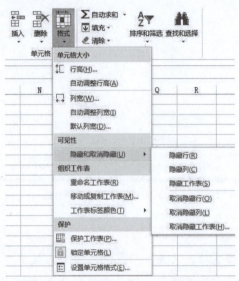

图 2-60 选择"开始"|"单元格"|"格式"|"隐藏和取消隐藏"命令

要将隐藏的行或列显示出来,首先选择包含隐藏行或列的上下行行号区数字或左右列的列号区字母,然后选择"开始"|"单元格"|"格式"|"隐藏和取消隐藏"命令,最后在子菜单中选择相应的取消隐藏命令即可。

3. 自动套用格式

Excel为用户提供了多种工作表格式,用户可以使用"自动套用格式功能"为自己的工作表穿上一件Excel自带的"修饰外套"。即使是第一次使用Excel的新手,也可以不使用任何复杂的格式化操作,就能够创建出各种漂亮的表格和报告。这样既可以美化工作表,又能帮助用户节省大量的时间。

自动套用格式的具体操作步骤如下。

01 打开需要套用格式的工作表。

02 选择"开始"|"样式"|"套用表格格式"命令,如图2-61所示,其中提供了多种可供选择的式样。

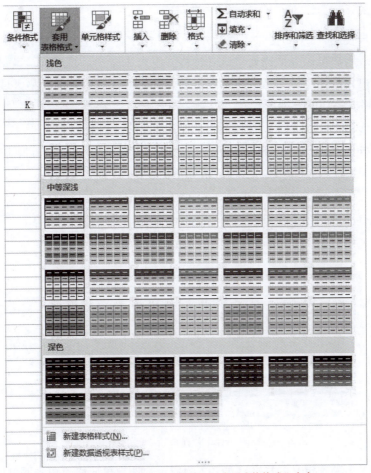

图 2-61 选择"开始"|"样式"|"套用表格格式"命令

03 单击需要选择套用的格式,如中等深浅27,弹出如图2-62所示的"套用表格式"对话框。

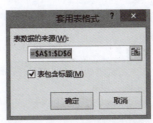

图 2-62 "套用表格式"对话框

04 选择需要套用格式的区域,单击"确定"按钮返回工作表,套用表格式后的效果如图2-63所示。

	A	B	C	D
1	客户账号	客户名称	客户编号	开户日期
2	6010040203566	工程第十建设有限公司	P2706441	2013-07-05
3	6110402146614	明天集团有限公司	P3717807	2014-03-05
4	5110040236423	科隆电器有限公司	P3850608	2014-07-05
5	5100000233333	天荣地产公司	P5728308	2014-10-05
6	7710040215232	金源股份有限公司	P5185655	2014-12-08

图 2-63 套用表格式后的效果

4. 使用样式

为方便用户使用，Excel提供了将数字、对齐、字体、边框、填充和保护等格式设置成样式的方法。用户可以根据需要将这几种格式组合成样式，并命名。当需要设置工作表的格式时，用户只需使用样式功能将所定义的样式应用于选中的单元格区域，而不必使用"设置单元格格式"功能逐项设置。

1) 使用样式功能

选择"开始"|"样式"|"单元格样式"命令，如图2-64所示，即可使用样式功能。

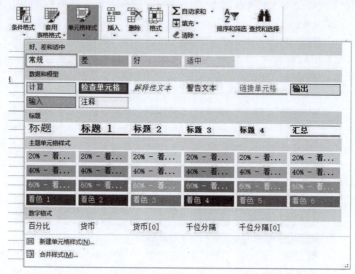

图2-64　选择"开始"|"样式"|"单元格样式"命令

Excel提供了多种预定义的样式，如图2-64所示。选定单元格，单击需要的样式即可。

当Excel提供的样式不能满足需求时，可以采用自定义样式。新建自定义样式的具体操作步骤如下。

01 选择要添加样式的工作簿。

02 选择"开始"|"样式"|"单元格样式"|"新建单元格样式"命令，打开如图2-65所示的"样式"对话框。

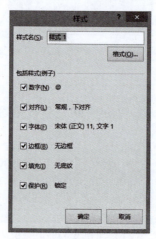

图2-65　"样式"对话框

03 在"样式名"文本框中输入样式名,单击"格式"按钮,在弹出的"设置单元格格式"对话框中设定单元格样式。

04 单击"确定"按钮,返回"样式"对话框,再单击"确定"按钮即可。

2) 合并样式

如果要把一个已经设置了样式的工作簿应用于另一个工作簿,可以使用合并样式功能。合并样式的具体操作步骤如下。

01 打开源工作簿(已经设置好样式的工作簿)和目标工作簿(要并入样式的工作簿),并激活目标工作簿。

02 在目标工作簿中选择"开始"|"样式"|"单元格样式"|"合并样式"命令,打开如图2-66所示的"合并样式"对话框。

03 在该对话框中的"合并样式来源"列表框中选择源工作簿,然后单击"确定"按钮即可。

图 2-66 "合并样式"对话框

2.1.9 打印工作表

打印工作表是Excel的一项重要内容,这是使用电子表格的一个关键步骤。事实上,当在屏幕上编制好工作表后,Excel会按默认设置安排好打印过程,只需要单击"标准"工具栏中的"打印"按钮即可打印。但是,不同行业的用户需要的报告样式不同,每个用户都会有自己的特殊要求。为方便用户,Excel通过页面设置、打印预览等命令提供了许多用来设置或调整打印效果的实用功能。本节将介绍怎样使用这些功能,以便打印出完美的、具有专业化水平的工作表。

1. 预览打印结果

在准备打印和输出工作表之前,有一些工作要做。例如,可以使用"打印预览"功能快速查看打印页面的效果与最终期望的输出结果之间的差距,然后通过"页面设置"相关功能予以调整,以得到理想的打印结果。

打开"科隆电器有限公司20×2年销售情况"工作表,如图2-67所示,这个工作表由表格和折线图两部分组成。

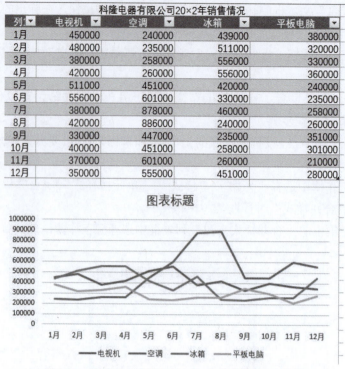

图 2-67 "科隆电器有限公司 20×2 年销售情况"工作表

查看"科隆电器有限公司20×2年销售情况"的打印预览结果,具体操作步骤如下。

01 选中"科隆电器有限公司20×2年销售情况"工作表。

02 打开"文件"选项卡,选择"打印"选项,在窗口的右侧可以看到预览的结果,如图2-68所示。

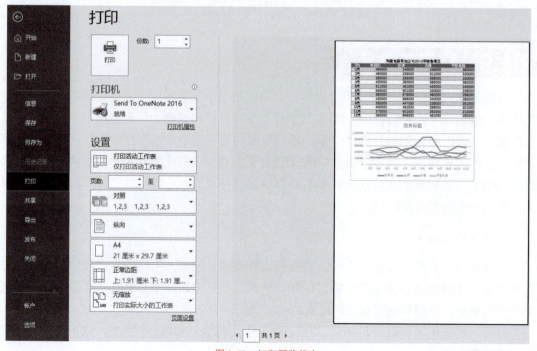

图 2-68 打印预览状态

预览窗口底部状态栏信息"1 共1页"说明这个工作表内容需要用一页纸打印出来。Excel对于超过一页信息的内容，根据打印纸张的大小自动进行分页处理。用户可单击窗口中的"下一页"按钮或直接按PageDown键，依次浏览剩余几页的打印预览效果。

`03` 单击 ⊙ 按钮，返回工作表的常规显示状态。

2. 打印设置

如果按照默认状态打印出的工作表不能满足要求，可通过"页面布局"选项卡进行一些操作以使打印结果更加符合要求。

1) 设置纸张方向

文件的打印方向可以按纵向和横向两个方向来进行设置。纵向是以纸的短边为水平位置打印；横向是以纸的长边为水平位置打印。具体操作步骤如下。

`01` 选择"页面布局"选项卡。

`02` 单击"纸张方向"按钮，选择"纵向"或者"横向"命令，如图2-69所示，完成纸张方向的设置。

2) 设置纸张大小

选择"页面布局"|"页面设置"|"纸张大小"命令，用户可以在该命令的下拉列表中选择需要的纸张大小，单击需要的纸张大小即可，如图2-70所示。

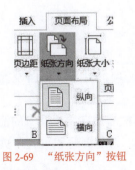

图 2-69 "纸张方向"按钮

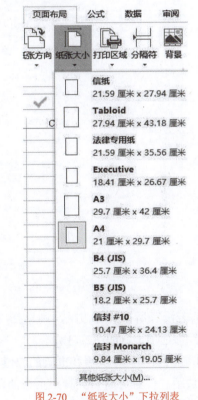

图 2-70 "纸张大小"下拉列表

3) 设置缩放比例

"页面布局"选项卡中有一个"调整为合适大小"组，如图2-71所示。用户可以通过单击"缩放比例：100%"选项中向上或向下的箭头，或者在选项中的文本框内输入数字来设置放大或缩小打印工作表的比例。Excel允许用户将工作表缩小到正常大小的10%，放大到400%。

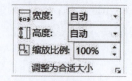

图 2-71　"调整为合适大小"组

4) 设置页边距

页边距是指工作表中打印内容与页面上、下、左、右页边的距离。正确地设置页边距可以使工作表中的数据打印到页面的指定区域中，具体操作步骤如下。

01 选择"页面布局"选项卡。

02 单击"页边距"按钮，在弹出的下拉列表中选择合适的页边距，如图2-72所示，完成页边距的设置。

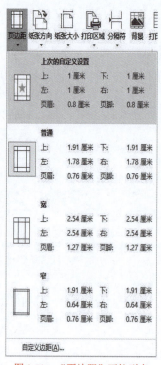

图 2-72　"页边距"下拉列表

03 若没有所需的页边距，则选择"自定义边距"选项，进入"页面设置"对话框的"页边距"选项卡，如图2-73所示。

04 输入页边距、页眉和页脚的数值，或者单击文本框右边向上或向下的箭头，也可以调整页边距。设置页眉和页脚距页边的距离的方法同上。只是页眉和页脚距页边的距离应小于工作表上端和下端页边距。

05 单击"确定"按钮，完成设置。

在"居中方式"选项组中，选中"水平"复选框，工作表在水平方向居中；选中"垂直"复选框，工作表在垂直方向居中。若两个复选框都选中，则工作表位于页面中间。

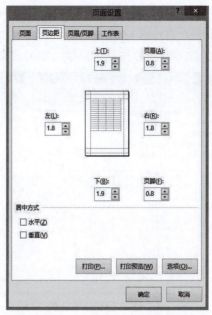

图 2-73 "页边距"选项卡

5) 设置页眉和页脚

页眉是打印在工作表顶部的眉批、文本或页号。页脚是打印在工作表底部的眉批、文本或页号。用户可以选择Excel提供的页眉和页脚，如果页眉和页脚列表框中没有用户需要的格式，用户还可以自定义页眉和页脚。具体操作步骤如下。

01 选择"页面布局"选项卡。

02 单击"页面设置"组中的"启动器"按钮，弹出"页面设置"对话框。选择"页眉/页脚"选项卡，如图2-74所示。

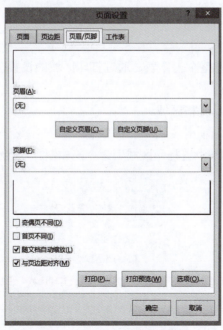

图 2-74 "页眉/页脚"选项卡

03 单击"自定义页眉"或"自定义页脚"按钮,弹出"页眉"或"页脚"对话框,"页眉"对话框如图2-75所示。通过该对话框中的"文本格式""页码""页数""日期""时间""文件名"和"标签名"等按钮可以定义页眉或页脚。

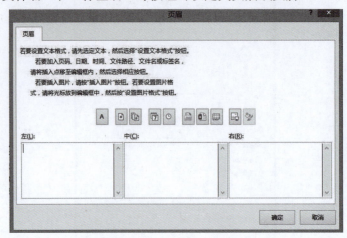

图2-75 "页眉"对话框

6) 设置打印网格线与标题

通常情况下,网格线与标题是用户根据需要设置的。打印前,用户可以选中"页面布局"选项卡"工作表选项"组中的网格线"打印"或者标题"打印"复选框,如图2-76所示。

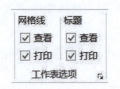

图2-76 "工作表选项"组

7) 设置打印区域

Excel默认的打印区域是整个工作表,通过打印区域的设置,也可打印需要的局部工作表内容。具体操作步骤如下。

01 选择要进行打印的单元格区域。

02 选择"页面布局"选项卡。

03 选择"打印区域"|"设置打印区域"命令,如图2-77所示。

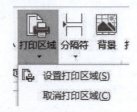

图2-77 选择"打印区域"|"设置打印区域"命令

04 打开"文件"选项卡,选择"打印"选项,在弹出的对话框中选择"预览"按钮,可以看到打印局部内容的效果,如图2-78所示。

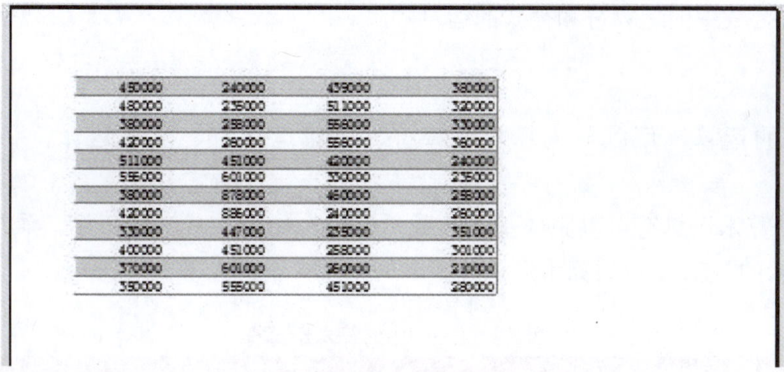

图 2-78　预览局部打印内容

当需要打印整个工作表中的数据时，选择"打印区域"|"取消打印区域"命令即可。

3. 打印

打印工作表，可以通过按快捷键Ctrl+P，或者单击"文件"按钮后选择"打印"命令，打开"打印"界面，如果有需要调整的内容可以再次调整设置，设置完成后单击"打印"按钮 🖨 执行"打印"命令。

2.2　公式

本节将介绍公式的基本概念和语法，并详细介绍如何建立、修改、移动和复制公式，以及公式的引用，公式的审核，用数组公式进行计算等内容。

2.2.1　公式概述

公式主要用于计算。可以说，没有公式的Excel就没有使用价值。使用公式可以进行简单的计算，如加、减、乘、除等；也可以完成很复杂的计算，如财务、统计和科学计算等；还可以使用公式进行比较或者操作文本和字符串。工作表中需要计算结果时，使用公式是最好的选择。

简单来说，公式就是一个等式，或者说是连续的一组数据和运算符组成的序列。

观察以下公式：

=10*2/3+4
=SUM(A1:A3)
=B5&C6

用户很熟悉第一个公式，只是等号左边是省略的单元格，第二、第三个公式可能以前没有接触过。在Excel中，公式有自己的特点，并且有自己的规定，这称作语法。

在工作表单元格中输入公式后，公式所产生的结果会显示在工作表中。要查看产生结果的公式，只需选中该单元格，公式即可出现在编辑栏中。要在单元格中编辑公式，双击该单元格或者按F2键即可。

下面介绍公式中的运算符和公式的运算顺序。

1. 运算符

Excel中的运算符可以分为算术运算符、比较运算符、文本运算符和引用运算符4类。

用户通过算术运算符可以完成基本的数学运算，如加、减、乘、除、乘方和求百分数等。表2-1所示的是Excel中的算术运算符。

表2-1　Excel中的算术运算符

公式中使用的符号和键盘符	含义	示例
+	加	8+8
−	减	8-8
−	负号	−8
*	乘	8*8
/	除	8/8
^	乘方	8^8
%	百分号	88%
( )	括号	(3+3)*3

比较运算符用于比较两个数值，并产生逻辑值TRUE或FALSE。表2-2所示的是Excel中的比较运算符。

表2-2　Excel中的比较运算符

公式中使用的符号和键盘符	含义	示例
=	等于	C1=C2
>	大于	C1>C2
<	小于	C1<C2
>=	大于或等于	C1>=C2
<=	小于或等于	C1<=C2
<>	不等于	C1<>C2

文本运算符可以将一个或者多个文本连接为一个组合文本。文本运算符只有一个，即&，其含义是将两个文本值连接或串联起来产生一个连续的文本值，如CLASS&ROOM的结果是CLASSROOM。

引用运算符可以将单元格区域合并运算，表2-3所示的是Excel中的引用运算符。

表2-3　Excel中的引用运算符

公式中使用的符号和键盘符	含义	示例
:（冒号）	区域运算符，对两个引用之间，包括两个引用在内的所有单元格进行引用	A1:B5
,（逗号）	联合运算符，将多个引用合并为一个引用	SUM(A1:B2，A3:A4)
（空格）	交叉运算符，产生同时属于两个引用的单元格区域的引用	SUM(A4:H4　B3:B8)

2. 运算顺序

当公式中既有加法，又有乘法和除法，还有乘方时，Excel应怎样确定其运算先后顺序呢？这就需要理解运算符的运算顺序，也就是运算符的优先级。对于同级运算，按照从等号开始从左到右进行运算；对于不同级的运算符，则按照运算符的优先级进行运算。表2-4所示的是常用运算符的运算优先级。

表2-4　公式中运算符的优先级

运算符	说明
：(冒号)	区域运算符
，(逗号)	联合运算符
(空格)	交叉运算符
()	括号
-(负号)	如：-5
%	百分号
^	乘方
*和/	乘和除
+和-	加和减
&	文本运算符
=、<、>、>=、<=、<>	比较运算符

3. 文本运算

文本运算符(&)用于连接字符串，如"我爱"&"伟大的"&"中国"的结果是"我爱伟大的中国"。当然，文本运算符还可以连接数字，如12&34的结果是1234字符串。

> ◆ 注意：
>
> 当用&来连接数字时，数字串两边的双引号可以没有，但连接一般的字母、字符串和文本时，双引号不可以去掉，否则公式将返回错误值。

4. 比较运算

比较运算符可以对两个数字或者两个字符串进行比较，以产生逻辑值TRUE或FALSE。例如，公式=200<400的结果是TRUE；而公式=100>400的结果则是FALSE。

> ◆ 注意：
>
> 当用比较运算符对字符串进行比较时，Excel会先将字符串转换成内部的ASCII码，再做比较。因此，公式="AB">"BC"的结果是FALSE。

5. 数值转换

在公式中，每个运算符都需要特定类型的数值与之对应。如果输入数值的类型与所需的类型不同，Excel有时可以对这个数值进行转换。下面举几个例子来说明公式中数值的转换。

例如，公式="1"+"2"，产生的结果是3。这是因为使用(+)时，Excel会认为公式中的运算项为数值。虽然公式中的引号说明"1"和"2"是文本型数字，但Excel会自动将文本型数字转换成数值。又如，公式="1"+"$2.00"产生的结果也是3，其原因与前面的例子相同。再如，使用函数的公式=SQRT("9")，则公式也会先将字符"9"转换成数值9，然后计算SQRT()函数，即对9开方(有关函数的使用参看本章后面的内容)，产生的结果是3。

例如，公式="A"&TRUE产生的结果是ATRUE。这是因为需要文本时，Excel会自动将数值和逻辑型值转换成文本。

6. 日期和时间

在Excel中，用户不仅可以对数字或者字符进行运算，而且可以对日期进行运算。Excel会将日期存储为一系列的序列数，而将时间存储为小数，因为时间可以被看成日期的一部分。

用户可以用一个日期减去另外一个日期来计算两个日期的差值。例如，公式="98/10/1"-"97/8/1"产生的结果为426。即1998年10月1日和1997年8月1日之间相差426天。

同样可以对日期进行其他的混合运算。例如，公式="98/10/1"-"97/8/1"/"98/10/1"产生的结果为36 068.01。

> **提示：**
> 当在Excel中输入日期，并且年份输入为两位数时，Excel会将在00和29之间的输入数解释为2000—2029年，而将在30和99之间的输入数解释为1930—1999年。例如，对于15/1/15，Excel会认为这个日期为2015年1月15日，而将95/1/15认为是1995年1月15日。

7. 语法

公式的语法是指公式中元素的结构或者顺序。Excel中的公式遵循一个特定的语法：最前面是等号"="，后面是参与运算的元素和运算符。元素可以是常量数值、单元格引用、标志名称和工作表函数。

2.2.2 公式的基本操作

公式的运用在Excel中占有很重要的地位。下面介绍公式的一些基本操作。

1. 建立公式

公式的建立在前面的一些例子中有提到过，这一节将正式介绍怎样通过键盘和公式选项板来创建公式。

1) 输入公式

使用键盘创建公式的操作步骤如下。

01 选择要输入公式的单元格。

02 先输入等号"="，然后输入计算表达式。如果使用的是函数向导向单元格输入公式，Excel会自动在公式前面插入等号。

03 按Enter键完成公式的输入。

❖ 注意：

如果在某一区域内输入同一个公式，逐个输入显然太慢了。此时，可以选中该单元格区域，输入所需要的公式，然后按Ctrl+Enter键，Excel则会自动将所有单元格都粘贴上该公式。这不仅对公式有效，还对其他文本和字符有效。

2) 公式选项板

用户可以使用公式选项板来输入公式。如果创建含有函数的公式，那么公式选项板有助于输入工作表函数和公式。

要显示公式选项板，可以单击编辑栏中的按钮 fx，然后会出现"插入函数"对话框，如图2-79所示。"插入函数"对话框会显示一个函数类别下拉列表。当选择一个类别时，该类别中的所有函数都将显示在此列表框中。如果不确定需要哪一个函数，则可以使用此对话框顶部的"搜索函数"字段搜索相应的函数。具体操作步骤如下。

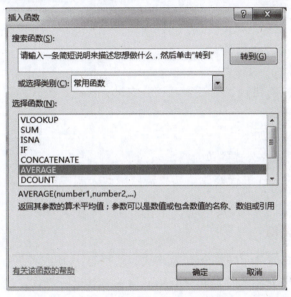

图2-79 "插入函数"对话框

01 输入搜索项并单击"转到"按钮。这样将获得一个相关函数的列表。当在"选择函数"列表中选择一个函数时，Excel会在对话框中显示此函数(及其参数名)，以及对此函数用途的简短描述。

02 当找到需要使用的函数以后，突出显示它并单击"确定"按钮，Excel会显示"函数参数"对话框，如图2-80所示。

03 为函数指定参数。"函数参数"对话框随插入函数的不同而有所不同。要使用单元格或区域引用作为参数，可以手动输入地址，或在参数框中单击，然后选择(即指向)工作表中的单元格或区域。

04 在设定所有函数参数之后，计算结果将出现在"函数参数"对话框中，单击"确定"按钮，完成公式的输入，完整的公式将出现在编辑栏中，而计算结果将显示在所选单元格中。

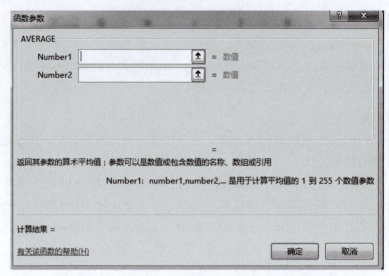

图 2-80 "函数参数"对话框

2. 修改公式

如果发现某个公式有错误,则必须对该公式进行修改。公式的修改非常简单,下面介绍修改公式的操作步骤。

修改公式的操作步骤如下。

01 单击包含需要修改公式的单元格。

02 在编辑栏中对公式进行修改。如果需要修改公式中的函数,则替换或修改函数的参数。

3. 公式的移动和复制

如果要将含有公式的单元格整个(包括格式、边框等)移动或者复制到另外的单元格或区域,可以按照前面章节介绍的移动和复制单元格的方法进行操作,也可以通过只粘贴单元格的公式来实现。

如图2-81所示,单元格A1中有一个公式"=40+50*3",现在要将它移动或者复制到C3单元格,可以按照如下步骤进行操作。

图 2-81 单元格中的公式

01 单击A1单元格。

02 单击"开始"选项卡"剪贴板"组中的"复制"按钮。

03 在C3单元格上右击,在弹出的快捷菜单中选择"粘贴选项"命令中的"粘贴公式"按钮,如图2-82所示,完成公式的复制操作。

04 如果在弹出的快捷菜单中的"粘贴选项"命令中没有所需要的粘贴按钮,则打开"选择性粘贴"对话框,如图2-83所示,在"选择性粘贴"对话框中选中"全部"单选按钮。

图 2-82　快捷菜单—粘贴选项

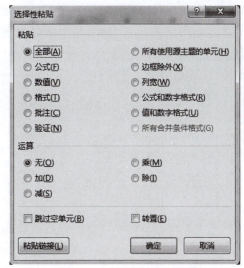

图 2-83　"选择性粘贴"对话框

05 单击"确定"按钮，完成公式的移动或者复制操作。

2.2.3　公式的引用

每个单元格都有自己的行、列坐标位置，在Excel中将单元格行、列坐标位置称为单元格引用。在公式中可以通过引用来代替单元格中的实际数值。在公式中不但可以引用本工作簿中任何一个工作表中任何单元格或单元格区域的数据，而且可以引用其他工作簿中任何单元格或者单元格区域的数据。

引用单元格数据以后，公式的运算值将随着被引用的单元格数据的变化而变化。当被引用的单元格数据被修改后，公式的运算值将自动修改。

1. 引用的类型

为满足用户的需要，Excel提供了绝对引用、相对引用和混合引用3种不同的引用类型。在引用单元格数据时，要弄清这3种引用类型。

1）绝对引用

绝对引用是指被引用的单元格与引用的单元格的位置关系是绝对的，无论将这个公式粘贴到哪个单元格，公式所引用的还是原来单元格的数据。即当复制公式时，行和列的引用不会发生改变，因为引用的是单元格的实际地址。绝对引用会在其地址中使用两个美元符号：一个用于列号，另一个用于行号。即绝对引用的单元格名称的行和列前都有符号"$"，如$A$1、$D$2等。

2）相对引用

相对引用是指当把公式复制到其他单元格中时，行或列引用会发生改变，因为这些引用实际上是相对于当前行或列的偏移量。相对引用的格式是直接用单元格或者单元格区域名，而不加符号"$"，如A1、D2等。使用相对引用后，系统将会记住建立公式的单元格和被引用的单元格的相对位置关系，在粘贴这个公式时，新的公式单元格和被引用的单元格仍保持这种相对位置。默认情况下,Excel会在公式中创建相对单元格引用。

图2-84所示的是包含4名学生成绩的成绩表。要求计算4名学生各科的平均分和总评成绩。

	A	B	C	D	E	F
1						
2	所占比例	30%	30%	30%	10%	
3						
4		语文	数学	英语	体育	总评
5	张龙	89	85	81	98	
6	赵虎	95	98	93	95	
7	王朝	90	89	94	96	
8	马汉	80	91	88	89	
9	平均分					

图 2-84　成绩表

计算各科平均分的公式是:某科平均分=AVERAGE(该科每人分数)。

计算总评成绩的公式是:总评成绩=语文*30%+数学*30%+英语*30%+体育*10%;各科在总评中所占比例已经列于第二行。

运用绝对引用和相对引用计算平均分和总评成绩的操作步骤如下。

01 在单元格B9中输入公式=AVERAGE(B5,B6,B7,B8);在这个公式中,对单元格B5至B8都使用了相对引用。

02 完成相对引用后,可以在单元格B9中得到计算结果。下面将单元格B9的公式复制到C9、D9、E9和F9中,复制完成后,用户会发现这些单元格中的公式与B9单元格的公式不同了。原来公式中的B分别被改为C、D、E和F。这就是相对引用。

03 在单元格F5中输入公式=B5*$B$2+C5*$C$2+D5*$D$2+E5*$E$2。

在这个公式中,对单元格B5至E5都使用了相对引用,而对B2至E2则采用了绝对引用。下面将单元格F5的公式复制到F6、F7和F8中,复制完成后,可以发现这些单元格中,公式相对引用的单元格名称改变了,而绝对引用的单元格名称没有改变。这时可以按Ctrl+` 快捷键(用来切换查看公式还是公式结果的快捷键)来查看工作表的所有公式。

3) 混合引用

行或列中有一个是相对引用,另一个是绝对引用。如果符号$在数字之前,而字母前没有$,那么被引用的单元格的行位置是绝对的,列位置是相对的。反之,则行的位置是相对的,而列的位置是绝对的。这就是混合引用,地址中只有一个组成部分是绝对的,如$E3或E$3。

2. 引用同一工作簿中的单元格

在当前工作表中可以引用其他工作表中单元格的内容。例如,当前的工作表是Sheet1,如要在A1单元格中引用工作表Sheet3中B6:B8的内容之和,有以下两种方法。

第一种,直接输入。在Sheet1中选择A1单元格,输入"=SUM(Sheet3!B6:B8)",然后按Enter键。

第二种,用鼠标选择需要引用的单元格。在Sheet1中选择A1单元格,输入"=SUM(";单击Sheet3工作表的标签,在Sheet3中选择B6:B8单元格,然后按Enter键。

> ❖ **注意：**
> 当编辑栏中显示Sheet1中A1单元格的公式"=SUM(Sheet3!B6:B8"时，此公式还缺少一个")"，此时可以在编辑栏中补上")"，也可以直接按Enter键，Excel会自动加上一个")"。

3. 引用其他工作簿中的单元格

在当前工作表中可以引用其他工作簿中的单元格或者单元格区域的数据或公式。例如，当前的工作簿是"工作簿2"，如果"工作簿2"中Sheet1工作表的A1单元格要引用"工作簿1"(文件存放的路径是"C:\My Documents\工作簿1.xlsx")中$B$3:$B$4单元格的数据，有以下两种方法。

第一种，直接输入。在Sheet1中选择A1单元格，输入"= SUM('C:\My Documents\[工作簿1.xlsx]Sheet1'!$B$3:$B$4)"，然后按Enter键。

第二种，选择需要引用的单元格。在Sheet1中选择A1单元格，输入"=SUM("，打开"工作簿1"，在其中单击工作表Sheet1的标签，在Sheet1中选择$B$3:$B$4单元格，然后按Enter键，关闭"工作簿1"。

为了便于操作和观察，可以选择"视图"|"窗口"|"全部重排"命令，然后单击"确认"按钮或者按Enter键，使"工作簿1"和"工作簿2"同时显示在屏幕上，再进行上述操作。

2.2.4 公式的错误与审核

审核公式对公式的正确性来说至关重要，它包括循环引用、公式返回的错误值、审核及检查等内容。

1. 循环引用

使用公式时引用公式自身所在的单元格，这时公式将把它视为循环引用。公式的循环引用是指公式直接或间接引用该公式所在的单元格的数值。在计算循环引用的公式时，Excel必须使用前一次迭代的结果来计算循环引用中的每个单元格。迭代是指重复计算工作表直到满足特定的数值条件。如果不改变迭代的默认设置，Excel将在100次迭代以后或者两个相邻迭代得到的数值变化小于0.001时停止迭代运算。

在使用循环引用时，可以根据需要来设置迭代的次数和迭代的最大误差，Excel中默认的迭代次数为100次。

更改默认迭代设置的操作步骤如下。

01 打开"文件"选项卡，选择"选项"命令，打开"Excel选项"对话框，选择"公式"选项，如图2-85所示。

02 选中"启用迭代计算"复选框。

03 根据需要在"最多迭代次数"文本框中和"最大误差"文本框中输入进行迭代运算时的最多迭代次数和最大误差。

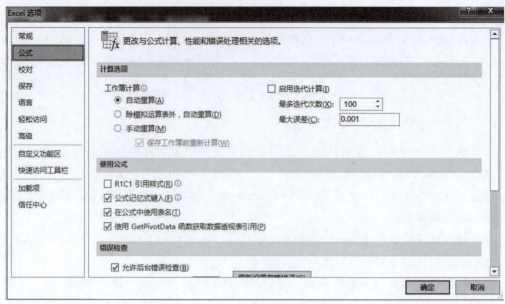

图 2-85 "Excel 选项"对话框

04 单击"确定"按钮,完成设置。

2. 公式返回的错误值

如果输入的公式不符合格式或者其他要求,就无法在Excel工作表的单元格中显示运算结果,该单元格中将会显示错误值信息,如"#####!""#DIV/0!""#N/A""# NAME?""#NULL!""#NUM!""#REF!""#VALUE!"。了解这些错误值信息的含义有助于用户修改单元格中的公式。表2-5所示的是Excel中的错误值及其含义。

表2-5 Excel中的错误值及其含义

错误值	含义
#####!	公式产生的结果或输入的常数太长,当前单元格宽度不够,不能正确地显示出来,将单元格加宽即可避免这种错误
#DIV/0!	公式中产生了除数或者分母为0的错误,这时候就要检查是否存在以下几种情况:①公式中是否引用了空白的单元格或数值为0的单元格作为除数;②引用的宏程序是否包含返回"#DIV/0!"值的宏函数;③是否有函数在特定条件下返回"#DIV/0!"错误值
#N/A	引用的单元格中没有可以使用的数值,在建立数学模型缺少个别数据时,可以在相应的单元格中输入#N/A,以免引用空单元格
# NAME?	公式中含有不能识别的名字或者字符,这时要检查公式中引用的单元格名称是否输入了不正确的字符
#NULL!	试图为公式中两个不相交的区域指定交叉点,这时要检查是否使用了不正确的区域操作符或者不正确的单元格引用
#NUM!	公式中某个函数的参数不对,这时要检查函数的每个参数是否正确
#REF!	引用中有无效的单元格,移动、复制和删除公式中的引用区域时,应当注意是否破坏了公式中的单元格引用,检查公式中是否有无效的单元格引用
#VALUE!	在需要数值或者逻辑值的位置输入了文本,检查公式或者函数的数值和参数

3. 审核及检查

Excel提供了公式审核功能，使用户可以跟踪选定范围中公式的引用或者从属单元格，也可以追踪错误。使用这些功能的操作方法如下。

选中需要审核的公式所在的单元格，然后选择"公式"选项卡的"公式审核"组，如图2-86所示，该组包含了审核公式功能的各种命令。

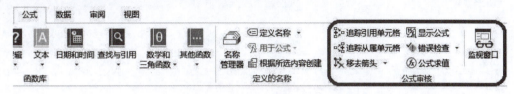

图2-86 "公式审核"组

如果需要显示公式引用过的单元格，可在图2-86中单击"公式审核"组中的"追踪引用单元格"按钮，此时公式所引用过的单元格就会有追踪箭头指向公式所在的单元格。单击"公式审核"组中的"移去引用单元格追踪箭头"按钮即可取消该追踪箭头。

如果需要显示某单元格被哪些单元格的公式引用，可在图2-86中单击"公式审核"组中的"追踪从属单元格"按钮，此时该单元格会产生指向引用它的公式所在单元格的追踪箭头。在删除单元格之前，最好使用这种方法来检查该单元格是否已被其他公式所引用。单击"公式审核"组中的"移去从属单元格追踪箭头"按钮即可取消该追踪箭头。

当单元格显示错误值时，选择"公式审核"组中"错误检查"命令的下拉箭头，在下拉菜单中选择"追踪错误"命令，如图2-87所示，即可追踪出产生错误的单元格。

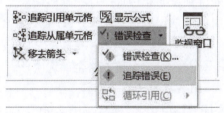

图2-87 选择"追踪错误"命令

要取消上述的所有追踪箭头，可以在"公式审核"组中选择"移去箭头"命令的下拉箭头，选择下拉菜单中合适的命令。

要在每个单元格显示公式，而不是结果值，可以单击"公式审核"组中的"显示公式"按钮，此时工作表中所有设置公式的单元格均将显示公式，如图2-88所示。

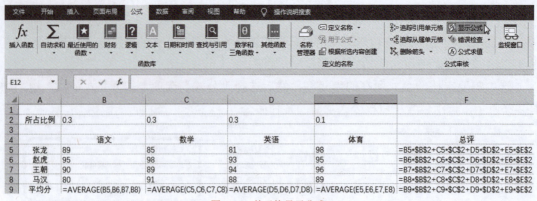

图 2-88 单元格显示公式

2.2.5 数组计算

数组是一组公式或值的长方形范围，Excel视数组为一组。数组计算是小范围进行大量计算的高效方法。它可以代替很多重复的公式。

1. 输入数组公式

输入数组公式的具体操作步骤如下。

01 选中需要输入数组公式的单元格或者单元格区域。

02 输入公式的内容。

03 按Shift+Ctrl+Enter快捷键结束输入。

输入数组公式其实是一个非常简单的操作，但要理解它并不容易。下面举例来帮助用户理解怎样建立数组公式。

如图2-89所示，要在C列得到A列和B列1~4行相乘的结果，可以在C1单元格输入公式=A1*B1，然后复制。使用数组的方法得到这些结果，A1至A4和B1至B4的数据就是数组的参数。具体操作步骤如下。

01 选定C1至C4单元格区域(注意：4个单元格全部选中)。

02 在编辑栏中输入公式=A1:A4*B1:B4。

03 按Shift+Ctrl+Enter快捷键结束输入，得到如图2-90所示的结果。

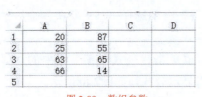

图 2-89 数组参数

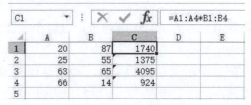

图 2-90 返回多个结果

❖ 注意：

数组公式如果返回多个结果，当删除数组公式时，必须删除整个数组公式，即选中整个数组公式所在单元格区域然后删除，而不能只删除数组公式的一部分。

2. 选中数组范围

通常情况下，输入数组公式的范围，其大小与外形应该与输入数据的范围的大小和外形相同。如果存放结果的范围太小，则看不到所有的结果；如果范围太大，有些单元格中则会出现不必要的"#N/A"错误。为避免以上情况的发生，选择的数组公式的范围必须与数组参数的范围一致。

3. 数组常量

在数组公式中，通常使用单元格区域引用，也可以直接输入数值数组。直接输入的数值数组被称为数组常量。在工作表的单元格中逐个输入数值很费时，此时可以使用建立数组常量的方法化繁为简。

用户可以使用以下方法来建立数组中的数组常量：直接在公式中输入数值，并且用大括号{}括起来，需要注意的是，把不同列的数值用逗号","分开，不同行的数值用分号";"分开。例如，如果要表示一行中的100、200、300和下一行中的400、500、600，应该输入一个2行3列的数组常量{100,200,300;400,500,600}。

在实际应用中，先选中一个2行3列的矩形区域，然后输入公式={100,200,300;400,500,600}，按Shift+Ctrl+Enter快捷键结束输入，则在这个2行3列的矩形区域即可一次得到所需要的数值，如图2-91所示。

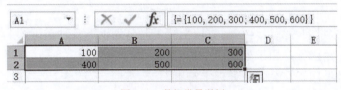

图2-91 数组常量举例

数组常量有其输入的规范，因此，无论是在单元格中输入数组常量，还是直接在公式中输入数组常量，都并非随便输入一个数值或者公式就行。

在Excel中，使用数组常量时应该注意以下规定。
- 数组常量中不能含有单元格引用，并且数组常量的列或者行的长度必须相等。
- 数组常量可以包括数字、文本、逻辑值FALSE和TRUE，以及错误值(如"#NAME?")。
- 数组常量中的数字可以是整数、小数或者科学记数公式。
- 在同一数组中可以有不同类型的数值，如{1,2,"A",TURE}。
- 数组常量中的数值不能是公式，必须是常量，并且不能含有$、( )或者%。
- 文本必须包含在双引号内，如"CLASSROOMS"。

2.3 函数

函数处理数据的方式与公式处理数据的方式相同，函数通过引用参数接收数据，并返回结果。大多数情况下，返回的是计算结果，也可以返回文本、引用、逻辑值、数组，或者工作表的信息。本节中列出的函数都可以用于工作表或Excel宏表。本节将介绍如何使用函数，并介绍Excel中的一些工作表函数及其参数说明。

2.3.1 函数概述

通过前面的学习可知，单元格中可以包括文本、公式或者函数。通过公式和函数可以在单元格中放置计算的值。公式可以进行加、减、乘、除运算，也可以包含函数。

Excel用预置的工作表函数进行数学、文本、逻辑的运算或者查找工作表的信息。与直接用公式进行计算相比，使用函数进行计算的速度更快。例如，使用公式=(A1+A2+A3+A4+A5+A6+A7+A8)/8与使用函数公式=AVERAGE(A1:A8)是等价的，但是，使用函数速度更快，而且占用工具栏的空间更小，同时可以减少输入出错的机会。因此，用户应该尽量使用函数。

函数通过参数接收数据，输入的参数应该放在函数名之后，并且必须用括号括起来，各函数使用特定类型的参数，如数值、引用、文本或者逻辑值。函数中使用参数的方式与等式中使用变量的方式相同。

函数的语法以函数的名称开始，后面是左括号、逗号隔开的参数和右括号。如果函数要以公式的形式出现，则要在函数名前输入等号。

1. 函数分类

Excel提供了大量的函数，这些函数按功能主要分为以下几种类型。
- 数学与三角函数：用于处理简单和复杂的数学计算。
- 文本函数：用于在公式中处理字符串。
- 逻辑函数：用于真假值判断，或者进行符号检验。
- 数据库函数：用于分析数据清单中的数值是否符合特定条件。
- 统计函数：用于对选定区域的数据进行统计分析。
- 查找与引用函数：用于在数据清单或者表格中查找特定数据，或者查找某一单元格的引用。
- 日期与时间函数：用于在公式中分析和处理日期与时间值。
- 财务函数：用于一般的财务计算。

2. 输入函数的方法

输入函数与输入公式的操作步骤类似，可以在单元格中直接输入函数的名称、参数，这是最快捷的方法。如果不能确定函数的拼写及函数的参数，则可以使用函数向导插入函数。

输入单个函数的操作步骤如下。

01 选中需要输入函数的单元格。

02 选择"公式"|"函数库"|"插入函数"命令，或者单击编辑栏中的按钮 f_x，打开如图2-92所示的"插入函数"对话框。

图 2-92 "插入函数"对话框

03 在"或选择类别"下拉列表中选择所需的函数类型，则该函数类型的所有函数将显示在"选择函数"列表框中，在该列表框中可选择需要使用的函数。

04 单击"确定"按钮，完成函数的输入。

"插入函数"对话框中的"选择函数"列表框下方有选中函数的说明，通过说明可以了解所选函数的作用。

2.3.2 常见的函数

Excel中的函数有二百多个。下面将列出比较常用的Excel函数及其参数，并且对其进行解释、说明和举例。

1. 财务函数

1) DB函数

DB函数是用固定余额递减法来计算一笔资产在给定期间内的折旧费。其语法如下：

DB(cost, salvage, life, period, month)

其中，cost为资产的初始价值；salvage为资产全部折旧后的剩余价值；life为资产折旧的时间长度；period为需要计算折旧值的单个时间周期，它的单位必须与life相同；month为第一年的月份数，如果缺省，则默认为12个月。

例如，要计算¥500 000在剩余价值为¥100 000、3年使用期限、第一年中使用6个月的情况下第一年的固定余额递减折旧费，应使用公式：

=DB(500 000, 100 000, 3, l, 6)

值为¥103 750.00。

2) DDB函数

DDB函数利用双倍余额递减法或其他方法来计算指定期间内某项固定资产的折旧费。它返回加速利率的折旧费早期大，后期小。这种方法是以资产的净账簿值(资产价值减去前几年的折旧费)的百分比来计算折旧费的。其语法如下：

DDB(cost, salvage, life, period, factor)

其中，前4个参数的定义可以参看DB函数。factor参数是指定余额递减法，默认值为2，表示一般的双倍余额递减法，如果设置为3，则表示3倍余额递减法。

例如，要计算￥100 000的机器在剩余价值为￥10 000、5年使用期限(60个月)情况下的折旧费，可以使用公式=DDB(100 000,10 000,60,1)来计算第一个月的双倍余额递减折旧费，为￥3 333.33；使用公式=DDB(100 000,10 000,5,1)来计算第一年的双倍余额递减折旧费，为￥40 000.00；使用公式=DDB(100 000,10 000,5,5)来计算第五年的双倍余额递减折旧费，为￥2 960.00。

3) PV函数

PV函数是计算某项投资的一系列等额分期偿还额的现值之和或一次性偿还额。其语法如下：

PV(rate, nper, pmt, fv, type)

其中，rate为各期利率；nper为投资期限；pmt为各个数额相同时的定期支付额；fv为投资在期限终止时的剩余值，其默认值为0；type用于确定各期的付款时间是在期初还是期末，type为0表示期末，type为1表示期初，其默认值为0。

例如，有一个投资机会，只需要现在投资￥120 000，就可以在未来5年中每年返回￥30 000。为决定这项投资是否可以接受，必须计算将得到的等额分期偿还额￥30 000的现值之和。假设现在的银行利率为4.0%，可以使用以下公式：

=PV(4%,5,30 000)

该公式使用了pmt参数，没有fv参数，也没使用type参数，表示支付发生在每个周期的期末。该公式返回值为￥-133 554.67，意味着现在投入￥133 554.67才能得到每年返回的￥30 000。由于现在只需要￥120 000，因此这是一项可以接受的投资。

如果该投资不是在未来5年中每年返回￥30 000，而是一次性偿还，这时就应该使用以下公式：

=PV(4%,5,,150 000)

这里必须使用逗号作为占位符来表示未用到pmt参数，以便使Excel知道150 000为fv参数。这里同样省略了type参数，其含义同上。该公式返回值为￥-123 289.07，意味着现在投入￥123 289.07，5年后才能返回￥150 000，因此这仍然是一项可以接受的投资。

4) NPV函数

NPV函数是基于一系列现金流和固定的各期利率，返回一项投资的净现值。

其语法如下：

NPV(rate, value1, value2, ⋯)

其中，rate为各期利率；value1,value2,⋯为1~29笔支出及收入的参数值。它们所属各期间的长度必须相等，支出及收入的时间都发生在期末。NPV按次序使用value1,value2,⋯来注释现金流的次序。因此，一定要保证支出和收入的数额按正确的顺序输入。

如果参数是数值、空白单元格、逻辑值或表示数值的文字表达式，则都会计算在内；如果参数是错误值或不能转换为数值的文字，则被忽略；如果参数是一个数组或引用，只有其中的数值部分计算在内，则忽略数组或引用中的空白单元格、逻辑值、文字及错误值。NPV函数在两个重要方面不同于PV函数。PV函数假定相同的支付额，而NPV函数则允许可变的支付额。另一个重要区别在于PV函数允许支付和接收发生在周期开始或者结束，而NPV函数假定所有支付和接收都均等分布，发生在周期结束。如果投资费用必须在前面全部付清，则不应将此项费用作为value参数之一，而应当从函数结果中减去它。另外，如果该费用必须在第一期结束时付清，则应当将它作为第一个负value参数。

例如，要进行一项¥150 000的投资，预计第一年末损失¥10 000，而第二年末、第三年末和第四年末分别可以获得¥50 000、¥75 000、¥95 000，银行利率为5%，要估计这项投资是否划算，则应使用以下公式：

=NPV(5%,−10 000,50 000,75 000,95 000)−150 000

返回值为¥28 772.22。因此，这是一项可以接受的投资。

5) RATE函数

RATE函数用于计算得到一系列等额支付或者一次总支付的投资收益率。其语法如下：

RATE (nper, pmt, pv, fv, type, guess)

其中，nper、pmt、fv、type的定义可以参考PV函数；pv为投资额现值；guess提供给Excel开始计算收益率的一个起点，默认值为0.1，即10%。

例如，考虑一项4年内每年可以得到¥100 000的投资，投资费用为¥320 000。要计算投资的实际收益率，可以利用以下公式：

=RATE(4,100 000,−320 000)

返回值为10%。准确的返回值为0.095 642 274 452 571 7，但是由于答案是一个百分比，因此Excel将单元格格式转化为百分比。

RATE函数是利用迭代过程来计算利率的。函数从给定的guess参数值开始计算投资的利润率。如果第一个净现值大于0，则函数选择一个较低的利率进行第二次迭代。RATE函数继续这个过程直到得到正确的收益率或者已经迭代20次。如果在输入RATE函数后得到错误值"#NUM!"，则Excel也许不能在20次迭代内求得收益率。选择一个不同的guess参数为函数提供一个运行起点。

6) IRR函数

IRR函数用于计算一组现金流的内部收益率。这些现金流必须按固定的间隔发生，如按月或按年。其语法如下：

IRR(values, guess)

其中，values为数组或包含用来计算内部收益率的数字单元格的引用。values必须至少包括一个正数值和负数值。IRR函数忽略文字、逻辑值和空白单元格。

IRR函数根据数值的顺序来解释现金流的顺序，故应确定按需要的顺序输入了支付和收入的数值。guess的参数定义参看RATE函数。

IRR函数很近似于RATE函数。RATE函数和IRR函数的区别类似于PV函数和NPV函数的区别。与NPV函数一样，IRR函数考虑了投资费用和不等支付额的问题，故其应用范围更广一些。

例如，要进行一项￥120 000的投资，并预期今后5年的净收益为￥25 000、￥27 000、￥35 000、￥38 000和￥40 000。建立一个包含投资和收入信息的简单工作表。在工作表的A1:A6单元格中分别输入以下数值：￥-120 000、￥25 000、￥27 000、￥35 000、￥38 000和￥40 000。然后输入以下公式：

=IRR(A1:A6)

计算此项投资在5年后的内部收益率，返回值为11%。输入以下公式：

=IRR(A1:A5)

计算此项投资在4年后的内部收益率，返回值为2%。输入以下公式：

=IRR(A1:A4, −10%)

计算此项投资在3年后的内部收益率，并由-10%的利率开始算起，返回值为-14%。

2. 日期与时间函数

在2.2节中提到过日期与时间的运算，Excel中将日期和时间记录为序列数。下面简单介绍常用的日期与时间函数。

1) NOW函数

NOW函数返回计算机的系统日期和时间所对应的日期、时间序列数。其语法如下：

NOW( )

例如，当前日期为1999年6月14日20:52，如果正在使用的是1900日期系统，则以下公式：

=NOW( )

返回36 325.869 740 046 3，如果单元格的格式为日期格式，则显示1999-6-14 20:52。10分钟后NOW函数将返回36 325.877 017 013 9，如果单元格的格式为日期格式，则显示以下结果：

1999-6-14 21:02

2) TODAY函数

TODAY函数返回当前日期的序列数，该函数与NOW函数的作用一样，只是不返回序列数的时间部分。工作表打开或者重新计算时Excel会更新序列数。其语法如下：

TODAY( )

3) DATE函数

DATE函数返回某一特定日期的序列数。其语法如下：

DATE(year, month, day)

其中，year为年份；month为月份，如果输入的月份大于12，将从指定年份的一月份开始往上累加；day为在该月份中第几天的数字，如果day大于该月份的最大天数，将从指定月份的第一天开始往上累加。

函数DATE在那些年份、月份和日期由公式计算而非常数的公式中非常有用。

例如，以下公式：

=DATE(99,5,1)

将返回36 281，此序列数对应于1999年5月1日。

4) DATEVALUE函数

DATEVALUE函数返回date_text参数所表示的序列数。它可以将文字表示的日期转换成一个序列数。其语法如下：

DATEVALUE(date_text)

其中，date_text参数可以是Excel预定义的任何日期格式。

例如，要返回1998年6月1日的序列数，可以使用以下公式：

=DATEVALUE("06-01-98")

将返回结果35 947。

5) NETWORKDAYS函数

NETWORKDAYS函数返回参数start_data和end_data之间总的工作天数。计算工作天数时应注意工作日不包括周末和专门指定的假期。其语法如下：

NETWORKDAYS=(start_date,end_date,holidays)

其中，start_date为起始日期的日期值；end_date为终止日期的日期值；holidays为可选清单，指需要从工作日历中排除的日期值，如各种法定假日或自定假日。

如果该函数不存在，运行"安装"程序来加载"分析工具库"，安装完毕之后，必须通过选择"工具"|"加载宏"命令，在"加载宏"对话框中选择并启用它。

如果任何参数为非法日期值，函数NETWORKDAYS将返回错误值"#NUM!"。

例如，要计算1998年3月1日到1998年3月19日的总工作天数(除去节假日和3月8日)，则使用以下公式：

=NETWORKDAYS(DATEVALUE("03-01-98"),DATEVALUE("03-19-98"),DATEVALUE ("03-08-98"))

返回值为14。

6) WEEKDAY函数

WEEKDAY函数返回与serial_number对应的序列数是星期几。其值为1~7的整数。其语法如下：

WEEKDAY(serial_number, return_type)

其中，serial_number为日期-时间代码，它可以是数字，也可以是文本，如"30-Apr-1998"或者35915。return_type为可选，用以确定一星期从哪天开始，默认值为1，则由星期日开始为1，到星期六为7；其值为2，则由星期一开始为1，到星期日为7；其值为3，则由星期一开始为0，到星期日为6。

例如，要想知道1998年12月25日是星期几，可以输入以下公式：

=WEEKDAY("12-25-98", 2)

返回值为5，即星期五。

7) EOMONTH函数

EOMONTH函数返回start_date之前或之后指定月份中最后一天的日期序列数。其语法如下：

EOMONTH(start_date, months)

其中，start_date为起始日期的日期值；months为start_date之前或之后的月数。如果是正数，指将来的日期；如果是负数，指过去的日期。

例如，要想知道这个月底的序列数，可以使用以下公式(设今天为1998年10月1日)：

=EOMONTH (TODAY( ),0)

返回值为36 099或10/31/98。

3. 数学与三角函数

数学与三角函数是工作表中大部分计算的基础，特别是在它当中可以找到大多数科学与过程函数。

1) SUM函数

SUM函数用于计算一系列数字之和。其语法如下：

SUM(number1, number2, …)

其中，number1, number2, …为1~255个需要求和的参数，它们可以是数字、公式、范围或者产生数字的单元格引用。

SUM函数忽略数组或引用中的空白单元格、逻辑值和文本。如果参数为错误值或不能转换成数字的文本，将会导致错误。

例如，以下公式：

=SUM(13, 12)

返回值为25。而以下公式：

=SUM("13", 22, TRUE)

返回值为36，因为文本值被转换成数字，而逻辑值TRUE被转换成数字1。

如果单元格A1中为TEXT，公式如下：

=SUM(13, 22, A1)

返回值为35，因为Excel忽略了文本。

如果单元格A1:A5包含10、20、30、40和50，则以下公式：

=SUM(A1:A3)

返回值为60。

=SUM(A1:A5, 100)

返回值为250。

2) ROUND函数

ROUND函数将参数引用的数舍入到指定的小数位数。其语法如下：

ROUND(number, num_digits)

其中，number为需要进行舍入的数值、包含数值的单元格引用或者结果为数值的公式；num_digits为舍入的位数，可以为任意整数。当它为负数时将舍入小数点左边的位数；当它为0时将舍入最近的整数。在Excel中，下舍小于5的数字，上入大于或等于5的数字。表2-6所示的是ROUND函数的几个例子。

表2-6　ROUND函数举例

输入项	返回值
=ROUND(123.456,-2)	100
=ROUND(123.456,-1)	120
=ROUND(123.456,0)	123
=ROUND(123.456,1)	123.5
=ROUND(123.456,2)	123.46
=ROUND(123.456,3)	123.456

3) EVEN函数

EVEN函数返回沿绝对值增大方向取整后最接近的偶数。其语法如下：

EVEN(number)

其中，number为要取整的数值。如果number为非数值参数，则EVEN函数返回错误值"#VALUE!"。

不论number的正负号如何，函数都向远离零的方向舍入，如果number恰好是偶数，则无须进行任何舍入处理。表2-7所示的是EVEN函数的举例。

表2-7　EVEN函数举例

输入项	返回值
=EVEN(23.4)	24
=EVEN(2)	2
=EVEN(3)	4
=EVEN(−3)	−4

4) PI函数

PI函数返回常量π的精确到14个小数位的数值：3.141 592 653 589 79。其语法如下：

PI ( )

PI函数没有参数，通常嵌套在公式或其他函数中。

例如，要计算圆的面积，可以用π乘以圆半径的平方。公式如下：

= PI ( ) * (5^2)

计算半径为5的圆的面积。结果舍入到两个小数位后是78.54。

4. 统计函数

统计函数可以帮助用户处理一些简单的问题，如计算平均值、计算某些项目的个数等。统计函数还可以进行一些简单的统计分析，如标准偏差、方差等。

1) AVERAGE函数

AVERAGE函数返回参数平均值(算术平均值)。其语法如下：

AVERAGE(number1, number2, …)

其中，number1, number2, …为要计算平均值的1~255个参数，参数可以是单个值或者范围，范围包括数字、单元格引用或者包含数字的数组。AVERAGE函数忽略文本、逻辑值或空单元格。

例如，C12:C15单元格中分别是以下数值：2、3、4、5。公式如下：

=AVERAGE(C12:C15)

返回值为3.5。而以下公式：

=AVERAGE(C12:C15,11)

返回值为5。

2) COUNT函数

COUNT函数返回参数中数字的个数。其语法如下：

COUNT (value1, value2, …)

其中，value1, value2, …为要计算数字个数的1~255个参数，参数可以是单个值或者范围，范围包括数字、单元格引用或者包含数字的数组。COUNT函数忽略文本、逻辑值或空单元格，只计算数字类型的数据个数。

如果要统计逻辑值、文字或错误值，则使用COUNTA函数。

例如，A6:A9分别是1、2、3、4，则以下公式：

=COUNT (A6:A9)

返回值为4。如果A8为空白单元格，则该公式返回值为3。

3) COUNTA函数

COUNTA函数返回参数中非空白值的个数。其语法如下：

COUNTA (value1, value2, …)

其中，value1, value2, …为要计算非空白值个数的1~255个参数，参数可以是单个值或者范围，范围包括数字、单元格引用或者包含数字的数组。COUNTA函数忽略数组或者单元格引用中的空单元格。

例如，B14是唯一的空单元格，则以下公式：

=COUNTA (B1:B15)

返回值为14。

4) STDEV函数

STDEV函数用于计算某一样本的标准偏差。其语法如下：

STDEV (number1, number2, …)

其中，number1, number2, …为对应于总体样本的1~255个参数。
STDEV函数忽略逻辑值(TRUE或FALSE)和文本。如果不能忽略逻辑值和文本，应使用STDEVA函数。如果数据代表全部样本总体，则应该使用STDEV.P函数来计算标准偏差。

例如，要计算在B5:B14中样本值45、13、68、32、10、70、18、10、50、29的标准偏差，利用以下公式：

=STDEV(B5:B14)

返回值为22.863 119 26。

5) DEVSQ函数

DEVSQ函数返回数据点与各自样本均值偏差的平方和。其语法如下：

DEVSQ(number1, number2, …)。

其中，number1，number2等参数参考STDEV函数。

例如，要计算在A2:A11中样本值15、23、78、72、70、60、56、17、58、99的均值偏差的平方和，利用以下公式：

=DEVSQ(A2:A11)

返回值为7 081.6。

6) MAX函数

MAX函数返回参数中的最大值。其语法如下：

MAX(number1, number2, …)

其中，number1, number2, …为需要找出最大数值的1~255个数值。参数可以是单个值或者范围，范围包括数字、单元格引用或者包含数字的数组。MAX函数忽略文本、逻辑值或空单元格，只考虑数字类型的数据大小。如果逻辑值和文本不能忽略，可使用函数MAXA来代替；如果参数不包含数字，MAX函数将返回0。

例如，单元格C1:D3包含数字-2、4、32、30、10、7，则以下公式：

=MAX(Cl:D3)

返回值为32。

5. 查找与引用函数

当用户需要确定单元格内容、范围或者选择的范围时，查找与引用函数显得非常有用。

1) ADDRESS函数

ADDRESS函数返回指定的单元格引用，结果用文本形式来表示。其语法如下：

ADDRESS(row_num, column_num, abs_num, a1, sheet_text)

其中，row_num为单元格引用中的行号；column_num为单元格引用中的列号；abs_num用以指定引用类型，默认值为1，即表示绝对引用，当其值为2时，表示绝对行，相对列；当其值为3时，表示相对行，绝对列；当其值为4时，表示相对引用；a1用以指明引用样式，默认值为TRUE，即返回a1形式的引用，如果其为FALSE，即返回R1C1形式的引用；sheet_text是文本，指明作为外部引用的工作表名，如果省略，则不使用任何工作表名。

例如，以下公式：

=ADDRESS(15, 4, 2, TRUE)

返回值为D$l5。而以下公式：

=ADDRESS(10, 5, 4, FALSE)

返回值为R10C5。

2) VLOOKUP函数

VLOOKUP函数用于查找所构造的表格中存放的信息。当在表格中查找信息时，一般用行索引或者列索引来定位特定单元格。Excel在利用这种方式时做了一些变动，即通过查找第一列中小于或者等于用户所提供的最大值来得到一个索引，然后用另一指定参数作为其他索引。这样可以根据表格中的信息查找数值，而不必确切地知道数值在哪里。其语法如下：

VLOOKUP(lookup_value, table_array, col_index_num, range_lookup)

其中，lookup_value为在表格中查找以得到第一个索引的数值，它可以为数值、引用或文字串；table_array为定义表格的数组或者范围名称，其第一行的数值可以为文本、数字或逻辑值；col_index_num为开始选择结果的表格列(第二个索引)，当其值为1时，返回table_array第一列的数值，当其值为2时，返回table_array第二列的数值，以此类推。

如果其值小于1，VLOOKUP函数返回错误值“#VALUE!”；如果其值大于table_array的列数，VLOOKUP函数返回错误值“#REF!”；range_lookup为一个逻辑值，指明函数VLOOKUP查找时是精确匹配还是近似匹配，其默认值为TRUE，此时函数返回近似匹配值，如果其为FALSE，VLOOKUP函数将查找精确匹配值，如果找不到，则返回错误值“#N/A!”。

例如，要在图2-93所示的表格中检索数据，公式=VLOOKUP(42, A1:C6, 3)的返回值为24。

C7　　fx　=VLOOKUP(42,A1:C6,3)

	A	B	C	D
1	10	100	5	
2	20	200	8	
3	30	300	22	
4	40	400	24	
5	50	500	27	
6	60	600	32	
7			24	

图 2-93　要检索数据的表格

其检索过程如下：首先找到包含比较值的列，这里为列A，然后扫描比较值查找小于或者等于lookup_value的最大值。由于第4个比较值40小于41，而第5个比较值50又大于41，因此以包含40的行(即行4)做行索引。列索引是col_index_num参数，这里是3，因此列C中包含所要的数据。由此可以得到单元格C4中的数值24。

3) HLOOKUP函数

HLOOKUP函数在表格或数值数组的首行查找指定的数值，并由此返回表格或数组当前列中指定行处的数值。HLOOKUP的用法可以参看VLOOKUP。其语法如下：

HLOOKUP(lookup_value, table_array, row_index_num, range_lookup)

4) INDIRECT函数

INDIRECT函数可以从单元格引用中找到单元格的内容。其语法如下：

INDIRECT(ref_text, A1)

其中，ref_text为一个A1形式的引用、R1C1形式的引用或者单元格名称，如果它的输入项无效，则函数返回错误值“#REF!”；A1为一个逻辑值，指明使用的是哪一种引用类型。如果其值为FALSE，则Excel将其解释为R1C1格式；如果其值为TRUE(默认值)，则Excel将其解释为A1格式。

例如，工作表的单元格C5包含文本B2，而单元格B2中为数值17，则以下公式：

=INDIRECT(C5)

返回值为17。如果工作表设置为R1C1格式的引用，而且单元格R5C3包含单元格R2C2的引用，单元格R2C2中为数值17，则以下公式：

=INDIRECTT(R5C3, FALSE)

返回值为17。

5) INDEX函数

INDEX函数返回指定范围中特定行与特定列交叉点上的单元格引用，其语法如下：

```
INDEX(reference, row_num, column_num, area_num)
```

其中，reference指定一个或多个区域的引用，如果指定多个区域，则必须用括号括起来，区域之间要用逗号隔开；row_num指定引用中的行序号；column_num指定引用中的列序号；area_num指定reference所确定的几个区域中的某个，其默认值为1。

例如，以下公式：

```
=INDEX((D5:F9, D10:F14), 1, 2, 2)
```

返回区域D10:F14中第1行、第2列的单元格引用。

6. 数据库函数

Excel中各个数据库都使用同样的参数：数据库(database)、字段(field)和条件(criteria)。函数DAVERAGE中讨论的参数说明适用于所有的数据库函数。

1) DAVERAGE函数

DAVERAGE函数用于计算满足查询条件的数据库记录中给定字段内数值的平均值。其语法如下：

```
DAVERAGE(database, field, criteria)
```

其中，database为构成数据清单或数据库的单元格区域，它可以是一个范围或者一个范围引用的名称；field指定函数所使用的数据列，它可以是引号中的字段名、包含字段名的单元格引用或者数字；criteria为对一组单元格区域的引用，这组单元格区域用来设定函数的匹配条件。数据库函数可以返回数据清单中与条件区域所设定的条件相匹配的信息。条件区域包含了函数所要汇总的数据列(即field)在数据清单中的列标志的一个副本。

例如，如图2-94所示的工作表，单元格A1:C13为数据库区域，要统计收入大于5 000元的收入平均值，在区域E3中输入如图2-94中所示的条件，使用以下公式：

```
=DAVERAGE(A1:C13, "收入", E1:F2)
```

将得到收入平均值，为7 222.841。

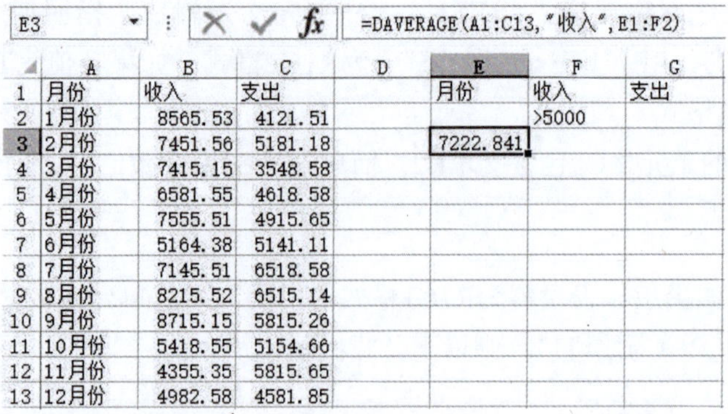
E3 =DAVERAGE(A1:C13,"收入",E1:F2)

	A	B	C	D	E	F	G
1	月份	收入	支出		月份	收入	支出
2	1月份	8565.53	4121.51			>5000	
3	2月份	7451.56	5181.18		7222.841		
4	3月份	7415.15	3548.58				
5	4月份	6581.55	4618.58				
6	5月份	7555.51	4915.65				
7	6月份	5164.38	5141.11				
8	7月份	7145.51	6518.58				
9	8月份	8215.52	6515.14				
10	9月份	8715.15	5815.26				
11	10月份	5418.55	5154.66				
12	11月份	4355.35	5815.65				
13	12月份	4982.58	4581.85				

图 2-94　数据库区域

2) DCOUNT函数

DCOUNT函数用于计算数据库中给定字段满足条件的记录数，其语法如下：

DCOUNT(database, field, criteria)

其中，参数field为可选项，如果省略，DCOUNT函数将返回数据库中满足条件criteria的所有记录数；其他参数参考DAVERAGE函数。

例如，如图2-94所示的数据库区域，要统计收入大于5 000元的记录数，可以使用以下公式：

=DCOUNT(A1:C13, E1: G2)

返回值为10。

3) DSTDEVP函数

DSTDEVP函数将数据清单或数据库的指定列中满足给定条件单元格中的数字作为总体样本计算其标准偏差。其语法如下：

DSTDEVP(database, field, criteria)

其中各参数的含义与DAVERAGE函数相同。

例如，如图2-94所示的数据库区域，要计算收入大于5 000元的样本的标准偏差，可以使用以下公式：

=DSTDEVP(A1:C13, "收入", E1:G2)

返回值为1 027.621。

4) DMAX函数

DMAX函数将返回数据库中满足条件的记录中给定字段的最大值，其语法如下：

DMAX(database, field, criteria)

其中各参数的含义与DAVERAGE函数相同。

例如，如图2-94所示的数据库区域，要查找收入大于5 000元的记录中支出的最大值，可以使用以下的公式：

=DMAX(A1:C13,"支出",E1:G2)

返回值为6 518.58。

7. 文本函数

文本函数又称为字符串函数，对于处理转化到ASCII文件的文本以及要装载到主机的文本，都是非常重要的。

1) CONCATENATE函数

CONCATENATE函数返回将给出的几个字符串合并的一个字符串。其语法如下：

CONCATENATE(text1, text2, …)

其中，text1,text2,…为1~255个将要合并成单个字符串的文本。这些文本可以是字符串、数字或单个单元格引用。

例如，以下公式：

=CONCATENATE("Welcome", "President!")

将返回合成字符串"WelcomePresident!"。

又如图2-94所示的工作表，以下公式：

=CONCATENATE("今年", A8, "的", B1, "为", B8, "元")

将返回"今年七月份的收入为7 145.51元"。

2) VALUE函数

VALUE函数将以文本形式输入的数字转换成数值。其语法如下：

VALUE(text)

其中，text为括在双引号内的字符串，也可以是包含文字的单元格引用。它可以是任何可识别的格式，包括自定义的格式。如果它不是可识别的格式，VALUE函数将返回错误值"#VALUE!"。

例如，以下公式：

=VALUE("13425")

返回值为13 425，如果单元格B5中为文本13 425，则以下公式：

=VALUE(B5)

返回值为13 425。

VALUE函数还可以将日期和时间格式的文本转换为日期值，例如，以下公式：

=VALUE("1-1-1998")

将返回日期系列值35 796。

3) FIXED函数

FIXED函数将数字四舍五入到指定的小数位数，用逗号和一个圆点来格式化结果，并以文本形式显示结果。其语法如下：

FIXED(number, decimals, no_commas)

其中，number为要转换成字符串的数；decimals为一个整数，当其为正值时指定小数点右边的位数，为负值时指定小数点左边的位数；no_commas为逻辑值，用于指定结果中是否要包括逗号，其默认值为FALSE，即在结果中插入逗号。

例如，以下公式：

=FIXED(5986.432,2, TRUE)

将返回字符串5 986.43，而以下公式：

=FIXED(5986.432, −1, FALSE)

将返回字符串5 990。

4) LEN函数

LEN函数返回输入项中的字符个数，其语法如下：

LEN (text)

其中，text为要计算字符个数的字符串，它可以是括在括号里的文本，也可以是单元格引用。

例如，以下公式：

=LEN("text")

返回值为4。如果单元格B5中包含字符串text，则以下公式：

=LEN(B5)

返回值为4。

LEN函数返回显示文字或者数值的长度，而不是基本单元格内容的长度。

例如，单元格B5中公式如下：

=B1+B2+B3+B4

其计算结果为98，则以下公式：

=LEN(B5)

将返回数值98的长度2。

5) REPLACE函数

REPLACE函数用某一字符串替换另一个字符串中的全部或者部分内容。其语法如下：

REPLACE(old_text, start_num, num_chars, new_text)

其中，old_text为被替换的字符串；start_num为old_text中要替换为new_text字符的起始位置；num_chars为old_text中要替换为new_text字符的个数；new_text为用于替换old_text字符的字符串。

例如，单元格A5中为字符串"Hello,Kitty!"，要将其放到单元格B1中，并用字符串"Windy"来替换其中的"Kitty"，则选择B1单元格，然后使用以下公式：

=REPLACE(A5, 7, 5, "Windy")

返回结果为"Hello,Windy!"。

6) REPT函数

REPT函数将指定字符串重复指定次数作为新字符串填充单元格。其语法如下：

REPT(text,number_times)

其中，text指定要重复的字符串；number_times为重复的次数，它可以是任意整数，但重复的结果不能超过255个字符，如果其值为0，则REPT函数保持单元格为空白，如果它不是整数，则忽略其小数部分。

例如，要想得到100个"-"，可以使用以下公式：

=REPT("-", 100)

返回结果是由100个"-"组成的字符串。

7) SEARCH函数

SEARCH函数返回指定字符或者字符串首次出现在另外一个字符串中的起始位置，其语法如下：

SEARCH(find_text, within_text, start_num)

其中，find_text为要查找的字符串，可以在其中使用通配符问号"?"和星号"*"。问号可以匹配任何单个字符；星号匹配任何字符序列。如果要查找实际的问号或星号，那么应在该字符前加一个代字符(~)。如果找不到find_text，函数返回错误值"#VALUE!"。within_text为被查找的字符串。start_num为开始查找的位置，默认值为1，从左边开始搜索，如果其值为小于或等于0或大于within_text的长度，则返回错误值"#VALUE!"。

例如，以下公式：

=SEARCH("here","Welcome here!")

返回值为9。而以下公式：

=SEARCH("a?d","Welcome here, ladies and gentlemen!")

返回值为21。

8. 逻辑函数

逻辑函数是功能强大的工作表函数，它可以使用户对工作表结果进行判断和逻辑选择。

1) IF函数

IF函数返回根据逻辑测试真假值的结果。它可以对数值和公式进行条件检测。其语法如下：

IF(logical_test, value_if_true, value_if_false)

其中，logical_test为逻辑值，它可以是TRUE或者FALSE，也可以是计算结果为TRUE或FALSE的任何数值或表达式。value_if_true是logical_test为TRUE时函数的返回值，可以是某一个公式。如果logical_test为TRUE并且省略value_if_true，则返回TRUE。value_if_false是logical_test为FALSE时函数的返回值，可以是某一个公式。如果logical_test为FALSE并且省略value_if_false，则返回FALSE。

IF函数最多可以嵌套7层，方法是用value_if_true及value_if_false参数构造复杂的检测条件。

例如，判断单元格B5中的数值是否小于60，是则返回"FAIL！"，否则返回"PASS！"，

可以使用以下公式：

=IF(B5<60,"FAIL!","PASS!")

如果还要对PASS的情况细分等级，即60~85为"FINE!"，85及以上为"EXCELIENT!"，可以使用以下嵌套公式：

=IF(B5<60,"FAIL!",IF(B5<85,"FINE!","EXCELLENT!"))

这样即可得到所需的等级。

2) AND函数

AND函数用于判断所有参数的逻辑值是否为真，是则返回TRUE，否则只要有一个逻辑值为假即返回FALSE。其语法如下：

AND(logical1, logical2, …)

其中，logical1，logical2，…为1~255个逻辑值参数，各逻辑值参数可以为单个逻辑值TRUE或FALSE，也可以是包含逻辑值的数组或者单元格引用。如果数组或者单元格引用中包含文字或空单元格，则忽略其值。如果指定的单元格区域内包括非逻辑值，AND将返回错误值"#VALUE!"。

例如，要判断单元格B10中的数值是否大于5而且小于10，可以使用以下公式：

=AND(B10>5, B10<10)

则当B10单元格的数值大于5而且小于10时返回TRUE，否则返回FALSE。

3) NOT函数

NOT函数对给定参数的逻辑值求反。其语法如下：

NOT(logical)

其中，logical是一个逻辑值参数，可以是单个逻辑值TRUE或FALSE，或者是逻辑表达式。如果逻辑值为FALSE，函数返回TRUE；如果逻辑值为TRUE，函数返回FALSE。

例如，以下公式：

=NOT(B5=10)

在B5单元格数值等于10时返回FALSE，否则返回TRUE。

4) OR函数

OR函数判断给定参数中的逻辑值是否为真，只要有一个为真即返回TRUE，如果全部为假，则返回FALSE。其语法如下：

OR(logical1, logical2, …)

其中，logical1，logical2，…与AND函数相同。

例如，要判断单元格C6中是否为10或者20，可以使用以下公式：

=OR(C6=10, C6=20)

当单元格中是10或20时返回TRUE，否则返回FALSE。

2.4 本章小结

本章深入介绍了单元格和工作表编辑的各种操作方法，重点介绍了对单元格和工作表的设置和格式化，同时对Excel中的计算功能、公式与函数进行了深入的介绍。通过本章的学习，读者应熟练各种单元格的编辑操作；掌握单元格的命名规则；能够调整工作表的行高和列宽，使不同单元格的数据都能显示在工作表上；熟悉工作表的各种操作，包括插入、删除、移动、复制、重命名和隐藏工作表，会利用这些操作管理好工作表；熟练使用打印预览功能。在实际打印之前先进行打印预览，确保实际打印的准确性以减少出错；掌握公式的各种基本概念及公式的基本操作，包括建立公式、修改公式、公式的移动和复制；掌握什么是函数及其语法，了解Excel函数的使用方法。

2.5 思考练习

1. 选择题

(1) 在Excel中编辑单元格内容的方法有(　　)。

　　A. 通过编辑栏进行编辑

　　B. 在单元格中直接进行编辑

　　C. 一旦输入就无法编辑

(2) 在Excel中插入空的单元格的操作有(　　)。

　　A. 选定要插入单元格的位置

　　B. 选择"插入"|"单元格"命令，或者在选中的单元格上右击，在弹出的快捷菜单中选择"插入"命令

　　C. 从打开的"插入"对话框中选择插入方式，并单击"确定"按钮

(3) 在Excel中可以自动完成的操作有(　　)。

　　A. 排序　　　　B. 填充　　　　C. 求和

(4) 下列选项在Excel中可被当作公式的有(　　)。

　　A. =10*2/3+4　　B. =SUM(A1:A3)　　C. =B5&C6

(5) 在Excel中正确地引用其他工作簿中单元格的操作是(　　)。

　　A. =SUM(Al:A3)

　　B. =SUM(Sheet31B6:B8)

　　C. =SUM('C:\MYDOCUMENTS\[工作簿1.xlsx]Sheet1'!$B$3:$B$4)

(6) 在Excel中，公式=SUM("13", 22, TRUE) 得到的结果是(　　)。

　　A. 0　　　　　B. 1　　　　　C. 36

2. 填空题

(1) 要将某些行或列隐藏起来，先选定要隐藏行的行号区数字或列的列号区字母，然后选择"_____"|"_____"命令，接着在弹出的子菜单中选择"_____"命令，即可把行或列隐藏起来。

(2) _____是工作簿的基本对象的核心，也是组成Excel工作簿的最小单位。

(3) Excel提供的_____功能可以将工作表中选定的单元格的上窗格和左窗格冻结在屏幕上，从而使得在滚动工作表时屏幕上一直显示行标题和列标题，用户能够将表格标题和数据相对应地看清楚，而且使用冻结工作表窗口不影响打印。

(4) _____函数可求一系列数字之和；_____函数返回参数平均值(算术平均值)；_____函数返回一个指定字符或者字符串首次出现在另外一个字符串中的起始位置；_____函数返回根据逻辑测试真假值的结果。

(5) 如果在某一区域内输入同一个公式，逐个输入显然太慢了。这时可以选中该单元格区域，输入所需要的公式，然后按_____键，Excel则会自动将所有单元格都粘贴上该输入公式。这不仅对公式有效，还对其他文本和字符有效。

(6) Excel提供了3种不同的引用类型：_____、_____和_____。

3. 上机操作题

(1) 设计一个班级成绩表，对其中的数据进行条件格式操作。

操作提示：

① 设计成绩表；

② 在条件格式对话框中进行设置；

③ 要求用红色显示小于60分的单元格中的数据。

(2) 求10个0和100之间的整数的和、平均数和最大值。

操作提示：

① 输入10个整数；

② 用SUM函数求和；

③ 用AVERAGE函数求平均数；

④ 用MAX函数求最大值。

第 3 章 Excel 高级应用

本章主要对Excel的常用高级功能进行分析讲解，读者可以通过本章的学习全面了解Excel功能的高级应用。

本章学习目标
- 数据管理与分析。
- Excel的图表。

本章教学视频
- 分类汇总。
- 建立数据列表。
- 数据排序。
- 数据筛选。
- 数据透视表操作。
- 图表。

(以上教学视频可通过扫描前言中的二维码进行下载。)

3.1 数据管理与分析

Excel在数据管理方面提供了强大的功能。本节将从如何获取数据入手，讲解如何编辑与分析工作表中的数据，如何对数据进行汇总计算，以及如何运用数据透视表等知识。

3.1.1 建立数据列表

准备对工作表中的数据进行管理，首先要建立数据列表。数据列表可以通过两种途径建立：一种是将数据区域转换为表，直接建立数据列表；另一种是使用记录单功能。

1. 建立数据列表

数据列表即常说的表格，在Excel中，用户只要执行了数据库命令，Excel就会自动将数据列表默认为一个数据库，数据列表中的每一行则对应数据库中的一条记录。

建立数据列表的具体操作步骤如下。

01 打开"插入"选项卡，在"表格"组中单击如图3-1所示的"表格"按钮。

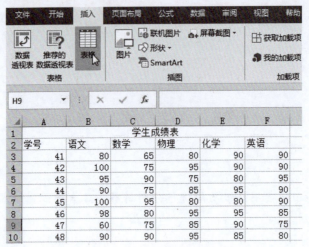

图3-1 单击"表格"按钮

02 弹出"创建表"对话框，在该对话框的"表数据的来源"文本框中输入准备创建列表的单元格区域\$A\$2:\$F\$10，如图3-2所示。

03 单击"确定"按钮，创建列表完成，效果如图3-3所示。

图3-2 "创建表"对话框　　　　图3-3 创建列表完成

2. 使用记录单

数据清单即包含相关数据的一系列工作表数据行，若干数据清单组成数据列表。当对工作表中的数据进行操作时，Excel会将数据清单当成数据库来处理。对数据清单的各种编辑操作经常要用到记录单。自Excel 2013开始，记录单命令设为自定义命令，使用该命令时，用第1章介绍的自定义Excel的方法先将记录单命令调出。

1) 使用记录单

记录单可以提供简便的方法在数据清单中一次输入或显示一个完整的信息行，即记录。在使用记录单向新数据清单添加记录时，这个数据清单在每一列的最上面必须有标志。使用记录单的具体操作步骤如下。

01 单击需要添加记录的数据清单中的任意一个单元格，如图3-4所示。

02 单击"记录单"按钮，打开Sheet1对话框，如图3-5所示。

图 3-4 添加记录的数据清单　　　　　图 3-5 Sheet1 对话框

03 单击"新建"按钮，新建记录单。

04 输入新记录所包含的信息。如果要移到下一字段，可以按Tab键；如果要移到上一字段，可以按Shift+Tab快捷键。完成数据输入后，按Enter键继续添加记录。

05 完成记录的添加后，单击"关闭"按钮完成新记录的添加并关闭记录单。

2) 修改记录

使用记录单不仅可以在工作表中为数据清单添加数据，还可以对数据清单进行修改。具体操作步骤如下。

01 单击需要修改的数据清单中的任意一个单元格。

02 单击"记录单"按钮，打开Sheet1对话框。

03 单击"下一条"按钮或者"上一条"按钮找到需要修改的记录，然后对数据进行修改，如图3-6所示。

04 记录修改完成后，单击"关闭"按钮更新当前显示的记录并关闭记录单，完成工作表中数据的修改，如图3-7所示。

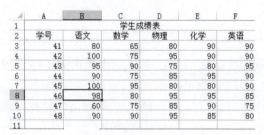

图 3-6 对数据进行修改　　　　　图 3-7 修改后的工作表

3) 删除记录

使用记录单在数据清单中删除记录的方法和修改记录的方法类似。具体操作步骤如下。

01 单击需要删除的数据清单中的任意一个单元格。

02 单击"记录单"按钮，打开Sheet1对话框。

03 单击"下一条"按钮或者"上一条"按钮找到需要删除的记录。
04 单击"删除"按钮,系统将弹出如图3-8所示的消息提示对话框。

图3-8 删除记录时的提示

05 在该对话框中单击"确定"按钮,即可删除被选中的记录。
06 单击Sheet1对话框中的"关闭"按钮关闭该对话框。

4) 查找记录

当数据清单比较大时,则不易找到数据清单中的记录。记录单提供了快速查找数据清单记录的功能。

如果需要每次移动一条记录,可以单击记录单对话框中的滚动条箭头;如果需要每次移动10条记录,则单击滚动条与下箭头之间的空白。

使用记录单可以对数据清单中的数据设置查找条件,所设置的条件通常为比较条件。查找记录的具体操作步骤如下。

01 单击数据清单中的任意一个单元格。
02 选择"数据"|"记录单"命令,打开Sheet1对话框。
03 单击"条件"按钮,然后输入查找条件。
04 单击"上一条"按钮或者"下一条"按钮进行查找,可以按顺序找到符合查找条件的记录。如果要在找到符合指定条件的记录之前退出搜索,可以单击"表单"按钮。
05 找到记录后,可以对记录进行各种编辑操作。操作完毕后或者查找中想要退出时,直接单击"关闭"按钮即可。

3.1.2 数据排序

在工作表或者数据清单中输入数据后,一般需要进行排序操作,以便更加直观地比较各个记录。

1. 默认的排序顺序

在进行排序之前,先介绍Excel中数据的排序是按照怎样的规则进行的。在对数据进行排序时,Excel有默认的排序顺序。

按升序排序时,Excel的排序规则如下(在按降序排序时,除了空格总是在最后,其他的排序顺序反转)。

- 数字从最小的负数到最大的正数排序。
- 文本及包含数字的文本,按下列顺序进行排序:首先是数字0~9,然后是字符'
  - (空格)! # $ % & ( ) * , . / : ; ? @ \ ^ - { | } ~ + < = >,最后是字母A~Z。
- 在逻辑值中,FALSE排在TRUE之前。
- 所有错误值的优先级等效。
- 空格排在最后。

2. 简单排序

简单排序是指对数据列表中的单列数据进行排序。具体操作步骤如下。

01 在待排序数据列表中单击任一单元格。

02 选择"数据"|"排序"命令，如图3-9所示。

03 弹出如图3-10所示的"排序"对话框。

图 3-9　选择"数据"|"排序"命令　　　　　图 3-10　"排序"对话框

04 在该对话框中，选择"主要关键字""排序依据"和"次序"选项的内容，如图3-10所示。

05 单击"确定"按钮，工作表中"数学"一列的数字将按从小到大的顺序排列，如图3-11所示。

如果是通过建立工作列表的方式进行数据管理，则直接单击需要排序的标题右侧的下拉菜单，选择准备应用的排序方式即可，如图3-12所示。

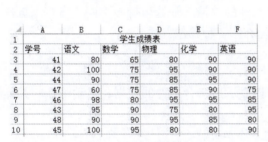

图 3-11　排序后的工作表　　　　　图 3-12　列标题右侧的排序下拉菜单

3. 多列排序

在根据单列数据对工作表中的数据进行排序时，如果该列的某些数据完全相同，则这些行的内容就按原来的顺序进行排列，这会给数据排序带来一定的麻烦。选择多列排序方式可以解决这个问题，而且在实际操作中也经常会遇到按照多行的结果进行排序的情况。例如，足球比赛中是按总积分排列名次的。往往有一些球队总积分相同，这时就要通过净胜球来分出名次。

多列排序的具体操作步骤如下。

01 单击需要排序的数据列表中的任意一个单元格。

02 选择"数据"|"排序"命令，弹出"排序"对话框。

03 在"排序"对话框中，选择"语文"作为主要关键字，升序排列。

04 单击"添加条件"按钮,选择"数学"作为次要关键字,如图3-13所示。

图3-13 选择次要关键字

05 单击"确定"按钮,工作表进行了多列排序,效果如图3-14所示。

	A	B	C	D	E	F
1			学生成绩表			
2	学号	语文	数学	物理	化学	英语
3	47	60	75	85	90	75
4	41	80	65	80	90	90
5	44	90	75	85	95	90
6	48	90	90	95	85	80
7	43	95	90	75	80	95
8	46	98	80	95	95	85
9	42	100	75	95	90	90
10	45	100	95	80	80	90

图3-14 多列排序后的工作表

3.1.3 数据筛选

数据筛选是指从数据中找出符合指定条件的数据。筛选与排序不同,它并不重排数据列表,而只是暂时隐藏不必显示的行。下面介绍各种筛选方法。

1. 自动筛选

自动筛选的功能比较简单,可以很快地显示出符合条件的数据。自动筛选的具体操作步骤如下。

01 单击需要筛选的数据列表中的任意一个单元格。
02 选择"数据"|"筛选"命令,如图3-15所示。
03 工作表变成如图3-16所示的格式,在每个字段的右边都出现了一个下拉箭头按钮 。

图3-15 选择"数据"|"筛选"命令

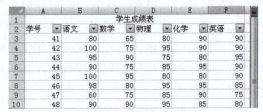

图3-16 带箭头的工作表

❖ 提示:

如果是已经建立好筛选的数据列表,则不需要步骤1至步骤3的操作。

04 单击"数学"列标题右侧的下拉箭头,弹出如图3-17所示的下拉菜单。

05 取消选中"全选"复选框,选中"90"复选框。

06 单击"确定"按钮,工作表变成如图3-18所示的格式,仅显示符合筛选条件的数据。

如果要清除所有的筛选,显示所有行,则可以单击"排序和筛选"选项组中的"清除"按钮。

图3-17 下拉菜单

图3-18 工作表仅显示符合筛选条件的数据

2. 高级筛选

使用高级筛选可以对工作表和数据清单进行更复杂的筛选。对于简单的工作表和数据清单来说,使用高级筛选比较麻烦,但是,对于大型的工作表和数据清单来说,使用高级筛选是非常有用的。高级筛选的具体操作步骤如下。

01 单击需要筛选的工作表中的任意一个单元格。

02 打开"数据"选项卡,单击"排序和筛选"选项组中的"高级"按钮,如图3-19所示。

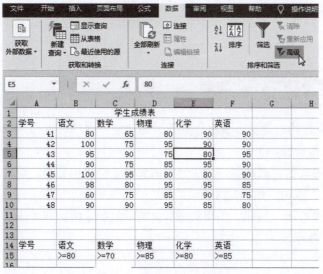

图3-19 单击"高级"按钮

03 弹出如图3-20所示的"高级筛选"对话框。选中"在原有区域显示筛选结果"单选按钮,在列表区域和条件区域中输入相应内容;也可以通过单击折叠按钮,在工作表中选定区域,然后单击"框伸展"按钮来选定列表区域和条件区域。

04 单击"确定"按钮,筛选结果如图3-21所示。

图 3-20 "高级筛选"对话框

图 3-21 筛选结果

> ❖ **提示:**
>
> 进行高级筛选前,应在筛选区域以外的单元格区域中输入高级筛选的条件,条件中包括筛选条件和其所在列的列标题。

3. 取消筛选

对工作表的数据进行筛选后,工作表中只显示符合筛选条件的数据,需要查看其他数据时可以取消筛选。如果要取消筛选,则打开"数据"选项卡,单击"排序和筛选"选项组中的"清除"按钮即可,如图3-22所示。

图 3-22 取消自动筛选

3.1.4 快速分析筛选

Excel自2013版开始,提供了快速分析数据的功能,用户可以在工作表中进行简单、快速的筛选。具体操作步骤如下。

01 打开需要筛选的数据列表,选中一组需要筛选分析的数据,这时选中数据的右下角会出现"快速分析"按钮,如图3-23所示。

02 单击"快速分析"按钮,出现如图3-24所示的对话框。或者先选中数据,然后右击选择"快速分析"命令。

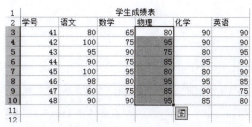

图 3-23　出现"快速分析"按钮

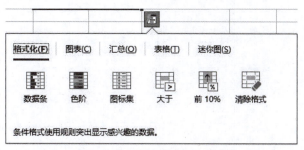

图 3-24　"快速分析"对话框

03 选择"格式化"|"大于"命令，会打开"大于"对话框，设置大于的值和格式，如图3-25所示。

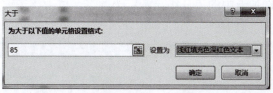

图 3-25　"大于"对话框

04 单击"确定"按钮，快速分析筛选结果，如图3-26所示，物理成绩大于85的表格用浅红色填充。

	A	B	C	D	E	F
1				学生成绩表		
2	学号	语文	数学	物理	化学	英语
3	41	80	65	80	90	90
4	42	100	75	95	90	90
5	43	95	90	75	80	95
6	44	90	75	85	95	90
7	45	100	95	80	80	90
8	46	98	80	95	95	85
9	47	60	75	85	90	75
10	48	90	90	95	85	80

图 3-26　快速分析筛选结果

3.1.5　分类汇总数据

分类汇总是将数据按照某一字段进行分类并计算汇总(个数、和、平均值等)。通过分类汇总可以方便地分析出各类数据在总数据中所占的位置。例如，一份包含了日期、账户、产品、单位、价格及收入等项的销售数据清单，该清单可以按账户查看分类汇总，也可以按产品查看分类汇总。Excel可以自动创建公式、插入分类汇总与总和的行，并且自动分级显示数据。数据结果可以方便地用来进行格式化、创建图表或者打印。

1. 建立分类汇总

建立分类汇总的具体操作步骤如下。

01 在需要分类汇总的工作表中单击任意一个单元格，如图3-27所示。

系别	学号	姓名	性别	课程名称	成绩
信息	991021	李新	男	多媒体技术	74
经济	995034	郝心怡	男	多媒体技术	86
数学	994056	孙英	男	多媒体技术	77
计算机	992089	金翔	女	多媒体技术	73
信息	991062	王春晓	男	多媒体技术	78
数学	994034	姚林	女	多媒体技术	89
自动控制	993026	钱民	男	多媒体技术	66
经济	995014	张平	男	多媒体技术	80
自动控制	993023	张磊	女	多媒体技术	75
信息	991076	王力	男	多媒体技术	81
信息	991025	张雨涵	男	多媒体技术	70
数学	994086	高晓东	男	多媒体技术	70
自动控制	993023	张磊	女	计算机图形学	65
信息	991076	王力	女	计算机图形学	91
自动控制	993021	张在旭	女	计算机图形学	60
自动控制	993082	黄立	女	计算机图形学	85
信息	991025	张雨涵	男	计算机图形学	62
自动控制	993053	李英	女	计算机图形学	93
计算机	992005	扬海东	女	计算机图形学	67
经济	995022	陈松	男	计算机图形学	71
计算机	992032	王文辉	男	计算机图形学	79

图3-27 在要分类汇总的工作表中单击任意一个单元格

02 选中"数据"选项卡中的"分级显示"选项组，单击该选项组中的"分类汇总"按钮，如图3-28所示。

图3-28 单击"分类汇总"按钮

03 弹出如图3-29所示的"分类汇总"对话框。单击该对话框中的"分类字段"下拉按钮，从其下拉列表中选择需要分类汇总的数据列，所选的数据列应已经排序。

04 单击"汇总方式"下拉按钮，在下拉列表中选择所需的用于计算分类汇总的函数。

05 在"选定汇总项"列表框中，选中与需要对其汇总计算的数值列对应的复选框。

06 设置"分类汇总"对话框中的其他选项。

- 如果想要替换任何现存的分类汇总，选中"替换当前分类汇总"复选框。
- 如果想要在每组数据之前插入分页，选中"每组数据分页"复选框。
- 如果想在数据组末端显示分类汇总及总和，选中"汇总结果显示在数据下方"复选框。

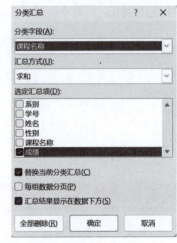

图3-29 "分类汇总"对话框

07 单击"确定"按钮，完成分类汇总操作，分类汇总后的结果如图3-30所示。

	A	B	C	D	E	F
1	系别	学号	姓名	性别	课程名称	成绩
2	信息	991021	李新	男	多媒体技术	74
3	经济	995034	郝心怡	男	多媒体技术	86
4	数学	994056	孙英	男	多媒体技术	77
5	计算机	992089	金翔	女	多媒体技术	73
6	信息	991062	王春晓	男	多媒体技术	78
7	数学	994034	姚林	女	多媒体技术	89
8	自动控制	993026	钱民	男	多媒体技术	66
9	经济	995014	张平	男	多媒体技术	80
10	自动控制	993023	张磊	女	多媒体技术	75
11	信息	991076	王力	女	多媒体技术	81
12	信息	991025	张雨涵	男	多媒体技术	70
13	数学	994086	高晓东	男	多媒体技术	70
14					多媒体技术 汇总	919
15	自动控制	993023	张磊	男	计算机图形学	65
16	信息	991076	王力	女	计算机图形学	91
17	自动控制	993021	张在旭	男	计算机图形学	60
18	自动控制	993082	黄立	女	计算机图形学	85
19	信息	991025	张雨涵	男	计算机图形学	62
20	自动控制	993053	李英	女	计算机图形学	93
21	计算机	992005	扬海东	女	计算机图形学	67
22	经济	995022	陈松	男	计算机图形学	71
23	计算机	992032	王文辉	男	计算机图形学	79
24					计算机图形学 汇总	673
25					总计	1592

图 3-30 "分类汇总"结果

对数据进行分类汇总后，如果要查看数据清单中的明细数据或者单独查看汇总总计，则要用到分级显示的内容。

在图3-30中，工作表左上方是分级显示的级别符号，如果要分级显示包括某个级别，则单击该级别的数字。图3-31所示的是2级明细。

	A	B	C	D	E	F
1	系别	学号	姓名	性别	课程名称	成绩
14					多媒体技术 汇总	919
24					计算机图形学 汇总	673
25					总计	1592

图 3-31 分级显示

分级显示级别符号下方有显示明细数据符号 ➕，单击它可以在数据清单中显示数据清单中的明细数据，如图3-32所示。

分级显示级别符号下方还有隐藏明细数据符号 ➖，单击它可以在数据清单中隐藏数据清单中的明细数据，如图3-32所示。

	A	B	C	D	E	F
1	系别	学号	姓名	性别	课程名称	成绩
2	信息	991021	李新	男	多媒体技术	74
3	经济	995034	郝心怡	男	多媒体技术	86
4	数学	994056	孙英	男	多媒体技术	77
5	计算机	992089	金翔	女	多媒体技术	73
6	信息	991062	王春晓	男	多媒体技术	78
7	数学	994034	姚林	女	多媒体技术	89
8	自动控制	993026	钱民	男	多媒体技术	66
9	经济	995014	张平	男	多媒体技术	80
10	自动控制	993023	张磊	女	多媒体技术	75
11	信息	991076	王力	女	多媒体技术	81
12	信息	991025	张雨涵	男	多媒体技术	70
13	数学	994086	高晓东	男	多媒体技术	70
14					多媒体技术 汇总	919
24					计算机图形学 汇总	673
25					总计	1592

图 3-32 显示/隐藏明细数据符号

2. 删除分类汇总

对工作表中的数据进行分类汇总后，如果需要将工作表还原到分类汇总前的状态，可以删除工作表的分类汇总。删除分类汇总的具体操作步骤如下。

01 在需要删除分类汇总的工作表中单击任意一个单元格。

02 选中"数据"选项卡中的"分级显示"选项组，单击该选项组中的"分类汇总"按钮，打开"分类汇总"对话框。

03 在该对话框中单击"全部删除"按钮，如图3-33所示，工作表中的分类汇总结果将被清除。

图3-33 "分类汇总"对话框中的"全部删除"按钮

3.1.6 数据透视表

阅读一个具有大量数据的工作表很不方便，用户可以根据需要，将这个工作表生成能够显示分类概要信息的数据透视表。数据透视表能够迅速方便地从数据源中提取并计算需要的信息。

1. 数据透视表简介

数据透视表是一种对大量数据进行快速汇总和建立交叉列表的交互式表格。它可以用于转换行和列，以便查看源数据的不同汇总结果，也可以显示不同页面的筛选数据，还可以根据需要显示区域中的明细数据。

2. 数据透视表的组成

数据透视表由筛选、行标签、列标签和数值4部分组成。

各组成部分的功能如下。

- 筛选：用于基于报表筛选中的选定项来筛选整个报表。
- 行标签：用于将字段显示为报表侧面的行。
- 列标签：用于将字段显示为报表顶部的列。
- 数值：用于显示汇总数值数据。

3. 数据源

在Excel中，用户可以利用多种数据源创建数据透视表。可以利用的数据源如下。
- Excel的数据清单或者数据库。
- 外部数据源包括数据库、文本文件或者除Excel工作簿外的其他数据源，也可以是Internet上的数据源。
- 可以是经过合并计算的多个数据区域，以及另外一个数据透视表。

4. 建立数据透视表

使用数据透视表不仅可以帮助用户对大量数据进行快速汇总，而且可以查看数据源的汇总结果。

假设有如图3-34所示的一张数据清单，现在要以这张数据清单作为数据透视表的数据源来建立数据透视表。具体操作步骤如下。

01 打开准备创建数据透视表的工作簿。

02 打开"插入"选项卡，在"表格"选项组中单击"数据透视表"按钮，如图3-35所示。

图 3-34　企业销售统计表　　　　　　　图 3-35　单击"数据透视表"按钮

03 弹出"创建数据透视表"对话框，在"请选择要分析的数据"区域单击"表/区域"文本框右侧的"压缩对话框"按钮，如图3-36所示。

04 选择准备创建数据透视表的数据区域，如图3-37所示。

图 3-36　单击"压缩对话框"按钮　　　　图 3-37　选择准备创建数据透视表的数据区域

05 单击数据区域文本框右侧的"展开对话框"按钮，返回"创建数据透视表"对话框，在"选择放置数据透视表的位置"区域中选中"新工作表"单选按钮，如图3-38所示。

06 单击"确定"按钮，打开"数据透视表字段"任务窗格，如图3-39所示。

图 3-38 "创建数据透视表"对话框　　　　图 3-39 "数据透视表字段"任务窗格

07 在该任务窗格的"选择要添加到报表的字段"区域选择准备设置为"列标签"的字段，单击并拖动选择的字段到相应的区域中；在该任务窗格的"选择要添加到报表的字段"区域选择准备设置为"行标签"的字段，单击并拖动选择的字段到相应的区域中，如图3-40所示。

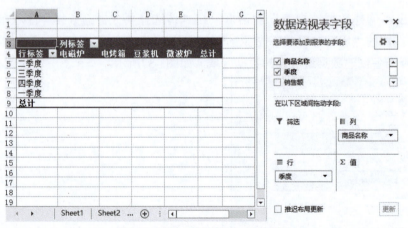

图 3-40　设置"列标签"与"行标签"

08 在该任务窗格的"选择要添加到报表的字段"区域选择准备设置为"值"的字段，单击并拖动选择的字段到相应的区域中，如图3-41所示，完成数据透视表的创建。

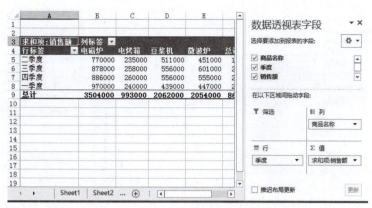

图 3-41 设置"值",完成数据透视表的创建

Excel中的"快速分析"功能,同样可以建立数据透视表,具体操作步骤如下。

01 打开数据列表,选中需要建立数据透视表的数据区域,单击出现的"快速分析"按钮,打开"快速分析"对话框,如图3-42所示。

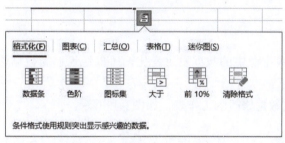

图 3-42 "快速分析"对话框

02 选择"表格"|"数据透视表"命令,如图3-43所示。

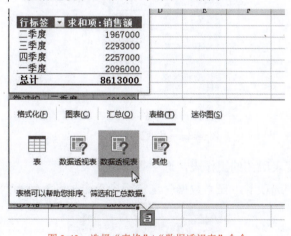

图 3-43 选择"表格"|"数据透视表"命令

03 选择"数据透视表"后,出现如图3-44所示的数据透视表。在该数据透视表的任务窗格中的"选择要添加到报表的字段"区域选择准备设置为"列标签"的字段,单击并拖动选择的字段到相应的区域中;在该任务窗格的"选择要添加到报表的字段"区域选择准备设置为"行标签"的字段,单击并拖动选择的字段到相应的区域中,便可生成与图3-41所示相同的数据透视表。

图 3-44 快速分析生成的"数据透视表"

5. 刷新数据

如果数据透视表数据源中的数据发生变化，可以通过刷新数据透视表中的数据进行修改。具体操作步骤如下。

01 打开已经完成数据修改的工作表，如图3-45所示。

图 3-45 完成数据修改的工作表

02 打开数据透视表所在的工作表，选中数据透视表。

03 打开"分析"选项卡，在"数据"选项组中单击如图3-46所示的"刷新"按钮。

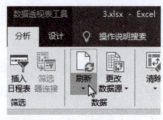

图 3-46 单击"刷新"按钮

04 通过上述操作，数据透视表中的数据完成更新，刷新结果如图3-47所示。

图 3-47 刷新数据后的数据透视表

6. 删除数据透视表

对于不需要的数据透视表，可以将其删除。删除数据透视表的具体操作步骤如下。

01 打开需要删除的数据透视表。

02 打开"数据透视表工具"|"分析"选项卡。

03 在"操作"组中单击"选择"选项的下拉菜单，在该下拉菜单中选择"整个数据透视表"选项，如图3-48所示，选中整个数据透视表。

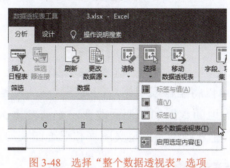

图 3-48 选择"整个数据透视表"选项

04 按Delete键，删除整个数据透视表。

7. 设置汇总方式

在默认情况下，汇总使用的是与相关数据字段相同的汇总函数，但是有时需要使用与相关字段不同的汇总函数。设置汇总方式的具体操作步骤如下。

01 单击数据透视表中的任意一个单元格。

02 选择"数据透视表工具"中的"分析"选项卡，单击该选项卡"显示"组中的"字段列表"按钮，如图3-49所示。

图 3-49 单击"字段列表"按钮

03 在打开的"数据透视表字段"任务窗格中单击"求和项"按钮，并选择"值字段设置"命令，如图3-50所示。

04 打开"值字段设置"对话框，在"值字段汇总方式"选项组中选择需要使用的汇总函数，如图3-51所示。

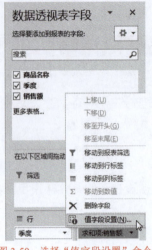
图3-50 选择"值字段设置"命令

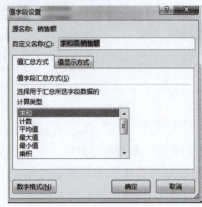
图3-51 "值字段设置"对话框

05 单击"确定"按钮,完成设置汇总方式。

3.2 图表

使用Excel的图表功能可以将工作表中枯燥的数据转化为简洁的图表形式。当编辑工作表中的数据时,图表也相应地随数据的改变而改变,不需要再次生成图表。本节将介绍有关图表的术语和类型,以及建立图表、自定义图表和三维图表的操作等。

3.2.1 图表的概述

图表具有很好的视觉效果,创建图表后,用户可以清晰地看到数据之间的差异。应用图表不仅可以把数据形象地表示出来,而且可以对图表中的数据进行预测分析,得到一系列数据的变化趋势。使用Excel的图表功能可以将工作表中枯燥的数据转化为简洁的图表形式。设计完美的图表与处于大量网格线中的数据相比,可以更迅速有力地传递信息。

1. 数据系列

创建图表需要以工作表中的数据为基础。工作表中转化为图表的一连串数值的集合称作数据系列。例如,要画出某公司下属的各个分公司各季度的利润图表,某个分公司各个季度的利润就构成了一个数据系列。

2. 引用

每个数据系列都包含若干个数值点,Excel的数据系列中最多可以有4 000个数值点,用"引用"作为各数据系列中数值点的标题。

3. 嵌入式图表

嵌入式图表是把图表直接插入数据所在的工作表中,主要用于说明工作表的数据关系。嵌入式图表具有很强的说服力和很直观的表达力。图3-52所示为嵌入式图表的举例。

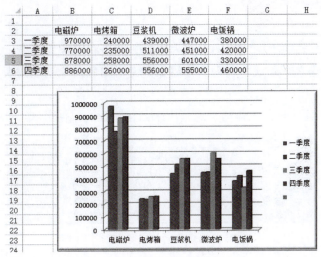

图 3-52　嵌入式图表

4. 图表工作表

为创建的图表工作表专门新建一个工作表，整个工作表中只有这一张图表，图3-56所示的就是图表工作表。图表工作表主要用于只需要图表的场合，因为用户输入数据往往只是为了建立一张图表，因而在最后的输出文档中只需出现一张单独的图表即可。

5. 图表类型

Excel一共提供了14种图表类型，每种图表类型还包含几种不同的子类型，子类型是在图表类型的基础上变化而来的。用户在创建图表前需要根据要求决定采用哪一种图表类型，每一种类型都有其各自的特点，表3-1所示的是各种图表类型及其用途。

表3-1　各种图表类型及其用途

图表类型	用途
柱形图	用于显示一段时期内数据的变化或者各项之间的比较关系
条形图	用于描述各项数据之间的差异变化或者显示各项与整体之间的关系
折线图	用于显示数据的变化趋势
饼图	用于显示数据系列中各项占总体的比例关系，饼图一般只显示一个数据系列
XY(散点)图	多用于科学数据，用于比较不同数据系列中的数值，以反映数值之间的关联性
面积图	用于显示局部和整体之间的关系，更强调幅值随时间的变化趋势
圆环图	用于显示部分和整体之间的比例关系，这一点和饼图类似，但可以表示多个数据系列
雷达图	用于多个数据系列之间的总和值的比较，各个分类沿各自的数值坐标轴相对于中点呈辐射状分布，同一系列的数值之间用折线相连
曲面图	用于确定两组数据之间的最佳逼近
气泡图	一种特殊类型的XY(散点)图
股价图	用于分析股票价格的走势
圆锥、圆柱和棱锥图	它们都是三维效果图，用途与二维效果图类似

3.2.2 创建图表

根据图表放置方式的不同，将图表分为嵌入式图表和工作表图表。这两种图表的创建方式类似，下面以建立嵌入式图表为例介绍如何使用图表向导创建图表。创建图表的具体操作步骤如下。

01 打开准备创建图表的工作簿，选择用来创建图表的数据区域，如图3-53所示。

	A	B	C	D	E
1		电磁炉	电烤箱	豆浆机	微波炉
2	一季度	970000	240000	439000	447000
3	二季度	770000	235000	511000	451000
4	三季度	878000	258000	556000	601000
5	四季度	886000	260000	556000	555000

图 3-53 选择用来创建图表的数据区域

02 打开"插入"选项卡，单击"图表"组中"柱形图"选项的下拉箭头，如图3-54所示。

图 3-54 "柱形图"选项

03 在下拉菜单中单击所需的一种柱形图类型，如图3-55所示，完成图表类型选择。

04 柱形图创建完成后的效果如图3-56所示。

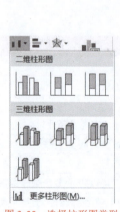

图 3-55 选择柱形图类型

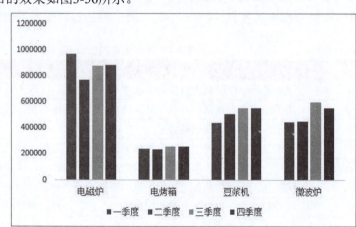

图 3-56 创建完成的柱形图

此外，利用Excel的"快速分析"功能，也可创建图表，如图3-57所示。

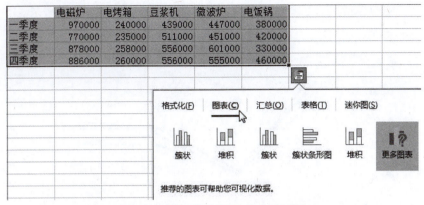

图 3-57　利用"快速分析"功能创建图表

3.2.3　改变图表类型

在创建图表时,用户不一定清楚为数据选择哪一种图表类型更合适,通常在创建了图表之后,才发现选择另一种图表类型更适合当前的数据,这便会涉及如何改变图表类型的问题。改变图表类型的具体操作步骤如下。

01 打开需要修改图表的工作簿,激活需要改变的图表。

02 右击,在快捷菜单中选择"更改图表类型"命令,如图3-58所示。

03 弹出如图3-59所示的"更改图表类型"对话框,可以从中选择所需的图表类型。

图 3-58　选择"更改图表类型"命令

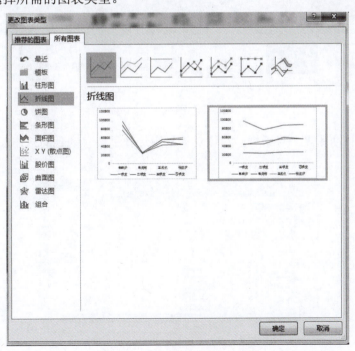

图 3-59　"更改图表类型"对话框

04 单击"确定"按钮,新类型的图表将出现在工作表中,如图3-60所示。

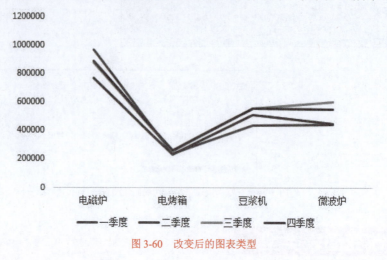

图3-60 改变后的图表类型

3.2.4 编辑图表

1. 调整图表位置

如果在同一个工作表中调整图表的位置,直接用鼠标将图表拖到合适的位置,再松开鼠标即可。如果在不同的工作表中调整图表的位置,具体操作步骤如下。

01 打开需要移动图表的工作簿,激活需要移动的图表。

02 打开"图表工具"|"设计"选项卡,单击"移动图表"按钮,如图3-61所示。

图3-61 单击"移动图表"按钮

03 弹出"移动图表"对话框,在该对话框中选择需要移动到的工作表(如Sheet4),如图3-62所示。

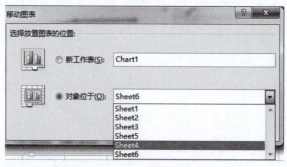

图3-62 "移动图表"对话框

|04| 单击"确定"按钮，图表将出现在Sheet4工作表中。

2. 标题操作

1) 添加标题

图表标题是用来对图表进行说明的一个标志。用户可以在图表中添加图表标题，具体操作步骤如下。

|01| 打开需要添加标题的图表所在的工作簿，激活该图表。

|02| 单击图表右方出现的按钮 ＋，出现如图3-63所示的下拉菜单，选中"图表标题"复选框。

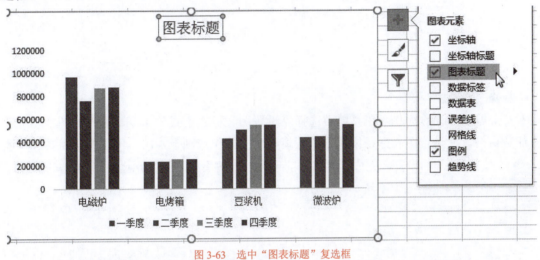

图 3-63　选中"图表标题"复选框

|03| 图表中出现标题文本框，在该文本框中输入标题说明文字，如图3-64所示，标题添加完成。

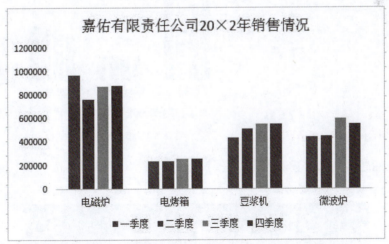

图 3-64　添加标题说明文字

用户也可以通过打开"图表工具"|"设计"选项卡，单击"添加图表元素"下拉箭头，打开"图表标题"下拉菜单，如图3-65所示，在该下拉菜单中选择相应命令添加标题。

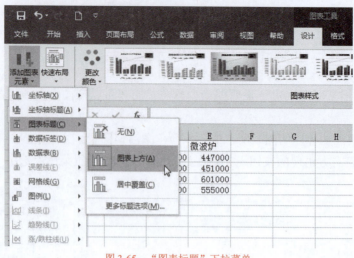

图 3-65 "图表标题"下拉菜单

2) 修改标题属性

右击需要修改的标题，在菜单中选择"设置图表标题格式"命令，弹出如图3-66所示的任务窗格。"设置图表标题格式"任务窗格中有多个选项卡，用户可以根据需要进行填充(◇)、效果(◯)等的设置，完成标题格式的设置后，效果如图3-67所示。

图 3-66 "设置图表标题格式"任务窗格　　　　图 3-67 完成图表标题格式设置

对于图表标题格式的设置，也可以采用"图表工具"|"格式"选项卡中提供的现有模式进行快速设置，如图3-68所示。

图 3-68 "图表工具"|"格式"选项卡

3. 添加网格线

网格线扩展了坐标轴上的刻度线,有助于用户弄清数值点的数值大小。添加网格线的具体操作步骤如下。

01 打开需要添加网格线的图表所在的工作簿,激活该图表。

02 单击图表右方出现的按钮 ![+],出现下拉菜单,选择如图3-69所示的"网格线"|"主轴主要水平网格线"命令,图表中便显示主要横网格线。

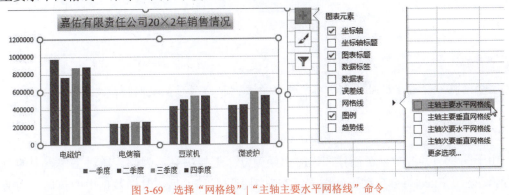

图3-69 选择"网格线"|"主轴主要水平网格线"命令

用户也可以选择"图表工具"|"设计"选项卡,单击"添加图表元素"下拉箭头,打开"网格线"下拉菜单,如图3-70所示,在该下拉菜单中选择相应命令添加网格线。

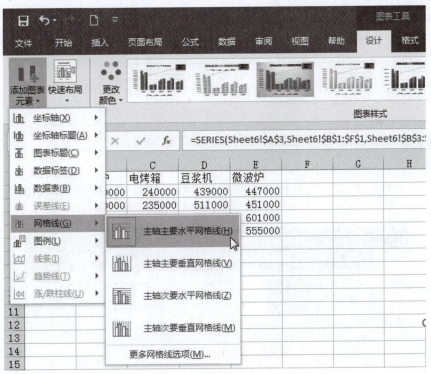

图3-70 "网格线"下拉菜单

如果用户不需要网格线,可以在图表元素的下拉菜单中取消选中"网格线"复选框,如图3-71所示,图表中的网格线即可清除。

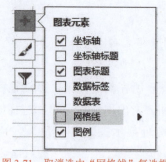

图 3-71 取消选中"网格线"复选框

❖ **注意**：

主要网格线通过坐标轴的数据标志点，次要网格线位于主要网格线之间。

4. 数据系列操作

由于图表与其源数据在创建图表时已经建立了链接关系，因此，在对工作表中的数据进行修改后，Excel将会自动更新图表；在对图表进行修改后，其源数据中的数据也会随之改变。

1) 添加数据

添加数据的具体操作步骤如下。

01 在工作表中添加F列数据，如图3-72所示。

	A	B	C	D	E	F
1		电磁炉	电烤箱	豆浆机	微波炉	电饭锅
2	一季度	970000	240000	439000	447000	380000
3	二季度	770000	235000	511000	451000	420000
4	三季度	878000	258000	556000	601000	330000
5	四季度	886000	260000	556000	555000	460000

图 3-72 添加 F 列数据后的工作表

02 单击工作表中的图表，选中该图表。

03 打开"图表工具"|"设计"选项卡，单击该选项卡中的"选择数据"按钮，如图3-73所示。

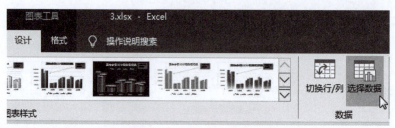

图 3-73 单击"选择数据"按钮

04 弹出如图3-74所示的"选择数据源"对话框，然后单击"图表数据区域"文本框右侧的"压缩对话框"按钮⬆。

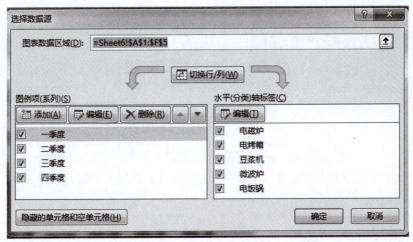

图 3-74 "选择数据源"对话框

05 单击已添加数据的工作表标签,选择A2到F5区域,单击"图表数据区域"文本框右侧的"展开对话框"按钮,返回"选择数据源"对话框。

06 单击"确定"按钮,"电饭锅"数据将添加到图表中,结果如图3-75所示。

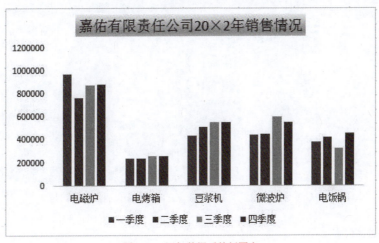

图 3-75 添加数据后的新图表

2) 删除数据系列

如果要同时删除工作表和图表中的数据,只要从工作表中删除数据即可,图表将会自动更新。如果要从图表中删除数据系列,则只要在图表中单击所要删除的数据系列,然后按Delete键即可。

5. 设置图表区格式

在某些情况下,对图表区的背景进行重新设置,可以更好地突出图表的内容。设置图表区格式的具体操作步骤如下。

01 单击需要设置的图表,选中该图表。

02 打开"图表工具"|"格式"选项卡,单击"设置所选内容格式"按钮,如图3-76所示。

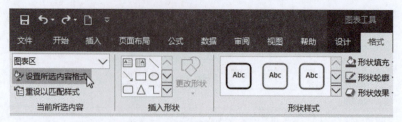

图 3-76　单击"设置所选内容格式"按钮

03 弹出"设置图表区格式"任务窗格，如图 3-77 所示。

04 选择所需要的颜色和效果后，图表区变为如图 3-78 所示的样式。

图 3-77　"设置图表区格式"任务窗格

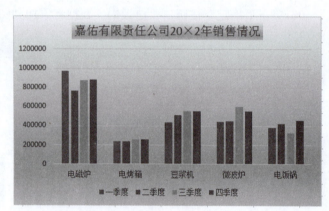

图 3-78　设置后的图表

6. 添加文本框

文本框用于输入文本和对文本进行格式化，可以用于为工作表和图表添加注释性文字，并且常常与箭头一起使用，以指明信息所解释的对象。

添加文本框的具体操作步骤如下。

01 打开需要添加文本框的图表所在的工作表。

02 打开"图表工具"|"格式"选项卡，单击"文本框"按钮，如图 3-79 所示。

图 3-79　单击"文本框"按钮

03 此时，鼠标指针变成十字形状，拖动鼠标光标画出一个文本框并在其中输入文字，如图3-80所示。

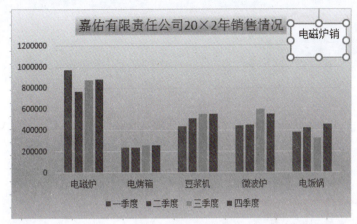

图 3-80　画出文本框并在其中输入文字

04 打开"绘图工具"|"格式"选项卡，单击"箭头"按钮，如图3-81所示。

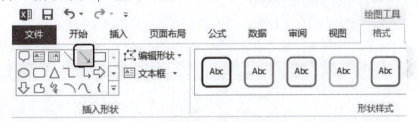

图 3-81　单击"箭头"按钮

05 拖动鼠标，画出一个箭头，图表插入一条解释，如图3-82所示。

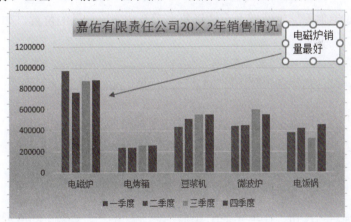

图 3-82　图表插入一条解释

另外，分别右击文本框和箭头，均会出现下拉菜单，在下拉菜单中选择"设置形状格式"命令，在弹出的"设置形状格式"对话框中选择相应的选项，即可对文本框格式与箭头进行设置。图3-83所示的是设置后的文本框与箭头。

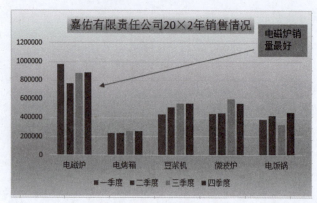

图 3-83　设置后的文本框与箭头

3.2.5　迷你图表

Excel自2010版新增了迷你图的功能，迷你图是工作表单元格中的一个微型图表。想要在单元格中创建迷你图，操作步骤如下。

01 打开需要创建迷你图的工作表，选中需要创建迷你图的单元格。

02 打开“插入”选项卡，单击“迷你图”组中的“柱形”命令，如图3-84所示。

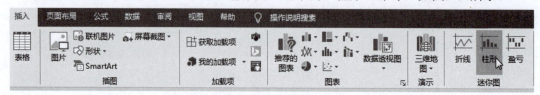

图 3-84　单击“迷你图”组中的“柱形”命令

03 在“创建迷你图”对话框中，选择数据源及放置迷你图的位置，如图3-85所示。

图 3-85　“创建迷你图”对话框

04 单击“确定”按钮，在单元格B7中显示迷你柱形图，如图3-86所示。

	A	B	C
1		电磁炉	电烤箱
2	一季度	970000	240000
3	二季度	770000	235000
4	三季度	878000	258000
5	四季度	886000	260000
6			
7			

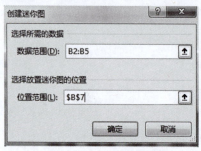

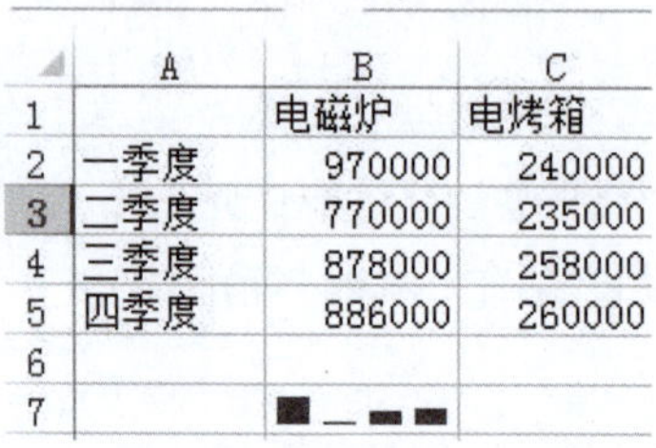

图 3-86　迷你柱形图

此外，Excel可通过"快速分析"功能建立迷你图，如图3-87所示。

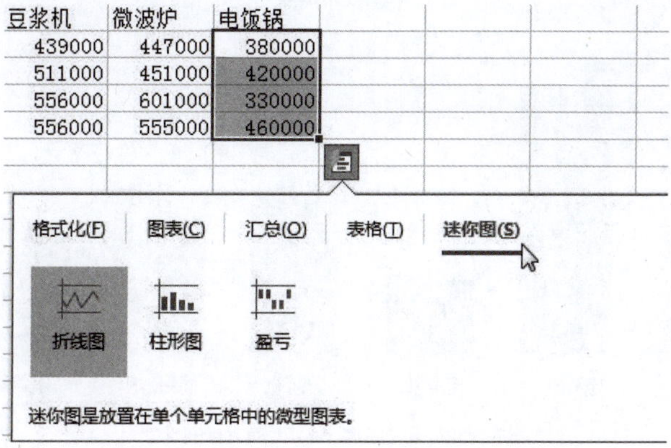

图 3-87　通过"快速分析"功能建立迷你图

3.2.6　三维图表

三维图表比二维图表更符合人的视觉习惯，所以它比二维图表更能吸引人的注意力。如果三维图表使用得当，会达到事半功倍的效果。

要创建一张三维图表，可在插入图表时选择相关三维图表的类型。例如，选定生成图表的数据区域后，打开"插入"选项卡，单击"图表"组中的 按钮，弹出"插入图表"对话框，在所有图表菜单中选择一种三维图类型，如图3-88所示。单击"确定"按钮，创建一张如图3-89所示的三维图表。

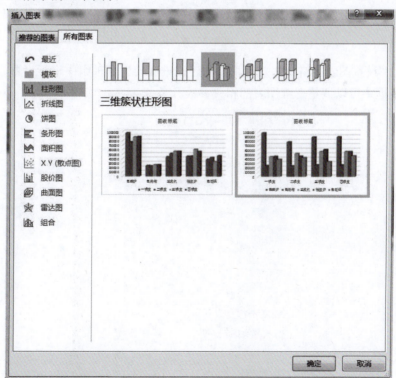

图 3-88　选择三维图类型

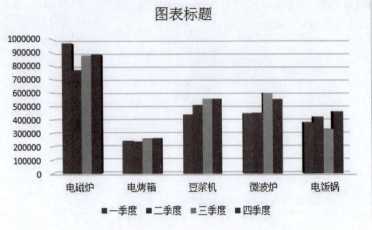

图 3-89　创建完成的三维图表

创建三维图表的操作，基本与二维图表相同，但是可以对三维图表进行三维旋转的操作。旋转三维图表的具体操作步骤如下。

01 激活需要旋转的三维图表，右击，在弹出的快捷菜单中选择"三维旋转"命令，如图 3-90 所示。

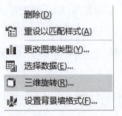

图 3-90　选择"三维旋转"命令

02 弹出"设置图表区格式"对话框，在"三维旋转"选项组中进行设置，如图 3-91 所示，在该对话框中可以调整三维图表的相关参数。

图 3-91　设置三维旋转

03 设置完成,单击"关闭"按钮,三维图表发生旋转,效果如图3-92所示。

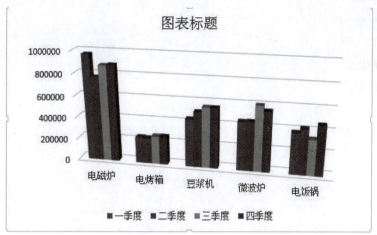

图 3-92　旋转三维图表的效果

3.3　本章小结

通过本章的学习,读者应重点掌握以下内容:获取外部数据的一些简单方法;使用记录单管理数据清单的方法;在数据清单中添加、修改、删除和查找数据的方法;对数据清单中的数据进行排序和筛选的方法;在数据清单中插入分类汇总对其中的数据进行分析或者汇总计算的方法;使用数据透视表管理有大量数据的数据清单,并根据数据创建图表的方法;进一步对图表进行编辑修改的方法。

3.4　思考练习

1. 填空题

(1) 如果要取消自动筛选,可打开_____选项卡中的_____选项组,单击_____按钮即可取消所有筛选。

(2) 在Excel中,可以利用外部数据源来创建数据透视表,包括_____、_____和_____等。

(3) Excel一共提供了14种图表类型,每种图表类型还包含几种不同的子类型,列举4种常用的图表类型:_____、_____、_____和_____。

(4) 数据透视表由4部分组成,分别是_____、_____、_____和_____。

(5) 对数据进行分类汇总以后,如果要查看数据清单中的明细数据或者单独查看汇总总计,则要用到_____的内容。

2. 上机操作题

(1) 请对数据进行排序。

操作提示：

- 输入数据；
- 选择数据；
- 选定"主要关键字"对数据进行单列排序；
- 选定"主要关键字""次要关键字"对数据进行多列排序。

(2) 根据如图3-93所示的工作表数据，创建图表。

	A	B	C	D
1		班级成绩汇总表		
2		英文	数学	政治
3	一班	970000	240000	439000
4	二班	770000	235000	511000
5	三班	878000	258000	556000
6	四班	886000	260000	556000

图3-93　工作表数据

第 4 章

Excel 在会计凭证中的应用

会计凭证是会计账务处理的重要依据，是会计核算的起点。通过本章的学习，读者应掌握Excel在会计账务处理流程中编制会计凭证环节的应用方法。

本章学习目标
- 了解与会计凭证有关的基本概念。
- 掌握如何建立会计科目表。
- 掌握如何建立会计凭证表。

本章教学视频
- 建立和美化会计科目表。
- 自动生成会计凭证编号。
- 自动显示会计科目。

(以上教学视频可通过扫描前言中的二维码进行下载。)

4.1 会计凭证概述

4.1.1 会计凭证的含义及作用

会计凭证是指记录经济业务、明确经济责任的书面证明，它是登记账簿的依据。填制和审核会计凭证，既是会计工作的开始，也是会计对经济业务进行监督的重要环节。

会计凭证在会计核算中具有十分重要的意义，主要表现在以下几方面。
- 填制和取得会计凭证，可以及时、正确地反映各项经济业务的完成情况。
- 审核会计凭证，可以更好地发挥会计的监督作用，使会计记录合理、合法。
- 填制和审核会计凭证，可以加强经济管理中人员的责任感。

4.1.2 会计凭证的类型

会计凭证按其填制的程序及其在经济管理中的用途可分为原始凭证和记账凭证。

1. 原始凭证

原始凭证是指在经济业务发生时取得或填制的，用以证明经济业务的发生或完成等情况，并作为原始依据的会计凭证。原始凭证必须真实、完整、规范、及时和正确，并必须有经办人的签字。此外，原始凭证只有经过审核后，才能作为记账依据。审核原始凭证是保证会计记录的真实和正确、充分发挥会计监督的重要环节。

2. 记账凭证

记账凭证是指会计人员根据审核后的原始凭证填制的，用来确定经济业务应借、应贷会计科目分录，作为记账依据的会计凭证。记账凭证在记账前须经过审核。

4.2 建立和处理会计科目表

在利用Excel完成会计账务处理时，首先要建立会计科目表。建立会计科目表时，需要在Excel工作表中输入数据。数据的输入方法有两种：一种方法是直接在单元格中输入数据；另一种方法是在"记录单"中输入数据。本节将采用在单元格中输入数据的方式建立会计科目表。

4.2.1 建立会计科目表

建立会计科目表的具体操作步骤如下。

01 打开Excel，新建工作表。选择A1:B1单元格，单击"合并后居中"按钮。单击A1单元格，输入公司名称"嘉佑有限责任公司会计科目表"，如图4-1所示。

图4-1 输入公司名称

02 选择A2和B2单元格，分别输入项目名称"科目编号"和"科目名称"。

03 将光标移至列标A和B中间，当光标变成 ✛ 时，单击并拖动，将列A单元格调整为合适的宽度；将光标移至列标B和C中间，当光标变成 ✛ 时，单击并拖动，将列B单元格调整为合适的宽度，如图4-2所示。

04 选择A3和B3单元格，分别输入"1000"和"资产类"，按照嘉佑有限责任公司所需的会计科目，完成所有会计科目编号及名称的输入，如图4-3所示。

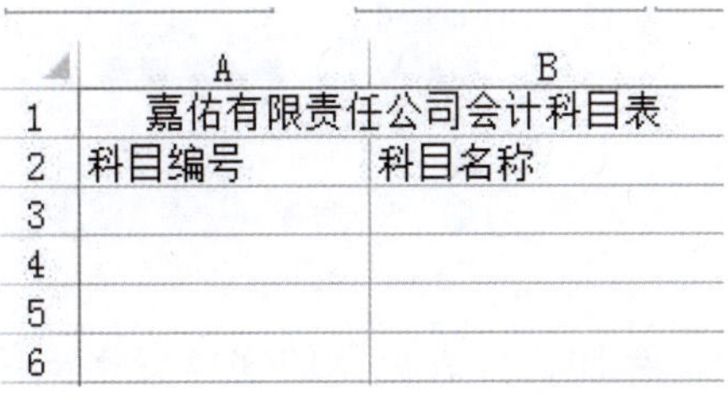

图 4-2 输入"科目编号"和"科目名称"并将列 A、B 单元格调整为合适的宽度

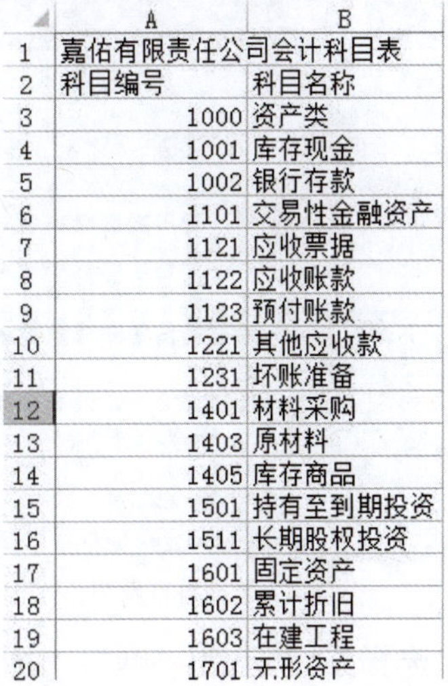

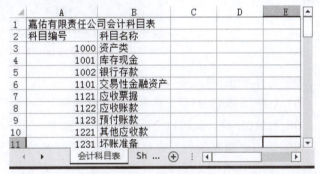

图 4-3 完成科目编号与名称的输入

05 将光标移至 Sheet1 的工作表标签处,右击鼠标,在弹出的快捷菜单中选择"重命名"命令,如图 4-4 所示。

06 将 Sheet1 命名为"会计科目表",如图 4-5 所示。

图 4-4 选择"重命名"命令　　　图 4-5 重命名后的工作表

4.2.2　美化会计科目表

前面完成了会计科目表的基本操作,但是制作出的会计科目表略显粗糙。接下来对会计科目表进行填充颜色、设置字体等美化操作。

美化会计科目表的具体操作步骤如下。

01 打开 4.2.1 节建立的工作表。

02 选中整张工作表。

03 单击"字体"选项组中的"填充颜色"菜单按钮，在打开的调色板中选择"蓝色",如图 4-6 所示,单击后,整张会计科目表都将填充所选颜色。

04 选择 A1 单元格,单击"字体颜色"菜单按钮，在打开的调色板中选择"紫色",如图 4-7 所示,单击后,会计科目表的标题字体颜色将变成紫色。

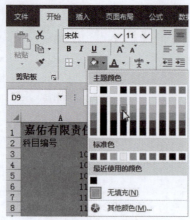
图4-6 选择科目表颜色

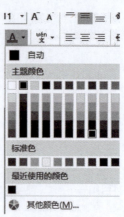
图4-7 选择字体颜色

05 选择A1单元格，单击"加粗"按钮 ，会计科目表标题的字体变粗，单击"字号"菜单按钮 ，调整字号大小，调整后的会计科目表标题如图4-8所示。

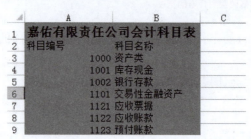
图4-8 调整后的会计科目表标题

06 选择A3:B3单元格，按住Ctrl键。

07 继续选择A5:B5单元格和A7:B7单元格。

08 释放Ctrl键，此时以上6个单元格被选中。

09 单击"填充颜色"菜单按钮 ，在打开的调色板中选择"黄色"，然后，表格中行与行之间颜色分明，显得格外清晰，如图4-9所示。

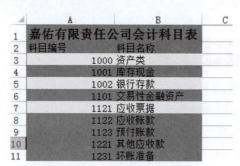
图4-9 进行颜色设置的会计科目表

10 选择A3:B8单元格，单击"格式刷"按钮 。

11 按住鼠标左键并拖动选择A9:B56单元格。

12 释放鼠标左键，一张行间色彩分明的会计科目表已生成(会计科目表内容不变)，如图4-10所示。

	嘉佑有限责任公司会计科目表	
1		
2	科目编号	科目名称
3	1000	资产类
4	1001	库存现金
5	1002	银行存款
6	1101	交易性金融资产
7	1121	应收票据
8	1122	应收账款
9	1123	预付账款
10	1221	其他应收款
11	1231	坏账准备
12	1401	材料采购
13	1403	原材料
14	1405	库存商品
15	1501	持有至到期投资
16	1511	长期股权投资
17	1601	固定资产
18	1602	累计折旧

图 4-10　完成设置的会计科目表(部分)

4.3　建立会计凭证表

建立起会计科目表后，按照手工会计账务的处理程序，应该将企业日常发生的经济业务填写在记账凭证中。但大部分的会计信息系统都省略填写凭证这个环节，只是在接口操作上看起来像填写凭证，而事实上是利用表单功能建立数据库。

4.3.1　设计会计凭证表

建立会计凭证表的操作步骤如下。

01 打开"4章.xlsx"工作簿的Sheet2，将其重命名为"会计凭证表"。

02 选择A1:J1单元格，单击"合并后居中"按钮。

03 选择A1单元格，输入文本"嘉佑有限责任公司会计凭证表"，然后单击"加粗"按钮。

04 将光标分别移至"列标"A和B、B和C、C和D、D和E中间，当光标变成↔时，单击并拖动鼠标，将列A、B、C、D单元格调整为所需的宽度，效果如图4-11所示。

图 4-11　完成列宽调整的会计凭证表

05 分别选择A2至J2单元格，输入表头："年""月""日""序号""凭证编号""摘要""科目编号""科目名称""借方金额""贷方金额"。

06 选中第2行，单击 ≡ 按钮执行"居中"命令，使单元格中的内容居中，效果如图4-12所示。

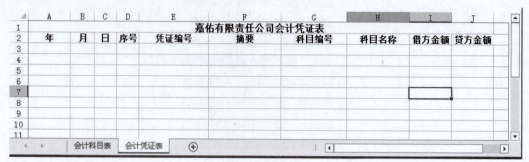

图 4-12 表头设置

07 选择整列I:J并右击，在弹出的快捷菜单中选择"设置单元格格式"命令，如图4-13所示。

08 将打开的对话框切换到"数字"选项卡，选择"会计专用"选项，在"小数位数"微调框中输入2，在"货币符号"下拉菜单中选择"无"，如图4-14所示。

09 单击"确定"按钮，将"借方金额"和"贷方金额"设置为数值格式。"会计凭证表"的基本格式设置完毕。

图 4-13 设置单元格格式

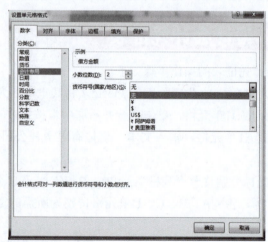

图 4-14 "数字"选项卡设置

4.3.2 自动生成会计凭证编号

会计人员在用会计凭证记录经济业务时，要对每笔经济业务进行编号，以便查找和日后核对。用Excel进行会计凭证表编制时，可以利用CONCATENATE()函数，以"年+月+日+当日顺序号"自动生成会计凭证的编号。

01 打开"4章.xlsx"工作簿的"会计凭证表"工作表。

02 选择列A:D并右击，在弹出的快捷菜单中选择"设置单元格格式"命令，打开"设置单元格格式"对话框。

03 在该对话框中选择"文本"选项，如图4-15所示。

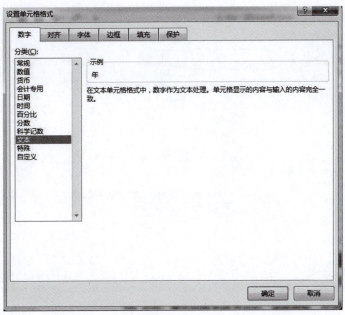

图4-15 "文本"选项

04 单击"确定"按钮。

05 分别选择A3至D3单元格，输入20×2、01、01、01。

06 选中E3单元格。

07 选择"公式"|"文本"命令，如图4-16所示。

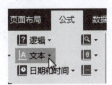

图4-16 选择"公式"|"文本"命令

08 单击后在"文本"类别函数下拉列表中选择CONCATENATE函数，如图4-17所示。

图4-17 选择 CONCATENATE() 函数

09 单击后，弹出如图4-18所示的"函数参数"对话框。

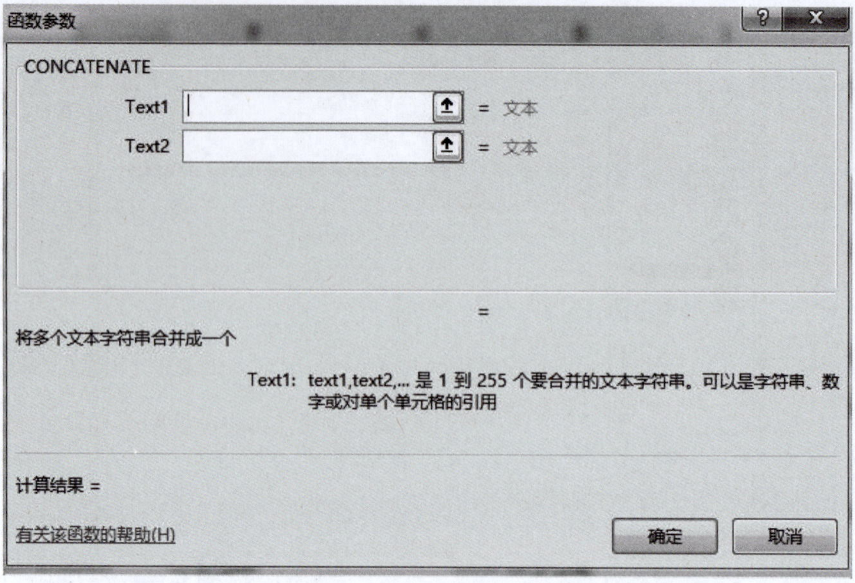

图4-18 "函数参数"对话框

10 在CONCATENATE()函数中输入公式"=CONCATENATE(A3,B3,C3,D3)",即在"函数参数"对话框中输入年、月、日、序号等信息对应单元格名称,如图4-19所示。

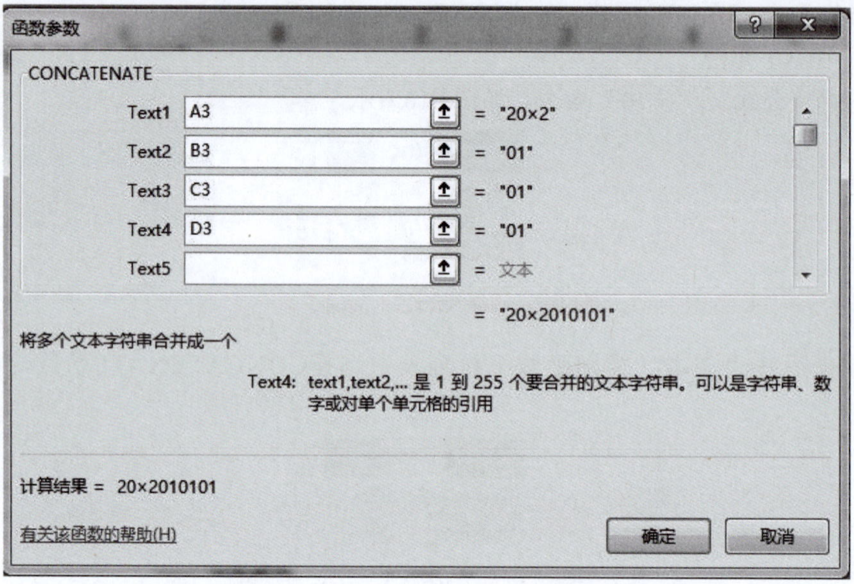

图4-19 输入CONCATENATE()函数参数

11 单击"确定"按钮,得到所需要的格式,结果如图4-20所示。

图4-20 设置CONCATENATE()函数后显示的结果

12 单击E3单元格,光标置于单元格右下角,此时光标变成✚,按住光标不放,向下拖拉,此时,E4:E30套用E3的函数。

4.3.3 自动显示会计科目

进入经济业务记录的工作后,首先登记业务发生的时间,接下来用会计专门的语言"会计科目"来记录企业发生的经济活动。在输入经济业务时,为了节约时间,可以利用VLOOKUP()函数,自动显示会计科目。

1. 定义名称

"定义名称"在Excel中有着举足轻重的地位,在许多地方都可以应用。由于需要用VLOOKUP()函数完成会计科目的自动显示,而VLOOKUP()函数中引用的位置需要使用定义名称的工作簿,故应先了解如何定义名称。

定义名称的具体操作步骤如下。

01 首先打开"4章.xlsx"工作簿的"会计凭证表"工作表。

02 选择"公式"|"定义的名称"选项组中"定义名称"的下拉箭头,在下拉菜单中选择"定义名称"命令,如图4-21所示。

图4-21 定义名称

03 在打开的"新建名称"对话框中"名称"文本框中输入"会计科目表",如图4-22所示。

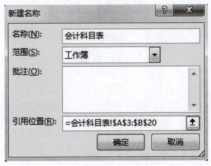

图4-22 输入名称

04 单击"引用位置"旁的折叠按钮。

05 在"会计科目表"的工作表标签处单击,切换到会计科目表工作表。

06 选择A3:B56单元格区域,"新建名称"对话框的"引用位置"会随之改变,如图4-23所示。

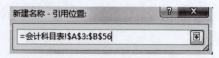

图 4-23　选定引用位置

07 单击"新建名称"对话框的折叠按钮，打开如图4-24所示的"新建名称"对话框。其中，"引用位置"选项已确定。

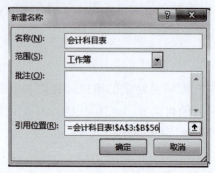

图 4-24　完成"引用位置"的设定

08 单击"确定"按钮，完成"定义名称"的设置。

2. 自动显示会计科目

自动显示会计科目的操作步骤如下。

01 打开"4章.xlsx"工作簿中的"会计凭证表"工作表。

02 选择H3单元格。

03 选择"公式"|"逻辑"命令。

04 单击，在"逻辑"类别函数列表框中选择IF()，如图4-25所示。

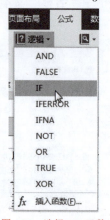

图 4-25　选择 IF() 函数

05 单击，打开"函数参数"对话框。在IF()函数的Logical_test自变量位置输入"G3=""""，如图4-26所示。

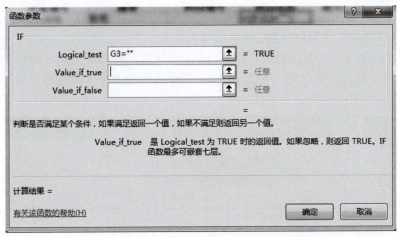

图 4-26　输入 IF() 函数参数 Logical_test 的自变量

06 在IF()函数的Value_if_true自变量位置输入" "" "，如图4-27所示。

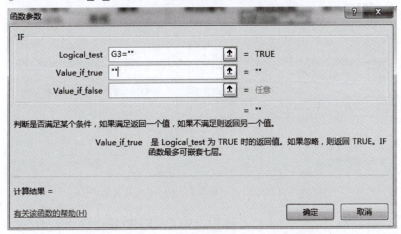

图 4-27　输入 IF() 函数参数 Value_if_true 的自变量

07 将光标移至IF()函数的Value_if_false自变量位置的空白处，输入"VLOOKUP()"函数，如图4-28所示。

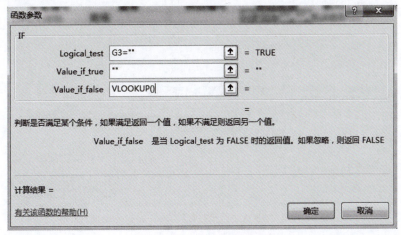

图 4-28　输入 VLOOKUP() 函数

08 将光标移至编辑栏VLOOKUP()函数的括号内，单击，弹出"函数参数"对话框。

09 在VLOOKUP()函数Lookup_value自变量位置输入G3。

10 将光标移至VLOOKUP()函数Table_array自变量位置的空白处，单击"公式"|"定义名称"|"用于公式"按钮的下拉箭头，在下拉菜单中选择"会计科目表"，如图4-29所示。

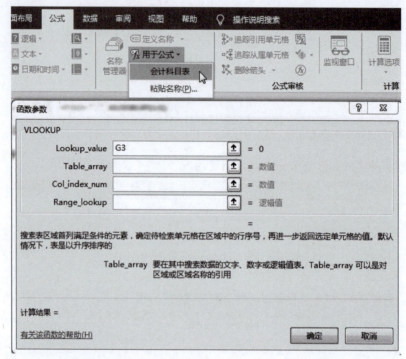

图 4-29　VLOOKUP() 函数参数 Table_array 自变量的设定

11 选择"会计科目表"定义的名称后，VLOOKUP()函数Table_array自变量变为如图4-30所示。

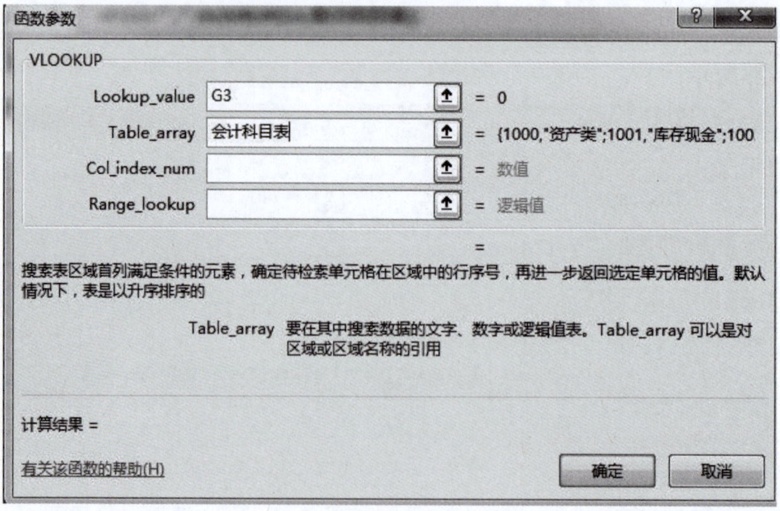

图 4-30　完成 VLOOKUP() 函数参数 Table_array 自变量的设定

12 在VLOOKUP()函数Col_index_num自变量位置输入2，如图4-31所示。

⑬ 在VLOOKUP()函数Range_lookup自变量位置输入FALSE,如图4-31所示。

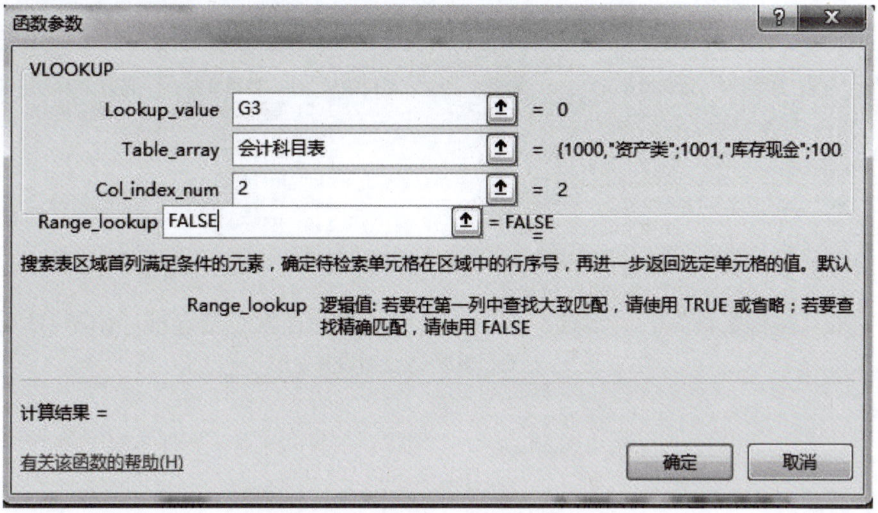

图4-31 输入 VLOOKUP() 函数参数

⑭ 单击"确定"按钮,完成函数的设置。

⑮ 选中H3单元格,用鼠标左键拖动填充控制点下拉,单击出现的下拉箭头,在弹出的快捷菜单中选择"复制单元格命令"。此时,整个"科目名称"列的单元格均自动套用公式。

⑯ 在"科目编号"的任意单元格中输入一个会计科目编码,则其后的"科目名称"中将自动出现相应的科目名称,如图4-32所示。

嘉佑有限责任公司会计凭证表									
年	月	日	序号	凭证编号	摘要	科目编号	科目名称	借方金额	贷方金额
20×2	01	01	01	20×2010101	取现	1001	库存现金	300.00	
20×2	01	01	01	20×2010101	取现	1002	银行存款		300.00

图4-32 完成自动显示会计科目设置后的会计凭证表

4.3.4 数据筛选

数据筛选是指从数据中找出符合给定条件的数据,将符合条件的数据显示在工作表上,将不符合条件的数据隐藏起来。在会计核算过程中,经常会运用数据筛选。

进行筛选的具体操作步骤如下。

① 打开"4章.xlsx"工作簿中的"会计凭证表"工作表。

② 单击"会计凭证表"工作表中的任意一个单元格。

③ 选择"数据"|"筛选"命令,如图4-33所示。

图4-33 进行数据的自动筛选

04 "会计凭证表"变成如图4-34所示的格式,每一个字段上会增加一个"筛选"按钮。

嘉佑有限责任公司会计凭证表									
年	月	日	序号	凭证编号	摘要	科目编号	科目名称	借方金额	贷方金额
20×2	01	01	01	20×2010101	取现	1001	库存现金	300.00	
20×2	01	01	01	20×2010101	取现	1002	银行存款		300.00
20×2	01	02	02	20×2010202	购料	1401	材料采购	1,000.00	
20×2	01	02	02	20×2010202	购料	1002	银行存款		1,000.00
20×2	01	06	03	20×2010603	验收材料	1403	原材料	1,000.00	
20×2	01	06	03	20×2010603	验收材料	1401	材料采购		1,000.00

图 4-34　完成自动筛选设置

05 单击"科目名称"的"筛选"按钮,选中"银行存款"复选框,如图4-35所示。

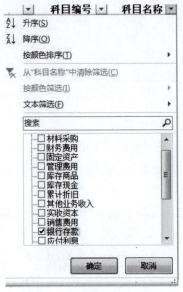

图 4-35　进行自动筛选

06 单击"确定"按钮,工作表仅列出"银行存款"业务,而其他的业务则被隐藏起来,如图4-36所示。

嘉佑有限责任公司会计凭证表									
年	月	日	序号	凭证编号	摘要	科目编号	科目名称	借方金额	贷方金额
20×2	01	01	01	20×2010101	取现	1002	银行存款		300.00
20×2	01	02	02	20×2010202	购料	1002	银行存款		1,000.00
20×2	01	12	04	20×2011204	付货款	1002	银行存款		500.00
20×2	01	22	06	20×2012206	收欠款	1002	银行存款	8,000.00	
20×2	01	25	07	20×2012507	水电费	1002	银行存款		400.00
20×2	01	26	10	20×2012610	广告费	1002	银行存款		1,000.00
20×2	01	26	11	20×2012611	销售	1002	银行存款	7,000.00	

图 4-36　显示自动筛选的结果

4.3.5　快速分析筛选

Excel可以用"快速分析"进行数据筛选,并将筛选的数据用彩色突出显示。具体操作步骤如下。

01 打开需要筛选的数据列表,选中一组需要筛选分析的数据,这时会出现"快速分析"按钮,如图4-37所示。

第4章 Excel 在会计凭证中的应用

嘉佑有限责任公司会计凭证表

年	月	日	序号	凭证编号	摘要	科目编号	科目名称	借方金额	贷方金额
20×2	01	01	01	20×2010101	取现	1001	库存现金	300.00	
20×2	01	01	01	20×2010101	取现	1002	银行存款		300.00
20×2	01	02	02	20×2010202	购料	1401	材料采购	1,000.00	
20×2	01	02	02	20×2010202	购料	1002	银行存款		1,000.00
20×2	01	06	03	20×2010603	验收材料	1403	原材料	1,000.00	
20×2	01	06	03	20×2010603	验收材料	1401	材料采购		1,000.00
20×2	01	12	04	20×2011204	付货款	2202	应付账款	500.00	
20×2	01	12	04	20×2011204	付货款	1002	银行存款		500.00
20×2	01	12	05	20×2011205	接受投资	1601	固定资产	9,000.00	
20×2	01	12	05	20×2011205	接受投资	4001	实收资本		9,000.00
20×2	01	22	06	20×2012206	收欠款	1002	银行存款	8,000.00	
20×2	01	22	06	20×2012206	收欠款	1122	应收账款		8,000.00
20×2	01	25	07	20×2012507	水电费	6602	管理费用	400.00	
20×2	01	25	07	20×2012507	水电费	1002	银行存款		400.00
20×2	01	25	08	20×2012508	销售	1122	应收账款	9,000.00	
20×2	01	25	08	20×2012508	销售	6001	主营业务收入		9,000.00
20×2	01	26	09	20×2012609	办公用品	6602	管理费用	200.00	
20×2	01	26	19	20×2012619	办公用品	1001	库存现金		200.00
20×2	01	26	10	20×2012610	广告费	6601	销售费用	,000.00	

图 4-37 出现"快速分析"按钮

02 单击"快速分析"按钮,出现如图4-38所示的对话框。

03 选择"格式化"|"文本包含"命令,会打开"文本中包含"对话框,输入要筛选的文本,如图4-39所示。

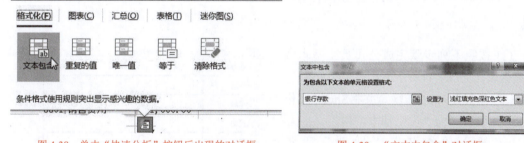

图 4-38 单击"快速分析"按钮后出现的对话框   图 4-39 "文本中包含"对话框

04 单击"确定"按钮,快速分析筛选结果如图4-40所示,存在"银行存款"会计科目的单元格用浅红色填充。

嘉佑有限责任公司会计凭证表

年	月	日	序号	凭证编号	摘要	科目编号	科目名称	借方金额	贷方金额
20×2	01	01	01	20×2010101	取现	1001	库存现金	300.00	
20×2	01	01	01	20×2010101	取现	1002	银行存款		300.00
20×2	01	02	02	20×2010202	购料	1401	材料采购	1,000.00	
20×2	01	02	02	20×2010202	购料	1002	银行存款		1,000.00
20×2	01	06	03	20×2010603	验收材料	1403	原材料	1,000.00	
20×2	01	06	03	20×2010603	验收材料	1401	材料采购		1,000.00
20×2	01	12	04	20×2011204	付货款	2202	应付账款	500.00	
20×2	01	12	04	20×2011204	付货款	1002	银行存款		500.00
20×2	01	12	05	20×2011205	接受投资	1601	固定资产	9,000.00	
20×2	01	12	05	20×2011205	接受投资	4001	实收资本		9,000.00
20×2	01	22	06	20×2012206	收欠款	1002	银行存款	8,000.00	
20×2	01	22	06	20×2012206	收欠款	1122	应收账款		8,000.00
20×2	01	25	07	20×2012507	水电费	6602	管理费用	400.00	
20×2	01	25	07	20×2012507	水电费	1002	银行存款		400.00
20×2	01	25	08	20×2012508	销售	1122	应收账款	9,000.00	
20×2	01	25	08	20×2012508	销售	6001	主营业务收入		9,000.00

图 4-40 快速分析筛选结果

如果想要取消对数据的快速分析,则选中已经筛选分析的数据,单击出现的"快速分析"按钮,在弹出的对话框中,单击"清除格式"按钮即可。

4.4　本章小结

本章介绍了如何利用Excel编制会计凭证。首先介绍了会计凭证的有关概念，使读者对会计凭证有基础认识；然后介绍了如何利用Excel建立会计科目表与美化会计科目表；最后利用Excel的CONCATENATE()函数、VLOOKUP()函数建立起具有自动生成序号、自动生成会计科目等多项功能的会计凭证表。这些工作完成之后，即可为进一步会计核算提供资料。

4.5　思考练习

1. 填空题

(1) CONCATENATE()函数最多可以连接_____个字符串。

(2) 要设置范围名称，应执行_____命令。

(3) 要进行数据的自动筛选，应执行_____命令。

(4) IF()函数最多可以有_____层嵌套。

2. 上机操作题

(1) 按照下列步骤完成公司员工基本资料数据表，如图4-41所示。

- 新建Excel工作簿，并将Sheet1工作表命名为"员工基本资料"。
- 输入"姓名""性别""年龄""民族""最高学历"和"联系方式"。
- 调整列宽：标题字段为35像素，输入字段为300像素。
- 将文本颜色设置为"紫色"并加粗。
- 将文本加边框。

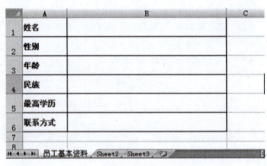

图4-41　表1

(2) 利用Excel设计一个会计凭证表，如图4-42所示，并完成以下操作。

- 设置会计凭证表格式：要求包含"月""日""科目编号""科目名称""借方金额"和"贷方金额"字段。
- 输入10笔经济业务。
- 对会计凭证表进行自动筛选。

图4-42　表2

第 5 章

Excel 在会计账簿中的应用

以会计凭证为依据设置和登记会计账簿,是会计账务处理工作的中心环节。本章主要介绍如何根据已有会计科目表中的有关数据,利用Excel的数据表透视表、函数等功能,建立起总分类账、明细分类账、科目汇总表和科目余额表等会计工作的账表。

本章学习目标
- 了解与会计账簿相关的基本概念。
- 掌握设置"借贷不平衡"自动提示的方法。
- 掌握利用数据透视表功能建立总分类账、明细分类账、科目汇总表的方法。
- 了解如何建立科目余额表。
- 掌握利用IF()函数、ISNA()函数、VLOOKUP()函数组合填制科目余额表的方法。

本章教学视频
- 借贷不平衡自动提示。
- 建立总分类账。
- 修改总分类账版面。
- 自动更新数据透视表。
- 建立科目汇总表。
- 科目余额表的编制。

(以上教学视频可通过扫描前言中的二维码进行下载。)

5.1 会计账簿概述

5.1.1 会计账簿的意义与作用

会计账簿是指以会计凭证为依据,在具有专门格式的账页中全面、连续、系统、综合地记录经济业务的簿籍。

会计账簿在会计核算中具有十分重要的意义，主要表现在以下几方面。

- 可以为经济管理提供连续、全面、系统的会计信息。
- 可以保护财产物资的安全完整。
- 便于企业单位考核成本、费用和利润计划的完成情况。
- 可以为编制会计报表提供资料。
- 可以为会计检查、会计分析提供资料。

5.1.2 会计账簿的类型

按照在经济管理中的用途划分，会计账簿可以分为日记账簿、分类账簿和备查账簿3种。

1. 日记账簿

日记账簿又称序时账簿，是按照经济业务发生的时间先后顺序，逐日逐笔登记经济业务的账簿。按其记录内容的不同，可以将日记账簿分为普通日记账和特种日记账两种。

普通日记账是用来登记全部经济业务情况的日记账。会计人员将每天所发生的全部业务，按照经济业务发生的先后顺序，编制成记账凭证，根据记账凭证逐笔登记到普通日记账中。例如，企业设置的日记总账就是普通日记账。

特种日记账是用来记录某一类经济业务发生情况的日记账。它是将某一类经济业务按照经济业务发生的先后顺序记入账簿中，反映某一特定项目的详细情况。例如，各经济单位为了对现金和银行存款加强管理，设置现金日记账和银行存款日记账来记录现金和银行存款的收、付和结存业务。

2. 分类账簿

分类账簿是区别不同账户登记经济业务的账簿。按照提供指标的详细程度不同，可以将账簿分为总分类账簿和明细分类账簿两种。

总分类账簿是按一级科目分类，连续地记录和反映资金增减、成本和利润情况的账簿，它能总括并全面地反映企事业单位的经济活动情况，是编制会计报表的依据。一切企业都设置总分类账。

明细分类账簿是根据明细科目开设的账簿，它能详细地反映企业某项经济活动的具体情况。

3. 备查账簿

备查账簿是对某些在日记账簿和分类账簿中不能记录登记或记录登记不全的经济业务进行补充登记的账簿。企业根据自身的情况，可以选择设置或不设置此账簿。

5.2 日记账

5.2.1 设置日记账格式

日记账是序时记录企业经济业务的账簿,可以按照时间顺序全面反映企业发生的所有经济业务。表5-1所示的是日记账格式。

表5-1 日记账格式

日 记 账

年	月	日	凭证编号	摘要	账户名称	借方金额	贷方金额

观察表5-1可知,日记账的格式与前面设置的会计凭证表的格式极为相似,其中"账户名称"就是"科目名称"。因此,会计人员在利用Excel进行核算时,不用再设置专门的日记账,可以采用审核无误的会计凭证表进行之后的会计核算工作。

5.2.2 借贷不平衡自动提示

作为一名会计人员,"有借必有贷,借贷必相等"这个记账规则一定是牢记于心的。在会计凭证的编制、账簿的登记、编制会计报表的整个会计核算过程中,始终以这个规则来进行账务处理。为避免出现借贷不平衡的情况,将利用IF()函数进行借贷不平衡的自动提示。打开"4章.xlsx"工作簿中的"会计凭证表"工作表,在该工作表中进行借贷不平衡自动提示操作,具体操作步骤如下。

01 选中K3单元格。

02 选择"公式"|"逻辑"命令。

03 单击,在"逻辑"类别函数列表框中选择"IF",如图5-1所示。

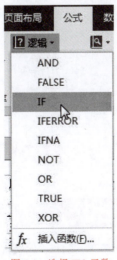

图5-1 选择 IF() 函数

04 在IF()函数的Logical_test自变量位置输入"SUM(I:I)=SUM(J:J)",在Value_if_true自变量位置输入""",在Value_if_false自变量位置输入""借贷不平衡"",单击"确定"按钮,如图5-2所示。

05 当输入的借方金额不等于贷方金额时,K3单元格中会自动出现"借贷不平衡"的提示,如图5-3所示。

06 若输入相等的金额,提示自动消失,如图5-4所示。

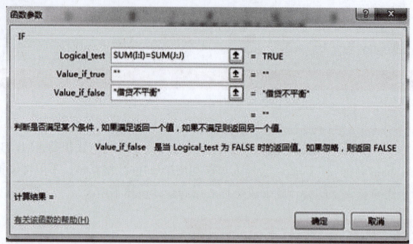

图 5-2 输入 IF() 函数参数

图 5-3 借贷不平衡时出现的提示

图 5-4 借贷平衡时提示消失

5.3 分类账

5.3.1 设置总分类账格式

任何企业的一切经济活动都应分类整理计入分类账的相关账户中,这样,企业的经济活动和财务状况可以通过分类账分门别类地反映出来。表5-2所示的是总分类账格式。

表5-2 总分类账格式

总 分 类 账

年	月	日	凭证编号	摘要	借方金额	贷方金额	借贷	余额

将日记账与分类账进行比较后发现，日记账的会计记录是以交易发生的日期为顺序登记的；而分类账则是以会计科目(即分类账户的名称)为前提，再以交易发生的日期为顺序登记的。两者在会计处理程序中是两种不同的账簿，但在利用Excel进行账务处理时，数据内容并无差别。因此，利用Excel中的数据透视表功能可以将已形成的日记账建立为总分类账。至于分类账中的余额，可以将其移至科目汇总表或科目余额表予以反映。

5.3.2 建立总分类账

在运用数据透视表建立总分类账时，需要命名工作表区域。建立总分类账的操作步骤如下。

01 打开"日记账"工作表。

02 选择"插入"|"数据透视表"命令。

03 在"创建数据透视表"对话框中选中"选择一个表或区域"和"新工作表"单选按钮，如图5-5所示。单击"确定"按钮。

图 5-5 "创建数据透视表"对话框

04 在如图5-6所示的"数据透视表字段"对话框中，进行透视表的设置。

05 在"数据透视表字段"任务窗格中将"年""月"按钮拖到"筛选"区域，如图5-7所示。

06 在"数据透视表字段"任务窗格中将"科目编码""科目名称""日"按钮拖到"行"区域，如图5-7所示。

07 在"数据透视表字段"任务窗格中将"借方金额""贷方金额"按钮拖到"值"区域,如图5-7所示。

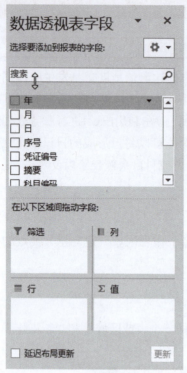 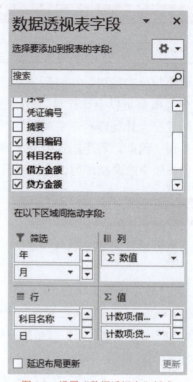

图 5-6 "数据透视表字段"任务窗格　　　　　图 5-7 设置"数据透视表"版式

08 操作完上述步骤后,形成如图5-8所示的工作表。

年	(全部)	
月	(全部)	
行标签	计数项:借方金额	计数项:贷方金额
⊟1001	1	1
⊟库存现金	1	1
01	1	
26		1
⊟1002	2	5
⊟银行存款	2	5
01		1
02		1
12		1
22	1	
25		1
26	1	1
⊟1122	1	1
⊟应收账款	1	1
22	1	
25		1
⊟1401	1	1
⊟材料采购	1	1
02	1	
06		1
⊟1403	1	
⊟原材料	1	
06	1	
⊟1405		1
⊟库存商品		1

图 5-8 设置"数据透视表"数据版式

09 将鼠标移至"计数项：借方金额"位置，并单击"计数项：借方金额"，选择"值字段设置"命令，如图5-9所示。

10 在"值字段设置"对话框的"计算类型"列表框中选择"求和"选项，如图5-10所示。单击"确定"按钮，"计数项：借方金额"将改为"求和项：借方金额"。

图5-9 选择"值字段设置"命令

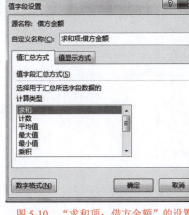
图5-10 "求和项：借方金额"的设置

11 按照上述步骤，将"计数项：贷方金额"改为"求和项：贷方金额"，结果如图5-11所示。

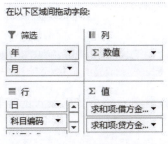
图5-11 完成"值字段设置"

12 操作完上述步骤后，形成如图5-12所示的工作表。

13 选中B单元格，右击，在弹出的快捷菜单中选择"设置单元格格式"命令，如图5-13所示。

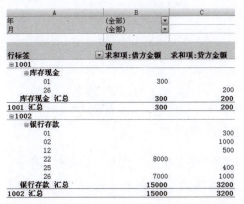
图5-12 值字段设置后的"数据透视表"数据版式

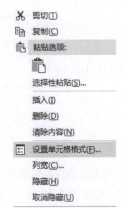
图5-13 选择"设置单元格格式"命令

⑭ 在"设置单元格格式"对话框的"分类"列表框中选择"会计专用"选项,将"小数位数"设置为2,"货币符号(国家/地区)"选项设置为"无",如图5-14所示。

⑮ 单击"确定"按钮。

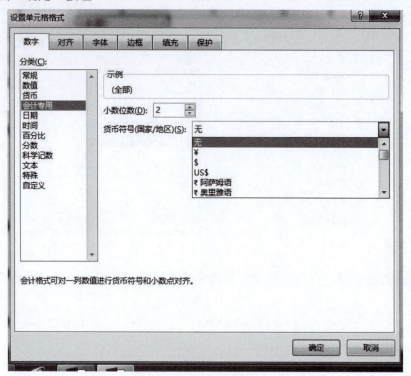

图 5-14 "设置单元格格式"对话框

⑯ 选中C单元格,重复"设置单元格格式"设置的步骤,工作表变成如图5-15所示的格式。

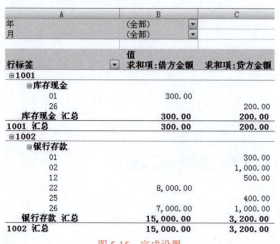

图 5-15 完成设置

⑰ 选择"数据透视表工具"|"设计"|"报表布局"命令,如图5-16所示。

⑱ 单击"报表布局"下拉按钮,在弹出的下拉列表中选择"以表格形式显示"命令,如图5-17所示。

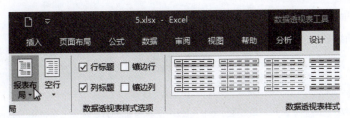

图 5-16 选择"报表布局"命令

图 5-17 选择"以表格形式显示"命令

19 完成上述步骤后，会显示如图5-18所示的工作表。

	年	（全部）			
	月	（全部）			
	科目编码	科目名称	日	求和项:借方金额	求和项:贷方金额
		⊞1001 ⊞库存现金	01	300.00	
			26		200.00
		库存现金 汇总		300.00	200.00
	1001 汇总			300.00	200.00
		⊞1002 ⊞银行存款	01		300.00
			02		1,000.00
			12		500.00
			22	8,000.00	
			25		400.00
			26	7,000.00	1,000.00
		银行存款 汇总		15,000.00	3,200.00
	1002 汇总			15,000.00	3,200.00
		⊞1122 ⊞应收账款	22		8,000.00
			25	9,000.00	
		应收账款 汇总		9,000.00	8,000.00
	1122 汇总			9,000.00	8,000.00
		⊞1401 ⊞材料采购	02	1,000.00	
			06		1,000.00
		材料采购 汇总		1,000.00	1,000.00
	1401 汇总			1,000.00	1,000.00
		⊞1403 ⊞原材料	06	1,000.00	
		原材料 汇总		1,000.00	

图 5-18 以表格形式显示的数据透视表

20 将新建立的透视数据表Sheet1重命名为"总分类账"。

21 选中1、2行并右击，在弹出的快捷菜单中选择"插入"命令。

22 选中A1:E1单元格，单击"合并后居中"按钮🖽。

23 选中A2:E2单元格，单击"合并后居中"按钮🖽。

24 选中A1单元格，输入"嘉佑有限责任公司"，并单击"加粗"按钮 **B**。

㉕ 选中A2单元格，输入"总分类账"，并单击"加粗"按钮 **B**。

㉖ 图5-19所示的是创建完成的总分类账。

	A	B	C	D	E
1			嘉佑有限责任公司		
2			总分类账		
3	年	(全部)			
4	月	(全部)			
5					
6	科目编码	科目名称	日	求和项:借方金额	求和项:贷方金额
7	⊟1001	⊟库存现金	01	300.00	
8			26		200.00
9		库存现金 汇总		300.00	200.00
10	1001 汇总			300.00	200.00
11	⊟1002	⊟银行存款	01		300.00
12			02		1,000.00
13			12		500.00
14			22	8,000.00	
15			25		400.00
16			26	7,000.00	1,000.00
17		银行存款 汇总		15,000.00	3,200.00
18	1002 汇总			15,000.00	3,200.00
19	⊟1122	⊟应收账款	22		8,000.00
20			25	9,000.00	
21		应收账款 汇总		9,000.00	8,000.00
22	1122 汇总			9,000.00	8,000.00
23		⊟1401	材料采购	02	1,000.00	

图 5-19 创建完成的总分类账

明细分类账的创建与总分类账的创建极为相似，前者是根据带有明细科目的日记账利用数据透视表功能自动生成的，在此不再赘述，相关内容将在第7章中有所体现。

5.3.3 修改总分类账版面

1. 添加余额

观察已经建立的总分类账，可以发现所完成的报表虽然有借贷方总额，但没有各科目的余额。因此，会计人员要对工作表进行进一步修改。

修改总分类账版面的具体操作步骤如下。

① 打开"总分类账"工作表。

② 选择"数据透视表工具"|"分析"|"字段、项目和集"|"计算字段"命令，如图5-20所示。

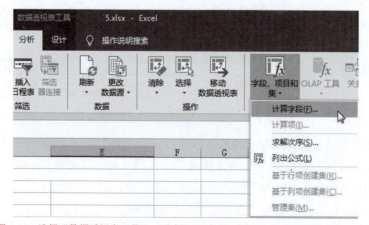

图 5-20 选择"数据透视表工具"|"分析"|"字段、项目和集"|"计算字段"命令

03 在"插入计算字段"对话框的"名称"文本框中输入"借方余额",并在"公式"文本框中设定"=IF((借方金额-贷方金额)>0,借方金额-贷方金额,0)",如图5-21所示。

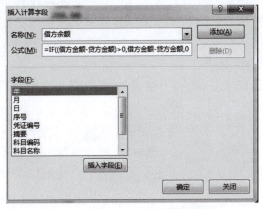

图 5-21 添加"借方余额"字段

04 单击"添加"按钮。在"插入计算字段"对话框的"名称"文本框中输入"贷方余额",并在"公式"文本框中设定"=IF((贷方金额-借方金额)>0,贷方金额-借方金额,0)",如图5-22所示。

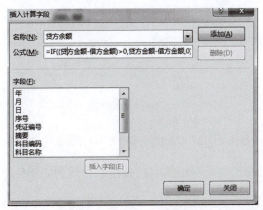

图 5-22 添加"贷方余额"字段

05 单击"确定"按钮。"总分类账"工作表变成如图5-23所示的格式。

	A	B	C	D	E	F	G	H
1				嘉佑有限责任公司				
2				总分类账				
3	年	(全部)						
4	月	(全部)						
5								
6	科目编码		科目名称	日	求和项:借方金额	求和项:贷方金额	求和项:借方余额	求和项:贷方余额
7	⊟1001		库存现金	01	300.00		300.00	-
8				26		200.00	-	200.00
9			库存现金 汇总		300.00	200.00	100.00	-
10	1001 汇总				300.00	200.00	100.00	-
11	⊟1002		银行存款	01		300.00	-	300.00
12				02		1,000.00	-	1,000.00
13				12		500.00	-	500.00
14				22	8,000.00		8,000.00	-
15				25		400.00	-	400.00
16				26	7,000.00	1,000.00	6,000.00	-
17			银行存款 汇总		15,000.00	3,200.00	11,800.00	-
18	1002 汇总				15,000.00	3,200.00	11,800.00	-
19	⊟1122		应收账款	22		8,000.00	-	8,000.00
20				25	9,000.00		9,000.00	-
21			应收账款 汇总		9,000.00	8,000.00	1,000.00	-
22	1122 汇总				9,000.00	8,000.00	1,000.00	-
23	⊟1401		材料采购	02	1,000.00		1,000.00	-
24				06		1,000.00	-	1,000.00
25			材料采购 汇总		1,000.00	1,000.00	-	-
26	1401 汇总				1,000.00	1,000.00	-	-

图 5-23 产生余额的总分类账

2. 隐藏字段

由于"总分类账"工作表中含有较多字段，使得整张工作表看起来比较复杂，因此会计人员可以根据需要隐藏部分字段，使整个工作表看起来更简洁。隐藏字段的具体操作步骤如下。

01 打开"总分类账"工作表。

02 选取第10行，选择"开始"|"格式"|"隐藏和取消隐藏"|"隐藏行"命令，如图5-24所示。

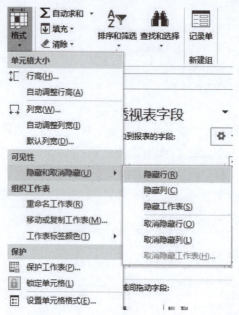

图 5-24　选择"开始"|"格式"|"隐藏和取消隐藏"|"隐藏行"命令

03 对需要隐藏的行或者列采取相类似的操作，可得到如图5-25所示的工作表。

	科目编码	科目名称	日	求和项:借方金额	求和项:贷方金额	求和项:借方余额	求和项:贷方余额
1		嘉佑有限责任公司					
2		总分类账					
3	年	(全部)					
4	月	(全部)					
5							
6	科目编码	科目名称	日	求和项:借方金额	求和项:贷方金额	求和项:借方余额	求和项:贷方余额
7	⊟1001	⊟库存现金	01	300.00		300.00	-
8			26		200.00	-	200.00
9		库存现金 汇总		300.00	200.00	100.00	-
11	⊟1002	⊟银行存款	01	300.00		300.00	-
12			02	1,000.00		1,000.00	-
13			12		500.00	-	500.00
14			22	8,000.00		8,000.00	-
15			25		400.00	-	400.00
16			26	7,000.00	1,000.00	6,000.00	-
17		银行存款 汇总		15,000.00	3,200.00	11,800.00	-
19	⊟1122	⊟应收账款	22		8,000.00	-	8,000.00
20			25	9,000.00		9,000.00	-
21		应收账款 汇总		9,000.00	8,000.00	1,000.00	-
23	⊟1401	⊟材料采购	02	1,000.00		-	-
24			06		1,000.00	-	1,000.00
25		材料采购 汇总		1,000.00	1,000.00	-	-
27	⊟1403	⊟原材料	06	1,000.00		1,000.00	-
28		原材料 汇总		1,000.00		1,000.00	-

图 5-25　隐藏行后的工作表

04 单击"数据透视表工具"|"分析"|"显示"组中的 按钮，如图5-26所示。

05 得到如图5-27所示的工作表。

图 5-26 单击相关按钮

	A	B	C	D	E	F	G	H
1				嘉佑有限责任公司				
2				总分类账				
3	年	(全部)	▼					
4	月	(全部)	▼					
5								
6	科目编码 ▼	科目名称 ▼	日 ▼	求和项:借方金额	求和项:贷方金额	求和项:借方余额	求和项:贷方余额
7	1001	库存现金	01	300.00		300.00	-
8			26		200.00	-	200.00
9		库存现金 汇总		300.00	200.00	100.00	-
11	1002	银行存款	01		300.00	-	300.00
12			02		1,000.00	-	1,000.00
13			12		500.00	-	500.00
14			22	8,000.00		8,000.00	-
15			25		400.00	-	400.00
16			26	7,000.00	1,000.00	6,000.00	-
17		银行存款 汇总		15,000.00	3,200.00	11,800.00	-
19	1122	应收账款	22		8,000.00	-	8,000.00
20			25	9,000.00		9,000.00	-
21		应收账款 汇总		9,000.00	8,000.00	1,000.00	-
23	1401	材料采购	02	1,000.00		-	-
24			06		1,000.00	-	1,000.00
25		材料采购 汇总		1,000.00	1,000.00	-	-
27	1403	原材料	06	1,000.00		1,000.00	-
28		原材料 汇总		1,000.00		1,000.00	-

图 5-27 简洁明了的工作表

如果需要取消隐藏行(或者列)，可以在选定行(或列)后，选择"开始"|"格式"|"隐藏和取消隐藏"|"取消隐藏行"(或"取消隐藏列")命令。

5.3.4 显示单一科目分类账

在财务操作过程中，会计人员有时会关注某一会计科目的分类账，此时可使用数据筛选功能。显示单一科目分类账的具体操作步骤如下。

01 打开"总分类账"工作表。

02 单击会计科目字段旁的下拉列表按钮，选中"银行存款"会计科目，如图5-28所示。

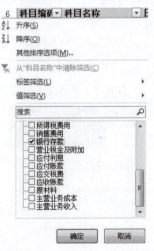

图 5-28 选中"银行存款"会计科目

03 单击"确定"按钮,工作表变为如图5-29所示的格式,仅显示"银行存款"单一科目的分类账。

	嘉佑有限责任公司				
	总分类账				
年	(全部)				
月	(全部)				
科目编码	科目名称	日	求和项:借方金额	求和项:贷方金额	求和项:借方余额	求和项:贷方余额
1002	银行存款	01		300.00		300.00
		02		1,000.00		1,000.00
		12		500.00		500.00
		25		400.00		400.00
		26	7,000.00	1,000.00	6,000.00	-
	银行存款 汇总		15,000.00	3,200.00	11,800.00	-
1002 汇总			15,000.00	3,200.00	11,800.00	-
总计			15,000.00	3,200.00	11,800.00	-

图 5-29 "银行存款"分类账

5.4 自动更新数据透视表

在Excel中,确保根据日记账建立的总分类账、科目汇总表等数据透视表中数据正确的方法有两种:一种是在选择建立数据透视表的数据源区域时,尽可能地将数据源范围扩大;另一种是数据透视表中的数据能够随着数据源数据的更新而更新。本节将介绍使数据透视表内容随着数据源数据的更新而更新的方法。

自动更新数据透视表的具体操作步骤如下。

01 在"日记账"工作表中添加2月份业务,如图5-30所示。

20×2	02	02	01	20×2020201	购料	1401	材料采购	3,000.00	
20×2	02	02	01	20×2020201	购料	1002	银行存款		3,000.00
20×2	02	06	02	20×2020602	验收材料	1403	原材料	3,000.00	
20×2	02	06	02	20×2020602	验收材料	1401	材料采购		3,000.00
20×2	02	12	03	20×2021203	付货款	2202	应付账款	500.00	
20×2	02	12	03	20×2021203	付货款	1002	银行存款		500.00
20×2	02	12	04	20×2021204	接受投资	1601	固定资产	6,000.00	
20×2	02	12	04	20×2021204	接受投资	4001	实收资本		6,000.00
20×2	02	22	05	20×2022205	收欠款	1002	银行存款	8,000.00	
20×2	02	22	05	20×2022205	收欠款	1122	应收账款		8,000.00
20×2	02	25	06	20×2022506	水电费	6602	管理费用	300.00	
20×2	02	25	06	20×2022506	水电费	1002	银行存款		300.00
20×2	02	25	07	20×2022507	销售产品	1122	应收账款	10,000.00	
20×2	02	25	07	20×2022507	销售产品	6001	主营业务收入		10,000.00

图 5-30 新增业务的日记账记录

02 切换至"总分类账"工作表。

03 选择"数据透视表工具"|"分析"|"更改数据源"命令,如图5-31所示。

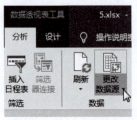

图 5-31 选择"更改数据源"命令

04 在弹出的"移动数据透视表"对话框中选取数据源区域,如图5-32所示。单击"确定"按钮。

图 5-32 "移动数据透视表"对话框

05 单击"月"字段旁的下拉列表按钮,如图5-33所示,"总分类账"的数据已经更新(2月业务已经添加)。

06 选择"02月"会计科目,单击"确定"按钮,在此基础上建立的数据透视表均自动更新,结果如图5-34所示。

图 5-33 更新后的总分类账

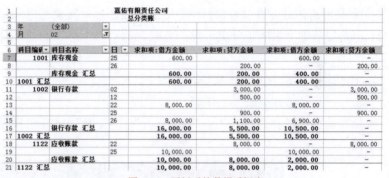

图 5-34 更新后的数据透视表

如果数据源的范围没有扩大,或者最初设定的数据源范围足够大,仅是日记账业务增减及变动,则只需选择"数据透视表工具"|"分析"|"刷新"命令,数据表中的数字即可更新,如图5-35所示。

图 5-35 选择"刷新"命令

5.5 科目汇总表

5.5.1 科目汇总表概述

科目汇总表是指根据一定期间内的所有经济业务,根据相同的会计科目进行归类,定期汇总出每一个会计科目的借方本期发生额合计数和贷方本期发生额合计数的一种表格。

科目汇总表在会计账务核算过程中起着承上启下的作用。一方面,它将一定期间发生的经济业务分门别类进行汇总;另一方面,它为编制会计报表提供了数据。表5-3所示的是科目汇总表格式。

表5-3 科目汇总表格式

科目汇总表

编制单位: 　　　　　　　　　　　　年　月　日　　　　　　　　　　　　单位:元

科目代码	会计科目	借方本期发生额	贷方本期发生额
	合计		

5.5.2 建立科目汇总表

科目汇总表建立在凭证(日记账)记录基础之上,其数据也来源于凭证。由于已经在凭证(日记账)的基础上生成了分类汇总的总账,故科目汇总表的建立只需要对分类账进行修改变动即可。

建立科目汇总表的具体操作步骤如下。

01 打开"总分类账"工作表。

02 选择"数据透视表工具"|"分析"|"选项"|"显示报表筛选页"命令,如图5-36所示。

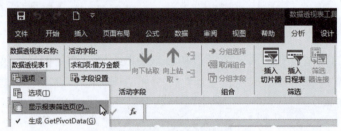

图5-36 选择"数据透视表工具"|"分析"|"选项"|"显示报表筛选页"命令

03 在"显示报表筛选页"对话框中选中"月"选项,如图5-37所示,单击"确定"按钮。

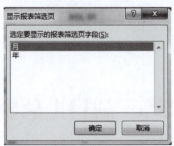

图5-37 选中"月"选项

04 操作完上述步骤后,形成一个与"总分类账"相同的工作表,即科目汇总表的底稿。

05 选择"数据透视表工具"|"分析"|"字段列表"命令,如图5-38所示。

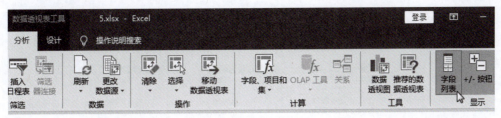

图 5-38 选择"数据透视表工具"|"分析"|"字段列表"命令

06 在"数据透视表字段"任务窗格中分别选中"日""求和项：借方余额""求和项：贷方余额"字段，右击，在弹出的快捷菜单中，选择"删除字段"命令，如图5-39所示。

07 选择"数据透视表工具"|"设计"|"分类汇总"|"不显示分类汇总"命令，如图5-40所示。

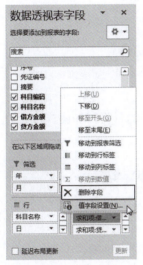

图 5-39 删除字段

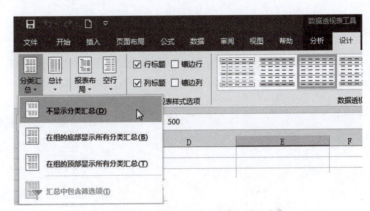

图 5-40 选择"不显示分类汇总"命令

08 工作表变为如图5-41所示的格式，即科目汇总表。

	年	(全部)		
	月	01		
	科目编码	科目名称	求和项:借方金额	求和项:贷方金额
5	1001	库存现金	300.00	200.00
6	1002	银行存款	15,000.00	3,200.00
7	1122	应收账款	9,000.00	8,000.00
8	1401	材料采购	1,000.00	1,000.00
9	1403	原材料	1,000.00	
10	1405	库存商品		10,000.00
11	1601	固定资产	9,000.00	
12	1602	累计折旧		500.00
13	2202	应付账款	500.00	
14	2221	应交税费		1,000.00
15	2231	应付利息		500.00
16	4001	实收资本		9,000.00
17	4103	本年利润	13,600.00	16,000.00
18	6001	主营业务收入	9,000.00	9,000.00
19	6051	其他业务收入	7,000.00	7,000.00
20	6401	主营业务成本	10,000.00	10,000.00
21	6403	税金及附加	200.00	200.00
22	6601	销售费用	1,000.00	1,000.00
23	6602	管理费用	1,100.00	1,100.00
24	6603	财务费用	500.00	500.00
25	6801	所得税费用	800.00	800.00
26	总计		79,000.00	79,000.00

图 5-41 生成科目汇总表

09 将工作表"01"重命名为"科目汇总表",如图5-42所示。

科目编号	科目名称	求和项:借方金额	求和项:贷方金额
年	(全部)		
月	01		
1001	库存现金	300.00	200.00
1002	银行存款	15,000.00	3,200.00
1122	应收账款	9,000.00	8,000.00
1401	材料采购	1,000.00	1,000.00
1403	原材料	1,000.00	
1405	库存商品		10,000.00
1601	固定资产	9,000.00	
1602	累计折旧		500.00
2202	应付账款	500.00	
2221	应交税费		1,000.00
2231	应付利息		500.00
4001	实收资本		9,000.00
4103	本年利润	13,600.00	16,000.00
6001	主营业务收入	9,000.00	9,000.00
6051	其他业务收入	7,000.00	7,000.00
6401	主营业务成本	10,000.00	10,000.00
6403	税金及附加	200.00	200.00
6601	销售费用	1,000.00	1,000.00
6602	管理费用	1,100.00	1,100.00
6603	财务费用	500.00	500.00
6801	所得税费用	800.00	800.00
总计		79,000.00	79,000.00

图5-42 重命名为"科目汇总表"

10 单击"月"字段旁的下拉列表按钮,选择科目汇总表编制的月份,如图5-43所示。

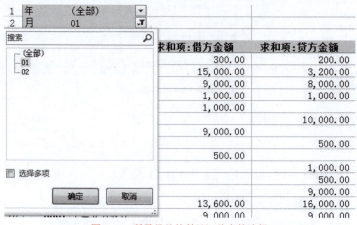

图5-43 所需月份的科目汇总表的选择

11 单击"确定"按钮,即可生成该月的科目汇总表。

5.6 科目余额表

5.6.1 设计科目余额表

科目余额表是用来记录本期所有会计科目的发生额和余额的表格。它是科目汇总表的进一步延伸,能够反映某一会计期间相关会计科目(账户)的期初余额、本期发生额和期末余额,为编制会计报表提供更完善的数据。表5-4所示的是科目余额表格式。

表5-4 科目余额表格式

科目余额表

编制单位：　　　　　　　　　　　　　　　年　月　　　　　　　　　　　　　　　单位：元

科目代码	会计科目	期初余额		本期发生额		期末余额	
合计							

利用Excel建立科目余额表的操作步骤如下。

01 将"5.xlsx"工作簿中的工作表Sheet2重命名为"科目余额表"。

02 选中A1:H1单元格，单击"合并后居中"按钮。在A1单元格中输入"嘉佑有限责任公司科目余额表"，并单击"加粗"按钮。

03 选中A2:A3单元格，单击"合并后居中"按钮。在A2单元格中输入"科目编码"，并单击"加粗"按钮。

04 选中B2:B3单元格，单击"合并后居中"按钮。在B2单元格中输入"会计科目"，并单击"加粗"按钮。

设置完成后的表格如图5-44所示。

图 5-44　设置 A1、A2、B2 单元格

05 选中C2:D2单元格，单击"合并后居中"按钮。在C2单元格中输入"期初余额"，并单击"加粗"按钮。

06 选中E2:F2单元格，单击"合并后居中"按钮。在E2单元格中输入"本期发生额"，并单击"加粗"按钮。

07 选中G2:H2单元格，单击"合并后居中"按钮。在G2单元格中输入"期末余额"，并单击"加粗"按钮。

08 分别选中C3、E3、G3单元格，在这些单元格中输入"借方"，并单击"加粗"按钮。

09 分别选中D3、F3、H3单元格，在这些单元格中输入"贷方"，并单击"加粗"按钮。

10 调整各列到合适的列宽，最终效果如图5-45所示。

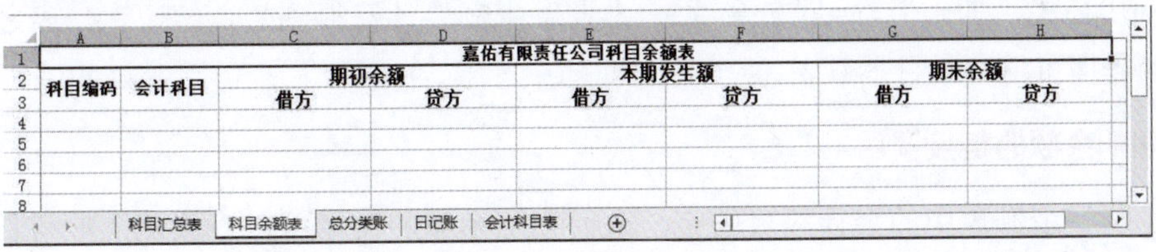

图 5-45　设置单元格

⑪ 根据前面章节介绍的记录单的有关操作，在A4:B52的单元格中输入科目编码及相应的会计科目。

⑫ 选中A53:B53单元格，单击"合并后居中"按钮 。在A53单元格中输入"合计"，并单击"加粗"按钮 。

⑬ 选择列C:H，右击，在弹出的快捷菜单中选择"设置单元格格式"命令。在"设置单元格格式"对话框的"分类"列表框中选择"会计专用"选项，将"小数位数"设置为2，将"货币符号"选项设置为"无"。单击"确定"按钮。

⑭ 选中C53单元格，选择"公式"|"自动求和"命令，如图5-46所示。

⑮ 选中C4:C52单元格，在编辑栏中的SUM()函数中显示公式"=SUM(C4:C52)"，如图5-47所示。按Enter键确认。

图 5-46 选择"公式"|"自动求和"命令

图 5-47 设置 SUM() 函数参数

⑯ 选中C53单元格并右击，在弹出的快捷菜单中选择"复制"命令。

⑰ 选中D53:H53单元格并右击，在弹出的快捷菜单中选择"粘贴"命令。此时，D53:H53单元格均自动套用公式。科目余额表已建立完成。

5.6.2 编制科目余额表

编制科目余额表是指对科目余额表中期初余额、本期发生额及期末余额的填写。这个过程实质上是工作表之间数据链接调用的过程。科目余额表的期初余额、本期发生额分别是从上期科目余额表中的期末余额及本期科目汇总表中链接过来的。而科目余额表的期末余额是利用公式"期末余额=期初余额+/-本期发生额"计算得到的。解决工作表之间数据链接的问题即可编制科目余额表。

1. 期初余额的链接调用

由于科目余额表中的会计科目固定，故而期初余额的链接可以直接从上期科目余额表的期末余额中调用。直接引用公式为"=[被引用工作簿名称]被引用工作表名称!被引用单元格”。如果数据在同一个工作簿中，则“被引用工作簿名称”可以省略。

期初余额的链接调用的具体操作步骤如下。

01 打开“科目余额表”工作表。

02 选中C4单元格，输入“=”。

03 将鼠标移至“期初科目余额表”工作表，单击G4单元格，如图5-48所示。

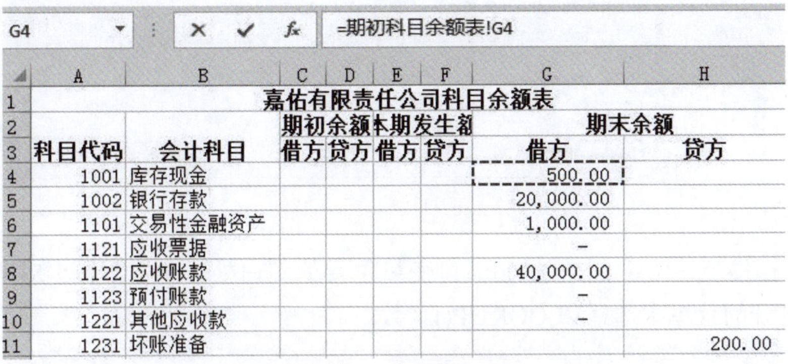

G4　=期初科目余额表!G4

	A	B	C	D	E	F	G	H
1	嘉佑有限责任公司科目余额表							
2			期初余额		本期发生额		期末余额	
3	科目代码	会计科目	借方	贷方	借方	贷方	借方	贷方
4	1001	库存现金					500.00	
5	1002	银行存款					20,000.00	
6	1101	交易性金融资产					1,000.00	
7	1121	应收票据					-	
8	1122	应收账款					40,000.00	
9	1123	预付账款					-	
10	1221	其他应收款					-	
11	1231	坏账准备						200.00

图 5-48　建立直接链接

04 按Enter键，系统在“科目余额表”工作表的C4单元格显示期初现金余额的数值，如图5-49所示。

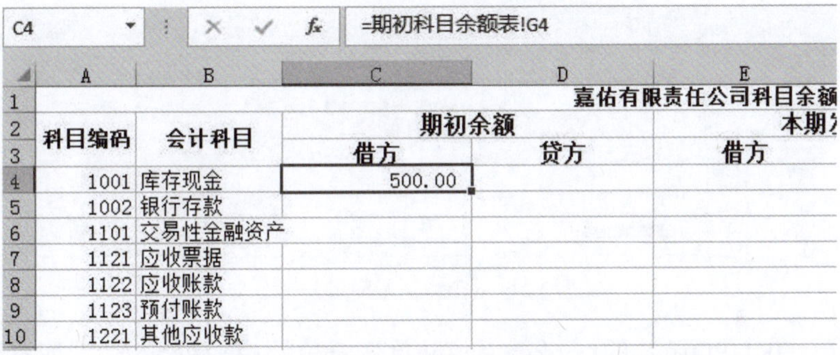

C4　=期初科目余额表!G4

	A	B	C	D	E
1					嘉佑有限责任公司科目余额
2	科目编码	会计科目	期初余额		本期
3			借方	贷方	借方
4	1001	库存现金	500.00		
5	1002	银行存款			
6	1101	交易性金融资产			
7	1121	应收票据			
8	1122	应收账款			
9	1123	预付账款			
10	1221	其他应收款			

图 5-49　显示链接结果

05 使用相同的方法，建立其他会计科目期初余额的链接。至此，科目余额表的期初余额已编制完成。

2. 本期发生额的链接调用

科目余额表中本期发生额需从本期科目汇总表中调用。由于每个会计期间发生的经济业务不完全相同，因此根据记录经济业务的日记账自动生成的科目汇总表的会计科目并不固定。在从本期科目汇总表中调用数据时，不能直接调用，需要借助于函数进行间接调用。以下内容假设已将所需要的范围名称定义完成。

本期发生额的链接调用的具体操作步骤如下。

01 打开“科目余额表”工作表。

02 选中E4单元格，输入“=”。选择IF()函数。

03 将光标移至IF()函数的Logical_test自变量位置空白处，单击如图5-50所示的下拉菜单按钮，从打开的菜单中选择ISNA()函数。

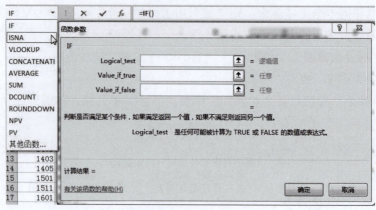

图 5-50 选择 ISNA() 函数

04 将光标移至ISNA()函数的Value自变量位置的空白处，单击如图5-51所示的下拉菜单按钮，从打开的菜单中选择VLOOKUP()函数。

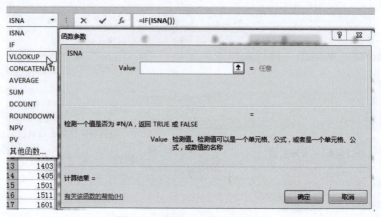

图 5-51 选择 VLOOKUP() 函数

05 在VLOOKUP()函数的Lookup_value自变量位置空白处输入""库存现金""。在Table_array自变量位置空白处，选择"公式"|"用于公式"|"科目汇总表"命令(已经对科目汇总表定义了名称)。在Col_index_num自变量位置空白处输入"2"，在Range_lookup自变量位置空白处输入"FALSE"，如图5-52所示。

图 5-52 设置 VLOOKUP() 函数的参数

06 将光标移回至IF()函数,在Value_if_true自变量位置输入"0",在Value_if_false自变量位置空白处,单击下拉菜单按钮,从打开的菜单中选择VLOOKUP()函数,如图5-53所示。

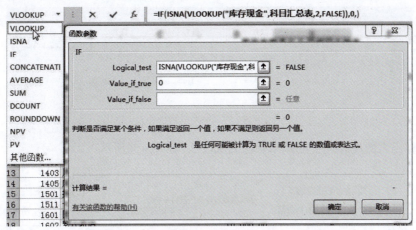

图 5-53 设置 IF() 函数的参数

07 重复步骤5的操作。

08 单击"确定"按钮,完成函数的设置。

09 图5-54所示的是系统在E4单元格显示本月现金的借方发生额。

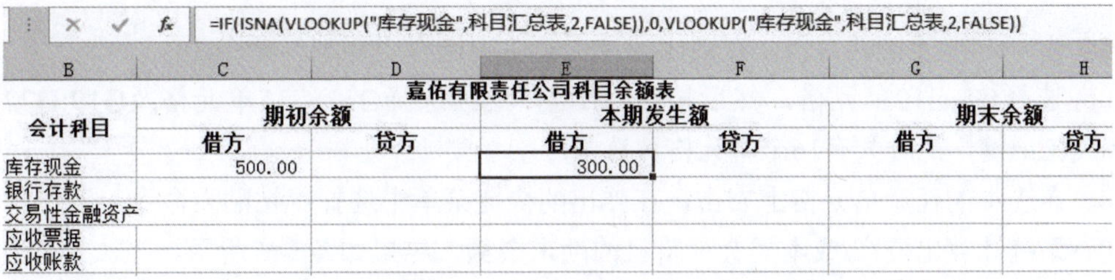

图 5-54 显示函数的计算结果

使用相同的方法,可以将科目余额表与科目汇总表建立起动态的链接。科目余额表中借方金额、贷方金额字段的公式如下。

本期借方发生额
=IF(ISNA(VLOOKUP("查找的会计科目",科目汇总表,2,FALSE)),0,VLOOKUP("查找的会计科目",科目汇总表,2,FALSE))

本期贷方发生额
=IF(ISNA(VLOOKUP("查找的会计科目",科目汇总表,3,FALSE)),0,VLOOKUP("查找的会计科目",科目汇总表,3,FALSE))

3. 期末余额的计算

科目余额表中所有的会计科目分为资产类、负债类、所有者权益类、成本类和损益类5类。根据会计核算的规则,资产/成本类期末余额=期初余额+本期借方发生额-本期贷方发生额,负债/所有者权益类期末余额=期初余额+本期贷方发生额-本期借方发生额,而损益类无余额,所以,期末余额的计算需要根据上述公式来进行。

期末余额计算的具体操作步骤如下。

01 打开"科目余额表"工作表。

02 选中G4单元格,输入"=C4+E4-F4",如图5-55所示,然后按Enter键。

	A	B	C	D	E	F	G	H
1				嘉佑有限责任公司科目余额表				
2	科目编码	会计科目	期初余额		本期发生额		期末余额	
3			借方	贷方	借方	贷方	借方	贷方
4	1001	库存现金	500.00		300.00	200.00	=C4+E4-F4	
5	1002	银行存款	20,000.00		15,000.00	3,200.00		
6	1101	交易性金融资产	1,000.00		—	—		
7	1121	应收票据			—	—		
8	1122	应收账款	40,000.00		9,000.00	8,000.00		
9	1123	预付账款			—	—		
10	1221	其他应收款			—	—		

图5-55 输入公式

03 计算出来的库存现金的期末余额为600元,如图5-56所示。

	A	B	C	D	E	F	G	H
1				嘉佑有限责任公司科目余额表				
2	科目编码	会计科目	期初余额		本期发生额		期末余额	
3			借方	贷方	借方	贷方	借方	贷方
4	1001	库存现金	500.00		300.00	200.00	600.00	
5	1002	银行存款	20,000.00		15,000.00	3,200.00		
6	1101	交易性金融资产	1,000.00		—	—		
7	1121	应收票据			—	—		
8	1122	应收账款	40,000.00		9,000.00	8,000.00		
9	1123	预付账款			—	—		
10	1221	其他应收款			—	—		
11	1231	坏账准备		200.00				

图5-56 显示公式计算结果

04 选中G4单元格并右击,在弹出的快捷菜单中选择"复制"命令。

05 选择G5:G10单元格,然后按住Ctrl键,继续选择G12:G17单元格及G19:G22单元格。释放Ctrl键,此时共有16个单元格被选中。

06 在选中的任意单元格上右击,在弹出的快捷菜单中选择"粘贴"命令。

07 系统计算出资产/成本类会计科目的期末余额,结果如图5-57所示。

	A	B	C	D	E	F	G	H
1				嘉佑有限责任公司科目余额表				
2	科目编码	会计科目	期初余额		本期发生额		期末余额	
3			借方	贷方	借方	贷方	借方	贷方
4	1001	库存现金	500.00		300.00	200.00	600.00	
5	1002	银行存款	20,000.00		15,000.00	3,200.00	31,800.00	
6	1101	交易性金融资产	1,000.00		—	—	1,000.00	
7	1121	应收票据			—	—		
8	1122	应收账款	40,000.00		9,000.00	8,000.00	41,000.00	
9	1123	预付账款			—	—		
10	1221	其他应收款			—	—		
11	1231	坏账准备		200.00				
12	1401	材料采购			1,000.00	1,000.00	—	
13	1403	原材料	8,000.00		1,000.00	—	9,000.00	
14	1405	库存商品	50,000.00		—	10,000.00	40,000.00	
15	1501	持有至到期投资	600.00		—	—	600.00	
16	1511	长期股权投资	7,000.00		—	—	7,000.00	
17	1601	固定资产	90,000.00		9,000.00	—	99,000.00	
18	1602	累计折旧		10,000.00		500.00		
19	1603	在建工程			—	—		
20	1701	无形资产	3,000.00		—	—	3,000.00	
21	1801	长期待摊费用			—	—		
22	1901	待处理财产损溢			—	—		

图5-57 显示填制结果

08 选中H11单元格,输入"=D11+F11-E11",按Enter键。

09 选中H18、H23:H39单元格,粘贴H11单元格中的公式。

10 图5-58所示的是已计算好的负债/所有者权益类会计科目的期末余额。至此,科目余额表的编制工作已完成。

		期初余额		本期发生额		期末余额	
科目编码	会计科目	借方	贷方	借方	贷方	借方	贷方
1001	库存现金	500.00		300.00	200.00	600.00	
1002	银行存款	20,000.00		15,000.00	3,200.00	31,800.00	
1101	交易性金融资产	1,000.00		–	–	1,000.00	
1121	应收票据			–	–	–	
1122	应收账款	40,000.00		9,000.00	8,000.00	41,000.00	
1123	预付账款			–	–	–	
1221	其他应收款			–	–	–	
1231	坏账准备		200.00	–	–		200.00
1401	材料采购			1,000.00	1,000.00	–	
1403	原材料	8,000.00		1,000.00	–	9,000.00	
1405	库存商品	50,000.00		–	10,000.00	40,000.00	
1501	持有至到期投资	600.00		–	–	600.00	
1511	长期股权投资	7,000.00		–	–	7,000.00	
1601	固定资产	90,000.00		9,000.00	–	99,000.00	
1602	累计折旧		10,000.00	–	500.00		10,500.00
1603	在建工程			–	–	–	
1701	无形资产	3,000.00		–	–	3,000.00	
1801	长期待摊费用			–	–	–	
1901	待处理财产损溢			–	–	–	
2001	短期借款		4,000.00	–	–		4,000.00
2201	应付票据			–	–		–
2202	应付账款		30,000.00	500.00	–		29,500.00
2203	预收账款			–	–		–

图 5-58　编制完成的科目余额表

5.7　本章小结

本章介绍了如何利用Excel编制会计账簿。首先介绍了会计账簿的有关概念，然后介绍了如何利用Excel的IF()函数实现会计核算中的"借贷不平衡"自动提示，在会计凭证表的基础上又介绍了如何利用数据透视表功能建立总分类账、明细分类账、科目汇总表，最后利用Excel建立起科目余额表，并通过一些函数的组合完成科目余额表的填制。完成这些表单的建立后，会计人员便可以进行会计账务处理的最后步骤——编制会计报表。

5.8　思考练习

1. 填空题

(1) 在数据透视表中，预设的是_____计算格式作为数据的计算格式。

(2) 一张数据透视表中应分别有_____、_____、_____和_____4个字段。

(3) 在建立数据透视表的数据源区域内对数据进行改动时，应执行_____命令对相应的数据透视表数据进行更新。

(4) 设置"借贷不平衡"自动显示，最主要是呼应_____这个会计观念。

(5) 不同工作簿间建立数据的直接链接，直接引用的公式是_____。

(6) 若在数据透视表中添加及删除字段，选中数据透视表的任意一个数据单元格后，通过出现的_____窗口进行操作。

2. 上机操作题

对第4章上机操作题(2)建立的会计凭证表资料进行以下操作。

- 建立总分类账，要求总分类账(数据透视表)格式："筛选"区域为"月"；"行"区域为"科目代码""科目名称""日"；"值"区域为"求和项：借方金额""求和项：贷方金额"，如图5-59所示。

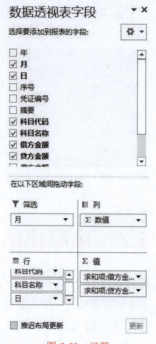

图 5-59 习题

- 隐藏"求和项：借方金额"。

第 6 章

Excel 在会计报表中的应用

会计报表是会计账务处理的最终环节,是会计工作的定期总结,它是基于会计凭证、会计账簿、会计科目汇总表和会计科目余额表等会计资料编制的。本章主要介绍如何利用 Excel 建立和编制会计报表。

本章学习目标
- 了解会计报表的概念。
- 掌握如何建立并编制资产负债表。
- 掌握如何建立并编制利润表。
- 了解现金流量表的建立及编制。
- 了解所有者权益变动表的建立及编制。

本章教学视频
- 资产负债表的编制。
- 利润表的编制。

(以上教学视频可通过扫描前言中的二维码进行下载。)

6.1 会计报表概述

6.1.1 会计报表的含义及作用

会计报表是综合反映企业经营成果、财务状况及现金流量信息的书面文件,它是会计核算的最终结果,也是会计核算工作的总结。

会计报表向投资者、债权人、政府及其他机构等会计报表的使用者提供有用的经济决策信息。编制会计报表的作用体现在以下几方面。

- 会计报表提供的经济信息是企业加强和改善经营管理的重要依据。

- 会计报表提供的经济信息是国家经济管理部门进行宏观调控和管理的依据。
- 会计报表提供的经济信息是投资者和债权人进行决策的依据。

6.1.2 会计报表的分类

会计报表可以按照不同的标准进行分类。常见的分类如下。

- 按照反映内容的不同，会计报表可以分为动态会计报表和静态会计报表。动态会计报表是反映一定时期内资金耗费和资金收回的报表。例如，利润表是反映企业一定时期内经营成果的报表。静态会计报表是综合反映一定时点资产、负债和所有者权益的会计报表。例如，资产负债表是反映一定时点企业资产总额和权益总额的报表，从企业资产总量方面反映企业的财务状况，从而反映企业资产的变现能力和偿债能力。
- 按照编制时间的不同，会计报表可以分为月报、季报、半年报和年报。
- 按照编制单位的不同，会计报表可以分为单位会计报表和汇总会计报表。单位会计报表是指企业在自身会计核算的基础上，对账簿记录进行加工而编制的会计报表，以反映企业本身的财务状况和经营成果；汇总会计报表是指企业主管部门或上级机关根据所属单位报送的会计报表，连同本单位会计报表汇总编制的综合性会计报表。

本章主要介绍利用Excel编制基于企业自身会计核算资料的资产负债表、利润表、现金流量表和所有者权益变动表。

6.2 Excel在资产负债表中的应用

企业经营一定期间内，需要反映出企业当时的资产、负债及所有者权益的情况，这就需要编制资产负债表。资产负债表是企业会计报表中的主要报表。

6.2.1 设置资产负债表格式

资产负债表是反映企业某一特定日期财务状况的会计报表，它是根据资产、负债和所有者权益三者之间的平衡关系，把日常经营活动的信息按照一定的分类标准和一定的顺序加工而成的。它表明企业某一特定日期所拥有或控制的经济资源、所承担的现有义务和所有者对净资产的要求权。

国际上流行的资产负债表的格式通常有账户式和报告式两种。

账户式的资产负债表是根据"资产=负债+所有者权益"将表分成左右两方，左方反映资产，右方反映负债和所有者权益，按其构成项目依据流动性(变现能力由强到弱)分类，并使左右两方总额相等，如表6-1所示。

表6-1　账户式资产负债表的格式

资产负债表(账户式)

编制单位：　　　　　　　　　　　　　年　月　日　　　　　　　　　　　　单位：元

资产	行次	金额	负债及所有者权益	行次	金额
流动资产			流动负债		
非流动资产			非流动负债		
			所有者权益		
资产合计			负债及所有者权益合计		

报告式的资产负债表是按照资产、负债、所有者权益顺序自上而下排列的报表格式，如表6-2所示。

表6-2　报告式资产负债表的格式

资产负债表(报告式)

编制单位：　　　　　　　　　　　　　年　月　日　　　　　　　　　　　　单位：元

资产	
流动资产	××××
非流动资产	××××
资产合计	××××
负债	
流动负债	××××
非流动负债	××××
负债合计	××××
所有者权益	
实收资本	××××
资本公积	××××
盈余公积	××××
未分配利润	××××
所有者权益合计	××××

在我国，会计实务中多采用账户式资产负债表，因此本书主要介绍账户式资产负债表的编制。其具体操作步骤如下。

01 将"6.xlsx"工作簿中的工作表Sheet1重命名为"资产负债表"。

02 选中A1:H1单元格，单击"合并后居中"按钮。在A1单元格输入"资产负债表"，并单击"加粗"按钮 **B** 。

03 使用相同的方法，并参照资产负债表的基本格式，在每个单元格中输入指定的数据，如图6-1所示。

04 选中A3:H32单元格并右击，在弹出的快捷菜单中选择"设置单元格格式"命令。

资产负债表

编制单位：		年	月	日			单位：元
资产	行次	期初数	期末数	负债及所有者权益	行次	期初数	期末数
流动资产				流动负债			
货币资金				短期借款			
交易性金融资产				交易性金融负债			
应收票据				应付票据			
应收账款				应付账款			
预付账款				预收账款			
其他应收款				应付职工薪酬			
存货				应交税费			
合同资产				其他应付款			
持有待售资产				持有待售负债			
一年内到期的非流动资产				一年到期的非流动负债			
其他流动资产				其他流动负债			
流动资产合计				流动负债合计			
非流动资产				非流动负债			
债权投资				长期借款			
其他债权投资				应付债券			
长期应收款				长期应付款			
长期股权投资				预计负债			
其他权益工具投资				递延所得税负债			
投资性房地产				其他非流动负债			
固定资产				非流动负债合计			
在建工程				负债合计			
无形资产				所有者权益			
商誉				实收资本（股本）			
长期待摊费用				资本公积			
递延所得税资产				其他综合收益			
				盈余公积			
其他非流动资产				未分配利润			
非流动资产合计				所有者权益合计			
资产总计				负债和所有者权益总计			

图 6-1 　资产负债表

05 在打开的对话框中单击"边框"选项卡，选择如图6-2所示的边框样式，然后单击"确定"按钮。

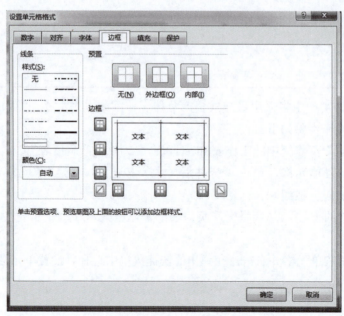

图 6-2 　"设置单元格格式"对话框

06 生成一张一目了然的资产负债表，如图6-3所示。

资产负债表							
编制单位：		年	月	日		单位：元	
资产	行次	期初数	期末数	负债及所有者权益	行次	期初数	期末数
流动资产				流动负债			
货币资金				短期借款			
交易性金融资产				交易性金融负债			
应收票据				应付票据			
应收账款				应付账款			
预付账款				预收账款			
其他应收款				应付职工薪酬			
存货				应交税费			
合同资产				其他应付款			
持有待售资产				持有待售负债			
一年内到期的非流动资产				一年到期的非流动负债			
其他流动资产				其他流动负债			
流动资产合计				流动负债合计			
非流动资产				非流动负债			
债权投资				长期借款			
其他债权投资				应付债券			
长期应收款				长期应付款			
长期股权投资				预计负债			
其他权益工具投资				递延所得税负债			
投资性房地产				其他非流动负债			
固定资产				非流动负债合计			
在建工程				负债合计			
无形资产				所有者权益			
商誉				实收资本（股本）			
长期待摊费用				资本公积			
递延所得税资产				其他综合收益			
				盈余公积			
其他非流动资产				未分配利润			
非流动资产合计				所有者权益合计			
资产总计				负债和所有者权益总计			

图 6-3　美化后的资产负债表

6.2.2　资产负债表的编制

在建立好的科目余额表基础上，可以很容易编制出资产负债表。资产负债表的编制根据各账户的余额加或减之后填列。资产负债表本期期初余额即为上期期末余额，可以直接从上期资产负债表中获得，参照科目余额表期初余额填制，在此不再赘述。本节主要介绍期末余额的编制。

资产负债表中各项目的数据来源主要通过以下几种方式获得。

- 根据总账科目余额直接填列，如短期借款、应收票据、应付票据。
- 根据总账科目余额计算填列，如货币资金=库存现金+银行存款+其他货币资金，其他应付款=应付利息+应付股利+其他应付款。
- 根据明细科目余额计算填列，如应付账款、预付账款。
- 根据总账科目和明细账科目的期末余额计算填列，如长期借款、应付债券。
- 根据科目余额减去其备抵项目后的净额填列，如应收账款、固定资产和无形资产等。

依照各项目的数据来源方式，可以采用数据链接直接引用方式引用科目余额表、明细分类账等工作表的相关数据进行资产负债表的编制，也可采用SUMIF()和VLOOKUP()函数间接调用科目余额表等其他工作表的相关数据进行资产负债表的编制。本例以直接引用为例,介绍资产负债表的编制。具体操作步骤如下。

01 打开"5.xlsx"工作簿中的"科目余额表"工作表。

02 打开"6.xlsx"工作簿中的"资产负债表"工作表。

03 选择"资产负债表"工作表的D5单元格,输入"="。

04 单击"5.xlsx"工作簿切换至"科目余额表"。

05 单击"5.xlsx"工作簿中"科目余额表"中的单元格G4,输入"+",然后单击"5.xlsx"工作簿中"科目余额表"中的单元格G5。

06 按Enter键,界面自动切换到"6.xlsx"工作簿中的"资产负债表"工作表,并在D5单元格显示计算结果32 400.00。此时,在公式编辑栏中显示单元格D5所采用的计算公式"=[5.xlsx]科目余额表!$G$4+[5.xlsx]科目余额表!$G$5",显示结果如图6-4所示。

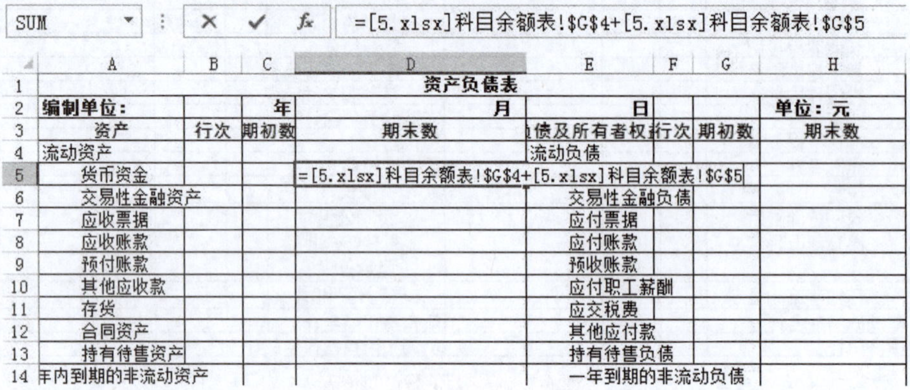

图6-4 显示公式的计算结果

07 参照步骤3至步骤6,将除合计数之外的项目填制完成。

08 选中D16单元格,选择"公式"|"自动求和"命令。

09 选中D5:D15单元格,编辑栏中的SUM()函数中显示公式"=SUM(D5:D15)",如图6-5所示。

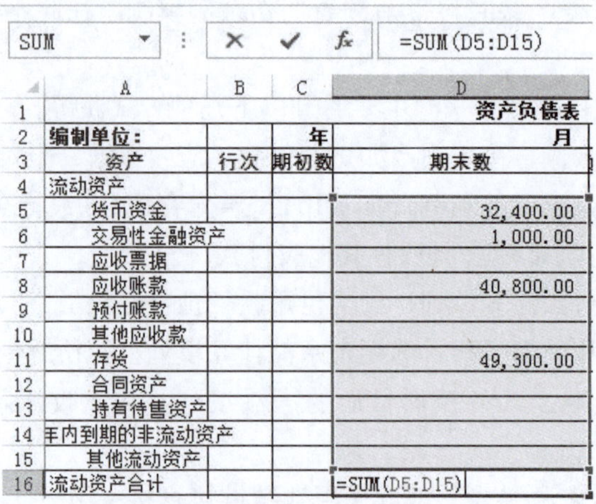

图6-5 设置SUM()函数的参数

10 参照步骤9,将其余的合计数填制,资产负债表编制完成,结果如图6-6所示。

当全年业务记录完毕时,单击"科目汇总表"工作表中"月"字段旁的下拉列表按钮,选择如图6-7所示的科目汇总表编制的月份"全部"选项,即可产生年度资产负债表。

资产负债表

编制单位:		年	月	日			单位:元
资产	行次	期初数	期末数	负债及所有者权益	行次	期初数	期末数
流动资产				流动负债			
货币资金			32,400.00	短期借款			4,000.00
交易性金融资产			1,000.00	交易性金融负债			
应收票据				应付票据			
应收账款			40,800.00	应付账款			29,500.00
预付账款				预收账款			
其他应收款				应付职工薪酬			
存货			49,300.00	应交税费			1,500.00
合同资产				其他应付款			1,200.00
持有待售资产				持有待售负债			
年内到期的非流动资产				一年到期的非流动负债			
其他流动资产				其他流动负债			
流动资产合计			123,500.00	流动负债合计			36,200.00
非流动资产				非流动负债			
债权投资			600.00	长期借款			70,000.00
其他债权投资				应付债券			
长期应收款				长期应付款			
长期股权投资			7,000.00	预计负债			
其他权益工具投资				递延所得税负债			
投资性房地产				其他非流动负债			
固定资产			88,500.00	非流动负债合计			70,000.00
在建工程				负债合计			106,200.00
无形资产			3,000.00	所有者权益			
商誉				实收资本(股本)			109,000.00
长期待摊费用				资本公积			400.00
递延所得税资产				其他综合收益			
				盈余公积			3,600.00
其他非流动资产				未分配利润			3,400.00
非流动资产合计			99,100.00	所有者权益合计			116,400.00
资产总计			222,600.00	负债和所有者权益总计			222,600.00

图6-6 编制完的资产负债表

图6-7 选择"全部"选项

6.3 Excel在利润表中的应用

企业经营一定期间内,需要了解企业的资产、负债及所有者权益的情况,这些都会关系到企业经营的好坏,这时就需要编制利润表。利润表也是企业会计报表中的重要报表。

6.3.1 设置利润表格式

利润表是反映企业一定期间内生产经营成果的会计报表。利润表把一定时期内的营业收入与其同一会计期间相关的营业费用进行配比,以计算出企业一定时期的净利润。通过利润表反映的收入和费用等情况,能够反映企业生产经营的收入情况及费用耗费情况,表明企业一定时期内的生产经营成果。利润是企业经营业绩的综合体现,也是进行利润分配的主要依据。

目前，使用较普遍的利润表格式有多步式和单步式两种。

多步式利润表是经过计算营业利润、利润总额等多个步骤，最后计算净利润而编制成的利润表，其格式如表6-3所示。

表6-3　多步式利润表的格式

利　润　表

编制单位：　　　　　　　　　　　　　　年　月　　　　　　　　　　　　　　单位：元

项目	行次	本月数	本年累计数
一、营业收入			
减：营业成本			
税金及附加			
销售费用			
管理费用			
研发费用			
财务费用			
其中：利息费用			
利息收入			
加：其他收益			
投资收益			
资产减值损失			
信用减值损失			
公允价值变动损益			
资产处置收益			
二、营业利润			
加：营业外收入			
减：营业外支出			
三、利润总额			
减：所得税费用			
四、净利润			

单步式利润表是通过将所有收入扣除所有费用后一次性计算净利润而编制的利润表，其格式如表6-4所示。

表6-4　单步式利润表的格式

利　润　表

编制单位：　　　　　　　　　　　　　　年　月　　　　　　　　　　　　　　单位：元

项目	行次	本月数	本年累计数
一、收入			
营业收入			
其他收益			
公允价值变动收益			
投资收益			
资产减值损失			

(续表)

项目	行次	本月数	本年累计数
信用减值损失			
资产处置收益			
营业外收入			
收入合计			
二、费用			
营业成本			
税金及附加			
销售费用			
管理费用			
研发费用			
财务费用			
营业外支出			
所得税费用			
费用合计			
三、净利润			

在我国，会计实务中一般采用多步式利润表，因此本书主要介绍多步式利润表的编制。利润表的建立与资产负债表的建立过程和方法类似，其具体操作步骤如下。

01 将"6.xlsx"工作簿中的工作表Sheet2重命名为"利润表"。

02 选择A1:D1单元格，单击"合并后居中"按钮。在A1单元格中输入"利润表"，并单击"加粗"按钮。

03 使用同样的方法并参照利润表的基本格式，在每个单元格中输入特定的项目。

04 选中单元格A3:D24，设置如图6-8所示的边框样式，利润表建立完成。

利润表

编制单位：		年	月 单位：元
项　　目	行次	本月数	本年累计数
一、营业收入	1		
减：营业成本	2		
税金及附加	3		
销售费用	4		
管理费用	5		
研发费用	6		
财务费用	7		
其中：利息费用	8		
利息收入	9		
加：其他收益	10		
投资收益	11		
公允价值变动损益	12		
资产减值损失	13		
信用减值损失	14		
资产处置收益	15		
二、营业利润	16		
加：营业外收入	17		
减：营业外支出	18		
三、利润总额	19		
减：所得税费用	20		
四、净利润	21		

图 6-8　利润表

6.3.2 利润表的编制

利润表的编制也建立在科目余额表的基础上，只不过收入、费用类账户是虚账户，每期没有期初、期末余额。在编制利润表时，需要根据科目余额表中本期发生额的有关会计科目进行编制。

1. 本月数的填制

利润表中本月数的填制，同样要建立利润表与科目余额表的链接，以便进行数据的调用。前面曾提及数据链接调用有直接调用与间接调用两种，资产负债表的编制使用了直接调用，本节介绍的利润表的编制将使用间接调用。假设已定义所需范围名称，利润表本月数填制的具体操作步骤如下。

01 打开"6.xlsx"工作簿中的"利润表"工作表。

02 选中"利润表"工作表中的C4单元格。

03 选择"公式"|"查找与引用"命令，选择VOOLKUP()函数。

04 在VLOOKUP()函数的Lookup_value自变量位置空白处输入""主营业务收入""；在Table_array自变量位置空白处，选择"公式"|"用于公式"|"科目余额表"命令(已经对科目余额表定义了名称)；在Col_index_num自变量位置空白处输入"5"；在Range_lookup自变量位置空白处输入"FALSE"，如图6-9所示。

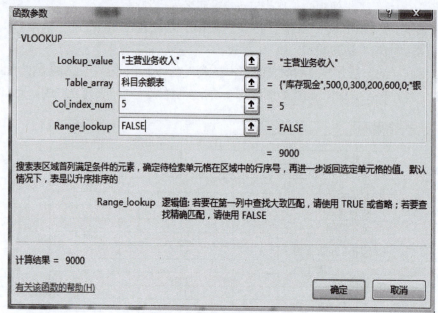

图6-9 设置 VLOOKUP() 函数参数

05 单击"确定"按钮，完成函数参数的设置。

06 在编辑栏中输入"+"，然后参照步骤4的方法，在编辑栏输入"VLOOKUP("其他业务收入",科目余额表,5,FALSE)"，如图6-10所示，C4单元格中显示的"营业收入"为"16 000"。

07 选中C5单元格,输入"=VLOOKUP("主营业务成本",科目余额表,4,FALSE)+ VLOOKUP("其他业务成本",科目余额表,4,FALSE)",然后按Enter键。

08 分别选中C6、C7、C8、C10、C20、C21单元格,参照步骤4至步骤5完成数据的链接引用。

图6-10 显示函数的计算结果 (1)

09 选中C19单元格,输入"=C4-C5-C6-C7-C8-C9-C10+C13+C14+C15+ C16+C17+ C18",然后按Enter键,结果如图6-11所示。

图6-11 显示函数的计算结果 (2)

10 选中C22单元格,输入"=C19+C20-C21",然后按Enter键,结果如图6-12所示。

11 选中C24单元格,输入"=C22-C23",然后按Enter键,结果如图6-13所示,完成利润表本月数的填制。

	A	B	C	D
1		利润表		
2	编制单位：	年	月	单位：元
3	项　　目	行次	本月数	本年累计数
4	一、营业收入	1	16000	
5	减：营业成本	2	10000	
6	税金及附加	3	200	
7	销售费用	4	1000	
8	管理费用	5	1100	
9	研发费用	6		
10	财务费用	7	500	
11	其中：利息费用	8		
12	利息收入	9		
13	加：其他收益	10		
14	投资收益	11		
15	资产减值损失	12		
16	信用减值损失	13		
17	公允价值变动损益	14		
18	资产处置收益	15		
19	二、营业利润	16	3200	
20	加：营业外收入	17	0	
21	减：营业外支出	18	0	
22	三、利润总额	19	3200	

图 6-12　显示函数的计算结果 (3)

	A	B	C	D
1		利润表		
2	编制单位：	年	月	单位：元
3	项　　目	行次	本月数	本年累计数
4	一、营业收入	1	16000	
5	减：营业成本	2	10000	
6	税金及附加	3	200	
7	销售费用	4	1000	
8	管理费用	5	1100	
9	研发费用	6		
10	财务费用	7	500	
11	其中：利息费用	8		
12	利息收入	9		
13	加：其他收益	10		
14	投资收益	11		
15	资产减值损失	12		
16	信用减值损失	13		
17	公允价值变动损益	14		
18	资产处置收益	15		
19	二、营业利润	16	3200	
20	加：营业外收入	17	0	
21	减：营业外支出	18	0	
22	三、利润总额	19	3200	
23	减：所得税费用	20	800	
24	四、净利润	21	2400	

图 6-13　编制完成的利润表

2. 本年累计数的填制

利润表中的本年累计数是指从本年1月份起至本月份止的若干月份累计实现的利润数。要得到本年累计数，只需单击"科目汇总表"工作表"月"字段旁的下拉列表按钮，选择科目汇总表编制的月份"全部"选项，即可生成利润表的本年累计数。

6.4 Excel在现金流量表中的应用

为了规范企业现金的管理,提高会计信息质量,财政部制定了《企业会计准则——现金流量表》,并于1998年1月1日起执行。现金流量表也是企业会计报表中的主要报表。

6.4.1 设置现金流量表格式

现金流量表是反映企业一定会计期间现金和现金等价物(以下简称现金)流入和流出的报表。现金流量表能够说明企业一定期间内现金流入和流出的原因、企业的偿债能力和支付股利的能力、企业未来获取现金的能力。

现金流量表应当按照经营活动、投资活动和筹资活动的现金流量分类分项列出,其格式如表6-5所示。

表6-5 现金流量表的格式

现金流量表

编制单位:　　　　　　　　　　　　年度　　　　　　　　　　　　单位:元

项目	行次	金额
一、经营活动产生的现金流量		
销售商品或提供劳务收到现金		
收到税费返还		
收到的与经营业务有关的其他现金		
现金流入合计		
购买商品、接受劳务支付的现金		
支付给职工以及为职工支付的现金		
支付的各项税费		
支付的与经营活动有关的其他现金		
现金流出合计		
经营活动产生的现金流量净额		
二、投资活动产生的现金流量		
收回投资所收到的现金		
取得投资收益所收到的现金		
处置固定资产、无形资产和其他长期资产的现金净额		
处置子公司及其他经营单位收到的现金净额		
收到的与投资活动有关的其他现金		
现金流入合计		
购建固定资产、无形资产和其他长期资产支付的现金		
投资所支付的现金		
支付的与投资活动有关的其他现金		
取得子公司及其他经营单位支付的现金净额		
现金流出合计		
投资活动产生的现金流量净额		
三、筹资活动产生的现金流量		

(续表)

项目	行次	金额
吸收投资所收到的现金		
取得借款收到的现金		
收到的与筹资活动有关的其他现金		
现金流入合计		
偿还债务所支付的现金		
分配股利、利润、偿付利息所支付的现金		
支付的与筹资活动有关的其他现金		
现金流出合计		
筹资活动产生的现金流量净额		
四、汇率变动对现金及现金等价物的影响		
五、现金及现金等价物净增加额		
加：期初现金及现金等价物余额		
六、期末现金及现金等价物余额		

现金流量表的建立仍然采用与建立"资产负债表""利润表"类似的方法。同样，将"6.xlsx"工作簿中的工作表Sheet3重命名为"现金流量表"，并通过单击"合并后居中"按钮■、"加粗"和"设置边框"按钮，完成如图6-14所示的现金流量表的设置。

图6-14　现金流量表

6.4.2 现金流量表的编制

现金流量表的编制建立在总分类账等工作表的基础之上，类似于"资产负债表"和"利润表"的编制，通过直接链接或间接链接从相关的工作表中提取数据，再根据会计准则的有关规定设置单元格的计算公式，并填在对应的单元格中。

由于直接链接和间接链接在前面章节都已介绍，故本节对相关的具体操作步骤不再赘述。本书将在第7章对现金流量表的编制进行综合举例说明。

6.5 Excel在所有者权益变动表中的应用

2007年以前，公司所有者权益变动情况是以资产负债表附表形式予以体现的。新准则颁布后，要求企业于2007年起正式对外呈报所有者权益变动表，所有者权益变动表将成为与资产负债表、利润表和现金流量表并列披露的第四张财务报表。

6.5.1 设置所有者权益变动表格式

所有者权益变动表是反映企业所有者权益变动情况的报表。所有者权益变动表主要反映以下四方面的内容。

一是综合收益导致的所有者权益变动。

二是资本业务导致的所有者权益总额发生的变动。

三是利润分配导致的所有者权益变动。

四是所有者权益内部的变动。

其具体格式如表6-6所示。

所有者权益变动表的建立仍然采用与建立"资产负债表""利润表"类似的方法。同样将"6.xlsx"工作簿中的工作表Sheet4重命名为"所有者权益变动表"，并通过单击"合并后居中""加粗""设置边框"按钮，完成如图6-15所示的所有者权益变动表的设置。

表6-6 所有者权益变动表的格式

所有者权益变动表

年度

编制单位： 单位：元

项目	本年金额								
	实收资本（或股本）	其他权益工具	资本公积	减：库存股	其他综合收益	专项储备	盈余公积	未分配利润	所有者权益合计
一、上年年末余额									
加：会计政策变更									
前期差错更正									
二、本年年初余额									
三、本年增减变动金额（减少以"-"号填列）									
（一）综合收益总额									
（二）所有者投入和减少资本									
1. 所有者投入资本									
2. 其他权益工具持有者投入的金额									
3. 股份支付计入所有者权益的金额									
4. 其他									
（三）利润分配									
1. 提取盈余公积									
2. 对所有者（或股东）的分配									
3. 其他									
（四）所有者权益内部结转									
1. 资本公积转增资本（或股本）									
2. 盈余公积转增资本（或股本）									
3. 盈余公积弥补亏损									
4. 设定受益计划变动额结转留存收益									
5. 其他综合收益结转留存收益									
6. 其他									
四、本年年末余额									

所有者权益变动表

编制单位：　　　　　　　　　　　年　　　　　　　　　　　单位：

项目	本年金额								
	实收资本（或股本）	其他权益工具	资本公积	减：库存股	其他综合收益	专项储备	盈余公积	未分配利润	所有者权益合计
一、上年年末余额									
加：会计政策变更									
前期差错更正									
二、本年年初余额									
三、本年增减变动金额（减少以"-"号填列）									
（一）综合收益总额									
（二）所有者投入和减少资本									
1.所有者投入资本									
2.其他权益工具持有者投入的金额									
3.股份支付计入所有者权益的金额									
4.其他									
（三）利润分配									
1.提取盈余公积									
2.对所有者（或股东）的分配									
3.其他									
（四）所有者权益内部结转									
1.资本公积转增资本（或股本）									
2.盈余公积转增资本（或股本）									
3.盈余公积弥补亏损									
4.设定受益计划变动额结转留存收益									
5.其他综合收益结转留存收益									
6.其他									
四、本年年末余额									

图 6-15　所有者权益变动表

6.5.2　所有者权益变动表的编制

所有者权益变动表的编制建立在相关会计资料基础之上，类似于"资产负债表"和"利润表"的编制，通过直接链接或间接链接从相关的工作表中提取数据，再根据会计准则的有关规定设置单元格的计算公式，并填在对应的单元格中。

由于直接链接和间接链接在前面章节都已介绍，故本节对相关的具体操作步骤不再赘述。本书将在第7章对4种会计报表的编制综合举例。

6.6　本章小结

本章介绍了如何利用Excel编制会计报表。首先介绍了会计报表的有关概念，使读者对会计报表有所了解；然后介绍了如何利用Excel的各种基础功能建立资产负债表、利润表、现金流量表；建立好报表格式后，介绍了如何利用Excel的公式设置、函数等功能进行账表间数据的直接或间接链接引用，完成报表的编制。

6.7 思考练习

1. 填空题

(1) 资产负债表主要是根据_____建立起数据间的链接完成编制的。

(2) 在美化各种已建立的报表时如需设置边框,应执行_____命令。

(3) 企业基于自身会计核算资料编制的4种会计报表是_____、_____、_____和_____。

2. 上机操作题

根据表6-7所示的资料,进行以下操作。

表6-7 上机操作题

项目	借方发生额	贷方发生额
主营业务收入		5 000.00
其他业务收入		1 000.00
投资收益		200.00
营业外收入		800.00
主营业务成本	3 000.00	
税金及附加	200.00	
其他业务支出	500.00	
销售费用	100.00	
管理费用	300.00	
财务费用	400.00	
营业外支出	500.00	
所得税费用	600.00	

○ 利用Excel建立一张多步式利润表,格式如表6-8所示。

表6-8 利 润 表

利 润 表

编制单位:四方有限责任公司　　　　20×2年1月　　　　　　　　　　单位:元

项目	行次	本月数

○ 根据表6-7所示的资料,完成利润表中本月数的填制。

第 7 章

Excel 会计核算

通过本章的学习，读者可以结合前面章节的内容，了解利用Excel进行会计核算的整体流程，掌握从编制会计凭证表开始到资产负债表、利润表、现金流量表和所有者权益变动表的生成为止的整个会计核算的操作流程，从而对财务报表编制的具体环节和步骤有更加直观、清晰的认识。

本章学习目标
- 掌握如何建立并填制会计科目表。
- 掌握如何建立并填制会计凭证表。
- 掌握如何形成总分类账、明细分类账、现金日记账、银行存款日记账。
- 掌握如何建立并形成科目余额表。
- 掌握如何建立并形成资产负债表、利润表、现金流量表和所有者权益变动表。

本章教学视频
- 填制会计科目表。
- 填制会计凭证表并试算平衡。
- 生成总分类账。
- 生成明细分类账。
- 筛选出现金日记账、银行存款日记账。
- 建立科目汇总表。
- 以库存现金为例填制科目余额表。
- 以流动资产为例演示编制资产负债表。
- 以营业利润为例演示编制利润表。
- 以经营活动现金净流量为例演示编制现金流量表。
- 编制所有者权益变动表并验证编制结果。

(以上教学视频可通过扫描前言中的二维码进行下载。)

7.1 会计核算概述

7.1.1 手工记账会计循环流程

财务会计必须对企业的交易和事项进行会计处理,以便最终为会计信息使用者提供财务报告。会计处理包括许多具体的会计程序,并要依次完成一系列的基本步骤。在财务会计中,这些周而复始、以记录为主的会计处理步骤称为会计循环。图7-1所示的是最基本和常见的手工记账的会计循环流程。

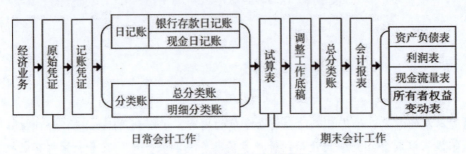

图 7-1 手工记账的会计循环流程

观察图7-1可知,手工记账的会计循环一般包括以下几个过程。

- 编审凭证:经济业务发生后,会计人员首先要取得或编制原始凭证,并审核其合法性、合规性等;其次,对每笔经济业务列出其应借记和贷记的账户及金额,并填制记账凭证。
- 登记账簿:根据记账凭证所确定的会计分录,在各分类账中按账户进行登记。
- 进行试算:将各分类账中各账户的借方总额、贷方总额和期末余额汇总列表,以验证分录及记账工作是否有错。
- 定期调整:根据经济业务的最新发展,定期修正各账户的记录,使各账户能正确反映实际情况。
- 期末结账:在会计期间终了,分别结算收入、费用类账户,以确定损益,并列出资产、负债、所有者权益类账户余额,以便结转到下期连续记录。
- 编制报表:会计期间结束,将经营期间内所有经济业务及其结果汇总,编制完成资产负债表、利润表、现金流量表和所有者权益变动表,以反映企业的财务状况、经营成果、现金的流入流出及净流量和所有者权益的增减变动情况。

手工核算程序包括记账凭证核算程序、科目汇总表核算程序、汇总记账核算程序及日记总账核算程序等。在手工核算方式下对数据进行的分类整理是通过将记账凭证的内容按会计科目转抄到日记账、明细分类账及总分类账的形式来实现的。各种核算形式的根本出发点都一样,就是减少转抄的工作量,于是为了适应不同企业的特点而产生了各种各样的核算形式。但这些核算形式只能在一定程度上减少或简化转抄工作,而不能完全避免转抄。同一数据的多次转抄不仅浪费时间、精力和财物(存储纸张等),而且容易产生错误。为了减少这类错误的产生,必须增加一些核对工作,如编制试算平衡表,进行明细账与总账的核对、会计凭证与相关账簿的核对、账簿记录与财产物资的实际拥有数核对等。

7.1.2 Excel记账会计循环流程

使用Excel进行会计核算时,登账的环节完全可以取消,即平时不记现金日记账、银行存款日记账、明细分类账及总账,只将经济业务以会计分录(记账凭证)的形式保存在会计分录表(记账凭证表)中,在需要时对记账凭证按会计科目、日期等条件进行检索、编辑和直接输出日记账、明细账、总账甚至会计报表。由于计算机处理速度很快,检索和编辑的时间很短,因此能快速得到各种账簿和报表资料。另外,由于计算机极少发生遗漏、重复及计算错误等问题,所以可避免某些手工方式下的核对环节,节约了人力和时间,提高了工作效率。

Excel提供了强大的表格处理函数功能,借助这些工具,可以编制各种类型的报表。图7-2所示的是使用Excel记账的会计循环流程。

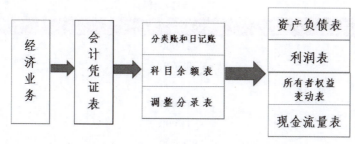

图 7-2 使用 Excel 记账的会计循环流程

观察图7-2可知,使用Excel记账的会计循环包括以下几个过程。

- 编制会计凭证表:根据实际发生的经济业务编制生成会计分录表(即记账凭证表),并对此进行审核。
- 生成分类账和日记账:将会计凭证表中的经济业务编制成数据透视表,生成分类账(总分类账和明细分类账)和日记账(现金日记账和银行存款日记账)。
- 生成科目汇总表:将会计凭证表中所有具有相同一级科目名称的科目汇总生成一张科目汇总表。
- 编制调整分录表:在编制现金流量表时需要按现金及现金等价物产生的原因调整会计分录表中的有关科目,即将现金及现金等价物按业务活动的不同区分为经营活动现金、投资活动现金和筹资活动现金,调整后生成一张调整分录表。
- 生成会计报表:根据调整分录表和科目余额表生成资产负债表、利润表、现金流量表和所有者权益变动表。

可以看到,利用Excel进行会计核算并不用遵循传统会计核算程序(即依次为经济业务、原始凭证、记账凭证、日记账、分类账和会计报表)。这样做的理由主要有以下几方面。

- 编制会计报表所需的信息均可从会计分录表和调整分录表中直接或间接获取。
- 使用表格化的"会计分录表"能更直观地反映出经济业务的具体内容。
- 即便需要查询科目明细内容、现金日记账和银行日记账,通过Excel的数据库功能也可以很容易实现。

7.2 使用Excel进行会计核算案例

7.2.1 企业资料概况

企业名称：嘉佑有限责任公司。法人名称：×××。单位地址：郑州市黄河路6号。开户行：工商银行郑州黄河路分理处。银行账号：9558031757019686775。统一社会信用代码：9141022247744059610。主要产品：A型机械、B型机械。核算要求：材料发出采用先进先出法，固定资产月折旧率为0.4%，增值税税率为13%，所得税税率为25%。

(1) 20×1年12月期初科目余额。

20×1年12月期初科目余额如表7-1所示。

表7-1 科目余额

科目名称	借方余额	贷方余额
库存现金	21 960	
银行存款	1 308 640	
应收票据	15 000	
应收账款	42 000	
预付账款	11 000	
原材料	976 000	
库存商品	260 000	
长期股权投资	600 000	
固定资产	4 500 000	
累计折旧		1 020 000
无形资产	500 000	
短期借款		400 000
应付账款		17 000
应付票据		65 000
预收账款		8 000
应付利息		2 000
应付职工薪酬		12 800
应交税费		9 800
实收资本		5 000 000
资本公积		200 000
盈余公积		1 460 000
利润分配		40 000
余额合计	8 234 600	8 234 600

(2) 明细账期初余额。

应收账款——应收红光厂　　　　　　　借：30 000
　　　　——应收蓝天公司　　　　　　借：12 000

应收票据——胜利厂	借：	15 000
预付账款——永安机械厂	借：	11 000
原材料——甲380吨，每吨1 600元	借：	608 000
——乙150吨，每吨2 000元	借：	300 000
——丙40吨，每吨1 700元	借：	68 000
库存商品——A 20台，每台6 400元	借：	128 000
——B 22台，每台6 000元	借：	132 000
固定资产——车间用	借：	2 500 000
——厂部用	借：	2 000 000
应付账款——新飞公司	贷：	17 000
应付票据——大路公司	贷：	65 000
预收账款——万方公司	贷：	8 000
应交税费——应交增值税	贷：	8 909.09
——应交城建税	贷：	623.64
——教育费附加	贷：	267.27
盈余公积——法定盈余公积	贷：	1 000 000
——任意盈余公积	贷：	460 000

(3) 12月份发生的经济业务。

【1】12月1日，用现金购买办公用品400元。

【2】12月2日，用支票偿还前欠新飞公司货款17 000元。

【3】12月2日，以银行存款购买转账支票，共计60元。

【4】12月3日，车间领用甲材料10吨，每吨1 600元，用于A产品的生产。

【5】12月3日，从银行提取2 000元现金作为备用金使用。

【6】12月4日，从红星工厂购入甲材料10吨，每吨1 600元，货款共计16 000元，增值税2 080元，用支票支付，材料已入库。

【7】12月5日，缴纳上月增值税、城建税和教育费附加。

【8】12月6日，采购员张平出差，借差旅费2 000元。

【9】12月7日，销售给海文公司B产品一批，货款91 000元(10台×9 100元/台)，增值税税率为13%，收到的支票已存入银行。

【10】12月7日，用支票支付第三季度养路费3 000元。

❖ 提示：

这笔业务涉及的原始凭证有支票存根和缴款收据等。

【11】12月8日，车间领用乙材料1吨，每吨2 000元，用于车间一般耗用。

【12】12月9日，用现金支付车间修理费500元。

【13】12月10日，用现金预付明年上半年的报刊费600元。

【14】12月11日，签发现金支票，提取现金准备支付本月工资46 900元。

【15】12月11日，发放本月工资46 900元。

【16】12月12日，厂部招待客户，支付餐费现金460元。

【17】12月13日，职工王艳报销医药费240元。

【18】12月14日，从新飞公司购入乙材料3吨，每吨2 000元，款项尚未支付，材料已入库。

【19】12月14日，由银行支付本月生产车间水费600元。

【20】12月15日，车间领用乙材料15吨，每吨2 000元，用于B产品的生产。

【21】12月16日，销售给蓝天公司A产品一批，货款117 600元(12台×9 800元/台)，已经开具增值税专用发票，增值税税率13%，货款尚未收到。

【22】12月17日，用支票支付广告费2 000元。

【23】12月18日，采购员张平出差回来报销差旅费2 700元，不足部分用现金支付。

【24】12月19日，用银行存款支付本月电费2 700元。其中，厂部用电800元，车间用电1 900元。

【25】12月20日，发生本月借款利息费用1 000元。

【26】12月21日，销售给万方公司丙材料10吨，每吨1 900元，共计19 000元，冲销预收账款8 000元，其余收转账支票，丙材料成本为每吨1 700元。

【27】12月21日，以银行存款支付本月电话费1 000元。

【28】12月22日，分配本月工资。其中，生产A产品的生产工人工资18 000元，生产B产品的生产工人工资12 000元，车间管理人员工资6 600元，厂部人员工资10 300元。

【29】12月22日，按工资总额的14%计提福利费。

【30】12月23日，本月以银行存款支付车间大修理费用1 000元。

【31】12月25日，年终盘点，盘盈生产用设备一台(全新)，同类固定资产市场价格为8 000元(全新)。

【32】12月25日，年终盘点，盘亏甲材料1吨，金额1 600元(应负担的增值税为208元)。

【33】12月26日，用银行存款支付第四季度借款利息3 000元。

【34】12月26日，计提本月折旧。其中，车间应负担折旧10 000元，厂部应负担折旧8 000元。

【35】12月27日，接受协作单位无偿捐赠电脑一台，市场价格12 000元，用于管理(捐赠方并未开具增值税专用发票)。

【36】12月27日，盘点结果，经领导审批后，盘盈的设备8 000元计入营业外收入，盘亏的甲材料1 808元列入营业外支出。

【37】12月28日，结转本月制造费用，按工人工资比例分配。

【38】12月28日，结转本月已完工的A产品成本(包括上期尚未生产完工的A产品)，A产品共8台。

【39】12月29日，计提本月城建税、教育费附加。

【40】12月29日，企业已有的丙材料当前市场价为每吨1 600元，按已给资料计提存货跌价准备。

【41】12月30日，用现金购印花税票500元。

【42】12月30日，厂部报销汽车加油费300元，经审核后以现金支付。

【43】12月31日，按年末应收账款余额的5‰计提坏账准备。

【44】12月31日，结转本月销售成本。其中，A产品12台，每台6 400元；B产品10台，每台6 000元。

【45】12月31日，结转本月各项收入与收益。

【46】12月31日，结转本月各项成本、费用与支出。

【47】12月31日，计算并结转所得税费用(本年纳税调整项目有：实际发放工资超过计税工资1 000元，盘亏的甲材料1 808元，税务部门不允许税前扣除)。所得税费用采用资产负债表债务法核算。

【48】12月31日，将本年净利润转入利润分配科目。

【49】12月31日，按净利润的10%计提法定盈余公积金。

7.2.2 使用Excel进行会计核算的准备工作

1. 建立会计科目表

建立会计科目表的具体操作步骤如下。

01 打开Excel工作簿，建立名为“第7章.xlsx”的工作簿，将光标移至A1单元格并单击，输入科目表名称“嘉佑有限责任公司会计科目表”，如图7-3所示。

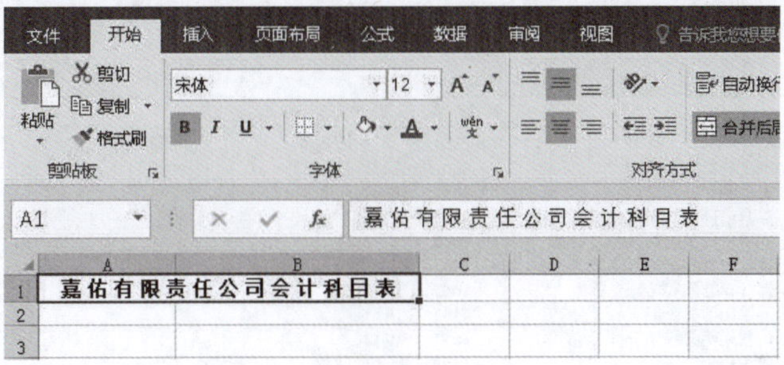

图 7-3 输入科目表名称

02 选中A2和B2单元格，分别输入“科目编号”和“科目名称”，将列单元格调整为合适的宽度，在“科目编号”和“科目名称”列的文本框中分别输入“1000”和“资产类”，按照嘉佑有限责任公司所需的会计科目，完成所有会计科目编号及名称的输入，形成会计科目表；将工作表Sheet1重命名为“会计科目表”，结果如图7-4所示。

03 如果会计科目表中的具体科目名称不适合本企业的经济业务类型，可以按照第4章所介绍的添加、修改和删除会计科目的方法进行调整。

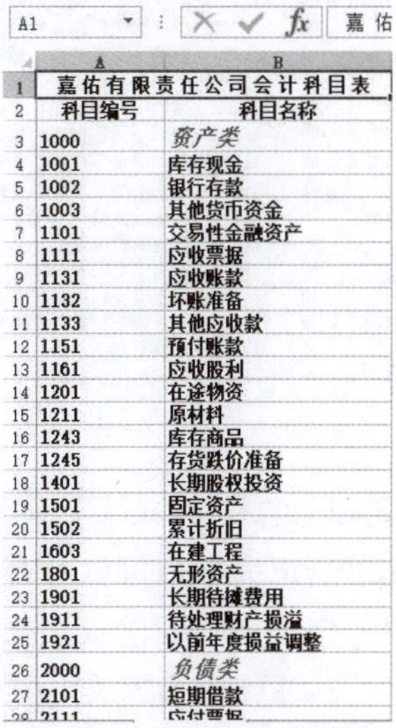

	A	B
1	嘉佑有限责任公司会计科目表	
2	科目编号	科目名称
3	1000	资产类
4	1001	库存现金
5	1002	银行存款
6	1003	其他货币资金
7	1101	交易性金融资产
8	1111	应收票据
9	1131	应收账款
10	1132	坏账准备
11	1133	其他应收款
12	1151	预付账款
13	1161	应收股利
14	1201	在途物资
15	1211	原材料
16	1243	库存商品
17	1245	存货跌价准备
18	1401	长期股权投资
19	1501	固定资产
20	1502	累计折旧
21	1603	在建工程
22	1801	无形资产
23	1901	长期待摊费用
24	1911	待处理财产损溢
25	1921	以前年度损益调整
26	2000	负债类
27	2101	短期借款
28	2111	应付票据

图 7-4 输入数据后的会计科目表

2. 建立会计凭证表

建立会计凭证表的具体操作步骤如下。

01 在"第7章.xlsx"工作簿中的"会计科目表"右侧单击工作表Sheet2,将其重命名为"会计凭证表"。在A1单元格中输入"嘉佑有限责任公司会计凭证表";分别选中A2至K2单元格,输入"年""月""日""序号""凭证编号""摘要""科目编号""科目名称""明细科目""借方金额""贷方金额",形成会计凭证表的基本格式;根据第4章的介绍,完成会计凭证表单元格的设置,结果如图7-5所示。

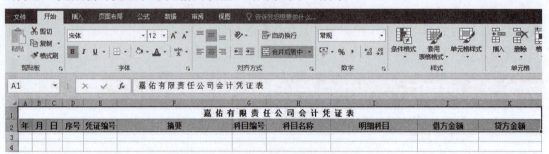

图7-5 建立会计凭证表

02 根据已知企业资料填制会计凭证表,如图7-6所示。

年	月	日	序号	凭证编号	摘要	科目编号	科目名称	明细科目	借方金额	贷方金额
×1	12	1	01	×112101	用现金购买办公用品	5502	管理费用		400.00	
×1	12	1	01	×112101	用现金购买办公用品	1001	库存现金			400.00
×1	12	2	02	×112202	用支票偿还前欠新飞公司货款	2121	应付账款	新飞公司	17,000.00	
×1	12	2	02	×112202	用支票偿还前欠新飞公司货款	1002	银行存款			17,000.00
×1	12	2	03	×112203	用银行存款购买转账支票	5503	财务费用		60.00	
×1	12	2	03	×112203	用银行存款购买转账支票	1002	银行存款			60.00
×1	12	3	04	×112304	车间领用甲材料用于A产品的生产	4101	生产成本	A	16,000.00	
×1	12	3	04	×112304	车间领用甲材料用于A产品的生产	1211	原材料	甲		16,000.00
×1	12	3	05	×112305	提取备用金	1133	其他应收款	备用金	2,000.00	
×1	12	3	05	×112305	提取备用金	1002	银行存款			2,000.00
×1	12	4	06	×112406	由红星工厂购入甲材料	1211	原材料	甲	16,000.00	
×1	12	4	06	×112406	由红星工厂购入甲材料	2163	应交税费	应交增值税(进项税额)	2,080.00	
×1	12	4	06	×112406	由红星工厂购入甲材料	1002	银行存款			18,080.00
×1	12	5	07	×112507	缴纳上月增值税、城建税和教育费附加	2163	应交税费	未交增值税	8,909.09	
×1	12	5	07	×112507	缴纳上月增值税、城建税和教育费附加	2163	应交税费	应交城市维护建设税	623.64	
×1	12	5	07	×112507	缴纳上月增值税、城建税和教育费附加	2163	应交税费	应交教育费附加	267.27	
×1	12	5	07	×112507	缴纳上月增值税、城建税和教育费附加	1002	银行存款			9,800.00
×1	12	6	08	×112608	采购员张平出差借差旅费	1133	其他应收款	张平	2,000.00	
×1	12	6	08	×112608	采购员张平出差借差旅费	1001	库存现金			2,000.00
×1	12	7	09	×112709	销售给文公司B产品一批	1002	银行存款		102,830.00	
×1	12	7	09	×112709	销售给文公司B产品一批	5101	主营业务收入	B		91,000.00
×1	12	7	09	×112709	销售给文公司B产品一批	2163	应交税费	应交增值税(销项税额)		11,830.00
×1	12	7	10	×112710	用支票支付第三季度养路费	5502	管理费用		3,000.00	
×1	12	7	10	×112710	用支票支付第三季度养路费	1002	银行存款			3,000.00
×1	12	8	11	×112811	车间领用乙材料	4105	制造费用		2,000.00	
×1	12	8	11	×112811	车间领用乙材料	1211	原材料	乙		2,000.00

图7-6 填制会计凭证表

03 进行发生额试算平衡。

注意登记完毕后可以对会计凭证表登记的借方金额和贷方金额进行核对,根据借贷记账法"有借必有贷、借贷必相等"的记账原则,对本期登记分录的借方及贷方发生额分别进行合计,并使用函数"IF()"进行判断,如果借贷方发生额的合计数相同,则说明记账过程基本无误。此方法实际上属于试算平衡中的发生额试算平衡法。

首先，分别单击J142和K142，使用函数“∑()”分别对上述借贷方数据求和，求出借方与贷方12月份合计数均为“1,304,416.19”。

其次，单击K143单元格，使用公式中逻辑公式的“IF()”函数，输入公式“=IF(J142=K142,"正确","错误")”，按Enter键确认。注意，公式中的符号为英文模式下的符号。具体函数参数如图7-7所示。

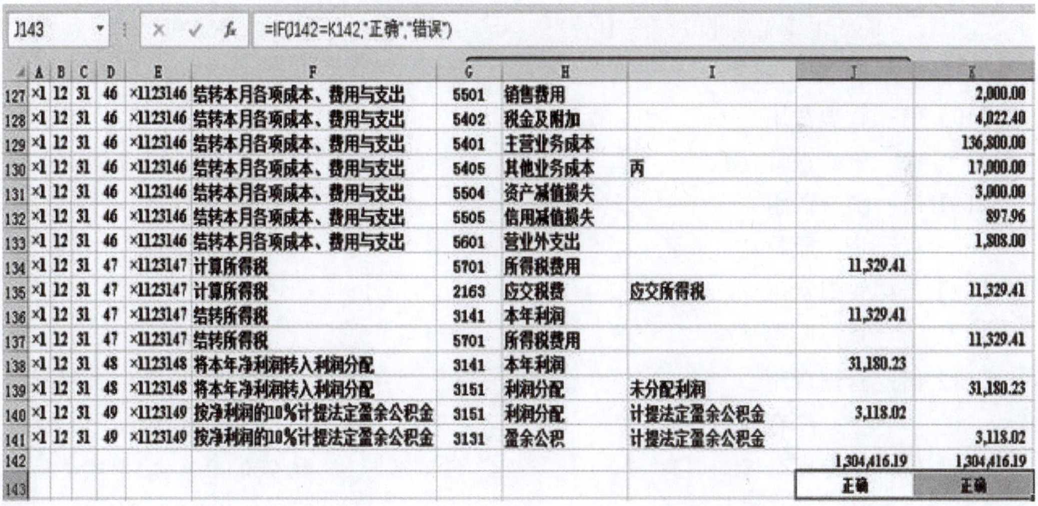

最后，该公式表示针对“会计凭证表”工作表中借贷方本期发生额是否平衡进行判断，如果该表中“J142”单元格(即借方发生额合计数)等于“K142”单元格(即贷方发生额合计数)，即借贷平衡。如满足上述条件，则返回“正确”；如不满足借贷平衡条件，则返回“错误”。如图7-8所示。

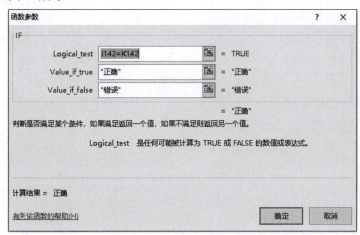

图 7-7　使用“IF()”函数进行发生额试算平衡分析

J143　=IF(J142=K142,"正确","错误")

	A	B	C	D	E	F	G	H	I	J	K
127	×1	12	31	46	×1123146	结转本月各项成本、费用与支出	5501	销售费用			2,000.00
128	×1	12	31	46	×1123146	结转本月各项成本、费用与支出	5402	税金及附加			4,022.40
129	×1	12	31	46	×1123146	结转本月各项成本、费用与支出	5401	主营业务成本			136,800.00
130	×1	12	31	46	×1123146	结转本月各项成本、费用与支出	5405	其他业务成本	丙		17,000.00
131	×1	12	31	46	×1123146	结转本月各项成本、费用与支出	5504	资产减值损失			3,000.00
132	×1	12	31	46	×1123146	结转本月各项成本、费用与支出	5505	信用减值损失			897.96
133	×1	12	31	46	×1123146	结转本月各项成本、费用与支出	5601	营业外支出			1,808.00
134	×1	12	31	47	×1123147	计算所得税	5701	所得税费用		11,329.41	
135	×1	12	31	47	×1123147	计算所得税	2163	应交税费	应交所得税		11,329.41
136	×1	12	31	47	×1123147	结转所得税	3141	本年利润		11,329.41	
137	×1	12	31	47	×1123147	结转所得税	5701	所得税费用			11,329.41
138	×1	12	31	48	×1123148	将本年净利润转入利润分配	3141	本年利润		31,180.23	
139	×1	12	31	48	×1123148	将本年净利润转入利润分配	3151	利润分配	未分配利润		31,180.23
140	×1	12	31	49	×1123149	按净利润的10%计提法定盈余公积金	3151	利润分配	计提法定盈余公积金	3,118.02	
141	×1	12	31	49	×1123149	按净利润的10%计提法定盈余公积金	3131	盈余公积	计提法定盈余公积金		3,118.02
142										1,304,416.19	1,304,416.19
143										正确	正确

图 7-8　使用 IF() 函数进行发生额试算平衡分析的结果

需要强调的是，借贷方合计数相同并不意味着会计记录的登记完全正确，因为有些账户记录的错误很难通过试算平衡发现。这些错误包括：借贷双方发生同等金额的记录错误；全部漏记或重复记录同一项经济业务；账户记录发生借贷方向错误；用错有关账户名称。这些错误需要使用其他方法进行查找。

根据以上具体经济业务编制会计分录表。

【1】借：管理费用　　　　　　　　　　　　　　400.00
　　　贷：库存现金　　　　　　　　　　　　　　　400.00
【2】借：应付账款——新飞公司　　　　　　　17 000.00
　　　贷：银行存款　　　　　　　　　　　　　17 000.00
【3】借：财务费用　　　　　　　　　　　　　　 60.00
　　　贷：银行存款　　　　　　　　　　　　　　 60.00
【4】借：生产成本——A　　　　　　　　　　16 000.00
　　　贷：原材料——甲　　　　　　　　　　　16 000.00
【5】借：其他应收款——备用金　　　　　　　 2 000.00
　　　贷：银行存款　　　　　　　　　　　　　 2 000.00
【6】借：原材料——甲　　　　　　　　　　　16 000.00
　　　应交税费——应交增值税(进项税额)　　 2 080.00
　　　贷：银行存款　　　　　　　　　　　　　18 080.00
【7】借：应交税费——未交增值税　　　　　　 8 909.09
　　　　　　　——应交城市维护建设税　　　　　623.64
　　　　　　　——应交教育费附加　　　　　　　267.27
　　　贷：银行存款　　　　　　　　　　　　　 9 800.00
【8】借：其他应收款——张平　　　　　　　　 2 000.00
　　　贷：库存现金　　　　　　　　　　　　　 2 000.00
【9】借：银行存款　　　　　　　　　　　　　102 830.00
　　　贷：主营业务收入——B　　　　　　　　91 000.00
　　　　　应交税费——应交增值税(销项税额)　11 830.00
【10】借：管理费用　　　　　　　　　　　　　 3 000.00
　　　贷：银行存款　　　　　　　　　　　　　 3 000.00
【11】借：制造费用　　　　　　　　　　　　　 2 000.00
　　　贷：原材料——乙　　　　　　　　　　　 2 000.00
【12】借：管理费用　　　　　　　　　　　　　　 500.00
　　　贷：库存现金　　　　　　　　　　　　　　 500.00
【13】借：管理费用　　　　　　　　　　　　　　 600.00
　　　贷：库存现金　　　　　　　　　　　　　　 600.00
【14】借：库存现金　　　　　　　　　　　　　46 900.00
　　　贷：银行存款　　　　　　　　　　　　　46 900.00
【15】借：应付职工薪酬　　　　　　　　　　　46 900.00
　　　贷：库存现金　　　　　　　　　　　　　46 900.00
【16】借：管理费用　　　　　　　　　　　　　　 460.00
　　　贷：库存现金　　　　　　　　　　　　　　 460.00

| 【17】借：应付职工薪酬 | 240.00 |
| 　　　　贷：库存现金 | 240.00 |

【18】借：原材料——乙　　　　　　　　　　　　　6 000.00
　　　　应交税费——应交增值税(进项税额)　　　780.00
　　　　贷：应付账款——新飞　　　　　　　　　　　　6 780.00

【19】借：制造费用　　　　　　　　　　　　　　600.00
　　　　贷：银行存款　　　　　　　　　　　　　　　　600.00

【20】借：生产成本——B　　　　　　　　　　　30 000.00
　　　　贷：原材料——乙　　　　　　　　　　　　　30 000.00

【21】借：应收账款——蓝天公司　　　　　　　132 888.00
　　　　贷：主营业务收入——A　　　　　　　　　117 600.00
　　　　　　应交税费——应交增值税(销项税额)　　15 288.00

【22】借：销售费用　　　　　　　　　　　　　2 000.00
　　　　贷：银行存款　　　　　　　　　　　　　　　2 000.00

【23】借：管理费用　　　　　　　　　　　　　2 700.00
　　　　贷：其他应收款——张平　　　　　　　　　　2 000.00
　　　　　　库存现金　　　　　　　　　　　　　　　　700.00

【24】借：管理费用　　　　　　　　　　　　　　800.00
　　　　制造费用　　　　　　　　　　　　　　1 900.00
　　　　贷：银行存款　　　　　　　　　　　　　　　2 700.00

【25】借：财务费用　　　　　　　　　　　　　1 000.00
　　　　贷：应付利息　　　　　　　　　　　　　　　1 000.00

【26】借：预收账款——万方公司　　　　　　　8 000.00
　　　　银行存款　　　　　　　　　　　　　　13 470.00
　　　　贷：其他业务收入——丙　　　　　　　　　19 000.00
　　　　　　应交税费——应交增值税(销项税额)　　2 470.00
　　借：其他业务成本——丙　　　　　　　　　17 000.00
　　　　贷：原材料——丙　　　　　　　　　　　　　17 000.00

【27】借：管理费用　　　　　　　　　　　　　1 000.00
　　　　贷：银行存款　　　　　　　　　　　　　　　1 000.00

【28】借：生产成本——A　　　　　　　　　　18 000.00
　　　　　　　　——B　　　　　　　　　　12 000.00
　　　　制造费用　　　　　　　　　　　　　　6 600.00
　　　　管理费用　　　　　　　　　　　　　10 300.00
　　　　贷：应付职工薪酬　　　　　　　　　　　　46 900.00

【29】借：生产成本——A　　　　　　　　　　2 520.00
　　　　　　　　——B　　　　　　　　　　1 680.00

	制造费用	924.00
	管理费用	1 442.00
	贷：应付职工薪酬	6 566.00

【30】借：管理费用　　　　　　　　　　　　　1 000.00
　　　　贷：银行存款　　　　　　　　　　　　　　1 000.00
【31】借：固定资产　　　　　　　　　　　　　8 000.00
　　　　贷：以前年度损益调整　　　　　　　　　　8 000.00
　　　借：以前年度损益调整　　　　　　　　　2 000.00
　　　　贷：应交税费——应交所得税　　　　　　　2 000.00
【32】借：待处理财产损溢——待处理流动资产损溢　1 808.00
　　　　贷：原材料——甲　　　　　　　　　　　　1 600.00
　　　　　　应交税费——应交增值税(进项税额转出)　208.00
【33】借：应付利息　　　　　　　　　　　　　3 000.00
　　　　贷：银行存款　　　　　　　　　　　　　　3 000.00
【34】借：制造费用　　　　　　　　　　　　　10 000.00
　　　　管理费用　　　　　　　　　　　　　8 000.00
　　　　贷：累计折旧　　　　　　　　　　　　　　18 000.00
【35】借：固定资产　　　　　　　　　　　　　12 000.00
　　　　贷：营业外收入　　　　　　　　　　　　　12 000.00
【36】借：以前年度损益调整　　　　　　　　　6 000.00
　　　　贷：利润分配——未分配利润　　　　　　　6 000.00
　　　借：营业外支出　　　　　　　　　　　　1 808.00
　　　　贷：待处理财产损溢——待处理流动资产损溢　1 808.00
【37】借：生产成本——A　　　　　　　　　　13 214.40
　　　　　　　　——B　　　　　　　　　　　8 809.60
　　　　贷：制造费用　　　　　　　　　　　　　　22 024.00
【38】借：库存商品——A　　　　　　　　　　49 734.40
　　　　贷：生产成本——A　　　　　　　　　　　49 734.40
【39】借：税金及附加　　　　　　　　　　　　3 522.40
　　　　贷：应交税费——应交城市维护建设税　　　2 465.68
　　　　　　　　　　——应交教育费附加　　　　　1 056.72
【40】借：资产减值损失　　　　　　　　　　　3 000.00
　　　　贷：存货跌价准备　　　　　　　　　　　　3 000.00
【41】借：管理费用　　　　　　　　　　　　　500.00
　　　　贷：库存现金　　　　　　　　　　　　　　500.00
【42】借：管理费用　　　　　　　　　　　　　300.00
　　　　贷：库存现金　　　　　　　　　　　　　　300.00

【43】借：信用减值损失　　　　　　　　　　　　897.96
　　　　贷：坏账准备　　　　　　　　　　　　　　　897.96
【44】借：主营业务成本——A　　　　　　　　76 800.00
　　　　　　　　　　——B　　　　　　　　60 000.00
　　　　贷：库存商品——A　　　　　　　　　　76 800.00
　　　　　　　　　——B　　　　　　　　　　60 000.00
【45】借：主营业务收入——A　　　　　　　117 600.00
　　　　　　　　　　——B　　　　　　　　91 000.00
　　　　　其他业务收入　　　　　　　　　　19 000.00
　　　　　营业外收入　　　　　　　　　　　12 000.00
　　　　贷：本年利润　　　　　　　　　　　　239 600.00
【46】借：本年利润　　　　　　　　　　　　197 090.36
　　　　贷：管理费用　　　　　　　　　　　　　30 502.00
　　　　　　财务费用　　　　　　　　　　　　　1 060.00
　　　　　　销售费用　　　　　　　　　　　　　2 000.00
　　　　　　资产减值损失　　　　　　　　　　　3 000.00
　　　　　　信用减值损失　　　　　　　　　　　　897.96
　　　　　　税金及附加　　　　　　　　　　　　4 022.40
　　　　　　主营业务成本　　　　　　　　　136 800.00
　　　　　　其他业务成本　　　　　　　　　　17 000.00
　　　　　　营业外支出　　　　　　　　　　　1 808.00
【47】借：所得税费用　　　　　　　　　　　　11 329.41
　　　　贷：应交税费——应交所得税　　　　　11 329.41
　　　　借：本年利润　　　　　　　　　　　　11 329.41
　　　　贷：所得税费用　　　　　　　　　　　11 329.41
【48】借：本年利润　　　　　　　　　　　　　31 180.23
　　　　贷：利润分配——未分配利润　　　　　31 180.23
【49】借：利润分配——计提法定盈余公积金　　3 118.02
　　　　贷：盈余公积——计提法定盈余公积金　　3 118.02

7.2.3　使用Excel进行会计核算

1. 生成总分类账

打开"第7章.xlsx"工作簿的"会计凭证表"工作表，使用第5章介绍的生成总分类账的方法，通过执行"插入"|"数据透视表"命令，建立透视数据表Sheet3，并将其重命名为"总分类账"，结果如图7-9所示。

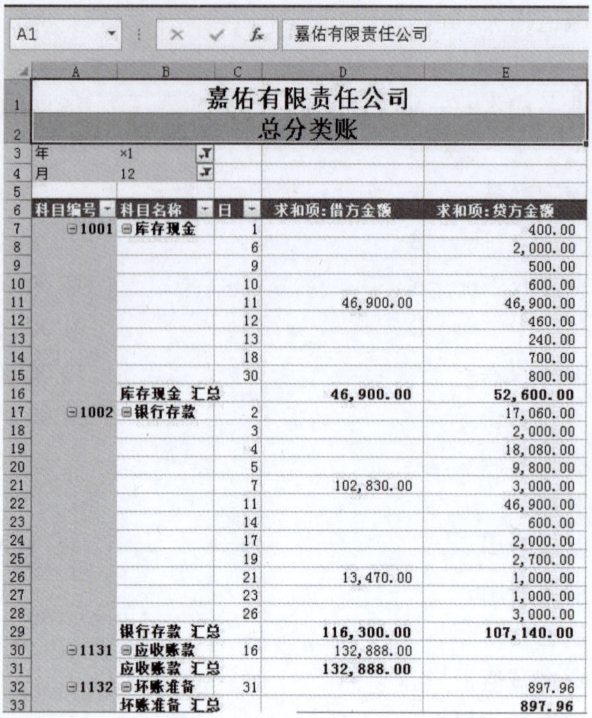

A1 嘉佑有限责任公司

嘉佑有限责任公司

总分类账

年 ×1

月 12

科目编号	科目名称	日	求和项:借方金额	求和项:贷方金额
⊟1001	⊟库存现金	1		400.00
		6		2,000.00
		9		500.00
		10		600.00
		11	46,900.00	46,900.00
		12		460.00
		13		240.00
		18		700.00
		30		800.00
	库存现金 汇总		**46,900.00**	**52,600.00**
⊟1002	⊟银行存款	2		17,060.00
		3		2,000.00
		4		18,080.00
		5		9,800.00
		7	102,830.00	3,000.00
		11		46,900.00
		14		600.00
		17		2,000.00
		19		2,700.00
		21	13,470.00	1,000.00
		23		1,000.00
		26		3,000.00
	银行存款 汇总		**116,300.00**	**107,140.00**
⊟1131	⊟应收账款	16	132,888.00	
	应收账款 汇总		**132,888.00**	
⊟1132	⊟坏账准备	31		897.96
	坏账准备 汇总			**897.96**

图 7-9　透视生成总分类账

2. 生成明细分类账

打开“第7章.xlsx”工作簿的“会计凭证表”工作表，使用第5章介绍的生成总分类账的方法，建立透视数据表Sheet4，并将其重新命名为“明细分类账”，结果如图7-10所示。

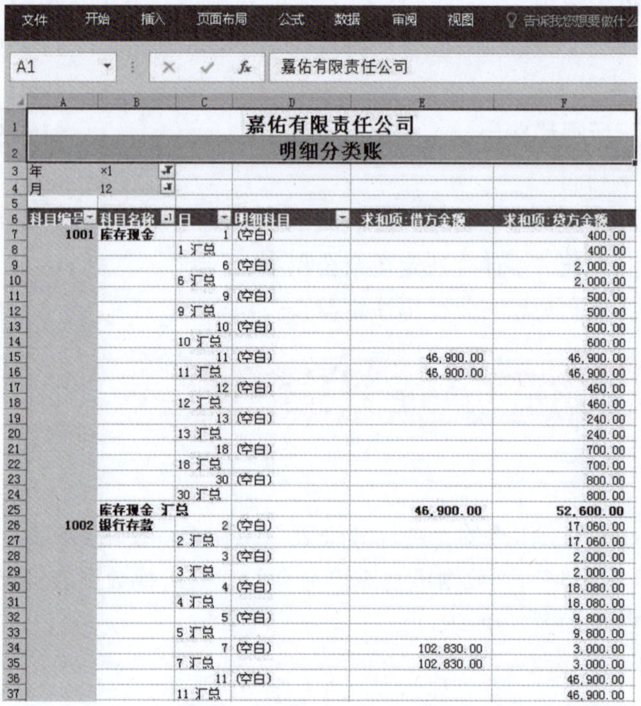

文件 开始 插入 页面布局 公式 数据 审阅 视图 告诉我您想要做什么

A1 嘉佑有限责任公司

嘉佑有限责任公司

明细分类账

年 ×1

月 12

科目编号	科目名称	日	明细科目	求和项:借方金额	求和项:贷方金额
1001	库存现金	1	(空白)		400.00
		1 汇总			400.00
		6	(空白)		2,000.00
		6 汇总			2,000.00
		9	(空白)		500.00
		9 汇总			500.00
		10	(空白)		600.00
		10 汇总			600.00
		11	(空白)	46,900.00	46,900.00
		11 汇总		46,900.00	46,900.00
		12	(空白)		460.00
		12 汇总			460.00
		13	(空白)		240.00
		13 汇总			240.00
		18	(空白)		700.00
		18 汇总			700.00
		30	(空白)		800.00
		30 汇总			800.00
	库存现金 汇总			**46,900.00**	**52,600.00**
1002	银行存款	2	(空白)		17,060.00
		2 汇总			17,060.00
		3	(空白)		2,000.00
		3 汇总			2,000.00
		4	(空白)		18,080.00
		4 汇总			18,080.00
		5	(空白)		9,800.00
		5 汇总			9,800.00
		7	(空白)	102,830.00	3,000.00
		7 汇总		102,830.00	3,000.00
		11	(空白)		46,900.00
		11 汇总			46,900.00

图 7-10　透视生成明细分类账

❖ 提示：

用户也可以不建立明细分类账，直接在想要了解具体数据的总分类账的数据单元格上双击，即可生成Sheet1等新的工作表，显示相关账户的明细数据。

3. 筛选出现金日记账、银行存款日记账

01 打开“第7章.xlsx”工作簿的“会计凭证表”工作表，单击表头“嘉佑有限责任公司会计凭证表”确定筛选区域，之后选择如图7-11所示的“开始”|“排序和筛选”|“筛选”命令。

年	月	日	序号	凭证编号	摘要	科目编号	科目名称	明细科目	借方金额	贷方金额
×1	12	1	01	×112101	用现金购买办公用品	5502	管理费用		400.00	
×1	12	1	01	×112101	用现金购买办公用品	1001	库存现金			400.00
×1	12	2	02	×112202	用支票偿还前欠新飞公司货款	2121	应付账款	新飞公司	17,000.00	
×1	12	2	02	×112202	用支票偿还前欠新飞公司货款	1002	银行存款			17,000.00
×1	12	2	03	×112203	用银行存款购买转账支票	5503	财务费用		60.00	
×1	12	2	03	×112203	用银行存款购买转账支票	1002	银行存款			60.00
×1	12	3	04	×112304	车间领用甲材料用于A产品的生产	4101	生产成本	A	16,000.00	
×1	12	3	04	×112304	车间领用甲材料用于A产品的生产	1211	原材料	甲		16,000.00
×1	12	3	05	×112305	提取备用金	1133	其他应收款	备用金	2,000.00	
×1	12	3	05	×112305	提取备用金	1002	银行存款			2,000.00
×1	12	4	06	×112406	由红星工厂购入甲材料	1211	原材料	甲	16,000.00	

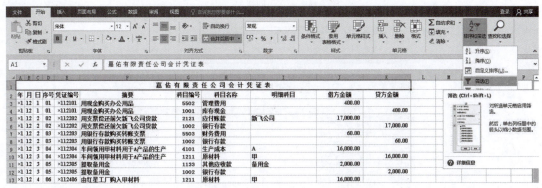

图 7-11 选择“筛选”命令

02 单击“科目名称”右侧的按钮▼，在弹出的下拉列表中选择“银行存款”选项作为筛选条件，然后单击“确定”按钮，即可生成如图7-12所示的银行存款日记账。

嘉佑有限责任公司会计凭证表

			序	凭证编	摘要	科目编	科目名称	明细科目	借方金额	贷方金额
×1	12	2	02	×112202	用支票偿还前欠新飞公司货款	1002	银行存款			17,000.00
×1	12	2	03	×112203	用银行存款购买转账支票	1002	银行存款			60.00
×1	12	3	05	×112305	提取备用金	1002	银行存款			2,000.00
×1	12	4	06	×112406	由红星工厂购入甲材料	1002	银行存款			18,080.00
×1	12	5	07	×112507	缴纳上月增值税、城建税和教育费附	1002	银行存款			9,800.00
×1	12	7	09	×112709	销售给文公司B产品一批	1002	银行存款		102,830.00	
×1	12	7	10	×112710	用支票支付第三季度养路费	1002	银行存款			3,000.00
×1	12	11	14	×1121114	签发现金支票，提取本月工资	1002	银行存款			46,900.00
×1	12	14	19	×1121419	由银行支付本月生产车间水费	1002	银行存款			600.00
×1	12	17	22	×1121722	用支票支付广告费	1002	银行存款			2,000.00
×1	12	19	24	×1121924	用银行存款支付本月电费	1002	银行存款			2,700.00
×1	12	21	26	×1122126	销售给万方公司丙材料	1002	银行存款		13,470.00	
×1	12	21	27	×1122127	以银行存款支付本月电话费	1002	银行存款			1,000.00
×1	12	23	30	×1122330	本月车间以银行存款支付大修理费用	1002	银行存款			1,000.00
×1	12	26	33	×1122633	用银行存款支付第四季度借款利息	1002	银行存款			3,000.00

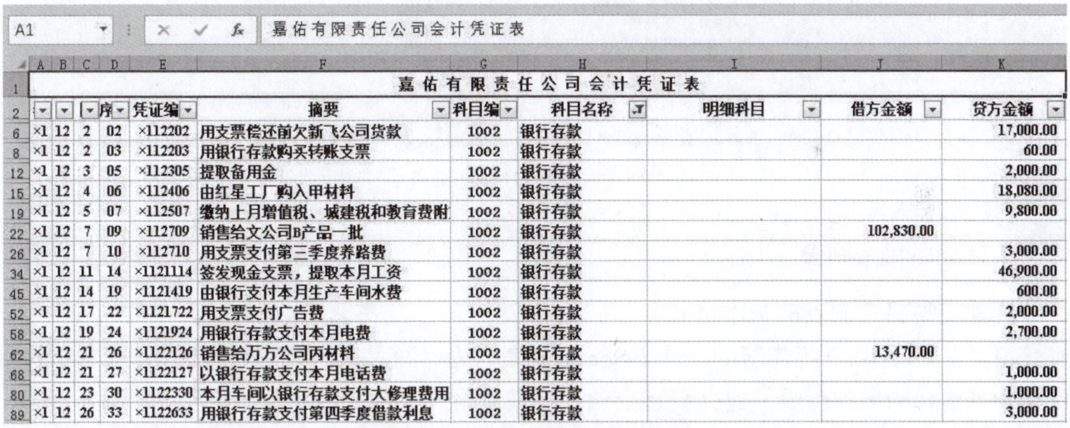

图 7-12 筛选出的银行存款日记账

03 使用同样的方法，自动生成如图7-13所示的现金日记账。

4. 建立科目汇总表

打开“第7章.xlsx”工作簿的“会计凭证表”工作表，使用第5章介绍的生成科目汇总表的方法，通过执行“数据透视表工具”|“分析”|“显示报表筛选页”命令，建立透视数据表Sheet5，并将其重命名为“科目汇总表”，结果如图7-14所示。

嘉佑有限责任公司会计凭证表										
			序	凭证编	摘要	科目编	科目名称	明细科目	借方金额	贷方金额
×1	12	1	01	×112101	用现金购买办公用品	1001	库存现金			400.00
×1	12	6	08	×112608	采购员张平出差借差旅费	1001	库存现金			2,000.00
×1	12	9	12	×112912	用现金支付车间修理费	1001	库存现金			500.00
×1	12	10	13	×1121013	用现金预付明年上半年的报刊费	1001	库存现金			600.00
×1	12	11	14	×1121114	签发现金支票，提取本月工资	1001	库存现金		46,900.00	
×1	12	11	15	×1121115	发放本月工资	1001	库存现金			46,900.00
×1	12	12	16	×1121216	厂部招待客户餐费	1001	库存现金			460.00
×1	12	13	17	×1121317	职工王艳报销医药费	1001	库存现金			240.00
×1	12	18	23	×1121823	采购员张平出差回来报销差旅费	1001	库存现金			700.00
×1	12	30	41	×1123041	现金购印花税票	1001	库存现金			500.00
×1	12	30	42	×1123042	厂部报销汽车加油费，审核后以现金	1001	库存现金			300.00

图 7-13　筛选出的现金日记账

嘉佑有限责任公司			
20×1年12月科目汇总表			
月	12		
科目编号	科目名称	求和项:借方金额	求和项:贷方金额
1001	库存现金	46900	52600
1002	银行存款	116300	107140
1131	应收账款	132888	
1132	坏账准备		897.96
1133	其他应收款	4000	2000
1211	原材料	22000	66600
1243	库存商品	49734.4	136800
1245	存货跌价准备		3000
1501	固定资产	20000	
1502	累计折旧		18000
1911	待处理财产损溢	1808	1808
1922	以前年度损益调整	8000	8000
2121	应付账款	17000	6780
2131	预收账款	8000	
2141	应付职工薪酬	47140	53466
2163	应交税费	12660	46647.81
2191	应付利息	3000	1000
3131	盈余公积		3118.02
3141	本年利润	239600	239600
3151	利润分配	3118.02	37180.23
4101	生产成本	102224	49734.4
4105	制造费用	22024	22024

图 7-14　建立的科目汇总表

5. 建立科目余额表

1) 建立科目余额表的基本格式

将“第7章.xlsx”工作簿的工作表Sheet6重命名为“科目余额表”，按照第5章介绍的科目余额表格式的编制步骤，建立科目余额表的基本格式，结果如图7-15所示。

嘉佑有限责任公司科目余额表							
20×1年12月科目余额表							
科目编号	会计科目	期初余额		本期发生额		期末余额	
		借方	贷方	借方	贷方	借方	贷方

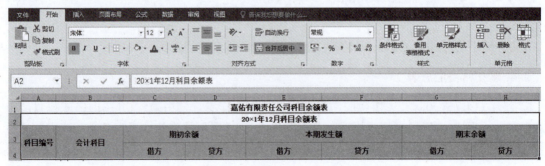

图 7-15　科目余额表的基本格式

2) 期初余额的链接调用

在A5:B56的单元格中输入科目代码及相应的会计科目，使用第5章介绍的利用期初余额链接调用的直接引用公式，建立会计科目期初余额的链接，完成12月份科目余额表的期初余额编制，本例直接根据已知企业科目余额填制如图7-16所示的12月份期初余额。引用数据时一定要注意数据的借贷方向，例如，资产类、成本类账户余额常规在借方(但是资产的抵减账户余额在贷方，如坏账准备、存货跌价准备和累计折旧等)，负债与所有者权益类账户余额在贷方，损益类账户期末无余额。

嘉佑有限责任公司科目余额表							
20×1年12月科目余额表							
科目编号	会计科目	期初余额		本期发生额		期末余额	
		借方	贷方	借方	贷方	借方	贷方
1001	库存现金	21,960.00					
1002	银行存款	1,308,640.00					
1003	其他货币资金	-					
1101	交易性金融资产	-					
1111	应收票据	15,000.00					
1131	应收账款	42,000.00					
1132	坏账准备		-				
1133	其他应收款	-					
1151	预付账款	11,000.00					
1161	应收股利	-					
1201	在途物资	-					
1211	原材料	976,000.00					
1243	库存商品	260,000.00					
1245	存货跌价准备		-				
1401	长期股权投资	600,000.00					
1501	固定资产	4,500,000.00					
1502	累计折旧		1,020,000.00				
1603	在建工程	-					
1801	无形资产	500,000.00					
1901	长期待摊费用	-					
1911	待处理财产损溢	-					
1921	以前年度损益调整	-					
2101	短期借款		400,000.00				

图 7-16　12 月份期初余额

3) 本期发生额的链接调用

使用第5章介绍的本期发生额借助于函数进行间接调用的方法，从本期科目汇总表中调用如图7-17所示的12月份本期发生额。

嘉佑有限责任公司科目余额表							
20×1年12月科目余额表							
科目编号	会计科目	期初余额		本期发生额		期末余额	
		借方	贷方	借方	贷方	借方	贷方
1001	库存现金	21,960.00		46,900.00	52,600.00		
1002	银行存款	1,308,640.00		116,300.00	107,140.00		
1003	其他货币资金	-		-	-		
1101	交易性金融资产	-		-	-		
1111	应收票据	15,000.00		-	-		
1131	应收账款	42,000.00		132,888.00	-		
1132	坏账准备		-	-	897.96		
1133	其他应收款	-		4,000.00	2,000.00		
1151	预付账款	11,000.00		-	-		
1161	应收股利	-		-	-		
1201	在途物资	-		-	-		
1211	原材料	976,000.00		22,000.00	66,600.00		
1243	库存商品	260,000.00		49,734.40	136,800.00		
1245	存货跌价准备		-	-	3,000.00		
1401	长期股权投资	600,000.00		-	-		
1501	固定资产	4,500,000.00		20,000.00	-		
1502	累计折旧		1,020,000.00	-	18,000.00		
1603	在建工程	-		-	-		
1801	无形资产	500,000.00		-	-		
1901	长期待摊费用	-		-	-		
1911	待处理财产损溢	-		1,808.00	1,808.00		
1921	以前年度损益调整	-		8,000.00	8,000.00		

图 7-17　调用 12 月份本期发生额

4) 期末余额的计算

使用第5章介绍的期末余额计算基本公式，在资产类、负债类、所有者权益类、成本类、损益类账户所对应的单元格中分别输入各自的期末余额计算公式(注意：一定要分清借贷方向)，完成12月份期末余额的计算，结果如图7-18所示。

图 7-18　计算生成 12 月份的期末余额

7.2.4　使用Excel编制会计报表

1. 编制资产负债表

1) 建立资产负债表格式

将"第7章.xlsx"工作簿的工作表Sheet7重命名为"资产负债表"，按照第6章介绍的账户式资产负债表的编制步骤，建立资产负债表的基本格式，并将表头的各个项目填制完整，结果如图7-19所示。会计报表的内容与形式已按财政部发布的《关于修订印发2019年度一般企业财务报表格式的通知》财会〔2019〕6号文件进行更新。

图 7-19　建立的资产负债表

2) 编制资产负债表

在建立好的科目余额表基础上，使用第6章介绍的资产负债表的编制方法，采用数据链接直接引用的方法，进行资产负债表的编制。一般的资产负债表项目可以引用科目余额表对应的会计科目而不需要调整，如"递延所得税资产""短期借款""应交税费""递延所得税负债""实收资本""资本公积""其他综合收益"和"盈余公积"等，可以进行直接引用。但是，有些资产负债表项目的填制，需要对科目余额表的数据进行分析和调整。下面介绍需要分析和调整的资产负债表项目的填制。

货币资金=库存现金+银行存款+其他货币资金

货币资金期初余额=科目余额表!C5+科目余额表!C6+科目余额表!C7

货币资金期末余额=科目余额表!G5+科目余额表!G6+科目余额表!G7

应收账款=应收账款-坏账准备

应收账款期初余额=科目余额表!C9+科目余额表!C10-科目余额表!D11

应收账款期末余额=科目余额表!G9+科目余额表!G10-科目余额表!H11

存货=原材料+在途物资(即物资采购)+低值易耗品+库存商品+分期收款发出商品+委托加工物资+包装物+委托加工物资+委托代销商品+受托代销商品+生产成本-受托代销商品款-存货跌价准备

存货期初余额=科目余额表!C15+科目余额表!C16+科目余额表!C17-科目余额表!D18+科目余额表!C43

存货期末余额=科目余额表!G15+科目余额表!G16+科目余额表!G17-科目余额表!H18+科目余额表!G43

以下省略编制公式。

其他应收款=应收利息+应收股利+其他应收款

长期股权投资=长期股权投资-长期股权投资减值准备

固定资产=固定资产-累计折旧-固定资产减值准备+固定资产清理

在建工程=在建工程-在建工程减值准备+工程物资

相对资产类项目，负债类项目与所有者权益类项目相对简单，只要直接调用科目余额表对应的会计科目对应的金额即可，但要注意《关于修改印发2019年度一般企业财务报表格式的通知》的新变化，例如：

其他应付款=应付利息+应付股利+其他应付款

以上填制的内容需要结合报表编制者对资产负债表编制的知识，故显示部分内容的编制。

使用第6章介绍的资产负债表的编制方法，完成资产负债表的编制(注意检查资产负债表编制是否正确，即是否符合资产总额=负债总额+所有者权益总额)，如图7-20所示。

由于资产负债表编制的依据是会计恒等式"资产=负债+所有者权益"，因此同样可以通过IF()函数对生成的资产负债表数据进行判断，具体方法在上文试算平衡中已经详细说明，本例不再赘述。

资产负债表

资产	行次	期初余额	期末余额	负债及所有者权益	行次	期初余额	期末余额
编制单位：嘉佑有限责任公司		20×1年	12月	31日			单位：元
流动资产：				流动负债：			
货币资金		1,330,600.00	1,334,060.00	短期借款		400,000.00	400,000.00
交易性金融资产				交易性金融负债			
应收票据		15,000.00	15,000.00	应付票据		65,000.00	65,000.00
应收账款		42,000.00	173,990.04	应付账款		17,000.00	6,780.00
预付款项		11,000.00	11,000.00	预收款项		8,000.00	-
其他应收款		-	2,000.00	应付职工薪酬		12,800.00	19,126.00
存货		1,236,000.00	1,153,824.00	应交税费		9,800.00	43,787.81
一年内到期的非流动资产		-	-	其他应付款		2,000.00	-
其他流动资产		-	-	一年内到期的非流动负债		-	-
流动资产合计		2,634,600.00	2,689,874.04	其他流动负债		-	-
				流动负债合计		514,600.00	534,693.81
非流动资产：				非流动负债：			
债权投资		-	-	长期借款		-	-
其他债权投资		-	-	应付债券		-	-
长期应收款		-	-	长期应付款		-	-
长期股权投资		600,000.00	600,000.00	预计负债		-	-
固定资产		3,480,000.00	3,482,000.00	递延所得税负债		-	-
在建工程		-	-	其他非流动负债		-	-
无形资产		500,000.00	500,000.00	非流动负债合计		-	-
商誉		-	-	负债合计		514,600.00	534,693.81
长期待摊费用		-	-	所有者权益：			
递延所得税资产		-	-	实收资本（股本）		5,000,000.00	5,000,000.00
其他非流动资产		-	-	资本公积		200,000.00	200,000.00
非流动资产合计		4,580,000.00	4,582,000.00	其他综合收益		-	-
				盈余公积		1,460,000.00	1,463,118.02
				未分配利润		40,000.00	74,062.21
				所有者权益合计		6,700,000.00	6,737,180.23
资产总计		7,214,600.00	7,271,874.04	负债和所有者权益总计		7,214,600.00	7,271,874.04
						正确	正确

图 7-20　编制完成的资产负债表

2. 编制利润表

1) 建立利润表格式

将"第7章.xlsx"工作簿的工作表Sheet8重命名为"利润表"，按照第6章介绍的多步式利润表的编制步骤，建立利润表的基本格式，并将表头的各个项目填制完整，结果如图7-21所示。

利润表

项目	行次	本期金额	上期金额
编制单位：嘉佑有限责任公司	20×1年度	12月份	单位：元
一、营业收入			
减：营业成本			
税金及附加			
销售费用			
管理费用			
研发费用			
财务费用			
其中：利息费用			
利息收入			
加：其他收益			
投资收益（损失以"-"号填列）			
公允价值变动收益（损失以"-"号填列）			
信用减值损失（损失以"-"号填列）			
资产减值损失（损失以"-"号填列）			
资产处置收益（损失以"-"号填列）			
二、营业利润			
加：营业外收入			
减：营业外支出			
三、利润总额			
减：所得税费用			
四、净利润			
五、其他综合收益的税后净额			
（一）不能重分类进损益的其他综合收益			
（二）将重分类进损益的其他综合收益			
六、综合收益总额			

图 7-21　建立的利润表

2) 编制利润表

利润表的编制也建立在科目余额表的基础上，只不过收入、费用类账户是虚账户，每期没有期初、期末余额。在编制时，需要根据科目余额表中本期发生额的有关会计科目进行编制。使用第6章介绍的利润表的编制方法，利用间接调用方式(选择VOOLKUP()函数)填制本月数，完成利润表的编制，结果如图7-22所示。

图7-22 编制完成的利润表

3. 编制现金流量表

1) 建立现金流量表格式

将"第7章.xlsx"工作簿的工作表Sheet9重命名为"现金流量表"，按照第6章介绍的现金流量表的编制步骤，建立现金流量表的基本格式，并将表头的各个项目填制完整，结果如图7-23所示。

图7-23 建立的现金流量表

> **注意:**
> 本书重点讲述现金流量表主表的编制,不涉及补充资料的填制问题。

2) 编制调整分录表

将"第7章.xlsx"工作簿的工作表Sheet10重命名为"调整分录表",将工作表"会计凭证表"复制到工作表"调整分录表",以会计凭证表为基础编制调整分录表。

调整的方式为筛选出涉及库存现金、银行存款及其他货币资金的单元格,按照业务发生的类型分别调整为经营活动现金、投资活动现金和筹资活动现金。例如,凡是涉及"原材料""在途物资""库存商品""生产成本"和"制造费用"等的会计科目均调整为"存货"资产负债表项目,但须说明明细内容。具体调整过程见下文所示(如果企业考虑"现金等价物",还需要筛选出"投资日起三个月到期或清偿之国债、商业本票、货币市场基金、可转让定期存单、商业本票及银行承兑汇票"等业务)。登记后的调整分录表如图7-24所示。

A	B	C	D	E
	嘉佑有限责任公司调整分录表12月份			
顺序号	摘要	报表项目名称	借方金额	贷方金额
1	用现金购买办公用品	管理费用-办公用品	400.00	
1	用现金购买办公用品	经营活动现金-支付其他		400.00
2	用支票偿还前欠新飞公司货款	应付账款-新飞公司	17,000.00	
2	用支票偿还前欠新飞公司货款	经营活动现金-购买商品		17,000.00
3	用银行存款购买转账支票	财务费用-转账支票	60.00	
3	用银行存款购买转账支票	经营活动现金-支付其他		60.00
4	车间领用甲材料用于A产品的生产	存货-A	16,000.00	
4	车间领用甲材料用于A产品的生产	存货-甲		16,000.00
5	提取备用金	其他应收款	2,000.00	
5	提取备用金	经营活动现金-支付其他		2,000.00
6	由红星工厂购入甲材料	存货-甲	16,000.00	
6	由红星工厂购入甲材料	应交税费-应交增值税(进项税额)	2,080.00	
6	由红星工厂购入甲材料	经营活动现金-购买商品		16,000.00
6	由红星工厂购入甲材料	经营活动现金-进项税		2,080.00
7	缴纳上月增值税、城建税和教育费附加	应交税费-未交增值税	8,909.09	
7	缴纳上月增值税、城建税和教育费附加	应交税费-应交城市维护建设税	623.64	
7	缴纳上月增值税、城建税和教育费附加	应交税费-教育费附加	267.27	
7	缴纳上月增值税、城建税和教育费附加	经营活动现金-支付税费		9,800.00
8	采购员张平出差借差旅费	其他应收款	2,000.00	
8	采购员张平出差借差旅费	经营活动现金-支付其他		2,000.00
9	销售给文公司B产品一批	经营活动现金-销项税	11,830.00	
9	销售给文公司B产品一批	经营活动现金-销售商品	91,000.00	
9	销售给文公司B产品一批	主营业务收入-B		91,000.00
9	销售给文公司B产品一批	应交税费-应交增值税(销项税额)		11,830.00

图 7-24 调整分录表

具体调整分录如下所示。

【1】借:管理费用——办公用品　　　　　　　　　400.00
　　　贷:经营活动现金——支付其他　　　　　　　　　400.00

【2】借:应付账款——新飞公司　　　　　　　　　17 000.00
　　　贷:经营活动现金——购买商品　　　　　　　　　17 000.00

【3】借:财务费用——转账支票　　　　　　　　　60.00
　　　贷:经营活动现金——支付其他　　　　　　　　　60.00

【4】借:存货——A　　　　　　　　　　　　　　16 000.00
　　　贷:存货——甲　　　　　　　　　　　　　　　16 000.00

【5】借：其他应收款 2 000.00
　　　　贷：经营活动现金——支付其他 2 000.00
【6】借：存货——甲 16 000.00
　　　　应交税费——应交增值税(进项税额) 2 080.00
　　　　贷：经营活动现金——购买商品 16 000.00
　　　　　　经营活动现金——进项税 2 080.00
【7】借：应交税费——未交增值税 8 909.09
　　　　　　　　——应交城市维护建设税 623.64
　　　　　　　　——教育费附加 267.27
　　　　贷：经营活动现金——支付税费 9 800.00
【8】借：其他应收款——张平 2 000.00
　　　　贷：经营活动现金——支付其他 2 000.00
【9】借：经营活动现金——销项税 11 830.00
　　　　经营活动现金——销售商品 91 000.00
　　　　贷：主营业务收入——B 91 000.00
　　　　　　应交税费——应交增值税(销项税额) 11 830.00
【10】借：管理费用——养路费 3 000.00
　　　　贷：经营活动现金——支付其他 3 000.00
【11】借：存货 2 000.00
　　　　贷：存货——乙 2 000.00
【12】借：管理费用——支付修理费 500.00
　　　　贷：经营活动现金——接受劳务 500.00
【13】借：管理费用——支付书报费 600.00
　　　　贷：经营活动现金——支付其他 600.00
【14】不涉及现金流入流出，不需要编制调整分录。
【15】借：应付职工薪酬 46 900.00
　　　　贷：经营活动现金——支付职工工资 46 900.00
【16】借：管理费用——业务招待 460.00
　　　　贷：经营活动现金——支付其他 460.00
【17】借：应付职工薪酬 240.00
　　　　贷：经营活动现金——支付职工福利 240.00
【18】借：存货——乙 6 000.00
　　　　应交税费——应交增值税(进项税额) 780.00
　　　　贷：应付账款——新飞公司 6 780.00
【19】借：存货 600.00
　　　　贷：经营活动现金——支付其他 600.00
【20】借：存货——B 30 000.00
　　　　贷：存货——乙 30 000.00

【21】借：应收账款——蓝天　　　　　　　　　　　132 888.00
　　　贷：营业收入——A　　　　　　　　　　　　　117 600.00
　　　　　应交税费——应交增值税(销项税额)　　　 15 288.00
【22】借：销售费用——广告费　　　　　　　　　　　 2 000.00
　　　贷：经营活动现金——支付其他　　　　　　　　 2 000.00
【23】借：管理费用——差旅费　　　　　　　　　　　 2 700.00
　　　贷：其他应收款——张平　　　　　　　　　　　 2 000.00
　　　　　经营活动现金——支付其他　　　　　　　　　 700.00
【24】借：管理费用　　　　　　　　　　　　　　　　　 800.00
　　　　存货　　　　　　　　　　　　　　　　　　 1 900.00
　　　贷：经营活动现金——支付其他　　　　　　　　 2 700.00
【25】借：财务费用　　　　　　　　　　　　　　　　 1 000.00
　　　贷：应付利息　　　　　　　　　　　　　　　 1 000.00
【26】借：预收款项　　　　　　　　　　　　　　　　 8 000.00
　　　　经营活动现金——销售商品　　　　　　　　 11 000.00
　　　　　　　　　　——销项税　　　　　　　　　　 2 470.00
　　　贷：营业收入——丙　　　　　　　　　　　　 19 000.00
　　　　　应交税费——应交增值税(销项税额)　　　　 2 470.00
　　　借：营业成本——丙　　　　　　　　　　　　　17 000.00
　　　贷：存货——丙　　　　　　　　　　　　　　 17 000.00
【27】借：管理费用——电话费　　　　　　　　　　　 1 000.00
　　　贷：经营活动现金——支付其他　　　　　　　　 1 000.00
【28】借：存货——A　　　　　　　　　　　　　　　18 000.00
　　　　存货——B　　　　　　　　　　　　　　　12 000.00
　　　　存货　　　　　　　　　　　　　　　　　 6 600.00
　　　　管理费用——工资　　　　　　　　　　　　 10 300.00
　　　贷：应付职工薪酬　　　　　　　　　　　　　 46 900.00
【29】借：存货——A　　　　　　　　　　　　　　　 2 520.00
　　　　存货——B　　　　　　　　　　　　　　　 1 680.00
　　　　存货　　　　　　　　　　　　　　　　　　 924.00
　　　　管理费用——福利费　　　　　　　　　　　 1 442.00
　　　贷：应付职工薪酬　　　　　　　　　　　　　 6 566.00
【30】借：管理费用　　　　　　　　　　　　　　　 1 000.00
　　　贷：经营活动现金——接受劳务　　　　　　　 1 000.00
【31】借：固定资产　　　　　　　　　　　　　　　 8 000.00
　　　贷：以前年度损益调整　　　　　　　　　　　 8 000.00
　　　借：以前年度损益调整　　　　　　　　　　　 2 000.00
　　　贷：应交税费——应交所得税　　　　　　　　 2 000.00

【32】借：待处理财产损溢——待处理流动资产损溢　　　1 808.00
　　　贷：存货——甲　　　　　　　　　　　　　　　　1 600.00
　　　　　应交税费——应交增值税(进项税额转出)　　　208.00
【33】借：应付利息　　　　　　　　　　　　　　　　　3 000.00
　　　贷：筹资活动现金——偿付利息　　　　　　　　　3 000.00
【34】借：存货　　　　　　　　　　　　　　　　　　　10 000.00
　　　　管理费用　　　　　　　　　　　　　　　　　　8 000.00
　　　贷：固定资产——累计折旧　　　　　　　　　　　18 000.00
【35】借：固定资产　　　　　　　　　　　　　　　　　12 000.00
　　　贷：营业外收入　　　　　　　　　　　　　　　　12 000.00
【36】借：以前年度损益调整　　　　　　　　　　　　　6 000.00
　　　贷：利润分配——未分配利润　　　　　　　　　　6 000.00
　　　借：营业外支出　　　　　　　　　　　　　　　　1 808.00
　　　贷：待处理财产损溢——待处理流动资产损溢　　　1 808.00
【37】借：存货——A　　　　　　　　　　　　　　　　13 214.40
　　　　　——B　　　　　　　　　　　　　　　　　　8 809.60
　　　贷：存货　　　　　　　　　　　　　　　　　　　22 024.00
【38】借：存货——A　　　　　　　　　　　　　　　　49 734.40
　　　贷：存货——A　　　　　　　　　　　　　　　　49 734.40
【39】借：税金及附加　　　　　　　　　　　　　　　　3 515.13
　　　贷：应交税费——应交城市维护建设税　　　　　　2 460.59
　　　　　应交税费——应交教育费附加　　　　　　　　1 054.54
【40】借：资产减值损失　　　　　　　　　　　　　　　3 000.00
　　　贷：存货——存货跌价准备　　　　　　　　　　　3 000.00
【41】借：管理费用——税票　　　　　　　　　　　　　500.00
　　　贷：经营活动现金——支付税费　　　　　　　　　500.00
【42】借：管理费用——加油费　　　　　　　　　　　　300.00
　　　贷：经营活动现金——支付其他　　　　　　　　　300.00
【43】借：信用减值损失　　　　　　　　　　　　　　　897.96
　　　贷：应收账款——坏账准备　　　　　　　　　　　897.96
【44】借：营业成本——A　　　　　　　　　　　　　　76 800.00
　　　　　——B　　　　　　　　　　　　　　　　　　60 000.00
　　　贷：存货——A　　　　　　　　　　　　　　　　76 800.00
　　　　　——B　　　　　　　　　　　　　　　　　　60 000.00

由于以下业务不涉及现金流入、流出，故省略(上述业务实际上并不完全涉及现金流量表的相关项目，但为了说明调整思路及会计科目与报表项目的对应关系，故详细列示，实务中可以只调整与现金流量表有关的日常业务)。

3) 编制现金流量表

利用SUMIF()函数引用并计算现金流量表的各个项目。

(1) 经营活动产生的现金流量。

- "销售商品或提供劳务收到现金"项目栏反映的是企业销售商品、提供劳务实际收到的现金(含销售收入和应向购买者收取的增值税),包括本期销售商品、提供劳务收到的现金,以及前期销售和前期提供劳务本期收到的现金及本期预收的账款,扣除本期退回本期销售的商品和前期销售本期退回的商品支付的现金。需要注意的是,企业销售材料和代购代销业务收到的现金也在本项目中反映。根据该项目所反映的内容,编辑公式如下。

单击选中C5单元格,输入公式"=SUMIF(调整分录表!$C$2:$C$115,"经营活动现金*销售商品*",调整分录表!$D$2:$D$115)+SUMIF(调整分录表!$C$2:$C$115,"经营活动现金*提供劳务*",调整分录表!$D$2:$D$115)+SUMIF(调整分录表!$C$2:$C$115,"经营活动现金*销项税*",调整分录表!$D$2:$D$115)",单击"确认"按钮,完成对公式的编辑。

- "收到税费返还"项目栏反映的是企业收到返还的各种税费,如收到的增值税、所得税、消费税返还等。根据该项目所反映的内容,编辑公式如下。

单击选中C6单元格,输入公式"=SUMIF(调整分录表!$C$2:$C$115,"经营活动现金*收到税费*",调整分录表!$D$2:$D$115)",单击"确认"按钮,完成对公式的编辑。

- "收到的其他与经营业务有关的现金"项目栏反映的是企业除上述各项目外,收到的其他与经营活动有关的现金流入,如罚款收入、政府补助收入等。根据该项目所反映的内容,编辑公式如下。

单击选中C7单元格,输入公式"=SUMIF(调整分录表!$C$2:$C$115,"经营活动现金*收到其他*",调整分录表!$D$2:$D$115)",单击"确认"按钮,完成对公式的编辑。

- "经营活动现金流入小计"项目栏反映的是上述各经营活动现金流入项目的合计数。根据该项目所反映的内容,编辑公式如下。

单击选中C8单元格,输入公式"=C5+C6+C7(或=SUM(C5:C7))",单击"确认"按钮,完成对公式的编辑。

- "购买商品、接受劳务支付的现金"项目栏反映的是企业购买商品、接受劳务实际支付的现金,包括本期购入商品、接受劳务支付的现金(包括增值税进项税额),以及本期支付前期购入商品、接受劳务的未支付款项和本期预付款项。本期发生的购货退回收到的现金应从本项目中扣除。根据该项目所反映的内容,编辑公式如下。

单击选中C9单元格,输入公式"=SUMIF(调整分录表!$C$2:$C$115,"经营活动现金*购买商品*",调整分录表!$E$2:$E$115)+SUMIF(调整分录表!$C$2:$C$115,"经营活动现金*接受劳务*",调整分录表!$E$2:$E$115)+SUMIF(调整分录表!$C$2:$C$115,"经营活动现金*进项税*",调整分录表!$E$2:$E$115)",单击"确认"按钮,完成对公式的编辑。

- "支付给职工以及为职工支付的现金"项目栏反映的是企业实际支付给职工及为职工支付的现金,包括本期实际支付给职工的工资、奖金、各种津贴和补贴等,以及为职工支付的其他费用。需要注意的是,本项目不包括支付的离退休人员的各项费用和支付的各在建工程人员的工资等。根据该项目所反映的内容，编辑公式如下。

单击选中C10单元格，输入公式"=SUMIF(调整分录表!$C$2:$C$115,"经营活动现金*支付职工*",调整分录表!$E$2:$E$115)"，单击"确认"按钮，完成对公式的编辑。

- "支付的各项税费"项目栏反映的是企业当期实际上缴税务部门的各种税金，以及支付的教育费附加、矿产资源补偿费、印花税和房产税等。需要注意的是，本项目不包括计入固定资产价值、实际支付的耕地占用税。根据该项目所反映的内容，编辑公式如下。

单击选中C11单元格，输入公式"=SUMIF(调整分录表!$C$2:$C$115,"经营活动现金*支付税费*",调整分录表!$E$2:$E$115)"，单击"确认"按钮，完成对公式的编辑。

- "支付的其他与经营活动有关的现金"项目栏反映的是企业除上述各项目外，支付的其他与经营活动有关的现金流出，如罚款支出、支付的差旅费、业务招待费现金支出等。根据该项目所反映的内容，编辑公式如下。

单击选中C12单元格，输入公式"=SUMIF(调整分录表!$C$2:$C$115,"经营活动现金*支付其他*",调整分录表!$E$2:$E$115)"，单击"确认"按钮，完成对公式的编辑。

- "经营活动现金流出小计"项目栏反映的是上述各经营活动现金流出项目的合计数。根据该项目所反映的内容，编辑公式如下。

单击选中C13单元格，输入公式"=C9+C10+C11+C12"（或者"=SUM(C9:C12)"），单击"确认"按钮，完成对公式的编辑。

- "经营活动产生的现金流量净额"项目栏反映的是上述各经营活动现金流入项目的合计数，减去上述各经营活动现金流出项目的合计数之后的差额。根据该项目所反映的内容，编辑公式如下。

单击选中C14单元格，输入公式"=C8-C13"，单击"确认"按钮，完成对公式的编辑。

(2) 投资活动产生的现金流量。

- "收回投资所收到的现金"项目栏反映的是企业出售、转让或者到期收回除现金等价物以外的交易性金融资产、其他债权投资、长期股权投资、投资性房地产等收到的现金，以及收回债券投资本金而收到的现金。需要注意的是，本项目不包括债权性投资收回的利息，以及收回的非现金资产。根据该项目所反映的内容，编辑公式如下。

单击选中C16单元格，输入公式"=SUMIF(调整分录表!$C$2:$C$115,"投资活动现金*收回投资*",调整分录表!$D$2:$D$115)"，单击"确认"按钮，完成对公式的编辑。

- "取得投资收益所收到的现金"项目栏反映的是企业因各种投资而分得的现金股利、利润、利息等。根据该项目所反映的内容，编辑公式如下。

单击选中C17单元格，输入公式"=SUMIF(调整分录表!$C$2:$C$115,"投资活动现金*取得投资收益*",调整分录表!$D$2:$D$115)"，单击"确认"按钮，完成对公式的编辑。

- "处置固定资产、无形资产和其他长期资产收回的现金净额"项目栏反映的是企业处置固定资产、无形资产和其他长期资产所取得的现金，扣除为处置这些资产而支付的有关费用后的净额。由于自然灾害所造成的固定资产等长期资产损失而收到的保险赔偿收入也在本项目中反映。根据该项目所反映的内容，编辑公式如下。

单击选中C18单元格，输入公式"=SUMIF(调整分录表!$C$2:$C$115,"投资活动现金*固定资产*",调整分录表!$D$2:$D$115)+SUMIF(调整分录表!$C$2:$C$115,"投资活动现金*无形资产*",调整分录表!$D$2:$D$115)+SUMIF(调整分录表!$C$2:$C$115,"投资活动现金*其他资产*",调整分录表!$D$2:$D$115)"，单击"确认"按钮，完成对公式的编辑。

- "收到的其他与投资活动有关的现金"项目栏反映的是企业除上述各项外，收到的其他与投资活动有关的现金流入。根据该项目所反映的内容，编辑公式如下。

单击选中C19单元格，输入公式"=SUMIF(调整分录表!$C$2:$C$115,"投资活动现金*其他现金*",调整分录表!$D$2:$D$115)"，单击"确认"按钮，完成对公式的编辑。

- "投资活动现金流入小计"项目栏反映的是上述各投资活动现金流入项目的合计数。根据该项目所反映的内容，编辑公式如下。

单击选中C20单元格，输入公式"=C16+C17+C18+C19"（或者"=SUM(C16:C19)"），单击"确认"按钮，完成对公式的编辑。

- "购建固定资产、无形资产和其他长期资产支付的现金"项目栏反映的是企业购买或建造固定资产、无形资产和其他长期资产所支付的现金。需要注意的是，本项目不包括为购建固定资产而发生的借款利息资本化的部分，以及融资租入固定资产支付的租赁费。根据该项目所反映的内容，编辑公式如下。

单击选中C21单元格，输入公式"=SUMIF(调整分录表!$C$2:$C$115,"投资活动现金*固定资产*",调整分录表!$E$2:$E$115)+SUMIF(调整分录表!$C$2:$C$115,"投资活动现金*无形资产*",调整分录表!$E$2:$E$115)+SUMIF(调整分录表!$C$2:$C$115,"投资活动现金*其他长期资产*",调整分录表!$E$2:$E$115)"，单击"确认"按钮，完成对公式的编辑。

- "投资所支付的现金"项目栏反映的是企业进行各种性质的投资所支付的现金，包括企业为取得除现金等价物以外的以公允价值计量且其变动计入当期损益的金融资产、可供出售金融资产、长期股权投资和持有至到期投资等支付的现金，以及为取得各项投资而支付的佣金、手续费等附加费用。需要注意的是，企业购买股票和债券时，实际支付的价款中包含的已宣告但尚未发放的现金股利或已到付息期但尚未领取的债券利息，应在"支付的其他与投资活动有关的现金"项目中反映。根据该项目所反映的内容，编辑公式如下。

单击选中C22单元格，输入公式"=SUMIF(调整分录表!$C$2:$C$115,"投资活动现金*投资*",调整分录表!$E$2:$E$115)"，单击"确认"按钮，完成对公式的编辑。

- "支付的其他与投资活动有关的现金"项目栏反映的是企业除上述各项外，支付的其他与投资活动有关的现金流出。根据该项目所反映的内容，编辑公式如下。

单击选中C23单元格，输入公式"=SUMIF(调整分录表!$C$2:$C$115,"投资活动现金*投资*",调整分录表!$E$2:$E$115)"，单击"确认"按钮，完成对公式的编辑。

- "投资活动现金流出小计"项目栏反映的是上述各投资活动现金流出项目的合计数。根据该项目所反映的内容，编辑公式如下。

单击选中C24单元格，输入公式"=C21+C22+C23"（或者"=SUM(C21:C23)"），单击"确认"按钮，完成对公式的编辑。

- "投资活动产生的现金流量净额"项目栏反映的是上述各投资活动现金流入项目的合计数，减去上述各投资活动现金流出项目的合计数之后的差额。根据该项目所反映的内容，编辑公式如下。

单击选中C25单元格，输入公式"=C20-C24"，单击"确认"按钮，完成对公式的编辑。

(3) 筹资活动产生的现金流量。

- "吸收投资所收到的现金"项目栏反映的是企业收到的投资者投入的现金，包括以发行股票方式筹集的资金、发行债券实际收到的现金等。根据该项目所反映的内容，编辑公式如下。

单击选中C27单元格，输入公式"=SUMIF(调整分录表!$C$2:$C$115,"筹资活动现金*吸收投资*",调整分录表!$D$2:$D$115)"，单击"确认"按钮，完成对公式的编辑。

- "借款所收到的现金"项目栏反映的是企业举借各种短期、长期借款所收到的现金。根据该项目所反映的内容，编辑公式如下。

单击选中C28单元格，输入公式"=SUMIF(调整分录表!$C$2:$C$115,"筹资活动现金*借款*",调整分录表!$D$2:$D$115)"，单击"确认"按钮，完成对公式的编辑。

- "收到的其他与筹资活动有关的现金"项目栏反映的是企业除上述各项目外，收到的其他与筹资活动有关的现金流入，如接受捐赠的现金等。根据该项目所反映的内容，编辑公式如下。

单击选中C29单元格，输入公式"=SUMIF(调整分录表!$C$2:$C$115,"筹资活动现金*其他现金*",调整分录表!$D$2:$D$115)"，单击"确认"按钮，完成对公式的编辑。

- "筹资活动现金流入小计"项目栏反映的是上述各筹资活动现金流入项目的合计数。根据该项目所反映的内容，编辑公式如下。

单击选中C30单元格，输入公式"=C27+C28+C29"（或者"=SUM(C27:C29)"），单击"确认"按钮，完成对公式的编辑。

- "偿还债务所支付的现金"项目栏反映的是企业以现金偿还债务的本金，包括偿还金融企业的借款本金、偿还债券本金等。需要注意的是，本项目不包括企业偿还的借款利息、债券利息等。根据该项目所反映的内容，编辑公式如下。

单击选中C31单元格，输入公式"=SUMIF(调整分录表!$C$2:$C$115,"筹资活动现金*借款*",调整分录表!$E$2:$E$115)"，单击"确认"按钮，完成对公式的编辑。

- "分配股利、利润、偿付利息所支付的现金"项目栏反映的是企业实际支付给投资者的现金股利、利润，以及支付给债权人的利息。根据该项目所反映的内容，编辑公式如下。

单击选中C32单元格，输入公式"=SUMIF(调整分录表!$C$2:$C$115,"筹资活动现金*股利*",调整分录表!$E$2:$E$115)+SUMIF(调整分录表!$C$2:$C$115,"筹资活动现金*利润*",调整分录表!$E$2:$E$115)+SUMIF(调整分录表!$C$2:$C$115,"筹资活动现金*利息*",调整分录表!$E$2:$E$115)"，单击"确认"按钮，完成对公式的编辑。

- "支付的其他与筹资活动有关的现金"项目栏反映的是企业除上述各项目外，支付的其他与筹资活动有关的现金流出，如捐赠现金支出等。根据该项目所反映的内容，编辑公式如下。

单击选中C33单元格，输入公式"=SUMIF(调整分录表!$C$2:$C$115,"筹资活动现金*其他资金*",调整分录表!$E$2:$E$115)"，单击"确认"按钮，完成对公式的编辑。

- "筹资活动现金流出小计"项目栏反映的是上述各筹资活动现金流出项目的合计数。根据该项目所反映的内容，编辑公式如下。

单击选中C34单元格，输入公式"=C31+C32+C33(或者=SUM(C31:C33))"，单击"确认"按钮，完成对公式的编辑。

- "筹资活动产生的现金流量净额"项目栏反映的是上述各筹资活动现金流入项目的合计数，减去上述各筹资活动现金流出项目的合计数之后的差额。根据该项目所反映的内容，编辑公式如下。

单击选中C35单元格，输入公式"=C30-C34"，单击"确认"按钮，完成对公式的编辑。

(4) 汇率变动对现金及现金等价物的影响。

"汇率变动对现金及现金等价物的影响"项目栏反映的是企业外币现金流量及境外子公司的现金流量折算为人民币时，所采用的现金流量发生日的汇率或者平均汇率折算的人民币金额与"现金及现金等价物净增加额"中外币现金净增加额，按照期末汇率折算的人民币金额之间的差额。一般企业不涉及该业务，本章不对此做介绍。

(5) 现金及现金等价物净增加额。

"现金及现金等价物净增加额"项目栏反映的是上述经营活动现金流量净额、筹资活动现金流量净额与筹资活动现金流量净额的合计数。根据该项目所反映的内容，编辑公式如下。

单击选中C37单元格，输入公式"=C14+C25+C35+C36"，单击"确认"按钮，完成对公式的编辑。

经过一系列函数的应用，完成现金流量表的编制，结果如图7-25所示。

4) 检验现金流量表编制的正确性

借助报表之间的会计关系，检验编制完成的现金流量表是否正确。

根据"现金流量表的现金净流量=资产负债表中货币资金的期末余额-货币资金的期初余额"可以建立一个简单的验证公式。

单击C38单元格，在单元格输入公式"=资产负债表!D5-资产负债表!C5"，然后单击"确认"按钮，C38单元格中显示"3,460.00"，该数据与现金及现金等价物净增加额完全一致，证明现金流量表编制正确，如图7-26所示。

	A	B	C
1	现　金　流　量　表		
2	编制单位：嘉佑有限责任公司	20×1年度12月份	单位：元
3	项目	行次	本期金额
4	一、经营活动产生的现金流量：		
5	销售商品或提供劳务收到现金	1	116,300.00
6	收到税费返还	3	－
7	收到的其他与经营业务有关的现金	8	－
8	经营活动现金流入小计	9	116,300.00
9	购买商品、接受劳务支付的现金	10	36,580.00
10	支付给职工以及为职工支付的现金	12	47,140.00
11	支付的各项税费	13	10,300.00
12	支付的其他与经营活动有关的现金	18	15,820.00
13	经营活动现金流出小计	20	109,840.00
14	经营活动产生的现金流量净额	21	6,460.00
15	二、投资活动产生的现金流量：		
16	收回投资所收到的现金	20	－
17	取得投资收益所收到的现金	22	－
18	处置固定资产、无形资产和其他长期资产收回的的现金净额	25	－
19	收到的其他与投资活动有关的现金	28	－
20	投资活动现金流入小计	29	－
21	购建固定资产、无形资产和其他长期资产支付的现金	30	－
22	投资所支付的现金	31	－
23	支付的其他与投资活动有关的现金	35	－
24	投资活动现金流出小计	36	－
25	投资活动产生的现金流量净额	37	－
26	三、筹资活动产生的现金流量：		
27	吸收投资所收到的现金	38	－
28	借款所收到的现金	40	－
29	收到的其他与筹资活动有关的现金	43	－
30	筹资活动现金流入小计	44	－
31	偿还债务所支付的现金	45	－
32	分配股利、利润、偿付利息所支付的现金	46	3,000.00
33	支付的其他与筹资活动有关的现金	52	－
34	筹资活动现金流出小计	53	3,000.00
35	筹资活动产生的现金流量净额	54	－3,000.00
36	四、汇率变动对现金及现金等价物的影响	55	－
37	五、现金及现金等价物净增加额	56	3,460.00

图 7-25　编制完成的现金流量表

	A	B	C
1	现　金　流　量　表		
2	编制单位：嘉佑有限责任公司	20×1年度12月份	单位：元
3	项目	行次	本期金额
4	一、经营活动产生的现金流量：		
5	销售商品或提供劳务收到现金	1	116,300.00
6	收到税费返还	3	－
7	收到的其他与经营业务有关的现金	8	－
8	经营活动现金流入小计	9	116,300.00
9	购买商品、接受劳务支付的现金	10	36,580.00
10	支付给职工以及为职工支付的现金	12	47,140.00
11	支付的各项税费	13	10,300.00
12	支付的其他与经营活动有关的现金	18	15,820.00
13	经营活动现金流出小计	20	109,840.00
14	经营活动产生的现金流量净额	21	6,460.00
15	二、投资活动产生的现金流量：		
16	收回投资所收到的现金	20	－
17	取得投资收益所收到的现金	22	－
18	处置固定资产、无形资产和其他长期资产收回的的现金净额	25	－
19	收到的其他与投资活动有关的现金	28	－
20	投资活动现金流入小计	29	－
21	购建固定资产、无形资产和其他长期资产支付的现金	30	－
22	投资所支付的现金	31	－
23	支付的其他与投资活动有关的现金	35	－
24	投资活动现金流出小计	36	－
25	投资活动产生的现金流量净额	37	－
26	三、筹资活动产生的现金流量：		
27	吸收投资所收到的现金	38	－
28	借款所收到的现金	40	－
29	收到的其他与筹资活动有关的现金	43	－
30	筹资活动现金流入小计	44	－
31	偿还债务所支付的现金	45	－
32	分配股利、利润、偿付利息所支付的现金	46	3,000.00
33	支付的其他与筹资活动有关的现金	52	－
34	筹资活动现金流出小计	53	3,000.00
35	筹资活动产生的现金流量净额	54	－3,000.00
36	四、汇率变动对现金及现金等价物的影响	55	－
37	五、现金及现金等价物净增加额	56	3,460.00
38	验证现金流量表编制的正确性		3,460.00

图 7-26　检验现金流量表编制的正确性

4. 编制所有者权益变动表

1) 建立所有者权益变动表格式

将"第7章.xlsx"工作簿的工作表Sheet11重命名为"所有者权益变动表",按照第6章介绍的所有者权益变动表的编制步骤,建立所有者权益变动表的基本格式,并将表头的各个项目填制完整,结果如图7-27所示。

图7-27 建立的所有者权益变动表

2) 编制所有者权益变动表

第一项:"上年年末余额"项目。该项反映企业上年资产负债表中实收资本(或股本)、资本溢价、库存股、盈余公积、未分配利润的年末余额及合计数。该行数据可以引用上年所有者权益变动表的"本年年末余额"或者本年资产负债表对应项目的"期初余额"。

要注意的是,所有者权益变动表为年报,每年编制并报送一次,而本例数据以月为基础,故为简化起见,本例以月份数据为例展示年报的编制,实际工作中必须注意与本例的不同之处。直接引用本工作簿(第7章.xlsx)中资产负债表的"期初余额"数据,以"实收资本(或股本)"为例,上年年末余额=资产负债表!G26,实务中各项目的上年年末余额应引用本年年初数据。

第二、三行的"会计政策变更"和"前期差错更正"项目,分别反映企业采用追溯调整法处理的会计政策变更的累积影响金额,和采用追溯重述法处理的会计差错更正的累积影响金额。

为了体现会计政策变更和前期差错更正的影响,企业应当在上年年末所有者权益余额的基础上进行调整得出本年年初所有者权益,根据"盈余公积""利润分配""以前年度损益调整"等科目的发生额分析计算填列。

第31笔业务为盘盈固定资产,具体如下。

借:固定资产　　　　　　　　　　　　　　　　　8 000.00
　　贷:以前年度损益调整　　　　　　　　　　　　　8 000.00
借:以前年度损益调整　　　　　　　　　　　　　　2 000.00
　　贷:应交税费——应交所得税　　　　　　　　　2 000.00

第36笔业务即为将固定资产盘盈的结果6 000元转入利润分配——未分配利润。
借：以前年度损益调整　　　　　　　　　　　　6 000.00
　　贷：利润分配——未分配利润　　　　　　　　6 000.00

固定资产盘盈属于前期差错，所以此项前期差错影响的是未分配利润项目，当会计人员调整差错项目时可以直接引用该项目金额，即在G8单元格中直接引用明细分类账中6 000元的前期差错造成的未分配利润。由于引用的明细分类账属于数据透视表，因此可以用GETPIVOTDATA()函数获取数据透视表数据，即单击选中G8单元格，输入公式"=GETPIVOTDATA"("求和项:贷方金额",明细分类账!$A$6,"日", 27,"科目代码", 3141,"科目名称","利润分配","明细科目","未分配利润")，汇总引用前期差错对未分配利润的影响，"函数参数"对话框如图7-28所示。本公式显示的是直接引用数据透视表的结果，对于初级学习者可以不用深究其原理。

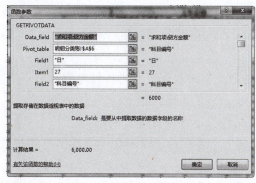

图 7-28　通过 GETPIVOTDATA() 函数汇总引用前期差错对未分配利润的影响

第二项："本年年初余额"项目。该项是第一项中的"盈余公积"与"未分配利润"经过政策变更和差错更正调整后的结果。由于政策变更与差错更正只影响"盈余公积"和"未分配利润项目"，故"实收资本"等其他项目的本年年初余额与上年年末余额相同。

本例存在由于"前期差错"增加"未分配利润"6 000元(第31笔业务盘盈固定资产，导致未分配利润增加6 000元)，除此以外，本行剩余项目的年初余额与上年年末余额相同。

第三项："本年增减变动金额"项目。该项由4部分组成，分别说明其填制要点。
(1) "综合收益总额"项目。

综合收益总额="其他综合收益"的本期发生额+本期实现的"净利润"

本项目可以直接引用利润表的"其他综合收益的税后净额"项目和"净利润"项目的数据。

本例引用利润表中的"利润表!C24"+"利润表!C25"，得到所有者权益变动表中的"综合收益总额"。

(2) "所有者投入和减少资本"项目。

"所有者投入和减少资本"反映企业当年所有者投入的资本和减少的资本。

① "所有者投入的普通股"项目反映企业接受投资者投入形成的实收资本(或股本)和资本溢价或股本溢价，并对应列在"实收资本或股本"和"资本公积"栏。

② "其他权益工具持有者投入资本"项目反映企业发行的除普通股外分类为权益工具的金融工具持有者投入资本的金额，该项目应根据金融工具类科目的相关明细科目发生额

分析填列。

③ "股份支付计入所有者权益的金额"项目反映企业处于等待期中的以权益结算的股份支付当年计入资本公积的金额,并对应列在"资本公积"栏。

由于本例不存在"所有者投入和减少资本"的业务,故不再展示。

(3) "利润分配"下各项目。

"利润分配"下各项目反映当年对所有者(或股东)分配的利润(或股利)金额和按照规定提取的盈余公积金额,并对应列在"未分配利润"和"盈余公积"栏。

① "提取盈余公积"项目反映企业按照规定提取的盈余公积。

本期提取盈余公积造成未分配利润同时等额减少,所以同一行的"未分配利润"也要填制并注意数额是提取盈余公积的负数,本行的所有者权益合计数=0。

"提取盈余公积"的数据引用"科目余额表"中"盈余公积"科目的本期贷方发生额。

② "对所有者(或股东)的分配"项目反映对所有者(或股东)分配的利润(或股利)金额。

由于对所有者(或股东)分配利润或股利将导致未分配利润的减少,故本行所填的数据为负数。

"对所有者(或股东)的分配"的数据引用"科目余额表"中"应付利润"(或应付股利)的本期贷方发生额。

(4) "所有者权益内部结转"下各项目。

"所有者权益内部结转"下各项目反映不影响当年所有者权益总额的所有者权益各组成部分之间当年的增减变动,包括资本公积转增资本(或股本)、盈余公积转增资本(或股本)、盈余公积弥补亏损、设定受益计划变动额结转留存受益、其他综合受益结转留存收益等项目的金额。

由于本例不存在"所有者权益内部结转"的业务,故不再展示。

第四项:"本年年末余额"项目。该项的数据来自该列数据由上到下加总计算,所有者权益变动表编制完成,如图7-29所示。

	所有者权益变动表													
编制单位:鑫佑有限责任公司			20×1年度							单位:元				
	本年金额							上年金额						
项目	实收资本(或股本)	资本公积	减:库存股	其他综合收益	盈余公积	未分配利润	所有者权益合计	实收资本(或股本)	资本公积	减:库存股	其他综合收益	盈余公积	未分配利润	所有者权益合计
一、上年年末余额	5,000,000.00	200,000.00			1,460,000.00	40,000.00	6,700,000.00							
加:会计政策变更														
前期差错更正					6,000.00									
二、本年年初余额	5,000,000.00	200,000.00			1,460,000.00	46,000.00	6,706,000.00							
三、本年期增减变动金额(减少以"一"号填列)														
(一)综合收益总额						31,180.23	31,180.23							
(二)所有者投入和减少资本														
1.所有者投入的普通股														
2.其他权益工具持有者投入资本														
3.股份支付计入所有者权益的金额														
4.其他														
(三)利润分配														
1.提取盈余公积					3,118.02	-3,118.02	-							
2.对所有者(或股东)的分配														
3.其他														
(四)所有者权益内部结转														
1.资本公积转增资本(或股本)														
2.盈余公积转增资本(或股本)														
3.盈余公积弥补亏损														
4.设定受益计划变动额结转留存收益														
5.其他综合收益结转留存收益														
6.其他														
四、本年年末余额	5,000,000.00	200,000.00	-		1,463,118.02	74,062.21	6,737,180.23							

图7-29 填制完成的所有者权益变动表

最后，由于所有者权益变动表与资产负债表的勾稽关系，故可以使用IF()函数，通过所有者权益变动表中所有者权益的本年年末合计数应该等于编制完成的资产负债表中所有者权益年末合计数，验证所有者权益变动表编制结果是否正确，具体方法已在上文的试算平衡中加以说明，本例不再赘述，如图7-30所示。

图7-30 验证所有者权益变动表的正确性

7.3 本章小结

本章介绍了如何使用Excel进行会计核算。首先介绍了手工记账和使用Excel进行会计核算的区别，使读者认识到使用Excel进行会计核算的优势和便利；接着介绍了如何利用Excel的各种基础功能建立会计凭证表，生成总分类账、明细分类账、现金日记账和银行存款日记账，建立科目汇总表、科目余额表，建立资产负债表、利润表、现金流量表和所有者权益变动表，并通过实例介绍了如何通过Excel的公式设置、函数等功能进行账表间数据的直接或间接链接引用，使读者对使用Excel进行会计核算的过程有更加具有逻辑性、全面的认识。

7.4 思考练习

1. 问答题

(1) 使用Excel进行会计核算的基本流程是什么？它与手工记账相比，显著的优势有哪些？

(2) 账簿的类型有哪些？日记账是否必须全部建立？是否可以利用原有资料自动生成部分日记账？

(3) 编制调整分录表的目的是什么？编制调整分录表的依据是什么？如何编制调整分录表？

2. 上机操作题

资料：美欣公司是一家产品制造企业，生产A、B两种产品。存货采用先进先出法核算，增值税税率为13%。

20×1年11月30日，公司各分类账户及其所属明细分类账户的期末余额如表7-2所示。

表7-2　各分类账户及其所属明细分类账户的期末余额

资产类账户	借方余额/元	负债及所有者权益类账户	贷方余额/元
库存现金	3 300	短期借款	140 000
银行存款	600 000	应付账款	93 500
应收账款	172 000	其中：韦丰公司	85 000
其中：裕华商场	32 000	天通公司	8 500
南洋公司	140 000	应付职工薪酬	9 000
交易性金融资产	0	应付利息——短期借款利息	2 000
原材料	240 000	长期借款	100 000
——甲材料(100吨，每吨900元)	90 000		
——乙材料(250吨，每吨600元)	150 000		
生产成本——A	52 500		
库存商品	270 000		
——A(2 800件，每件50元)	140 000		
——B(1 300件，每件100元)	130 000	实收资本	800 000
长期股权投资	10 000	盈余公积	55 000
固定资产	186 000	本年利润	200 000
累计折旧	贷余94 300	利润分配——未分配利润	40 000
合计	1 439 500	合计	1 439 500

公司20×1年12月发生的经济业务如下。

【1】1日，开出现金支票(支票号NO.560)一张，从银行提取现金4 000元备用。

【2】1日，职工王力预借差旅费2 500元，出纳以现金支付。

【3】2日，以现金购买办公用品500元。

【4】2日，从A公司购入甲、乙两种材料，发票账单已到达，货款用银行存款支付，材料已验收入库。其中，甲材料10吨，单价900元；乙材料20吨，单价600元。

【5】3日，向燕兴公司销售A产品2 500件，每件售价95元。产品已发出，货款已收到并存入银行。

【6】4日，以银行存款支付前欠韦丰公司货款85 000元。

【7】5日，生产A产品领用甲材料15吨，领用乙材料8吨。

【8】6日，职工王力出差归来报销差旅费2 300元，余额退回现金。

【9】15日，开出转账支票(支票号NO.763)一张，支付车间设备修理费1 170元(价税合计)。

【10】17日，向佳庭公司销售B产品1 000件，每件售价130元。货款尚未收到。

【11】22日，用银行存款支付明年的财产保险费2 900元。

【12】22日，用现金支付职工报销医药费750元。

【13】23日，本月应付职工工资150 000元。其中，A、B产品生产工人工资分别为50 000元、50 000元，厂部管理人员工资为50 000元。

【14】23日，按工资总额的14%提取职工福利费。

【15】24日，通知银行转账150 000元，发放工资。

【16】26日，以银行存款支付本月销售费用15 000元。

【17】27日，预提本月短期借款利息2 000元。

【18】31日，计提本月固定资产折旧20 000元，其中生产车间应负担15 000元，厂部负担5 000元。

【19】31日，摊销应由本月负担的书报费400元。

【20】31日，分摊并结转本月发生的制造费用(按A、B两种产品的生产工人工资比例分摊)。

【21】31日，本月A产品全部完工，结转其完工成本(包括上月未完工成本)。

【22】31日，结转本月A、B产品的销售成本。其中，A产品每件50元，B产品每件100元。

【23】31日，本月经营业务应交城市维护建设税、教育费附加，城市维护建设税的税率为7%，教育费附加的税率为3%。

【24】31日，结转本月收支至"本年利润"账户。

【25】31日，按当月利润总额计算所得税(所得税税率为25%)，并结转至本年利润。

【26】31日，结转本年利润至利润分配。

根据以上企业资料，建立会计凭证表，生成总分类账、明细分类账、现金日记账和银行存款日记账，建立科目汇总表、科目余额表，建立资产负债表、利润表、现金流量表和所有者权益变动表。

第 8 章

Excel 在工资核算中的应用

　　工资是企业在一定时间内直接支付给本单位员工的劳动报酬，也是企业进行各种费用计算的基础。工资管理是企业管理的重要组成部分，是每个单位财会部门最基本的业务之一，它不仅关系到每位员工的切身利益，还是直接影响产品成本核算的重要因素。手工进行工资核算，需要占用财务人员大量的时间和精力，并且容易出错。采用计算机进行工资核算可以有效地提高工资核算的准确性和及时性。通过对本章的学习，读者应了解并掌握Excel在工资账务处理流程中的应用。

本章学习目标

- 制作员工工资表。
- 工资项目的设置。
- 工资数据的查询与汇总分析。
- 打印工资发放条。

本章教学视频

- 岗位工资。
- 奖金1。
- 奖金2。
- 录制代扣税。
- 实发工资。
- 工资查询。
- 数据透视表和图。

(以上教学视频可通过扫描前言中的二维码进行下载。)

8.1 制作员工工资表

8.1.1 背景资料

嘉佑有限责任公司是一家小型工业企业,主要包括管理部、生产部和销售部3个部门。另外,该公司主要有公司管理、生产管理、生产工人、销售管理和销售人员5种职务类别。每个员工的工资项目有基本工资、岗位工资、住房补贴、奖金、事假扣款、病假扣款、养老保险扣款和医疗保险扣款等。除基本工资因人而异(要求必须一一输入)外,其他的工资项目将根据员工职务类别和部门决定,而且随时间变化而变化(为便于介绍,假设有12名员工)。

20×2年1月嘉佑有限责任公司员工基本工资情况与出勤情况如表8-1所示。

表8-1 20×2年1月公司员工基本工资情况与出勤情况

员工编号	姓名	部门	性别	员工类别	基本工资	事假天数	病假天数
1001	李飞	管理部	男	公司管理	4 500		
1002	马媛	管理部	女	公司管理	4 000	2	
1003	李政	管理部	男	公司管理	4 000		2
2001	张丽	生产部	女	生产管理	4 000		
2002	王沙	生产部	男	生产工人	3 500		
2003	孔阳	生产部	男	生产工人	3 500		
2004	赵刚	生产部	男	生产工人	3 000	16	
3001	白雪	销售部	女	销售管理	4 000		
3002	孙维	销售部	男	销售人员	3 800		
3003	齐天	销售部	男	销售人员	3 800		15
3004	叶凡	销售部	男	销售人员	3 500		
3005	王琳	销售部	女	销售人员	3 300		

其他工资项目的发放情况及有关规定如下。

- 岗位工资:根据员工类别进行发放,管理人员(公司管理、生产管理、销售管理)为4 000元,生产工人为3 500元,销售人员为4 500元。

- 住房补贴:根据员工类别进行发放,生产工人为800元,销售人员为900元,管理人员为1 000元。

- 奖金:奖金根据部门的效益决定,本月管理部奖金为2 000元;生产部奖金为2 500元;销售部奖金与个人销售额有关,完成基本销售额30万元的奖金为500元,超额完成的按超出金额的1%提成,未完成基本销售额的没有奖金。

- 事假扣款规定:如果事假少于14天,将应发工资平均到每天(每月按22天计算),按天扣钱;如果事假多于14天,扣除应发工资的80%。

- 病假扣款规定:如果病假少于14天,工人扣款500元,非工人扣款800元;如果病假多于14天,工人扣款800元,非工人扣款1 200元。

- 养老保险扣款：按"基本工资+岗位工资"的8%扣除。
- 医疗保险扣款：按"基本工资+岗位工资"的2%扣除。
- 个人所得税：依据个人所得税税率表，如表8-2所示。

表8-2 个人所得税税率表

级数	全月应纳所得税额	税率	速算扣除数/元
1	不超过3 000元的部分	3%	0
2	超过3 000元至12 000元的部分	10%	210
3	超过12 000元至25 000元的部分	20%	1 410
4	超过25 000元至35 000元的部分	25%	2 660
5	超过35 000元至55 000元的部分	30%	4 410
6	超过55 000元至80 000元的部分	35%	7 160
7	超过80 000元的部分	45%	15 160

8.1.2 基本工资项目和数据的输入

输入基本工资项目和数据的具体操作步骤如下。

01 建立工资项目：员工编号、姓名、部门、性别、员工类别、基本工资、岗位工资、住房补贴、奖金、应发合计、事假天数、事假扣款、病假天数、病假扣款、其他扣款、扣款合计、养老保险、医疗保险、应扣社保合计、应发工资、代扣税及实发合计，如图8-1、图8-2和图8-3所示。

图8-1 输入基本工资项目1

图8-2 输入基本工资项目2

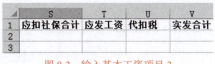

图8-3 输入基本工资项目3

02 进行数据验证设置。为了方便输入并防止出错，可对"部门""性别"和"员工类别"列设置下拉菜单选项。以"部门"列为例，光标移到C2单元，选择"数据"|"数据验证"命令，打开如图8-4所示的"数据验证"对话框，在"允许"中选中"序列"选项，在"来源"选项下的文本框中输入本企业的所有部门——"管理,生产,销售"，设置完毕后，向下拖动光标，将C2单元格的下拉菜单复制到C列的其他单元格，结果如图8-5所示。

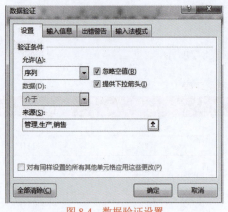

图 8-4 数据验证设置

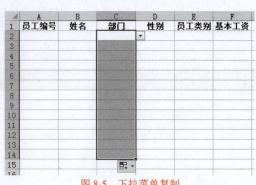

图 8-5 下拉菜单复制

03 输入员工编号。首先在A2单元格中输入第一个员工编号“1001”，然后向下拖动光标，系统将自动生成同部门其他员工的编号，结果如图8-6所示。使用同样的方法，依次输入生产部、销售部的员工编号。

	A	B	C	D	E
1	员工编号	姓名	部门	性别	员工类别
2	1001				
3	1002				
4	1003				
5					

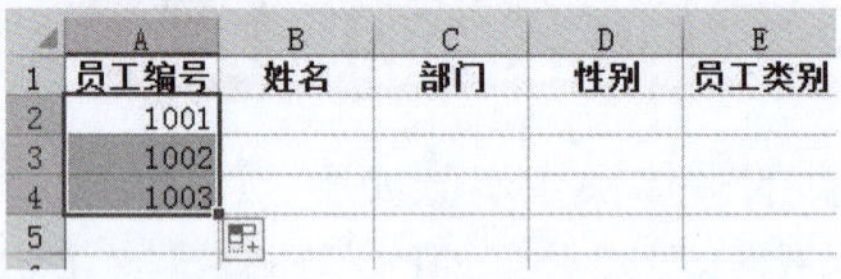

图 8-6 输入员工编号

04 依次输入“姓名”“部门”“性别”“员工类别”“基本工资”“事假天数”和“病假天数”各项信息。对于设置了下拉菜单的列也可以进行选择输入，其他项目的信息不必输入，结果如图8-7所示。

	A	B	C	D	E
1	员工编号	姓名	部门	性别	员工类别
2	1001	李飞	管理	男	公司管理
3	1002	马媛	管理	女	公司管理
4	1003	李政	管理	男	公司管理
5	2001	张丽	生产	女	生产管理
6	2002	王沙	生产	男	生产工人
7	2003	孔阳	生产	男	生产工人
8	2004	赵刚	生产	男	生产工人
9	3001	白雪	销售	女	销售管理
10	3002	孙维	管理	男	销售人员
11	3003	齐天	生产	男	销售人员
12	3004	叶凡	销售	男	销售人员
13	3005	王琳	销售	女	销售人员

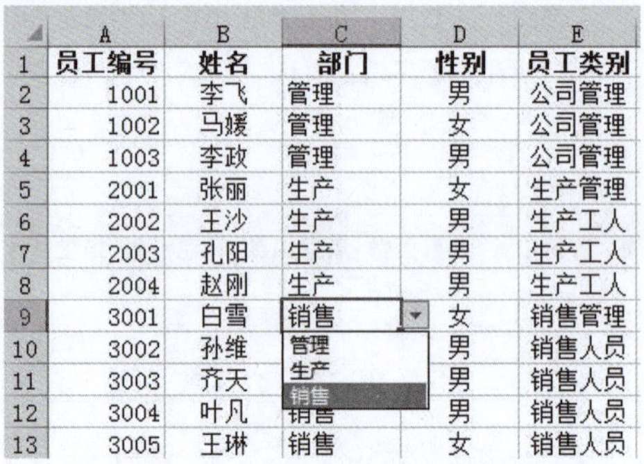

图 8-7 有关项目的信息输入

信息输入时，也可以采取另外一种方式，即选择“记录单”命令，右击“快速访问工具栏”，在弹出的快捷菜单中选择“其他命令”，出现“Excel选项”对话框，如图8-8所示。在“自定义快速访问工具栏”界面，选择“从下列位置选择命令”下的“不在功能区中的命令”选项，其中按拼音列出了所有不在功能区中显示的命令，找到“记录单”命令，单击“添加”按钮，并单击“确定”按钮。之后，“记录单”将出现在“快速访问工具栏”中，如图8-9所示。

图 8-8　自定义快速访问工具栏　　　　　　　　　图 8-9　设置记录单

选中数据清单中的任意一个单元格，然后单击"记录单"按钮，单击"新建"按钮可以输入一条新记录；单击"下一条"按钮，可以查询下一条记录；单击"上一条"按钮，可以查询上一条记录，如图8-10和图8-11所示。图8-12所示的是嘉佑有限责任公司1月员工的基本工资与请假情况。

图 8-10　新建记录　　　　　　　　　　　　图 8-11　查询记录

	A	B	C	D	E	F	K	L	M
1	员工编号	姓名	部门	性别	员工类别	基本工资	事假天数	事假扣款	病假天数
2	1001	李飞	管理	男	公司管理	4500			
3	1002	马媛	管理	女	公司管理	4000	2		
4	1003	李政	管理	男	公司管理	4000			2
5	2001	张丽	生产	女	生产管理	4000			
6	2002	王沙	生产	男	生产工人	3500			
7	2003	孔阳	生产	男	生产工人	3500			
8	2004	赵刚	生产	男	生产工人	3000	16		
9	3001	白雪	销售	女	销售管理	4000			
10	3002	孙维	销售	男	销售人员	3800			
11	3003	齐天	销售	男	销售人员	3800			15
12	3004	叶凡	销售	男	销售人员	3500			
13	3005	王琳	销售	女	销售人员	3300			

图 8-12　员工的基本工资与请假情况

8.2　工资项目的设置

8.2.1　"岗位工资"项目的设置

根据嘉佑有限责任公司的规定,"岗位工资"根据"员工类别"来决定,具体要求如表8-3所示。

表8-3　岗位工资情况

单位：元

员工类别	岗位工资
公司管理	4 000
生产管理	4 000
销售管理	4 000
生产工人	3 500
销售人员	4 500

"岗位工资"项目设置的具体操作步骤如下。

01 将光标移到G2单元格,输入嵌套的IF()函数。如图8-13所示,如果E2单元格的值为"生产工人",IF()函数的值为3 500元;如果E2单元格的值不是"生产工人",再进一步判断;如果E2单元格的值为"销售人员",IF()函数的值为4 500元;如果不是,则为"管理人员(公司管理、生产管理、销售管理)",IF()函数的值为4 000元。

G2			fx	=IF(E2="生产工人",3500,IF(E2="销售人员",4500,4000))				
	A	B	C	D	E	F	G	H
1	员工编号	姓名	部门	性别	员工类别	基本工资	岗位工资	住房补贴
2	1001	李飞	管理	男	公司管理	4500	4000	
3	1002	马媛	管理	女	公司管理	4000		
4	1003	李政	管理	男	公司管理	4000		

图 8-13　岗位工资的函数设置

02 将G2单元格的公式复制到G列的其他单元格,结果如图8-14所示。

图 8-14　岗位工资设置结果

8.2.2 "住房补贴"项目的设置

在嘉佑有限责任公司,"住房补贴"根据"员工类别"来定,具体要求如表8-4所示。

表8-4　住房补贴情况

单位:元

员工类别	住房补贴
公司管理	1 000
生产管理	1 000
销售管理	1 000
生产工人	800
销售人员	900

"住房补贴"项目设置的具体操作步骤如下。

01 将光标移到H2单元格,输入嵌套的IF()函数,如图8-15所示。如果H2单元格的值为"生产工人",IF()函数的值为800元;如果为"销售人员",IF()函数的值为900元;如果为"管理人员(公司管理、生产管理、销售管理)",IF()函数的值为1 000元。

图 8-15　住房补贴的函数设置

02 将H2单元格的公式复制到H列的其他单元格,结果如图8-16所示。

图 8-16　住房补贴设置结果

8.2.3 "奖金"项目的设置

根据嘉佑有限责任公司的规定,"奖金"由部门的效益决定,具体要求如表8-5所示。

表8-5 奖金情况

单位:元

部门	奖金
管理部	2 000
生产部	2 500
销售部	与个人销售额有关,完成基本销售额30万元的奖金为2 000元,超额完成的按超出金额的1%提成,未完成基本销售额的没有奖金

假设销售部本月销售情况如表8-6所示。

表8-6 销售情况

单位:万元

姓名	销售额
白雪	35
孙维	42
齐天	15
叶凡	36
王琳	34

"奖金"项目设置的具体操作步骤如下。

01 将I2单元格的公式设置为"=IF(C2="管理",2000,IF(C2="生产",2500, "销售"))",结果如图8-17所示。

图8-17 奖金的函数设置1

02 将I2单元格的公式复制到I列的其他单元格,结果如图8-18所示。

图8-18 奖金的设置结果1

03 第一个显示"销售"的单元格为I9单元格,将该单元格的公式设置为"=IF(AND

(C9="销售",销售总额表!F2>=30),2000+100*(销售总额表!F2-30),0)”，结果如图8-19所示(该步骤需要用到销售部如图8-20所示的销售总额表)。

I9 =IF(AND(C9= "销售",销售总额表!F2>=30),2000+100*(销售总额表!F2-30),0)

	A	B	C	D	E	F	G	H	I	J
1	员工编号	姓名	部门	性别	员工类别	基本工资	岗位工资	住房补贴	奖金	应发合计
2	1001	李飞	管理	男	公司管理	4500	4000	1000	2000	
3	1002	马媛	管理	女	公司管理	4000	4000	1000	2000	
4	1003	李政	管理	男	公司管理	4000	4000	1000	2000	
5	2001	张丽	生产	女	生产管理	4000	4000	1000	2500	
6	2002	王沙	生产	男	生产工人	3500	3500	800	2500	
7	2003	孔阳	生产	男	生产工人	3500	3500	800	2500	
8	2004	赵刚	生产	男	生产工人	3000	3500	800	2500	
9	3001	白雪	销售	女	销售管理	4000	4000	1000	2500	

图 8-19　奖金的函数设置 2

	A	B	C	D	E	F
1	员工编号	姓名	部门	性别	员工类别	1月销售额(万元)
2	3001	白雪	销售部	女	销售管理	35
3	3002	孙维	销售部	男	销售人员	42
4	3003	齐天	销售部	男	销售人员	15
5	3004	叶凡	销售部	男	销售人员	36
6	3005	王琳	销售部	女	销售人员	34

图 8-20　销售总额表

04 将I9单元格的公式复制到I列中其他显示“销售”的单元格，结果如图8-21所示。

I9 =IF(AND(C9= "销售",销售总额表!F2>=30),2000+100*(销售总额表!F2-30),0)

	A	B	C	D	E	F	G	H	I	J
1	员工编号	姓名	部门	性别	员工类别	基本工资	岗位工资	住房补贴	奖金	应发合计
2	1001	李飞	管理	男	公司管理	4500	4000	1000	2000	
3	1002	马媛	管理	女	公司管理	4000	4000	1000	2000	
4	1003	李政	管理	男	公司管理	4000	4000	1000	2000	
5	2001	张丽	生产	女	生产管理	4000	4000	1000	2500	
6	2002	王沙	生产	男	生产工人	3500	3500	800	2500	
7	2003	孔阳	生产	男	生产工人	3500	3500	800	2500	
8	2004	赵刚	生产	男	生产工人	3000	3500	800	2500	
9	3001	白雪	销售	女	销售管理	4000	4000	1000	2500	
10	3002	孙维	销售	男	销售人员	3800	4500	900	3200	
11	3003	齐天	销售	男	销售人员	3800	4500	900	0	
12	3004	叶凡	销售	男	销售人员	3500	4500	900	2600	
13	3005	王琳	销售	女	销售人员	3300	4500	900	2400	
14										

图 8-21　奖金的设置结果 2

8.2.4　“应发合计”项目的设置

“应发合计”项目为“基本工资”“岗位工资”“住房补贴”和“奖金”的合计数。该项目设置的具体操作步骤如下。

01 选中J2单元格，单击“自动求和”按钮∑，或直接在J2单元格进行公式设置“=SUM(F2:I2)”，如图8-22和图8-23所示。

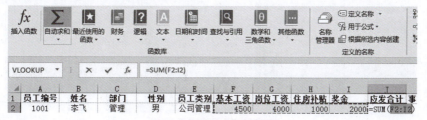

图 8-22　应发合计自动求和

J2 =SUM(F2:I2)

	A	B	C	D	E	F	G	H	I	J
1	员工编号	姓名	部门	性别	员工类别	基本工资	岗位工资	住房补贴	奖金	应发合计
2	1001	李飞	管理	男	公司管理	4500	4000	1000	2000	11500
3	1002	马媛	管理	女	公司管理	4000	4000	1000		

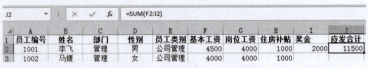

图 8-23　应发合计的函数设置

02 将J2单元格的公式复制到J列的其他单元格，结果如图8-24所示。

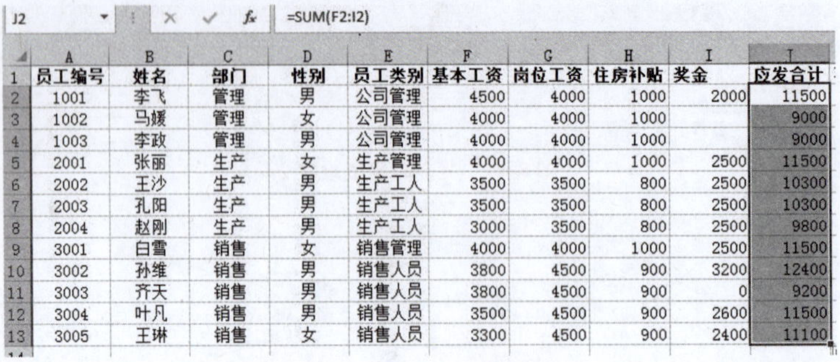

J2 =SUM(F2:I2)

	A	B	C	D	E	F	G	H	I	J
1	员工编号	姓名	部门	性别	员工类别	基本工资	岗位工资	住房补贴	奖金	应发合计
2	1001	李飞	管理	男	公司管理	4500	4000	1000	2000	11500
3	1002	马媛	管理	女	公司管理	4000	4000	1000		9000
4	1003	李政	管理	男	公司管理	4000	4000	1000		9000
5	2001	张丽	生产	女	生产管理	4000	4000	1000	2500	11500
6	2002	王沙	生产	男	生产工人	3500	3500	800	2500	10300
7	2003	孔阳	生产	男	生产工人	3500	3500	800	2500	10300
8	2004	赵刚	生产	男	生产工人	3000	3500	800	2500	9800
9	3001	白雪	销售	女	销售管理	4000	4000	1000	2500	11500
10	3002	孙维	销售	男	销售人员	3800	4500	900	3200	12400
11	3003	齐天	销售	男	销售人员	3800	4500	900	0	9200
12	3004	叶凡	销售	男	销售人员	3500	4500	900	2600	11500
13	3005	王琳	销售	女	销售人员	3300	4500	900	2400	11100

图 8-24　应发合计设置结果

8.2.5　“事假扣款”项目的设置

在嘉佑有限责任公司，“事假扣款”与事假天数相关，具体要求如表8-7所示。

表8-7　事假扣款情况

事假天数	事假扣款
>14天	应发工资的80%
≤14天	(应发工资/22)×事假天数

“事假扣款”项目设置的具体操作步骤如下。

01 将L2单元格的公式设置为“=IF(K2>14,J2*0.8,J2/22*K2)”，结果如图8-25所示。

L2 =IF(K2>14,J2*0.8,J2/22*K2)

	A	B	C	D	E	F	G	H	I	J	K	L
1	员工编号	姓名	部门	性别	员工类别	基本工资	岗位工资	住房补贴	奖金	应发合计	事假天数	事假扣款
2	1001	李飞	管理	男	公司管理	4500	4000	1000	2000	11500		0
3	1002	马媛	管理	女	公司管理	4000	4000	1000		9000	2	

图 8-25　事假扣款的函数设置

02 将L2单元格的公式复制到L列的其他单元格，结果如图8-26所示。

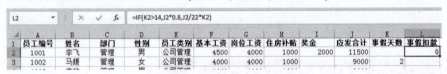

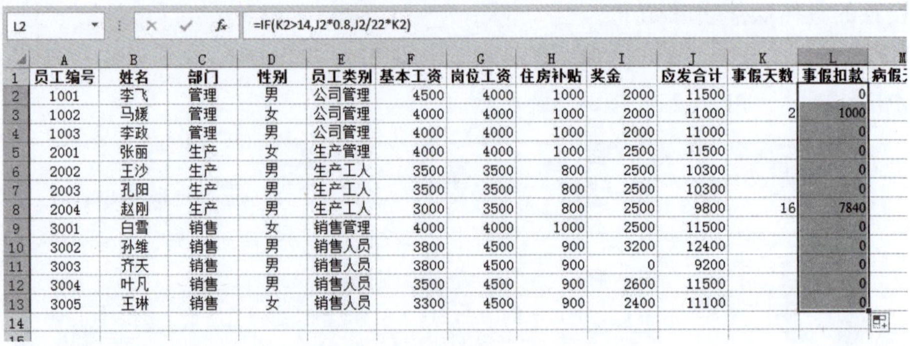

L2 =IF(K2>14,J2*0.8,J2/22*K2)

	A	B	C	D	E	F	G	H	I	J	K	L	M
1	员工编号	姓名	部门	性别	员工类别	基本工资	岗位工资	住房补贴	奖金	应发合计	事假天数	事假扣款	病假
2	1001	李飞	管理	男	公司管理	4500	4000	1000	2000	11500		0	
3	1002	马媛	管理	女	公司管理	4000	4000	1000	2000	11000	2	1000	
4	1003	李政	管理	男	公司管理	4000	4000	1000	2000	11000		0	
5	2001	张丽	生产	女	生产管理	4000	4000	1000	2500	11500		0	
6	2002	王沙	生产	男	生产工人	3500	3500	800	2500	10300		0	
7	2003	孔阳	生产	男	生产工人	3500	3500	800	2500	10300		0	
8	2004	赵刚	生产	男	生产工人	3000	3500	800	2500	9800	16	7840	
9	3001	白雪	销售	女	销售管理	4000	4000	1000	2500	11500		0	
10	3002	孙维	销售	男	销售人员	3800	4500	900	3200	12400		0	
11	3003	齐天	销售	男	销售人员	3800	4500	900	0	9200		0	
12	3004	叶凡	销售	男	销售人员	3500	4500	900	2600	11500		0	
13	3005	王琳	销售	女	销售人员	3300	4500	900	2400	11100		0	
14													

图 8-26　事假扣款的设置结果

8.2.6 “病假扣款”项目的设置

在嘉佑有限责任公司，“病假扣款”由病假天数和员工类别来确定，具体情况如表8-8所示。

表8-8 病假扣款情况

单位：元

病假天数	员工类别	病假扣款
>14天	生产工人	800
>14天	非生产工人	1 200
≤14天	生产工人	500
≤14天	非生产工人	800

“病假扣款”项目设置的具体操作步骤如下。

01 将N2单元格的公式设置为“=IF(M2=0,0,IF(M2<=14,IF(E2="生产工人", 500, 800),IF(E2="生产工人",800,1200)))”，如图8-27所示。

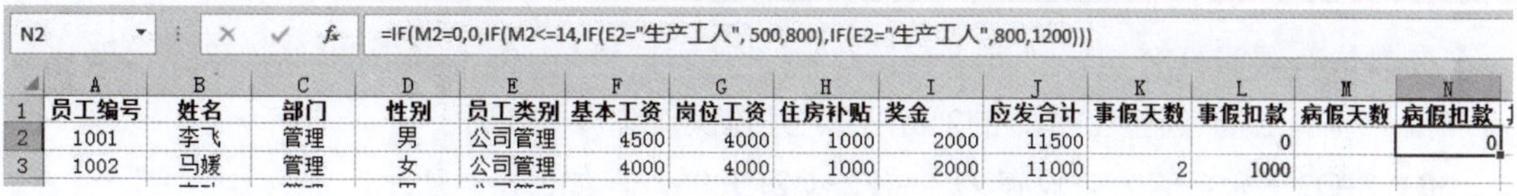
N2 =IF(M2=0,0,IF(M2<=14,IF(E2="生产工人", 500,800),IF(E2="生产工人",800,1200)))

	A	B	C	D	E	F	G	H	I	J	K	L	M	N
1	员工编号	姓名	部门	性别	员工类别	基本工资	岗位工资	住房补贴	奖金	应发合计	事假天数	事假扣款	病假天数	病假扣款
2	1001	李飞	管理	男	公司管理	4500	4000	1000	2000	11500		0		0
3	1002	马媛	管理	女	公司管理	4000	4000	1000	2000	11000	2	1000		

图 8-27 病假扣款的函数设置

02 将N2单元格的公式复制到N列的其他单元格，结果如图8-28所示。

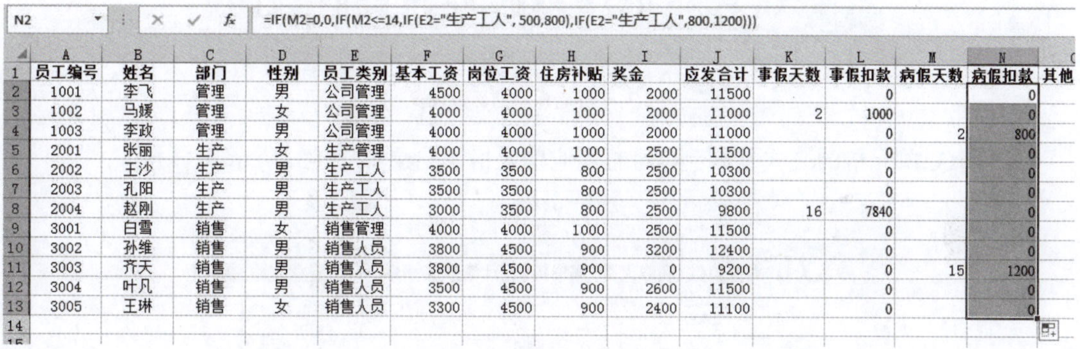
N2 =IF(M2=0,0,IF(M2<=14,IF(E2="生产工人", 500,800),IF(E2="生产工人",800,1200)))

	A	B	C	D	E	F	G	H	I	J	K	L	M	N	O
1	员工编号	姓名	部门	性别	员工类别	基本工资	岗位工资	住房补贴	奖金	应发合计	事假天数	事假扣款	病假天数	病假扣款	其他
2	1001	李飞	管理	男	公司管理	4500	4000	1000	2000	11500		0		0	
3	1002	马媛	管理	女	公司管理	4000	4000	1000	2000	11000	2	1000		0	
4	1003	李政	管理	男	公司管理	4000	4000	1000	2000	11000		0	2	800	
5	2001	张丽	生产	女	生产管理	4000	4000	1000	2500	11500		0		0	
6	2002	王沙	生产	男	生产工人	3500	3500	800	2500	10300		0		0	
7	2003	孔阳	生产	男	生产工人	3500	3500	800	2500	10300		0		0	
8	2004	赵刚	生产	男	生产工人	3000	3500	800	2500	9800	16	7840		0	
9	3001	白雪	销售	女	销售管理	4000	4000	1000	2500	11500		0		0	
10	3002	孙维	销售	男	销售人员	3800	4500	900	3200	12400		0		0	
11	3003	齐天	销售	男	销售人员	3800	4500	900	0	9200		0	15	1200	
12	3004	叶凡	销售	男	销售人员	3500	4500	900	2600	11500		0		0	
13	3005	王琳	销售	女	销售人员	3300	4500	900	2400	11100		0		0	

图 8-28 病假扣款的设置结果

8.2.7 “扣款合计”项目的设置

“扣款合计”为“事假扣款”“病假扣款”和“其他扣款”的合计。假设本月没有发生其他扣款，具体操作步骤如下。

01 将P2单元格的公式设置为“=L2+N2+O2”，如图8-29所示。

P2 =L2+N2+O2

	F	G	H	I	J	K	L	M	N	O	P
1	基本工资	岗位工资	住房补贴	奖金	应发合计	事假天数	事假扣款	病假天数	病假扣款	其他扣款	扣款合计
2	4500	4000	1000	2000	11500		0		0		0
3	4000	4000	1000	2000	11000	2	1000		0		

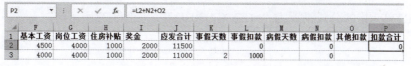

图 8-29 扣款合计的函数设置

02 将P2单元格的公式复制到P列的其他单元格，结果如图8-30所示。

图8-30 扣款合计的设置结果

8.2.8 "养老保险" "医疗保险" 项目的设置

在嘉佑有限责任公司，"养老保险"按"基本工资+岗位工资"的8%扣除；"医疗保险"按"基本工资+岗位工资"的2%扣除。具体操作步骤如下。

01 将Q2单元格的公式设置为"=(F2+G2)*0.08"，如图8-31所示。

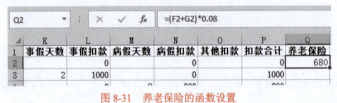

图8-31 养老保险的函数设置

02 将Q2单元格的公式复制到Q列的其他单元格，结果如图8-32所示。

图8-32 养老保险的设置结果

03 将R2单元格的公式设置为"=(F2+G2)*0.02"，如图8-33所示。

图 8-33 医疗保险的函数设置

04 将R2单元格的公式复制到R列的其他单元格，结果如图8-34所示。

图 8-34 医疗保险的设置结果

8.2.9 "应扣社保合计"项目的设置

"应扣社保合计"是"养老保险"和"医疗保险"的合计。具体操作步骤如下。

01 将S2单元格的公式设置为"=Q2+R2"，如图8-35所示。

图 8-35 应扣社保合计的函数设置

02 将S2单元格的公式复制到S列的其他单元格，结果如图8-36所示。

图 8-36 应扣社保合计的设置结果

8.2.10 "应发工资"项目的设置

"应发工资"是"应发合计""扣款合计"和"应扣社保合计"的差额。具体操作步骤如下。

01 将T2单元格的公式设置为"=J2-P2-S2",如图8-37所示。

图8-37 应发工资的函数设置

02 将T2单元格的公式复制到T列的其他单元格,结果如图8-38所示。

图8-38 应发工资的设置结果

8.2.11 "代扣税"项目的设置

代扣税根据应发工资的数额而定,该企业的情况假设要求如表8-9所示。

表8-9 所得税情况

单位:元

应发工资-5 000	代扣税
应发工资-5 000≤0	0
0<应发工资-5 000≤3 000	(应发工资-5 000)*0.03
3 000<应发工资-5 000≤12 000	(应发工资-5 000)*0.10-210
12 000<应发工资-5 000≤25 000	(应发工资-5 000)*0.20-1 410
25 000<应发工资-5 000≤35 000	(应发工资-5 000)*0.25-2 660
35 000<应发工资-5 000≤55 000	(应发工资-5 000)*0.30-4 410
55 000<应发工资-5 000≤80 000	(应发工资-5 000)*0.35-7 160
80 000<应发工资-5 000	复核应发工资

"代扣税"项目设置的具体操作步骤如下。

01 将U2单元格的公式设置为"=IF(T2-5 000<=0,0,IF(T2-5 000<=3 000,(T2-5 000)*0.03,IF(T2-5 000<=12000,(T2-5 000)*0.1-210,IF(T2-5 000<=25000,(T2-5 000)*0.2-1410,IF(T2-5 000<=35 000,(T2-5 000)*0.25-2660,IF(T2-5 000<=55 000,(T2-5 000)*0.30-

4410,IF(T2-5 000<=80 000,(T2-5 000)*0.35-7160,"复核应发工资")))))))",如图8-39所示。

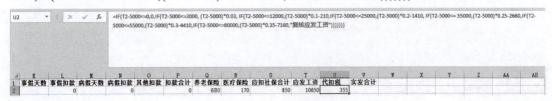

图8-39 代扣税的函数设置

02 将U2单元格的公式复制到U列的其他单元格,结果如图8-40所示。

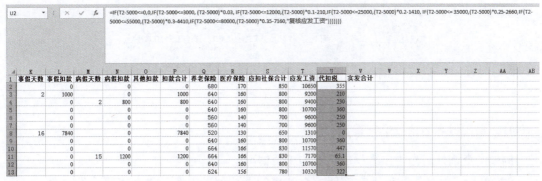

图8-40 代扣税的设置结果

8.2.12 "实发合计"项目的设置

"实发合计"即实发工资,为"应发工资"与"代扣税"的差值。具体操作步骤如下。

01 将V2单元格的公式设置为"=T2-U2",如图8-41所示。

图8-41 实发合计的函数设置

02 将V2单元格的公式复制到V列的其他单元格,结果如图8-42所示。

	I	J	K	L	M	N	O	P	Q	R	S	T	U	V
1	奖金	应发合计	事假天数	事假扣款	病假天数	病假扣款	其他扣款	扣款合计	养老保险	医疗保险	代扣社保合计	应发工资	代扣税	实发合计
2	2000	11500		0		0		0	680	170	850	10650	355	10295
3	2000	11000	2	1000		0		1000	640	160	800	9200	210	8990
4	2000	11000		0	2	800		800	640	160	800	9400	230	9170
5	2500	11500		0		0		0	640	160	800	10700	360	10340
6	2500	10300		0		0		0	560	140	700	9600	250	9350
7	2500	10300		0		0		0	560	140	700	9600	250	9350
8	2500	9800	16	7840		0		7840	520	130	650	1310	0	1310
9	2500	11500		0		0		0	640	160	800	10700	360	10340
10	3200	12400		0		0		0	664	166	830	11570	447	11123
11	0	9200		0	15	1200		1200	664	166	830	7170	65.1	7104.9
12	2600	11500		0		0		0	640	160	800	10700	360	10340
13	2400	11100		0		0		0	624	156	780	10320	322	9998

图8-42 实发合计的设置结果

8.3 工资数据的查询与汇总分析

8.3.1 利用筛选功能进行工资数据的查询

利用筛选功能进行工资数据的查询，首先选择"数据"|"筛选"命令，进入筛选状态，如图8-43所示。

图 8-43 筛选状态

1. 以员工姓名为依据进行查询

例如，查询姓名为"白雪"的员工的工资情况。

01 单击"姓名"列的下拉按钮，在弹出的下拉列表中选择"文本筛选"|"等于"选项，如图8-44所示。

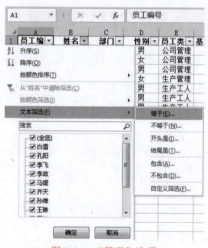

图 8-44 "等于"选项

02 在打开的对话框中输入要查询员工的姓名，如图8-45所示。单击"确定"按钮，查询结果如图8-46所示。

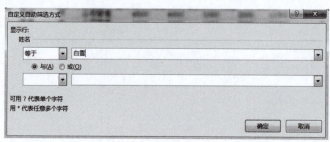

图 8-45 自定义筛选条件

图 8-46　筛选结果

2. 以部门为依据进行查询

例如，查询销售部所有员工的工资情况。

01 单击"部门"列的下拉按钮，在弹出的下拉列表中选中"销售"复选框，如图8-47所示。

02 单击"确定"按钮，查询结果如图8-48所示。

图 8-47　选择查询条件　　　　　　　　图 8-48　查询结果

如果要返回原来的状态，单击相应列的下拉按钮，然后选中如图8-49所示的"全选"复选框，再单击"确定"按钮即可。

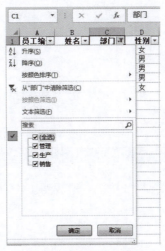

图 8-49　返回原来的状态

3. 以员工类别和基本工资为依据进行查询

例如，查询生产工人中基本工资低于或等于3 000元的员工的工资情况。

01 单击"员工类别"列的下拉按钮,选中"生产工人"复选框,单击"确定"按钮,如图8-50所示。

图8-50 选中"生产工人"复选框

02 单击"基本工资"列的下拉按钮,在弹出的下拉列表中选择"数字筛选"|"小于或等于"选项,在打开的对话框的文本框中输入基本工资小于或等于3 000元的筛选条件,如图8-51和图8-52所示。单击"确定"按钮,查询结果如图8-53所示。

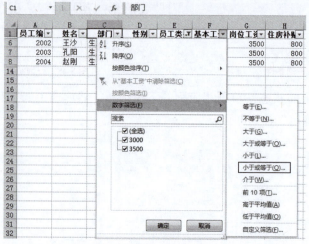

图8-51 "小于或等于"选项

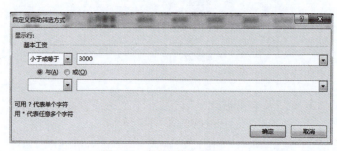

图8-52 自定义筛选条件

图 8-53 筛选结果

如果要退出筛选状态，选择"数据"|"筛选"命令即可。

8.3.2 利用VLOOKUP函数进行工资数据的查询

利用VLOOKUP函数，依据员工的姓名可以查询个人的工资情况。具体操作步骤如下。

01 新增一张工作表，并将它重命名为"工资查询"，在"工资查询"表中输入各个工资项目，结果如图8-54所示。

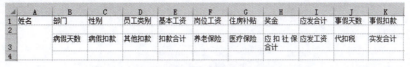

图 8-54 工资查询项目

02 为了方便函数的设置，选择"公式"|"定义名称"选项，将工资数据区"工资表！B2:V13"命名为"GZ"，引用位置选择完毕，单击"确定"按钮，如图8-55所示。

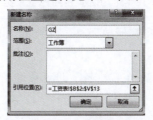

图 8-55 选定区域命名

03 将光标移到工资查询表的B2单元格，选择"公式"|"查找与引用"命令，在打开的下拉列表中选择VLOOKUP函数，如图8-56所示。

图 8-56 选择 VLOOKUP 函数

04 输入VLOOKUP函数的各个参数，如图8-57所示，则B2单元格的公式设置如图8-58所示。

图8-57　输入VLOOKUP函数的各个参数

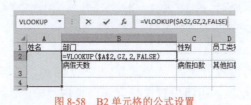

图8-58　B2单元格的公式设置

05 将B2单元格的公式复制到其他单元格，并修改Col_index_num参数，即按照此项在GZ中进行对应的修改。

06 在A3单元格输入要查询的员工姓名，即可查询出此员工的工资情况，查询结果如图8-59和图8-60所示。

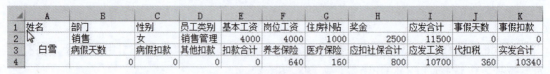

图8-59　查询结果1

	A	B	C	D	E	F	G	H	I	J	K
1	姓名	部门	性别	员工类别	基本工资	岗位工资	住房补贴	奖金	应发合计	事假天数	事假扣款
2	李飞	管理 公司管理	男		4500	4000		1000 2000	11500	0	0
3		病假天数	病假扣款	其他扣款	扣款合计	养老保险	医疗保险	应扣社保合计	应发工资	代扣税	实发合计
4		0	0	0	0	680	170	850	10650	355	10295

图8-60　查询结果2

8.3.3　依据部门和员工类别的统计分析

计算每一个部门的每一位员工类别的"应发工资"汇总数和"实发合计"汇总数，具体操作步骤如下。

01 选择"插入"|"数据透视表"命令，如图8-61所示。

02 选择需要汇总的工资数据区域，如图8-62所示。然后选择数据透视表产生的位置，选择产生在新建的工作表上，单击"确定"按钮。

图 8-61　选择"数据透视表"命令

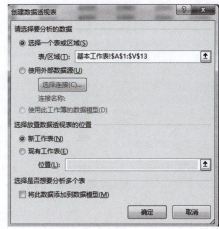

图 8-62　选择要汇总的数据区域

> ❖ **提示：**
>
> 第一和第二两个步骤也可简化为用快速分析工具中的表来进行。选中分析的"应发工资"数据区域，单击快速分析按钮 ，选择"表"|"数据透视表"即可。

03 在"数据透视表字段"任务窗格的"选择要添加到报表的字段"区域分别选择"部门""员工类别"和"应发工资"，产生"应发工资"按部门与员工类别分类排列的数据透视汇总表，如图8-63和图8-64所示。

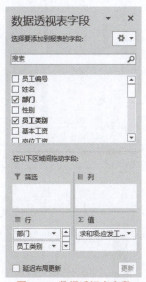

图 8-63　数据透视表字段

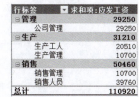

图 8-64　数据透视汇总表

04 单击数据透视汇总表，功能区出现"数据透视表工具"，选择"分析"|"数据透视图"选项，即可在数据透视表页面形成对应的数据透视图，如图8-65和图8-66所示。

图 8-65　数据透视表工具

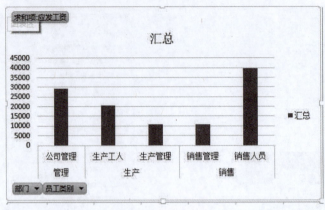

图 8-66 数据透视图

05 单击该数据透视图旁的图表元素按钮 ➕ 和图表样式按钮 🖌，如图8-67和图8-68所示，按照需求进行调整，形成如图8-69所示的带有数据标签的数据透视图。

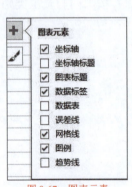

图 8-67 图表元素

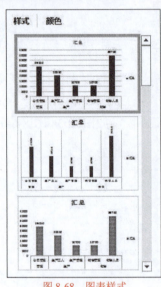

图 8-68 图表样式

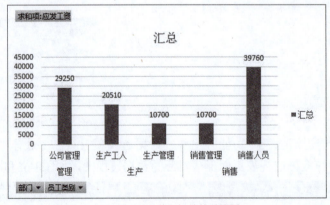

图 8-69 显示数据标签的透视图

06 单击已形成的数据透视汇总表，出现"数据透视表字段"任务窗格。在"选择要添加到报表的字段"区域中选中"实发合计"选项，并取消选中"应发工资"选项，则当前数据透视汇总表即可变成"实发合计"的透视表和透视图,结果如图8-70和图8-71所示。

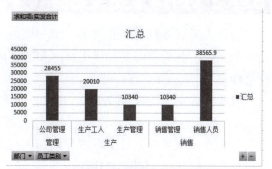

行标签	求和项:实发合计
⊟管理	28455
公司管理	28455
⊟生产	30350
生产工人	20010
生产管理	10340
⊟销售	48905.9
销售管理	10340
销售人员	38565.9
总计	107710.9

图 8-70　实发合计的数据透视表

图 8-71　实发合计的带有数据标签的数据透视图

8.4 工资发放条

8.4.1 生成工资发放条

工资发放条需要每月生成并打印出来发放给员工。每位员工的工资发放条上都需要打印标题,因此可以利用Excel中的复制和选择性粘贴功能,由工资表数据生成工资发放条,保存在新的工作表中,并将其命名为工资发放条1,如图8-72所示。

月份	员工编号	姓名	部门	性别	员工类别	基本工资	岗位工资	住房补贴	奖金	应发合计	事假天数	事假扣款	病假天数	病假扣款
20×2年1月	1001	李飞	管理	男	公司管理	4500	4000	1000	2000	11500		0		0
月份	员工编号	姓名	部门	性别	员工类别	基本工资	岗位工资	住房补贴	奖金	应发合计	事假天数	事假扣款	病假天数	病假扣款
20×2年1月	1002	马媛	管理	女	公司管理	4000	4000	1000	2000	11000	2	1000		0
月份	员工编号	姓名	部门	性别	员工类别	基本工资	岗位工资	住房补贴	奖金	应发合计	事假天数	事假扣款	病假天数	病假扣款
20×2年1月	1003	李政	管理	男	公司管理	4000	4000	1000	2000	11000		0	2	800
月份	员工编号	姓名	部门	性别	员工类别	基本工资	岗位工资	住房补贴	奖金	应发合计	事假天数	事假扣款	病假天数	病假扣款
20×2年1月	2001	张丽	生产	女	生产管理	4000	4000	1000	2500	11500		0		0

图 8-72　工资发放条1

为了避免在生成每月的工资发放条时都进行上述烦琐的操作,可以将某一个月的工资发放条的操作录制为宏,随后在生成每月的工资发放条时直接调用宏即可。

此外,会计人员还可以利用Excel的复制和选择性粘贴功能直接复制工资表,如图8-73所示。可以通过打印时的相应设置来编制所需格式的工资发放条。

月份	员工编号	姓名	部门	性别	员工类别	基本工资	岗位工资	住房补贴	奖金	应发合计	事假天数	事假扣款	病假天数	病假扣款	其他扣款	扣款合计	养老保险
20×2年1月	1001	李飞	管理	男	公司管理	4500	4000	1000	2000	11500		0		0		0	680
20×2年1月	1002	马媛	管理	女	公司管理	4000	4000	1000	2000	11000	2	1000		0		1000	640
20×2年1月	1003	李政	管理	男	公司管理	4000	4000	1000	2000	11000		0	2	800		800	640
20×2年1月	2001	张丽	生产	女	生产管理	4000	4000	1000	2500	11500		0		0		0	640
20×2年1月	2002	王沙	生产	男	生产工人	3500	3500	800	2500	10300		0		0		0	560
20×2年1月	2003	孔阳	生产	男	生产工人	3500	3500	800	2500	10300		0		0		0	560
20×2年1月	2004	赵刚	生产	男	生产工人	3000	3500	800	2500	9800	16	7840		0		7840	520
20×2年1月	3001	白雪	销售	女	销售管理	4000	4000	1000	2500	11500		0		0		0	640
20×2年1月	3002	孙维	销售	男	销售人员	3800	4500	900	3200	12400		0		0		0	664
20×2年1月	3003	齐天	销售	男	销售人员	3800	4500	900	0	9200		0	15	1200		1200	640
20×2年1月	3004	叶凡	销售	男	销售人员	3500	4500	900	2600	11500		0		0		0	640
20×2年1月	3005	王琳	销售	女	销售人员	3300	4500	900	2400	11100		0		0		0	624

图 8-73　工资发放条2

8.4.2 打印工资发放条

会计人员需要对工资发放条中每一位员工所在的行进行分页,并且工资发放条中每位员工的工资所在页都需要打印出标题和工资项目,因此需要设置跨页列、行标题,最后进行打印。

打印工资发放条的具体操作步骤如下。

01 插入分页符。选择第4行,选择"页面布局"|"页面设置"|"分隔符"|"插入分页符"命令,从第一位员工下方开始插入行分页符,进行强制分页,并依次进行直至最后一位员工,如图8-74和图8-75所示。

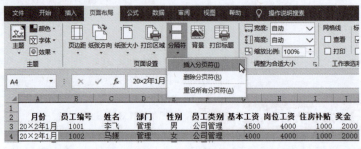

图8-74 插入分页符

图8-75 设置结果

02 选择"页面布局"|"工作表选项",选择"打印标题",单击"启动器"按钮,打开"页面设置"对话框的"工作表"选项卡,进行"顶端标题行"设置,如图8-76所示。这样设置的结果将会保证打印出来的每一位员工的工资条上都出现第一行标题"嘉佑有限责任公司工资发放条",第二行标题为工资项目行。

03 打印预览。单击"打印预览"按钮,则屏幕上将出现"打印预览"结果,如图8-77所示。会计人员也可选择"视图"|"页面布局"进行查看,结果更清晰,如图8-78所示。

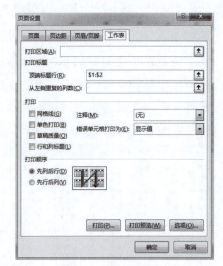

图8-76 顶端标题行设置

嘉佑有限责任公司工资发放条

月份	员工编号	姓名	部门	性别	员工类别	基本工资	岗位工资	住房补贴	奖金	应发合计	事假天数	事假扣款	病假天数	病假扣款	其他扣款	扣款合计	养老保险	医疗保险	应扣社保	应发工资	代扣税	实发合计
20X2年1月	1001	李飞	管理	男	公司管理	4500	4000	1000	2000	11500		0		0		0	680	170	850	10650	355	10295

图 8-77　“打印预览”结果

嘉佑有限责任公司工资发放条

员工编号	姓名	部门	性别	员工类别	基本工资	岗位工资	住房补贴	奖金	应发合计	事假天数	事假扣款	病假天数	病假扣款	其他扣款	扣款合计	养老保险	医疗保险	应扣社保
1001	李飞	管理	男	公司管理	4500	4000	1000	2000	11500		0		0		0	680	170	850

图 8-78　“页面布局”查看结果

04 指定工资发放条的打印区域，进行打印。在“页面设置”对话框，切换到“工作表”选项卡，选择“打印区域”，输入要打印的范围，如图8-79所示，然后单击“打印”按钮，即可打印。

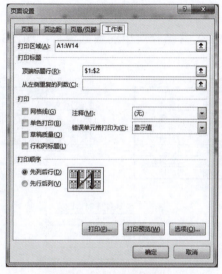

图 8-79　打印区域设置

8.5　本章小结

本章讲解了如何利用Excel进行企业的工资核算。首先介绍了如何制作员工工资表及工资表项目的设置，使读者对Excel在工资核算中的应用产生一定的认识；然后介绍了如何利用Excel的功能进行工资数据的查询与汇总分析，以及如何打印工资发放条，以便向员工发放工资发放条。

8.6　思考练习

上机操作题

(1) 依照下列步骤，完成公司员工工资表的制作。

- 新建Excel工作簿，并将表Sheet1命名为“员工工资表”。

- 工资表项目内容如图8-80所示。
- 请自行修饰工资表。

基本工资表

代号	姓名	职称	基本工资	超课时费	工资总额	应扣税金	应发工资
101							
102							
103							
104							
105							
106							
107							

图8-80　工资表项目内容

（2）利用Excel的函数功能，并结合给出的数据资料，如图8-81所示，完成工资表项目的设置。

代号、姓名、职称对照表

代号	姓名	职称
101	李晓	讲师
102	李明	教授
103	李民	讲师
104	李国凤	副教授
105	李天	副教授
106	李静	实习教师
107	李瑞	教授

职称、基本工资、课时费对照表

职称	基本工资	课时费
实习教师	2000	40
讲师	3000	50
副教授	4000	55
教授	5000	60

职称课时对照表

职称	课时
实习教师	6
讲师	8
副教授	5
教授	3

图8-81　已知数据库资料

- 将给出资料放在同一表页中，作为已知数据库。
- 利用给出资料建立并完成超课时费表，如图8-82所示。
- 利用VLOOKUP等函数，并结合已知数据库完成工资表项目的设置。

（3）利用Excel完成如图8-83所示的工资表的查询与汇总。

超课时费表

姓名	实际课时	基本课时	超课时数	超课时费
李晓	12.8			
李明	9.6			
李民	4.8			
李国凤	3.8			
李天	15			
李静	14			
李瑞	6.8			

图8-82　超课时费表

每月按职称汇总统计表

职称	基本工资	应交所得	超课时费	应发工资
实习教师				
讲师				
副教授				
教授				

每月基本工资查询表

姓名	基本工资	应扣税金	超课时费
李晓 ▼			

图8-83　工资表的查询与汇总

第 9 章

Excel 在应收账款管理中的应用

通过本章的学习，读者应掌握Excel针对企业应收账款进行管理的具体方法。

本章学习目标
- 掌握如何建立并登记应收账款明细账。
- 掌握如何分析逾期应收账款。
- 掌握如何分析应收账款账龄。
- 掌握如何计算应收账款的坏账准备金额。

本章教学视频
- 对债务人的应收账款进行统计。
- 利用函数、图标统计各债务人应收账款。
- 计算分析应收账款是否到期。
- 依据逾期天数计算逾期金额。
- 应收账款账龄分析表。

(以上教学视频可通过扫描前言中的二维码进行下载。)

9.1 应收账款管理概述

9.1.1 应收账款的概念和作用

应收账款是指企业因销售产品或提供劳务等原因，应向购货单位或接受劳务单位收取的款项，包括代垫的运杂费等。应收账款实质是由于赊销向客户提供的信用。

企业通过提供商业信用，采取赊销、分期付款等方式可以扩大销售，增强竞争力，获得利润。

具体而言，应收账款具有增加销售和减少存货的作用。
- 应收账款产生于赊销，而赊销会给企业带来销售收入和利润。
- 企业持有一定产成品存货时，会相应占用资金，形成相关管理成本等，而赊销可避免这些成本的产生。故当企业产成品存货较多时，一般会赊销，将存货转化为应收账款，节约支出。

9.1.2 应收账款管理的必要性

随着商品经济的发展，商业信用越来越重要，应收账款管理已经成为企业流动资产管理中的一个重要项目。根据对企业日常管理的调研分析发现，部分企业经营不善甚至倒闭，不是因为没有盈利能力，而是因为没有重视应收账款管理。

应收账款管理的目标是：在发挥应收账款扩大销售、减少存货、增加竞争力的作用的同时，制定合理的应收账款信用政策，强化应收账款管理，减少坏账损失。

应收账款管理的基本内容包括客户(即债务人)管理和应收账款账龄分析。

客户管理的具体内容是对现有债务人的还款情况进行分析。客户通常在货款到期后才付款，有的客户只有在被不断催促后才付款，甚至还有些客户蓄意欺诈，根本无意还款。这就要求企业做好客户的甄别筛选工作，做好债权凭证的制作保管工作，尽可能防范和降低交易风险。

应收账款账龄分析是指根据应收账款入账时间的长短来估计坏账损失的方法。虽然应收账款能否收回及能收回多少，不一定完全取决于时间的长短，但一般来说，账款拖欠的时间越长，发生坏账的可能性就越大。

针对应收账款进行具体管理时，利用Excel可以极大提高管理人员的工作效率。

9.2 应收账款统计

9.2.1 应收账款明细账的建立

在Excel中进行应收账款管理，首先要将企业现有应收账款信息登记到工作表中，具体操作如下所示。

1) 建立应收账款管理工作表

首先打开"第9章.xlsx"工作簿，将鼠标光标移至左下方Sheet1处，右击，在弹出的快捷菜单中选择"重命名"命令，如图9-1所示，输入"应收账款管理"。

2) 登记各项应收账款的相关信息

针对各项应收账款，分别登记如下相关信息：
- 应收账款产生的日期(赊销日期)；
- 客户(债务人)单位名称；
- 应收账款金额(赊销金额)；

第9章 Excel在应收账款管理中的应用

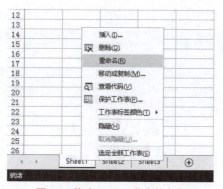

图9-1 修改Excel工作表的名称

- 付款期限(信用期,一般以天为单位);
- 应收账款到期日。

以上所列相关信息仅做参考,根据企业的实际需要,会计人员可以进一步根据不同管理要求对上述信息进行添加或删除。

3) 登记应收账款的相关明细信息

选择A1单元格,输入"嘉佑有限责任公司应收账款管理"。将列单元格调整至合适的宽度。

选择A2单元格,输入"当前日期",本例默认日期为"2024年12月31日"。实际工作中可以使用函数"NOW()"来确定当前日期,但当我们直接输入该函数时发现显示的日期信息还包括时和分,即为"2024-12-31 10:51",这是因为单元格默认该函数显示的当前日期具体到时和分,所以应将该列单元格的格式调整为日期格式中的年月日形式,具体调整方式为:单击该单元格,右击,在弹出的列表中选择"设置单元格格式",在格式中单击"数字"选项卡中的"日期"项,选择常用的"数字年—数字月—数字日",调整后按Enter键确认,结果如图9-2所示。

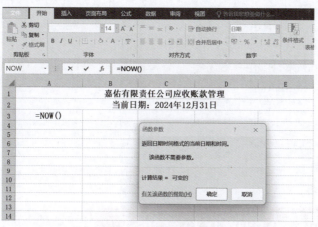

图9-2 输入当前日期

选择A3单元格,输入"赊销日期",登记应收账款产生的日期;选择B3单元格,输入"债务人名称";选择C3单元格,输入"应收金额";选择D3单元格,输入"付款期限(天)";选择E3单元格,输入"到期日"。在具体实务处理中,为了使应收账款管理更加

251

合理、完善，可以根据实际情况添加补充说明资料。具体情况如图9-3所示。

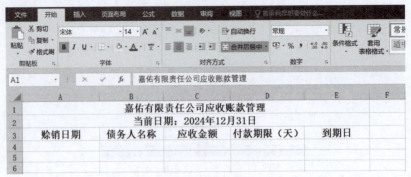

图9-3　输入应收账款管理信息

4) 输入企业现有应收账款的详细信息

选择A4单元格，输入具体赊销(应收账款产生)日期，将单元格格式设置为"日期"，选择企业常用日期格式；选择B4单元格，输入具体债务人名称；选择C4单元格，输入应收金额，将单元格格式设置为"货币"，选择企业常用货币形式；选择D4单元格，输入付款期限(天)；选择E4单元格，输入函数"=A4+D4"，并将此列单元格格式也设置为"日期"，与A4单元格日期格式相同，按Enter键确认，即可直接计算出该项应收账款的到期日，如图9-4所示。注意需要将以上单元格的有效性控制复制到A~D列的其他单元格。

赊销日期	债务人名称	应收金额	付款期限（天）	到期日
2024年3月10日	云阳公司	2,800.00	25	2024年4月4日
2024年4月2日	齐天公司	12,000.00	40	2024年5月12日
2024年4月8日	云峰公司	980.00	25	2024年5月3日
2024年5月10日	大通公司	12,500.00	60	2024年7月9日
2024年6月11日	宁泰公司	32,500.00	60	2024年8月10日
2024年7月12日	长治公司	45,450.00	30	2024年8月11日
2024年7月25日	宁泰公司	2,400.00	20	2024年8月14日
2024年8月13日	大通公司	1,150.00	30	2024年9月12日
2024年9月1日	齐天公司	1,000.00	40	2024年10月11日
2024年9月22日	云阳公司	3,600.00	35	2024年10月27日
2024年10月2日	长治公司	980.00	30	2024年11月1日
2024年12月2日	云峰公司	12,350.00	18	2024年12月20日
2024年12月15日	齐天公司	8,000.00	20	2025年1月4日
2024年12月27日	长治公司	510.00	30	2025年1月26日

图9-4　输入嘉佑有限责任公司现有应收账款的详细信息

9.2.2　各债务人的应收账款统计

当嘉佑有限责任公司现有的各项应收账款登记完毕后，由于债务人众多，为了方便了解某一债务人所欠本公司款项的总额，可以利用Excel提供的数据命令，针对不同债务人对其所欠金额进行汇总。

首先打开"第9章.xlsx"工作簿，将鼠标光标移至左下方工作表Sheet2，并单击鼠标右键，在弹出的快捷菜单中选择"重命名"命令，输入"债务人应收账款金额统计"。复制"应收账款管理"工作表中的数据到当前工作表。

1) 以"债务人名称"重新排序

为了方便数据筛选，可以先删除该表的表头，即删除"嘉佑有限责任公司应收账款管理"和"当前日期"两行。单击鼠标选取现有所有数据，接下来选择"数据"选项卡中的"排序和筛选"|"自定义排序"命令，打开的"排序"对话框如图9-5所示。其中，在"主要关键字"下拉列表中选择"债务人名称"，并单击"添加条件"按钮，在出现的"次要关键字"下拉列表中选择"赊销日期"，其中"排序依据"默认为"数值"，排列"次序"默认为"升序"，单击"确定"按钮。

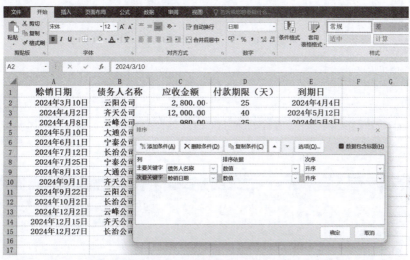

图9-5 "排序"对话框

执行排序命令后，原来按照应收账款发生时间的先后顺序登记的数据，变为按照债务人名称重新排序后登记的数据，如图9-6所示。

	A	B	C	D	E
1	赊销日期	债务人名称	应收金额	付款期限（天）	到期日
2	2024年5月10日	大通公司	12,500.00	60	2024年7月9日
3	2024年8月13日	大通公司	1,150.00	30	2024年9月12日
4	2024年6月11日	宁泰公司	32,500.00	60	2024年8月10日
5	2024年7月25日	宁泰公司	2,400.00	20	2024年8月14日
6	2024年4月2日	齐天公司	12,000.00	40	2024年5月12日
7	2024年9月1日	齐天公司	1,000.00	40	2024年10月11日
8	2024年12月15日	齐天公司	8,000.00	20	2025年1月4日
9	2024年4月8日	云峰公司	980.00	25	2024年5月3日
10	2024年12月2日	云峰公司	12,350.00	18	2024年12月20日
11	2024年3月10日	云阳公司	2,800.00	25	2024年4月4日
12	2024年9月22日	云阳公司	3,600.00	35	2024年10月27日
13	2024年7月12日	长治公司	45,450.00	30	2024年8月11日
14	2024年10月2日	长治公司	980.00	30	2024年11月1日
15	2024年12月27日	长治公司	510.00	30	2025年1月26日

图9-6 按照债务人名称重新排序

2) 对各债务人的应收账款金额进行汇总

接下来选中B1"债务人名称"单元格，然后选择"数据"|"分级显示"|"分类汇总"命令，如图9-7所示，弹出"分类汇总"对话框。其中，"分类字段"选择"债务人名称"，"汇总方式"选择"求和"，"选定汇总项"选择"应收金额"，选中"替换当前分类汇总"和"汇总结果显示在数据下方"复选框后，单击"确认"按钮，如图9-8所示。

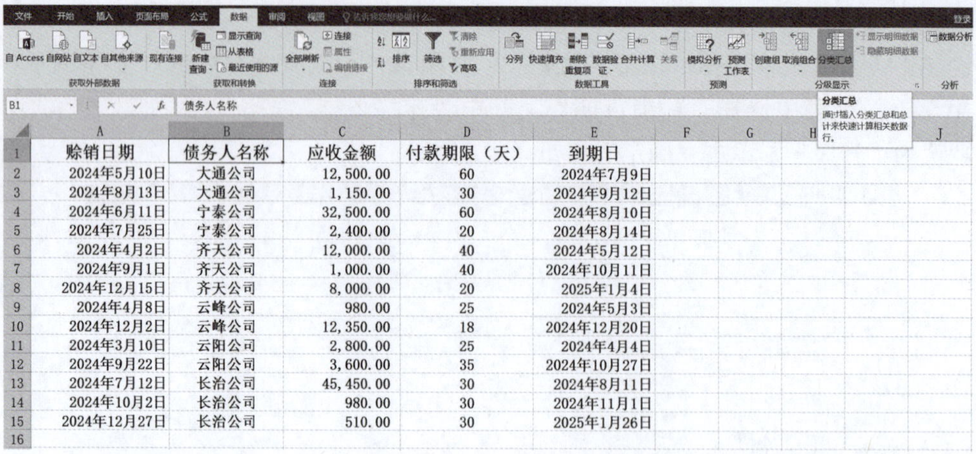

图9-7　选择"分类汇总"命令

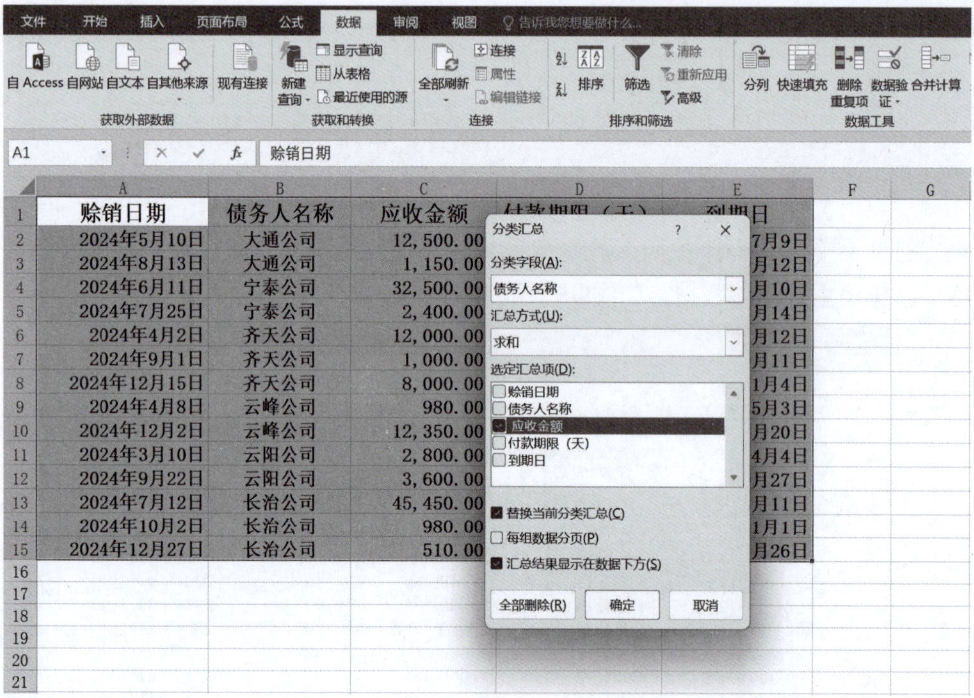

图9-8　分类汇总选项

执行命令后，即可显示按照债务人名称针对应收账款金额进行汇总的数据，如图9-9所示。

通过汇总数据可以看出，长治公司与宁泰公司欠本公司的金额较高，必须对其进行重点管理。

第9章 Excel在应收账款管理中的应用

	A	B	C	D	E
1	赊销日期	债务人名称	应收金额	付款期限（天）	到期日
2	2024年5月10日	大通公司	12,500.00	60	2024年7月9日
3	2024年8月13日	大通公司	1,150.00	30	2024年9月12日
4		大通公司 汇总	13,650.00		
5	2024年6月11日	宁泰公司	32,500.00	60	2024年8月10日
6	2024年7月25日	宁泰公司	2,400.00	20	2024年8月14日
7		宁泰公司 汇总	34,900.00		
8	2024年4月2日	齐天公司	12,000.00	40	2024年5月12日
9	2024年9月1日	齐天公司	1,000.00	40	2024年10月11日
10	2024年12月15日	齐天公司	8,000.00	20	2025年1月4日
11		齐天公司 汇总	21,000.00		
12	2024年4月8日	云峰公司	980.00	25	2024年5月3日
13	2024年12月2日	云峰公司	12,350.00	18	2024年12月20日
14		云峰公司 汇总	13,330.00		
15	2024年3月10日	云阳公司	2,800.00	25	2024年4月4日
16	2024年9月22日	云阳公司	3,600.00	35	2024年10月27日
17		云阳公司 汇总	6,400.00		
18	2024年7月12日	长治公司	45,450.00	30	2024年8月11日
19	2024年10月2日	长治公司	980.00	30	2024年11月1日
20	2024年12月27日	长治公司	510.00	30	2025年1月26日
21		长治公司 汇总	46,940.00		
22		总计	136,220.00		

图 9-9　按照债务人名称汇总应收账款总额

9.2.3　利用函数、图表统计各债务人应收账款

会计人员除了可以利用工具栏对各债务人进行排序和金额的汇总，还可以利用SUMIF函数实现该统计结果。

1. 使用 SUMIF 函数统计各债务人的应收账款

1）建立应收账款分类明细账

首先打开"第9章.xlsx"工作簿，将鼠标光标移至左下方工作表Sheet3，单击鼠标右键，在弹出的快捷菜单中选择"重命名"命令，输入"应收账款分类明细账"。

选择A1单元格，输入"嘉佑有限责任公司应收账款分类明细账"。将列单元格调整为合适的宽度，将A1和B1单元格"合并后居中"。选择A2单元格，输入"债务人名称"。分别选择A3~A8单元格，依次输入各个债务人名称，选择B2单元格，输入"应收账款合计"。将该列单元格的格式调整为"货币"形式，如图9-10所示。

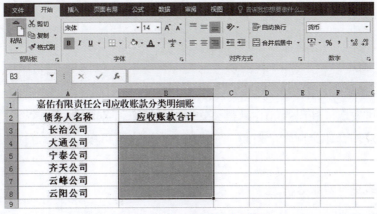

图 9-10　建立应收账款分类明细账

2) 使用SUMIF函数进行汇总

单击选中B3单元格，输入公式"=SUMIF(应收账款管理!$B$4:$B$17,应收账款管理!A3,应收账款管理!$C$4:$C$17)"，按Enter键确认。需要注意的是，公式中的符号为英文模式下的符号。具体函数参数如图9-11所示。

该公式表示针对"应收账款管理"工作表中的债务人名称进行汇总计算，找到"应收账款管理"中的"长治公司"单元格，针对"长治公司"所涉及的所有"应收金额"进行汇总。

图9-11　使用 SUMIF 函数进行汇总

3) 生成分类汇总数据

将B3单元格中的公式复制到该列其他单元格中，则可快速计算出其他债务人的应收账款合计金额，如图9-12所示。

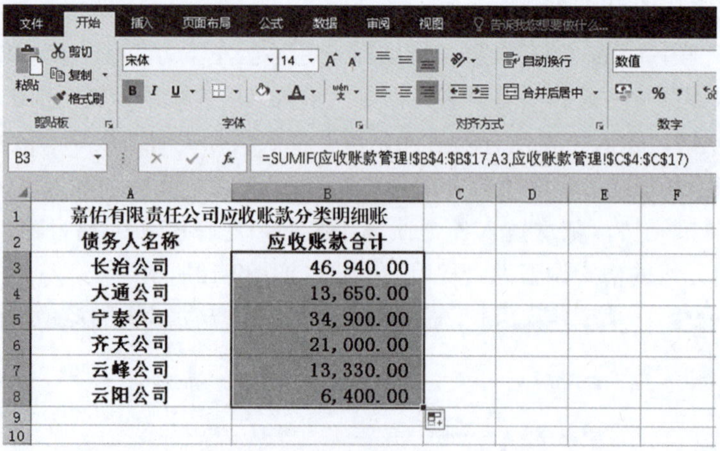

图9-12　复制 SUMIF 函数公式汇总各债务人所欠金额

通过对比可发现，利用SUMIF函数公式汇总的各个债务人应收账款合计金额与利用分类汇总命令计算的合计金额完全相同，应收账款管理人员可根据需要自行选择以上两种汇总方式。

2. 建立图表进行对比分析

通过建立饼形图可以更加直观地显示出各债务人的应收账款占应收账款总额的百分

比。具体操作如下。

01 在上文编制完成的"应收账款分类明细账"工作表中,单击"插入"选项卡中"图表"组的"插入饼图或圆环图"按钮,如图9-13所示。

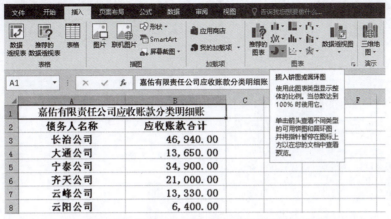

图9-13 单击"图表"组中的"插入饼图或圆环图"按钮

02 根据制表要求,可以选择二维饼图、三维饼图、圆环图及更多饼图,选择"二维饼图"中的某种饼图,系统即可自动生成二维饼图,效果如图9-14所示。在图表创建完成后,可以按照前文所述,修改其各种属性,以使整个图表更加完善。从作图程序来看,Excel 2016较Excel 2007简便得多,图表形式和内容修改起来也灵活得多。

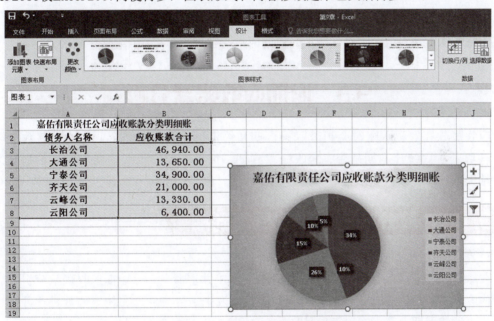

图9-14 各债务人应收账款分析饼图

通过分析图可以看出,长治公司与宁泰公司欠本公司的款项分别占应收账款总额的34%和26%,应收账款管理人员必须对这两个公司的应收账款进行重点管理。

03 除自动生成饼图外,还可以根据需要将应收账款分析饼图调整为柱形图、折线图、条形图、面积图、散点图、瀑布图、直方图等所需要的其他图表。例如,单击"柱形图"

按钮，选择"三维柱形图"中的"簇状柱形图"，即可自动生成三维簇状柱形图，效果如图9-15所示。

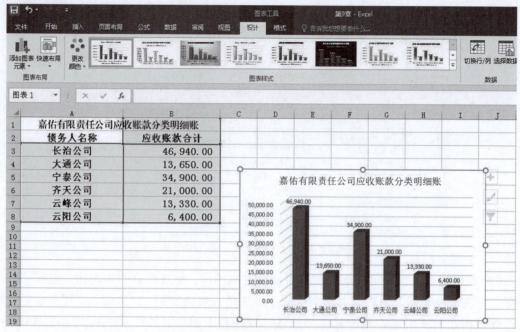

图9-15　各债务人应收账款分析柱形图

通过分析图可以看出，长治公司与宁泰公司所欠本公司的款项分别为46 940元和34 900元，应收账款管理人员必须对这两个公司的应收账款进行重点管理。

9.3　逾期应收账款分析

应收账款在登记入账时会记录赊销日期和约定付款期限，当企业应收账款数量较多时，一般于月底统计本期是否有应收账款到期，如果到期应收账款尚未收款，则必须反映逾期天数，以便及时采取催收措施，减少坏账，降低企业应收账款的坏账成本。

9.3.1　计算分析应收账款是否到期

1) 建立"逾期应收账款分析"工作表

在"第9章.xlsx"工作簿中新建工作表Sheet4，并重命名为"逾期应收账款分析"。复制"应收账款管理"工作表中的数据到当前工作表中。为方便后文使用函数进行分析、判断，将"当前日期"与"2024年12月31日"分列A2和B2两个单元格。

注：本例假设"当前日期"为"2024年12月31日"，实际工作中可以使用函数"NOW()"来确定当前日期。

选中E列与F列两列，右击，选择"插入"命令，即可一次性插入两列。单击E3单元格，输入"已收金额"，单击F3单元格，输入"未收金额"，并输入实际已收金额和未收金额，将E列与F列的单元格格式调整为"货币"格式。单击H3单元格，输入"是否到期",建立"嘉佑有限责任公司应收账款管理"工作表,如图9-16所示。

	A	B	C	D	E	F	G	H
1	嘉佑有限责任公司应收账款管理							
2	当前日期				2024年12月31日			
3	赊销日期	债务人名称	应收金额	付款期限(天)	已收金额	未收金额	到期日	是否到期
4	2024年3月10日	云阳公司	2,800.00	25	2,000.00	800.00	2024年4月4日	
5	2024年4月2日	齐天公司	12,000.00	40	—	12,000.00	2024年5月12日	
6	2024年4月8日	云峰公司	980.00	25	—	980.00	2024年5月3日	
7	2024年5月10日	大通公司	12,500.00	60	5,000.00	7,500.00	2024年7月9日	
8	2024年6月11日	宁泰公司	32,500.00	60	8,000.00	24,500.00	2024年8月10日	
9	2024年7月12日	长治公司	45,450.00	30	20,000.00	25,450.00	2024年8月11日	
10	2024年7月25日	宁泰公司	2,400.00	20	1,000.00	1,400.00	2024年8月14日	
11	2024年8月13日	大通公司	1,150.00	30	—	1,150.00	2024年9月12日	
12	2024年9月1日	齐天公司	1,000.00	40	—	1,000.00	2024年10月11日	
13	2024年9月22日	云阳公司	3,600.00	35	2,000.00	1,600.00	2024年10月27日	
14	2024年10月2日	长治公司	980.00	30	—	980.00	2024年11月1日	
15	2024年12月2日	云峰公司	12,350.00	18	5,000.00	7,350.00	2024年12月20日	
16	2024年12月15日	齐天公司	8,000.00	20	—	8,000.00	2025年1月4日	
17	2024年12月27日	长治公司	510.00	30	—	510.00	2025年1月26日	

图9-16 嘉佑有限责任公司应收账款管理工作表

2) 判断现有各项应收账款是否到期

通过IF函数可以判断嘉佑有限责任公司现有各项应收账款是否到期。

单击H4单元格,输入公式"=IF(G4<$B$2,"是","否")",按Enter键确认。需要注意的是,公式中的符号为英文模式下的符号。具体函数参数如图9-17所示。

该公式表示针对"嘉佑有限责任公司应收账款管理"工作表中某债务人的应收账款是否到期进行判断,如果该表中G4单元格(即到期日)小于B2单元格(即当前日期),则该项应收账款已经到期。满足上述条件,返回"是",如果不满足应收账款已经到期的条件,则返回"否"。

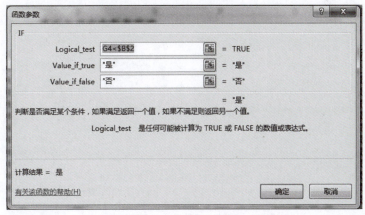

图9-17 使用IF函数分析应收账款是否到期

3) 生成判断结果

将H4单元格的公式复制到该列其他单元格中,则可快速判断其他债务人所欠本企业的款项是否到期,如图9-18所示。

Excel 在会计和财务中的应用（第九版）（微课版）

	A	B	C	D	E	F	G	H
1				嘉佑有限责任公司应收账款管理				
2	当前日期			2024年12月31日				
3	赊销日期	债务人名称	应收金额	付款期限（天）	已收金额	未收金额	到期日	是否到期
4	2024年3月10日	云阳公司	2,800.00	25	2,000.00	800.00	2024年4月4日	是
5	2024年4月2日	齐天公司	12,000.00	40	—	12,000.00	2024年5月12日	是
6	2024年4月8日	云峰公司	980.00	25	—	980.00	2024年5月3日	是
7	2024年5月10日	大通公司	12,500.00	60	5,000.00	7,500.00	2024年7月9日	是
8	2024年6月11日	宁泰公司	32,500.00	60	8,000.00	24,500.00	2024年8月10日	是
9	2024年7月12日	长治公司	45,450.00	30	20,000.00	25,450.00	2024年8月11日	是
10	2024年7月25日	宁泰公司	2,400.00	20	1,000.00	1,400.00	2024年8月14日	是
11	2024年8月13日	大通公司	1,150.00	30	—	1,150.00	2024年9月12日	是
12	2024年9月1日	齐天公司	1,000.00	40	—	1,000.00	2024年10月11日	是
13	2024年9月22日	云阳公司	3,600.00	35	2,000.00	1,600.00	2024年10月27日	是
14	2024年10月2日	长治公司	980.00	30	—	980.00	2024年11月1日	是
15	2024年12月2日	云峰公司	12,350.00	18	5,000.00	7,350.00	2024年12月20日	是
16	2024年12月15日	齐天公司	8,000.00	20	—	8,000.00	2025年1月4日	否
17	2024年12月27日	长治公司	510.00	30	—	510.00	2025年1月26日	否

图 9-18　使用 IF 函数公式判断各债务人所欠款项是否到期

4）显示未到期金额

单击I3单元格，输入"未到期金额"。单击I4单元格，输入公式"=IF($B$2-$G4<0,$C4-$E4,0)"，按Enter键确认。需要注意的是，公式中的符号为英文模式下的符号。具体函数参数如图9-19所示。

该公式表示针对"嘉佑有限责任公司应收账款管理"工作表中某债务人的未到期应收账款金额进行判断计算，如果该表中B2单元格(即当前日期)的值小于G4单元格(即到期日)的值，则该项应收账款尚未到期。满足上述条件，返回"$C4-$E4"计算公式，计算该项尚未到期应收账款的剩余未收金额；如果不满足未到期条件，则返回"0"，表示未到期金额为"0"，即该项应收账款已经到期。

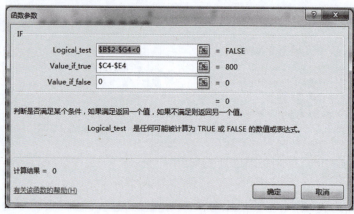

图 9-19　使用 IF 函数计算未到期应收账款

5）生成计算结果

将I4单元格的公式复制到该列其他单元格中，则可快速计算出其他债务人欠本企业的尚未到期的应收账款，如图9-20所示。

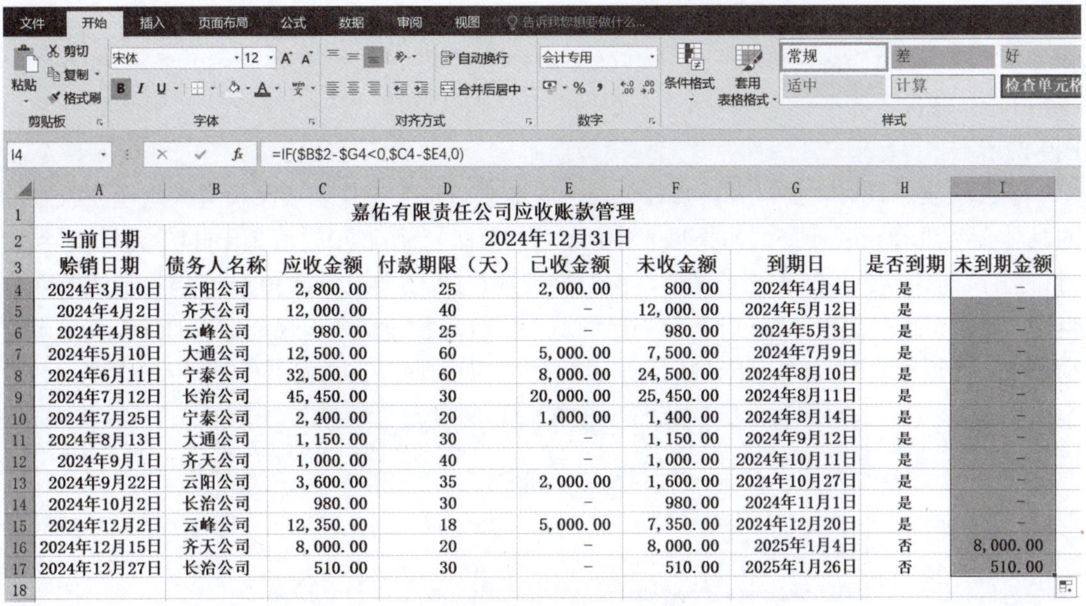

第9章 Excel 在应收账款管理中的应用

图9-20 复制 IF 函数公式计算各债务人所欠未到期金额

9.3.2 计算分析应收账款逾期天数

虽然上文为应收账款管理提供了应收账款是否到期的判断结果，但是为了下文进一步分析应收账款账龄，还可以利用Excel进一步计算各项应收账款的逾期天数，以便提供更加详细的管理数据。具体计算过程如下。

1) 设计逾期天数分析表

在"嘉佑有限责任公司应收账款管理"工作表的数据右侧建立"逾期天数分析"表，对逾期天数进行分类筛选，实际工作中，通常对逾期天数划分不同等级，如"0~30""30~60""60~90""90天以上"等，如图9-21所示。

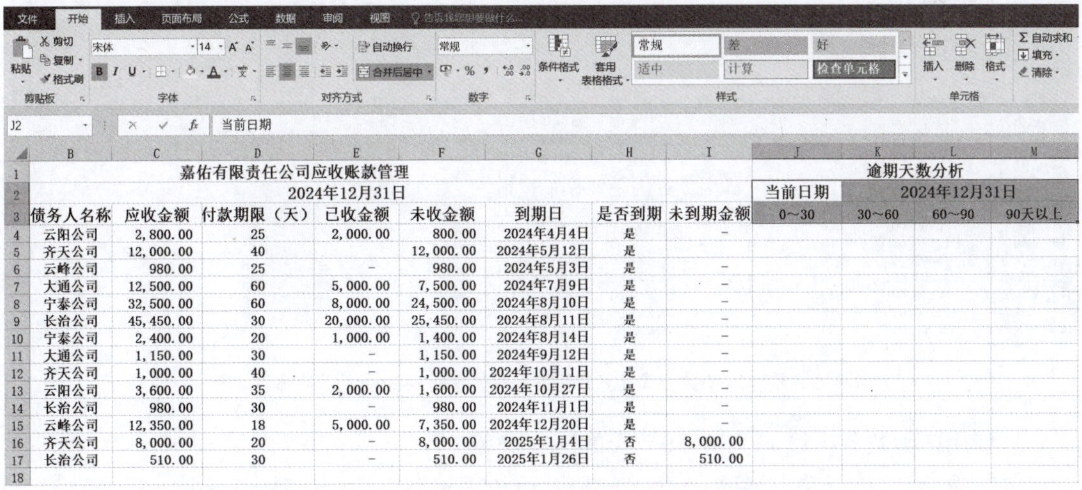

图9-21 在原有工作表中建立逾期天数分析表

2) 使用IF函数分析逾期"0~30"天的应收账款

单击选中J4单元格，输入公式"=IF(AND($K$2-$G4＞0,$K$2-$G4＜=30),$C4-$E4,0)"，按Enter键确认。需要注意的是，公式中的符号为英文模式下的符号。具体函数参数如图9-22所示。

该公式表示针对"嘉佑有限责任公司应收账款管理"工作表中某债务人逾期应收账款的具体金额进行判断计算，如果该表中K2单元格(即当前日期)的值大于G4单元格(即到期日)的值，则该项应收账款已经逾期，但逾期天数在30天以内(包括30天)。满足上述条件，返回"$C4-$E4"计算公式，计算该项已经逾期应收账款的剩余未收金额；如果不满足未到期条件，则返回"0"，表示未到期金额为"0"，即逾期应收账款不在0~30天范围内。

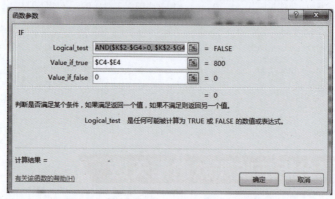

图9-22　使用IF函数计算逾期应收账款具体金额

将J4单元格的公式复制到该列已经逾期的其他单元格中(即J5~J15，由于最后两笔应收账款尚未逾期，没有必要分析逾期天数，故不需要复制公式)，则可快速计算出其他债务人所欠本企业逾期"0~30"天的应收账款具体金额，如图9-23所示。

债务人名称	应收金额	付款期限（天）	已收金额	未收金额	到期日	是否到期	未到期金额	0~30	30~60	60~90	90天以上
云阳公司	2,800.00	25	2,000.00	800.00	2024年4月4日	是	—	—			
齐天公司	12,000.00	40	—	12,000.00	2024年5月12日	是	—	—			
云峰公司	980.00	25	—	980.00	2024年5月3日	是	—	—			
大通公司	12,500.00	60	5,000.00	7,500.00	2024年7月9日	是	—	—			
宁泰公司	32,500.00	60	8,000.00	24,500.00	2024年8月10日	是	—	—			
长治公司	45,450.00	30	20,000.00	25,450.00	2024年8月11日	是	—	—			
宁泰公司	2,400.00	20	1,000.00	1,400.00	2024年8月14日	是	—	—			
大通公司	1,150.00	30	—	1,150.00	2024年9月12日	是	—	—			
齐天公司	1,000.00	40	—	1,000.00	2024年10月11日	是	—	—			
云阳公司	3,600.00	35	2,000.00	1,600.00	2024年10月27日	是	—	—			
长治公司	980.00	30	—	980.00	2024年11月1日	是	—	—			
云峰公司	12,350.00	18	5,000.00	7,350.00	2024年12月20日	是		7,350.00			
齐天公司	8,000.00	30	—	8,000.00	2025年1月4日	否	8,000.00				
长治公司	510.00	20	—	510.00	2025年1月26日	否	510.00				

图9-23　复制IF函数公式计算各债务人所欠逾期0~30天的应收账款金额

3) 使用IF函数分析逾期"30~60"天的应收账款

单击选中K4单元格，输入公式"=IF(AND($K$2-$G4＞30,$K$2-$G4＜=60),$C4-$E4,0)"，按Enter键确认。需要注意的是，公式中的符号为英文模式下的符号。具体函数参数如图9-24所示。

图 9-24　使用 IF 函数计算逾期应收账款具体金额

该公式表示针对"嘉佑有限责任公司应收账款管理"工作表中某债务人的逾期应收账款的具体金额进行判断计算，如果该表中K2单元格(即当前日期)的值大于G4单元格(即到期日)的值，则该项应收账款已经逾期，但逾期天数为30~60天(大于30天，小于等于60天)。满足上述条件，返回"$C4-$E4"计算公式，计算该项已经逾期应收账款的剩余未收金额；如果不满足未到期条件，则返回"0"，表示未到期金额为"0"，即逾期应收账款不在30~60天范围内。

将K4单元格的公式复制到该列已经逾期的其他单元格中(即K5~K15，同样由于最后两笔应收账款尚未逾期，没有必要分析逾期天数，故不需要复制公式)，则可快速计算出其他债务人所欠本企业逾期"30~60"天的应收账款具体金额，如图9-25所示。

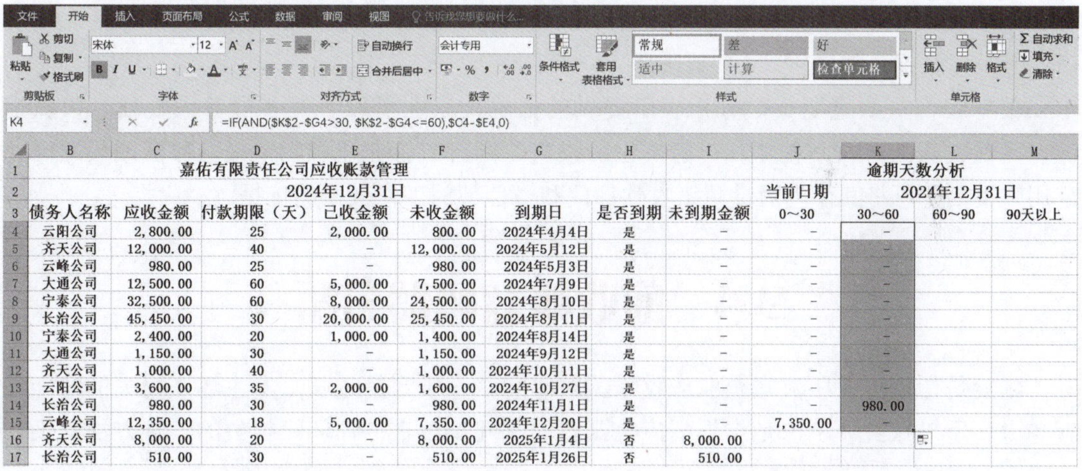

图 9-25　复制 IF 函数公式计算各债务人所欠逾期 30~60 天的应收账款金额

4) 使用IF函数分析逾期"60~90"天和"90天以上"的应收账款

以此类推，使用IF函数可以分析计算逾期"60~90"天和"90天以上"的应收账款金额。

单击选中L4单元格，输入公式"=IF(AND($K$2-$G4＞60, $K$2-$G4＜=90),$C4-$E4,0)"，按Enter键确认。可以计算各债权人所欠逾期"60~90"天的应收账款金额。

单击选中M4单元格，输入公式"=IF($K$2-$G4＞90,$C4-$E4,0)"，按Enter键确认。可以计算各债权人所欠逾期"90天以上"的应收账款金额。

将以上公式复制到该列已经逾期的其他单元格中，则可快速计算出其他债务人所欠本企业逾期"60~90"天和"90天以上"的应收账款具体金额，并将J4:M15单元格区域的单元格格式设置为"货币"格式，如图9-26所示。

债务人名称	应收金额	付款期限（天）	已收金额	未收金额	到期日	是否到期	未到期金额	0~30	30~60	60~90	90天以上
云阳公司	2,800.00	25	2,000.00	800.00	2024年4月4日	是	—	—	—	—	800.00
齐天公司	12,000.00	40	—	12,000.00	2024年5月12日	是	—	—	—	—	12,000.00
云峰公司	980.00	25	—	980.00	2024年5月3日	是	—	—	—	—	980.00
大通公司	12,500.00	60	5,000.00	7,500.00	2024年7月9日	是	—	—	—	—	7,500.00
宁泰公司	32,500.00	60	8,000.00	24,500.00	2024年8月10日	是	—	—	—	—	24,500.00
长治公司	45,450.00	30	20,000.00	25,450.00	2024年8月11日	是	—	—	—	—	25,450.00
齐泰公司	2,400.00	30	1,000.00	1,400.00	2024年8月14日	是	—	—	—	—	1,400.00
大通公司	1,150.00	30	—	1,150.00	2024年9月12日	是	—	—	—	—	1,150.00
齐天公司	1,000.00	40	—	1,000.00	2024年10月1日	是	—	—	—	1,000.00	—
云阳公司	3,600.00	35	2,000.00	1,600.00	2024年10月27日	是	—	—	—	1,600.00	—
长治公司	980.00	30	—	980.00	2024年11月1日	是	—	—	980.00	—	—
云峰公司	12,350.00	30	5,000.00	7,350.00	2024年12月20日	是	—	7,350.00	—	—	—
齐天公司	8,000.00	20	—	8,000.00	2025年1月4日	否	8,000.00	—	—	—	—
长治公司	510.00	30	—	510.00	2025年1月26日	否	510.00	—	—	—	—

图9-26　复制IF函数公式计算各债务人所欠更长逾期天数的应收账款金额

由以上统计数据可以明显看出，嘉佑有限责任公司应收账款逾期情况非常严重，本企业14笔应收账款中有8笔逾期90天以上，必须重视以上逾期应收账款的催收，盘活流动资产，减少坏账损失的发生。

根据应收账款逾期天数分析表所提供的信息，企业可以了解各债务人收款、欠款情况，判断欠款的可收回程度和可能发生的损失。同时，企业还可酌情采取放宽或紧缩商业信用政策，并可将其作为衡量负责收款部门和资信部门工作效率的依据。

9.4　应收账款账龄分析

账龄是指债务人所欠本企业应收账款的时间。一般账龄越长，发生坏账损失的可能性就越大。所以账龄分析法是指根据应收账款的时间长短来估计坏账损失的一种方法，又称应收账款账龄分析法。

在估计坏账损失之前，企业可将应收账款按其账龄编制一张应收账款账龄分析表，借以了解应收账款在各个债务人之间的金额分布情况及其拖欠时间的长短。这张应收账款账龄分析表实际上就是上文刚编制完成的"逾期天数分析"表，利用逾期天数分析表，不仅可以对债务人产生的应收账款进行分析，还为计算坏账准备提供了可靠依据。

9.4.1 建立应收账款账龄分析表

1) 利用"逾期天数分析"表建立"应收账款账龄分析表"

利用9.3.2节中对应收账款逾期天数进行分析的表格可以建立账龄分析表。在"第9章.xlsx"工作簿中新建工作表Sheet5，并重命名为"应收账款账龄分析"。单击A1单元格，输入"应收账款账龄分析表"。单击A2单元格，输入"当前日期"。单击B2单元格，输入"2024年12月31日"。

注：本例假设"当前日期"为"2024年12月31日"，实际工作中可以使用函数"NOW()"来确定当前日期。

单击A3单元格，输入"账龄"，并设置账龄的种类。本例将账龄分为5类，分别为"未到期""0~30天""30~60天""60~90天""90天以上"。

单击B3单元格，输入"应收账款"，此列显示不同账龄的应收账款金额，设置此列单元格格式为"货币"，选择企业常用的货币表示形式即可。

单击C3单元格，输入"占应收账款总额的百分比"，此列显示不同账龄的应收账款金额占应收账款总额的比例，设置此列单元格格式为"百分比"，并默认小数位数为2。

对填制完的内容进行调整、美化，从而完成应收账款账龄分析表的表头及各个项目的建立，如图9-27所示。

2) 计算各账龄所涉及的应收账款金额

单击B4单元格，输入公式"=SUM(逾期应收账款分析!I4:I17)"，按Enter键确认。可以引用"嘉佑有限责任公司逾期应收账款管理"工作表中的未到期金额，汇总计算出截止到2024年12月31日，应收账款总额中尚未到期的应收账款金额为8 510.00，如图9-28所示。

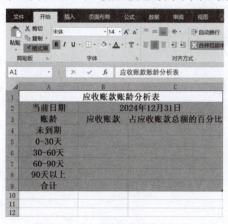

图9-27 建立应收账款账龄分析表

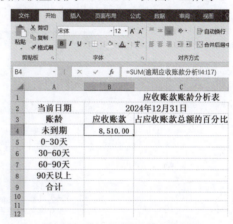

图9-28 统计未到期应收账款金额

以此类推，单击B4~B8单元格，可以输入SUM公式，对其余账龄的应收账款金额进行统计、汇总，各具体求和公式如图9-29所示。按Enter键确认，生成各账龄所对应的应收账款金额，如图9-30所示。

3) 计算各账龄所涉及的应收账款占应收账款总额的百分比

首先计算现有应收账款总额，单击B9单元格，输入公式"=SUM(B4:B8)"，按Enter键确认，即可计算各账龄所涉及的应收账款总额，如图9-31所示。

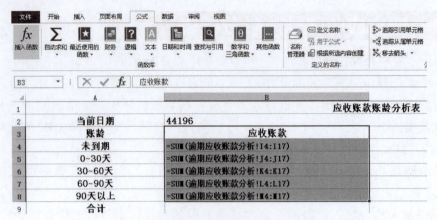

图 9-29　统计其他应收账款金额的 SUM 公式

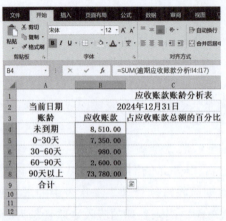

图 9-30　统计得到各账龄的应收账款金额

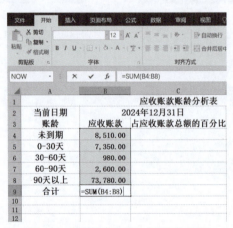

图 9-31　各账龄所涉及的应收账款总额

然后计算各账龄所涉及的应收账款占应收账款总额的百分比，单击C4单元格，输入公式"=B4/$B$9"，按Enter键确认，即可计算出未到期应收账款占应收账款总额的百分比。复制公式到该列其他单元格中，可计算出其他账龄所涉及的应收账款占应收账款总额的百分比，如图9-32所示。

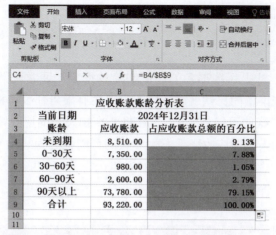

图 9-32　计算各账龄所涉及的应收账款占应收账款总额的百分比

9.4.2　计算应收账款坏账准备的金额

企业赊销虽然可以扩大销售，消化库存，但也会产生各种成本，如应收账款机会成本、管理成本和坏账成本等，其中坏账是应收账款带来的最大损失，必须加以重视。

我国现行会计制度要求企业应当定期于每年年度终了，对应收账款进行全面检查，预计各项应收账款可能发生的坏账准备金额，对于预计不能收回的应收款项，应当计提坏账准备。企业计提坏账准备的方法由企业自行确定，常用计提坏账准备的方法是账龄分析法。

采用账龄分析法计提坏账准备时，将不同账龄的应收账款进行分组，将应收账款拖欠时间(即逾期天数，也就是账龄)按长短分为若干区间，计算各个区间上应收账款的金额，并为每一个区间估计一个坏账损失百分比；然后，用各区间上的应收账款金额乘以各区间的坏账损失百分比，估计各个区间上的坏账损失；最后，将各个区间上的坏账损失估计数求和，即为坏账损失的估计总额。采用这种方法，可使坏账损失的计算结果更符合客观情况。

1) 估计坏账准备比例

坏账率就是坏账额占应收账款总额的比例，其计算公式为：坏账率=年坏账额/年应收账款总额。

我国《企业会计制度》在坏账准备计提比例方面给予企业较大的自主权，主要表现在：一是计提比例不限；二是对不能够收回或收回可能性不大的应收账款可以全额计提坏账准备。在实际工作中，企业估计坏账准备比例时可以考虑以下因素：

- 函证情况，每次函证发出后，对方是否及时、准确地回函；
- 历史上应收款项回收的情况，包括收回时间和归还应收账款是否呈现周期性；
- 债务单位历史上是否存在无法支付的情况；
- 某一债务单位近期内是否有不良记录；
- 债务单位目前发生的财务困难与过去已发生的财务困难是否存在类似的情形；
- 债务单位的债务状况是否有好转的可能性，包括债务单位的产品开发，现产品的销售、回款，市场需求及资产质量状况是否呈现出好转态势等；

- 债务单位所处的经济、政治和法制环境；
- 债务单位的内部控制、财务、生产、技术管理等情况，以及其他有利于判断可收回性的情况。

而账龄分析法下，计提坏账准备的比例则简单得多，通常账龄越长，发生坏账的可能性越大，估计的坏账准备的比例就越高，假设嘉佑有限责任公司根据历史经验估计，未到期的应收账款发生坏账的可能性是0%，逾期"0~30天"的应收账款发生坏账的可能性约为1%，逾期"30~60天"的应收账款发生坏账的可能性约为3%，逾期"60~90天"的应收账款发生坏账的可能性约为6%，逾期"90天以上"的应收账款发生坏账的可能性约为10%，将估计的坏账准备率分别输入D4~D9单元格，实际工作中，企业可以根据历史经验进行估计，如图9-33所示。

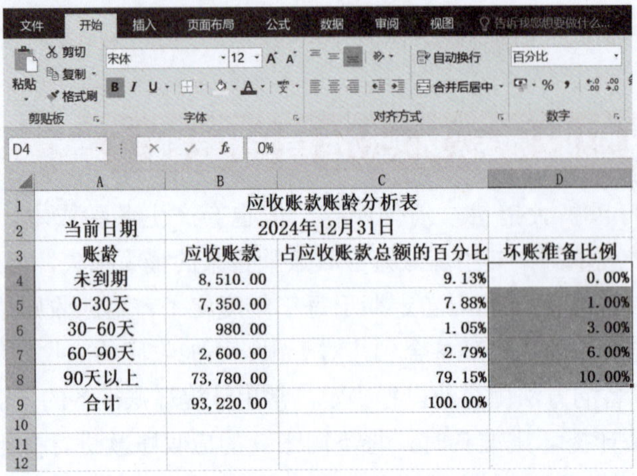

图9-33 嘉佑有限责任公司估计的坏账准备计提比例

2) 计算坏账准备金额

单击E3单元格，输入"坏账准备金额"。单击E4单元格，输入公式"=B4*D4"，按Enter键确认。

将E4单元格的公式复制到该列已经逾期的其他单元格中(即E5~E8)，则可计算出各账龄所涉及应收账款产生的坏账准备金额。单击E9单元格，输入公式"=SUM(E4:E8)"，按Enter键确认，计算坏账准备总额，如图9-34所示。

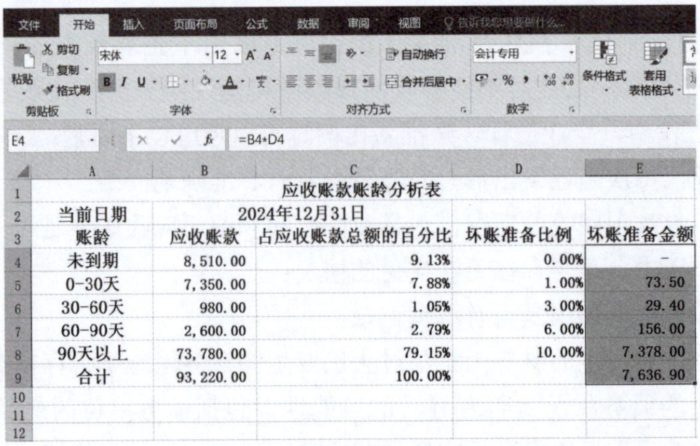

图9-34 计算各账龄所涉及应收账款产生的坏账准备

由以上计算的坏账准备可以明显看出，嘉佑有限责任公司应收账款产生的坏账金额较高，主要原因是逾期"90天以上"的应收账款较多，且坏账发生的比例较高。即便如此，企业也不能放弃对逾期时间较长的应收账款的催收，而且要加强对逾期"60~90天"及逾期"30~60天"的应收账款的催收工作，防止债务人继续拖欠款项，造成企业更多坏账损失的发生。

使用Excel进行应收账款管理的方法，同样可以应用于企业的应收票据管理甚至应付账款管理，本章不再重复介绍。对于应收票据和应付账款的账龄分析，可以参照前文进行操作，但需要注意，应收票据和应付账款不需要研究坏账准备的问题。

9.5 本章小结

本章介绍了如何使用Excel进行应收账款管理。首先介绍了如何利用Excel建立并登记应收账款明细账；接着介绍了如何利用Excel函数分析逾期应收账款和应收账款账龄；然后介绍了如何利用Excel简便地计算应收账款的坏账准备，从而帮助读者对使用Excel进行应收账款管理建立全面性的认识。

9.6 思考练习

1. 上机操作题

裕泰公司2024年11月30日的应收账款资料如表9-1所示。

表9-1 应收账款资料

赊销日期	债务人名称	应收金额/元	付款期限/天
2024年1月8日	红光公司	30 000	50
2024年2月18日	蓝天公司	500 000	40
2024年3月6日	胜利公司	20 000	30
2024年4月20日	永安公司	100 000	40
2024年5月11日	蓝天公司	12 000	35
2024年6月4日	永安公司	30 000	30
2024年7月23日	胜利公司	15 000	30
2024年8月15日	红光公司	58 000	30
2024年10月17日	蓝天公司	16 000	30
2024年11月5日	永安公司	40 000	25

要求：
- 分别计算各应收账款的到期日；
- 汇总统计各债务人的欠款总额，并建立饼形图分析各债务人所占比重；

- 计算各应收账款是否到期，以及未到期金额，并计算逾期天数；
- 建立应收账款账龄分析表；
- 根据未到期的应收账款发生坏账的可能性是0%，逾期"0~30天"的应收账款发生坏账的可能性约为2%，逾期"30~60天"的应收账款发生坏账的可能性约为5%，逾期"60~90天"的应收账款发生坏账的可能性约为8%，逾期"90天以上"的应收账款发生坏账的可能性约为10%的估计值，分别计算各账龄所涉及应收账款的坏账准备金额。

2. 问答题

(1) 为什么需要对应收账款进行重点管理？
(2) 如何使用Excel的工具对现有债务人所欠款项进行统计？
(3) 如何使用Excel的函数或图表分析现有债务人所欠款项？
(4) 什么是应收账款账龄，分析应收账款账龄有何意义？
(5) 如何利用已知账龄结果快速计算坏账准备金额？

第 10 章

Excel 在固定资产管理中的应用

通过本章的学习，读者应了解并掌握Excel针对企业拥有或控制的固定资产进行管理的具体方法。

本章学习目标
- 掌握如何建立并填置固定资产卡片账。
- 掌握如何计算固定资产的累计折旧。
- 掌握如何计算固定资产的账面价值。

本章教学视频
- 固定资产增加方式的有效性控制。
- 筛选查找现有固定资产。
- 举例说明用DDB和SLN函数计提固定资产折旧。
- 确定现有已提折旧月份和年份。
- 用SLN函数计提固定资产本月折旧金额。
- 修正本月新增固定资产折旧。
- 计算固定资产的累计折旧和账面价值。

(以上教学视频可通过扫描前言中的二维码进行下载。)

10.1 固定资产概述

10.1.1 固定资产的概念

固定资产是指同时具有下列特征的有形资产：首先，为生产商品、提供劳务、出租或经营管理而持有；其次，使用寿命超过一个会计年度。使用寿命是指企业使用固定资产的预计期间，或者该固定资产所能生产产品或提供劳务的数量。基于重要性原则，如果同时满足上述两个条件但单位价值偏低，也只能确认为低值易耗品而非固定资产，因此，固定资产还有一个隐含特点就是单位价值较高。

企业固定资产种类很多，根据不同的分类标准，可以分成不同的类别。企业应当选择适当的分类标准对固定资产进行分类，以满足经营管理的需要。

(1) 固定资产按经济用途分类。

固定资产按经济用途分类，可以分为生产用固定资产和非生产用固定资产。生产用固定资产指的是直接服务于企业生产经营过程的固定资产。非生产用固定资产指的是不直接服务于生产经营过程的固定资产。

固定资产按经济用途分类，可以反映企业生产经营用固定资产和非生产经营用固定资产之间的组成变化情况，借以考核和分析企业固定资产管理和利用的情况，从而促进固定资产的合理配置，充分发挥其效用。

(2) 固定资产按使用情况分类。

固定资产按使用情况分类，可分为使用中的固定资产、未使用的固定资产和不需用的固定资产。使用中的固定资产指的是正在使用的经营性和非经营性固定资产。由于季节性经营或修理等原因，暂时停止使用的固定资产仍属于企业使用中的固定资产；企业出租给其他单位使用的固定资产及内部替换使用的固定资产，也属于使用中的固定资产。未使用的固定资产指的是已完工或已购建的尚未交付使用的固定资产，以及因进行改建、扩建等原因停止使用的固定资产，如企业购建的尚待安装的固定资产、因经营业务变更停止使用的固定资产等。不需用的固定资产指的是本企业多余或不适用，需要调配处理的固定资产。

固定资产按使用情况进行分类，有利于企业掌握固定资产的使用情况，便于比较分析固定资产的利用效率，挖掘固定资产的使用潜力，促进固定资产的合理使用，同时便于企业准确合理地计提固定资产折旧。

(3) 固定资产按所有权分类。

固定资产按所有权进行分类，可分为自有固定资产和租入固定资产。自有固定资产指的是企业拥有的可供企业自由支配使用的固定资产；租入固定资产指的是企业采用租赁方式从其他单位租入的固定资产。

(4) 固定资产按经济用途和使用情况分类。

固定资产按经济用途和使用情况进行综合分类，可分为生产经营用固定资产、非生产经营用固定资产、租出固定资产、不需用固定资产、未使用固定资产、土地和融资租入固定资产。

由于企业的经营性质不同，经营规模有大有小，因此对于固定资产的分类可以有不同的分类方法，企业可以根据自己的实际情况和经营管理、会计核算的需要进行分类。

10.1.2　对固定资产进行单独管理的必要性

固定资产由于其特殊性，在企业资产管理中处于举足轻重的地位。一般而言，其重要性体现在以下几方面。

1. 固定资产是生产资料，是物质生产的基础

固定资产属于生产资料，生产资料是劳动者用以影响或改变劳动对象的性能或形态的物质资料，如机器设备、厂房和运输工具等。生产资料是物质生产的基础，在企业经济活动中处于十分重要的地位。

2. 固定资产单位价值高，所占资金比重大

与流动资产相比，固定资产的购置或取得通常要花费较大的代价。在绝大多数企业中，固定资产所占的资金在其资金总额中占有较大的比重，是企业家底的"大头"。由于经济价值大的特点，固定资产对企业财务状况的反映也有很大影响，任何在固定资产计价或记录上的错误，都有可能在较大程度上改变企业真实的财务状况。

3. 固定资产的折旧计提对成本费用的影响较大

在使用固定资产的过程中，它们的价值应以折旧的形式逐渐转移到产品或服务成本中。由于固定资产的价值较大，即使其折旧计提几乎贯穿整个使用期间，在某一会计期间计入产品或服务成本中的折旧额依然较大，因此，固定资产的折旧计提方法是否合适，折旧额的计算是否正确，将在很大程度上影响当期的成本费用水平及固定资产的净值。

4. 固定资产管理工作的难度较大，问题较多

由于企业的固定资产种类多、数量大、使用分散并且使用期限较长，因此在使用和管理中容易发生被遗忘、遗失、损坏或失盗等事件。

10.2 固定资产卡片账的管理

10.2.1 固定资产卡片账的建立

在我国的会计实务中，企业在日常核算时常对固定资产采用卡片账形式。卡片账是将账户所需的格式印刷在硬卡上。严格来说，卡片账也是一种明细活页账，只不过它不是装在活页账夹中，而是装在卡片箱内。在卡片账上可以详细登记固定资产的相关信息。卡片账能够对固定资产进行独立、详尽的记录，帮助企业加强对固定资产的管理。但是，纸质卡片账也存在记录和保存不便的问题，通过Excel对固定资产取得的信息进行记录、查询、修改和删除，比纸质卡片账更加准确、快捷和方便，保管更加安全。

1. 建立固定资产管理工作表

首先打开Excel工作簿，将鼠标光标移至左下方Sheet1处，单击鼠标右键，在弹出的快捷菜单中选择"重命名"命令，输入"固定资产管理"，如图10-1所示。

图 10-1 修改 Excel 工作表的名称

2. 登记单项固定资产的相关信息

针对单项固定资产，分别登记其如下的相关信息。
- 资产购置日期。
- 资产类别，该部分是固定资产管理的重要分类依据。前文提到，固定资产基本分为5个类别：土地、建筑物、机器设备、办公设备及其他设备。
- 资产名称。
- 增加方式。
- 购置单位。
- 数量。
- 初始购置成本。
- 金额合计。
- 使用年限。
- 预计净残值。
- 本期计提折旧。
- 累计折旧。
- 账面价值。
- 处置时间。
- 处置净损益。

登记固定资产的相关明细信息：选择A1单元格，输入"购置日期"，将该列单元格调整为合适的宽度，并将该列单元格的格式调整为日期格式；选择B1单元格，输入"资产类别"；选择C1单元格，输入"资产名称"。使用相同的方法，登记固定资产的其他信息。在具体实务处理中，为了使固定资产管理更加完善，可以根据实际情况添加明细资料，如图10-2和图10-3所示。

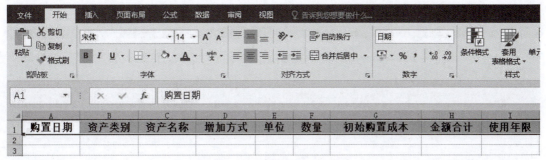

图10-2 输入固定资产详细信息1

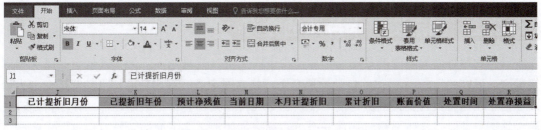

图10-3 输入固定资产详细信息2

3. 保证输入固定资产相关信息的方便和有效

为了方便数据的输入并防止出错,在"增加方式"列设置有效性控制。将光标移到D2单元格,在"数据"选项卡的"数据工具"组中,单击"数据验证"按钮(Excel 2016以"数据验证"替代了Excel 2010的"数据有效性",但其基本功能一致),在打开的对话框中单击"允许"旁边的下拉按钮,在该下拉菜单中选择"序列"选项,如图10-4所示。在"来源"选项中设置固定资产增加方式:"在建工程转入,投资者投入,直接购入,部门调拨,捐赠"等方式(需要注意的是,输入增加方式的具体内容时,以英文模式下的","进行分隔,不可以采用中文模式下的",",进行分隔,否则无法按照序列显示具体的增加方式),如图10-5所示。单击"确定"按钮后,将D2单元格的有效性控制,复制到D列的其他单元格。

图10-4 "数据验证"对话框

图10-5 输入固定资产增加方式

输入现有固定资产的具体信息，输入结果如图10-6所示。

购置日期	资产类别	资产名称	增加方式	单位	数量	初始购置成本	金额合计	使用年限	已计提折旧月份	已提折旧年份	预计净残值
2020年6月20日	办公设备	计算机	直接购入	台	5	5,000.00	25,000.00	5	54	4	300.00
2021年12月31日	办公设备	激光打印机	直接购入	台	3	3,000.00	9,000.00	5	36	3	100.00
2024年12月31日	办公设备	复印机	直接购入	台	2	25,000.00	50,000.00	5	0	0	200.00

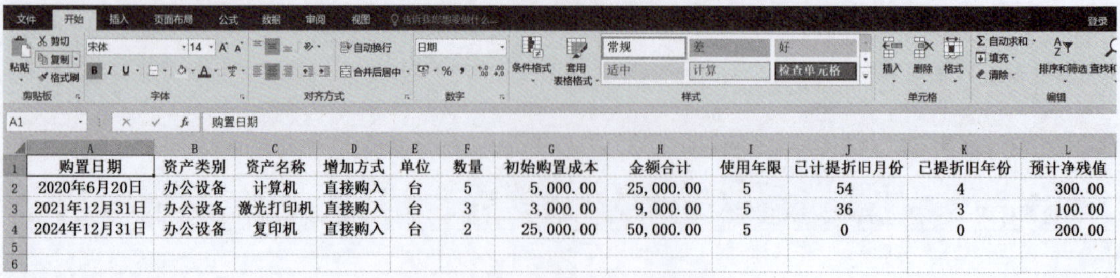

图 10-6　输入现有固定资产的具体信息

10.2.2 固定资产卡片账的查询

当企业拥有的固定资产登记完毕后，由于固定资产数量众多，为了方便查找某一项固定资产，可以利用Excel提供的自动筛选命令，建立固定资产查询功能。自动筛选命令为用户提供了在具有大量记录的数据清单中快速查找符合某种条件记录的功能。使用自动筛选命令筛选记录时，字段名称将变成一个下拉列表框的框名。下面演示针对现有固定资产进行查找、筛选的操作步骤。首先选中A2单元格，然后单击“开始”选项卡中“编辑”组的“排序和筛选”按钮，选择“筛选”命令(当然也可以在数据选项卡里直接单击“筛选”按钮)，如图10-7所示。

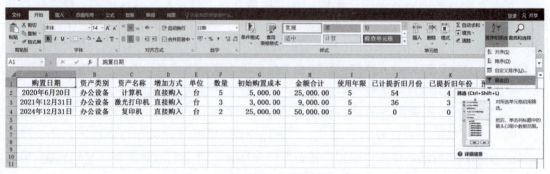

图 10-7　选择“筛选”命令

执行该命令后，系统在“购置日期”等各栏显示筛选按钮，如图10-8所示。

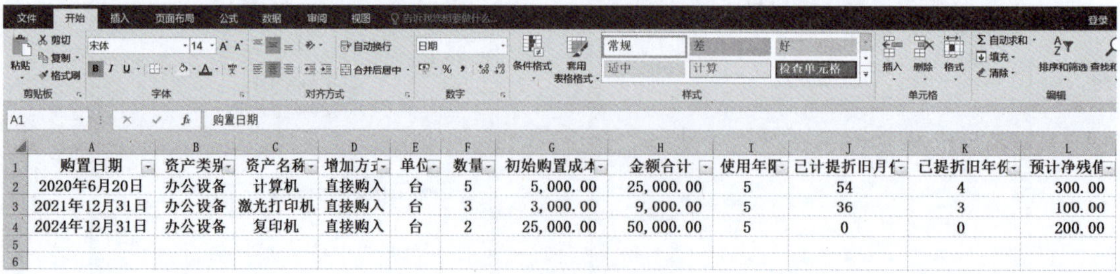

图 10-8　出现筛选按钮

单击该按钮，弹出查询方式的下拉列表，单击任意一栏的下拉列表，可以看到“升序”“降序”“按颜色筛选”“日期筛选”等数据查询方式，如图10-9所示。

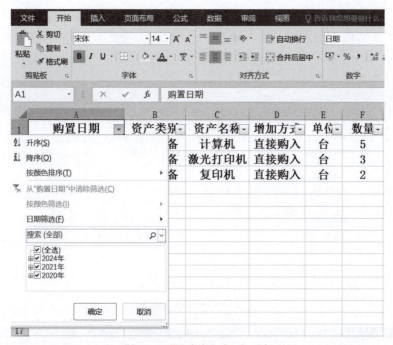

图 10-9 弹出查询方式下拉列表

自动筛选功能中最强大的是使用自定义方式来查询数据。"按颜色筛选"的实质是自定义排序，可以添加、删除自定义筛选条件。

在图10-9中选择"按颜色筛选"|"自定义排序"选项，打开如图10-10所示的"排序"对话框，可以看到，自定义排序功能以升序、降序及自定义来排列指定的固定资产数据。

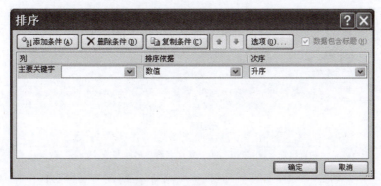

图 10-10 "排序"对话框

下面以现有的固定资产资料为例，介绍自定义筛选的查询方式。如果需要查询2020—2021年购置的固定资产，首先将光标移至A1单元格并单击；然后在"数据"选项卡的"排序和筛选"组中，单击"筛选"按钮，A1栏显示筛选按钮，单击该按钮，选择"日期筛选"，在"日期筛选"项目中取消选中2024年，如图10-11所示。设置完毕后，单击"确定"按钮开始执行筛选命令。

当返回固定资产管理工作表后，可以看到显示的固定资产项目数据已经成为所需查询的2020—2021年的数据，显示结果如图10-12所示。

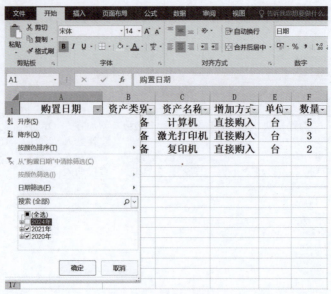

图 10-11　确定筛选条件

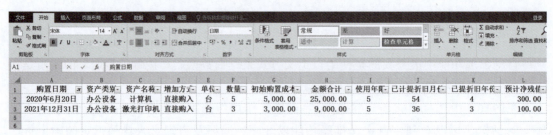

图 10-12　显示筛选后的数据

如果需要还原为"显示全部数据",则只需单击"筛选"按钮,选择"从'购置日期'中清除筛选"选项,即可显示现有的全部数据,如图10-13所示。

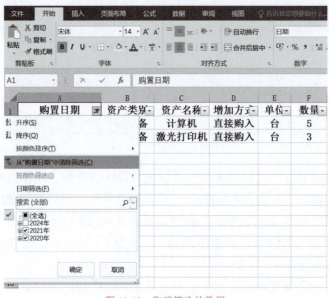

图 10-13　取消筛选的数据

10.3 固定资产折旧

10.3.1 固定资产折旧的计提

1. 固定资产折旧概述

固定资产的折旧是指固定资产在使用过程中逐渐损耗而消失的那部分价值。固定资产损耗的这部分价值应当在固定资产的有效使用年限内进行分摊，形成折旧费用并计入各期成本。根据企业会计准则相关规定：固定资产的各组成部分具有不同使用寿命或者以不同方式为企业提供经济利益，适用不同折旧率或折旧方法的，应当分别将各组成部分确认为单项固定资产。故此，折旧的计提有助于单项固定资产的划分。

1) 固定资产折旧的性质

固定资产的价值随着固定资产的使用而逐渐转移到生产的产品中或构成费用，然后通过产品(商品)的销售，收回货款，得到补偿。

固定资产的损耗分为有形损耗和无形损耗两种：有形损耗是指固定资产由于使用和自然力的影响而引起的使用价值和价值的损失；无形损耗是指由于科学进步等而引起的固定资产的价值损失。

2) 计提折旧的范围

企业在用的固定资产(包括经营用固定资产、非经营用固定资产、租出固定资产)一般均应计提折旧，包括房屋和建筑物，在用的机器设备、仪器仪表、运输工具，季节性停用、大修理停用的设备，融资租入和以经营租赁方式租出的固定资产。

不计提折旧的固定资产包括未使用、不需用的机器设备，以经营租赁方式租入的固定资产，在建工程项目交付使用以前的固定资产，已提足折旧继续使用的固定资产，未提足折旧提前报废的固定资产，国家规定不提折旧的其他固定资产(如土地等)。

2. 固定资产折旧方法

企业一般按月计提折旧：当月增加的固定资产，当月不提折旧；当月减少的固定资产，当月照提折旧。

提足折旧是指已经提足该项固定资产的应提折旧总额。应提折旧总额为固定资产原价减去预计残值。

1) 平均年限法

平均年限法又称直线法，是将固定资产的折旧均衡分摊到各期的一种方法。

$$年折旧率 = \frac{1-预计净残值率}{预计使用年限} \times 100\%$$

$$月折旧率 = 年折旧率 \div 12$$

$$月折旧额 = 固定资产原值 \times 月折旧率$$

2) 工作量法

工作量法是根据实际工作量计提折旧额的一种方法。

$$每一工作量折旧额 = \frac{固定资产原值 \times (1 - 预计净残值率)}{预计总工作量}$$

$$某项固定资产月折旧额 = 该项固定资产当月工作量 \times 每一工作量折旧额$$

3) 双倍余额递减法

双倍余额递减法是在不考虑固定资产净残值的情况下,根据每期期初固定资产账面余额和双倍的直线法折旧率计算固定资产折旧的一种方法。

$$年折旧率 = \frac{2}{预计使用年限}$$

$$月折旧率 = 年折旧率 \div 12$$

$$月折旧额 = 固定资产账面净值 \times 月折旧率$$

实行双倍余额递减法计提折旧的固定资产,应当在其固定资产折旧年限到期以前两年内,将固定资产净值(扣除净残值)平均摊销。

4) 年数总和法

年数总和法又称合计年限法,是将固定资产的原值减去净残值后的净额乘以一个逐年递减的分数计算每年的折旧额,这个分数的分子代表固定资产尚可使用的年数,分母代表使用年限的逐年数字总和。

$$年折旧率 = \frac{尚可使用的年数}{预计使用年限的年数总和}$$

或者

$$年折旧率 = \frac{预计使用年限 - 已使用年限}{预计使用年限 \times (预计使用年限 + 1) \div 2}$$

$$月折旧率 = 年折旧率 \div 12$$

$$月折旧额 = (固定资产原值 - 预计净残值) \times 月折旧率$$

10.3.2 固定资产折旧函数

手工计算固定资产的折旧金额过程非常烦琐,但是利用Excel中提供的函数可以自动生成固定资产折旧金额。具体处理折旧的函数有7个(常用的有5个),每个折旧函数都有不同的使用方式,前文介绍了2个,在此具体说明其余5个。

1. DB 函数

函数用途:DB函数会返回利用固定余额递减法计算的在一定日期内资产的折旧值。
使用语法:

DB(cost,salvage,life,period,month)

参数说明如下所示。

- cost：固定资产的初始购置成本。
- salvage：固定资产的残值(预计残值)。
- life：固定资产的使用年限。
- period：需要计算折旧的日期，使用时period必须与life使用相同的衡量单位。
- month：第一年的月份数，如果month自变量被省略，则假定其值为12。

用法说明：固定余额递减法为在一固定比率下计算折旧。DB函数运用下列公式来计算折旧：(cost-上一期总折旧值)*比率。其中，比率=1-((salvage/cost)^(1/life))，计算时四舍五入至小数第3位。对于第一期的折旧和最后一期的折旧，必须使用特别的运算公式。对第一期而言，DB函数使用运算公式：cost*比率*month/12。对最后一期而言，DB函数使用公式((cost-前几期折旧值总和)*比率*(12-month))/12。

2. DDB 函数

函数用途：DDB函数返回指定固定资产在指定日期内按加倍余额递减法或其他指定方法计算所得的折旧值。

使用语法：

DDB(cost, salvage, life, period, factor)

参数说明如下所示。

- cost：固定资产的初始购置成本。
- salvage：固定资产的残值(预计残值)。
- life：固定资产的使用年限。
- period：要计算折旧的日期。使用时，period必须与life使用相同的衡量单位。
- factor：此参数用来指定余额递减的速率。如果该参数被省略，其假定值是2(即采用双倍余额递减法)。

3. SLN 函数

函数用途：SLN函数返回指定固定资产使用"直线折旧法"计算出的每期折旧金额。
使用语法：

SLN(cost, salvage, life)

参数说明如下所示。

- cost：固定资产的初始购置成本。
- salvage：固定资产的残值(预计残值)。
- life：固定资产的使用年限。

4. SYD 函数

函数用途：SYD函数返回指定固定资产在某段日期内按年数总和法(sum-of-years)计算出的每期折旧金额。

使用语法：

SYD(cost, salvage, life, per)

参数说明如下所示。
- cost：固定资产的初始购置成本。
- salvage：固定资产的残值(预计残值)。
- life：固定资产的使用年限。
- per：要计算的某段时期。per必须与life自变量采用相同的单位。

5. VDB 函数

函数用途：VDB函数返回指定固定资产在某一时段内的折旧数总额。VDB函数是指变量余额递减(variable declining balance)折旧法。

使用语法：

VDB(cost, salvage, life, start_period, end_period, factor, no_switch)

参数说明如下所示。
- cost：固定资产的初始购置成本。
- salvage：固定资产的残值(预计残值)。
- life：固定资产的使用年限。
- start-period：用来指定折旧数额的计算从第几期开始。该参数必须与life自变量采用相同的衡量单位。
- end-period：用来指定折旧数额的计算需算到第几期为止。该参数必须与life自变量采用相同的单位。
- factor：用来指定余额递减的速率。如果省略factor自变量，则使用默认值2(即采用双倍余额递减法)。
- no-switch：是逻辑值参数，用于判断是否要在折旧数额大于余额递减法算出的数额时将折旧切换成直线法的折旧数额。

6. AMORDEGRC 函数(略)

7. AMORLINC 函数(略)

10.3.3 折旧函数应用举例

对于固定资产管理而言，折旧费用的计提尤其重要，常用的折旧计算方法为本节前文中所述的5种方法。本节使用双倍余额递减法作为资产计提折旧的计算方法。

【例10-1】某固定资产的初始取得成本为50 000元，预计净残值率为5%，预计使用年限为6年，采用双倍余额递减法计提折旧，计算此固定资产第一年的折旧额。计算过程如下。

首先打开Excel工作簿，将鼠标光标移至左下方Sheet2工作表，在Sheet2上单击鼠标右键,在弹出的快捷菜单中选择"重命名"命令,输入"固定资产计提折旧演示",在该工作表中进行演示。

01 单击A1单元格之后,单击 fx 按钮,打开函数列表框,如图10-14所示。

02 在打开的对话框中单击"或选择类别"下拉按钮,在弹出的下拉列表中选择"财务"选项,在出现的财务函数中选择DDB函数,如图10-15所示。

03 按要求输入DDB函数的参数——固定资产原值(Cost)=50 000、固定资产预计残值(Salvage)=50 000*0.05、预计使用年限(Life)=6、折旧计提年(Period)=1,如图10-16所示。

❖ **注意:**

使用时,Period必须与Life使用相同的衡量单位,该例题中均为年。

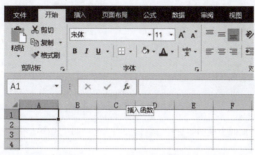

图10-14　找到插入函数标志

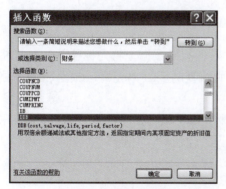

图10-15　选择折旧函数

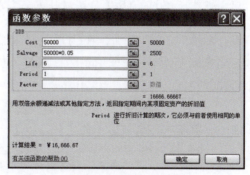

图10-16　输入相关参数

04 单击"确认"按钮,要计算的折旧值出现在A1单元格中,显示的具体函数内容如图10-17所示。

图10-17　显示第一年的折旧值

283

【例10-2】 承【例10-1】，如果需要计算第一年至第六年所有的折旧金额，具体操作步骤如下。

01 分别单击A1至A6单元格，并输入需要计提折旧的固定资产原值50 000元。分别单击B1至B6单元格，并分别输入需要计提折旧的时间1~6年，输入结果如图10-18所示。

02 单击C1单元格，根据以上DDB函数的输入方法，引用A1和B1单元格的数据，完成函数内容的填制，如图10-19所示。

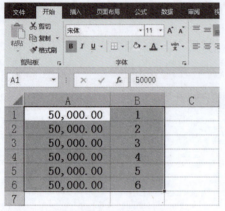
图10-18 输入需要计提折旧的金额和年份

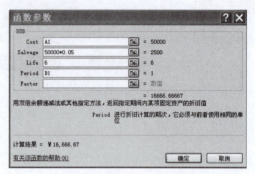
图10-19 引用或输入折旧参数

❖ **注意：**

固定资产原值(Cost)和进行折旧计算的期次(Period)必须为引用，不得直接输入数据。

03 单击"确定"按钮，在C1单元格生成第一年的折旧数据，将光标移至C1单元格右下角，当光标变为"+"时，向下拖动鼠标进行复制，复制至C6单元格，C1至C6单元格则显示1至6年的折旧额，如图10-20所示。

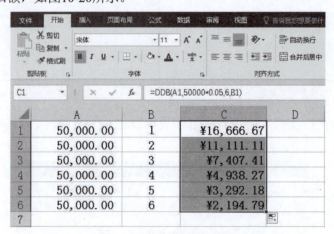
图10-20 产生全部折旧数据

04 利用SUM函数计算6年计提折旧金额之和。合计数为45 610.43，不等于固定资产的原值减净残值(50 000-50 000*0.05=47 500)，如图10-21所示。出现此情况的原因在于，采用双倍余额递减法计算折旧，最后两年的数据需要改用平均年限法计提折旧。

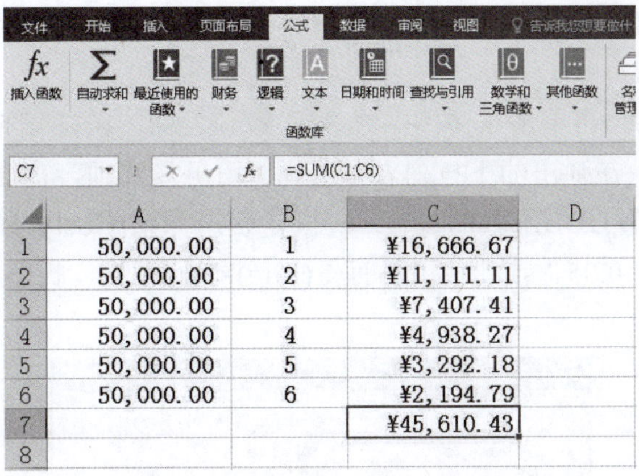

第 10 章 Excel 在固定资产管理中的应用

图 10-21 计算各年折旧金额之和

05 单击C5和C6单元格，删除错误的折旧金额。单击 fx 按钮，打开函数列表框，在打开的对话框中单击"或选择类别"下拉按钮，在弹出的下拉列表中选择"财务"选项，在出现的财务函数中选择SLN函数。在Cost文本框中输入固定资产在计提了前4年折旧之后的剩余账面价值(50 000-40 123.46)。在Salvage文本框中输入固定资产的净残值(50 000*0.05)。在Life文本框中输入固定资产的剩余使用年限2年，如图10-22所示。

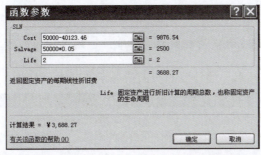

图 10-22 转为平均年限法需要填制的数据

06 单击"确定"按钮后，固定资产在第五年需要计提的折旧额为3 688.27元，将该格式复制至C6单元格。将最后两年的折旧金额确定下来。利用SUM函数计算6年计提折旧金额之和，合计数为47 500元，等于固定资产的原值减净残值(50 000-50 000*0.05= 47 500)，说明折旧的金额计算正确，如图10-23所示。

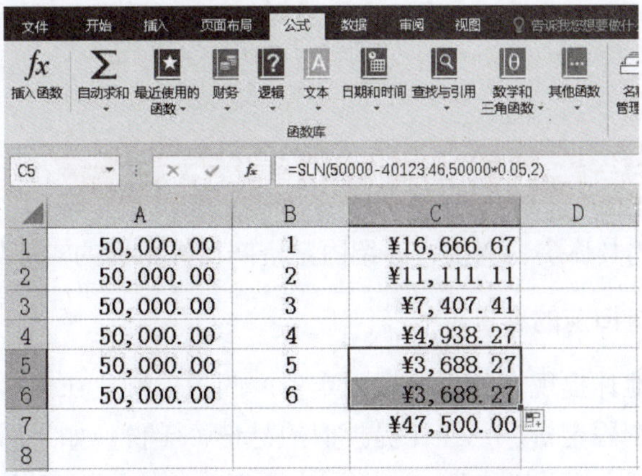

图 10-23 修改后的各年折旧金额之和

285

【例10-3】承【例10-2】，如果需要计算第一年第一个月的折旧金额，具体操作步骤如下。

01 单击E1单元格，再单击 fx 按钮，打开函数列表框，在打开的对话框中单击"或选择类别"下拉按钮，在弹出的下拉列表中选择"财务"选项，在出现的财务函数中选择DDB函数，按要求设置DDB函数的参数——固定资产原值(Cost)=50 000、固定资产预计残值(Salvage)=50 000*0.05、预计使用总月份(Life)=72(6*12)、折旧计提月(Period)=1，如图10-24所示。

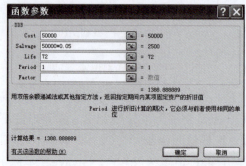

图10-24　输入按照月份计提的折旧参数

❖ **注意：**

使用时，Period必须与Life使用相同的衡量单位，该例题均为月。

02 单击"确定"按钮后，要计算的折旧值显示在E1单元格中，如图10-25所示。

	A	B	C	D	E
1	50,000.00	1	¥16,666.67		¥1,388.89
2	50,000.00	2	¥11,111.11		
3	50,000.00	3	¥7,407.41		
4	50,000.00	4	¥4,938.27		
5	50,000.00	5	¥3,688.27		
6	50,000.00	6	¥3,688.27		
7			¥47,500.00		

图10-25　显示第一年第一个月的折旧数据

10.3.4　固定资产计提折旧的具体应用

以现有固定资产的具体资料为例，介绍固定资产计提折旧的实务处理方法。

1. 固定资产计提折旧前的准备工作

为了正确、方便地计提现有的每一项固定资产的折旧额，在计提折旧前，需要根据当前的日期先计算每一个固定资产已经计提折旧的月份、年份。如果固定资产是依据工作量法计提折旧的，需要输入相关工作量。本节固定资产的具体资料来自10.2.1节，并对相关各项固定资产的取得时间进行调整。

打开“固定资产管理”工作表，建立该工作表副本，将光标移至K列，在“开始”选项卡的“单元格”组中单击“插入”按钮下方的下三角按钮，弹出下拉列表。在该下拉列表中选择“插入工作表列”插入“当前日期”列，如图10-26所示。假设当前日期为2024年12月31日。在操作时，注意必须将A列和K列单元格的格式设置为“日期”格式。

购置日期	资产类别	资产名称	增加方式	单位	数量	初始购置成本	金额合计	使用年限	预计净残值	当前日期
2020年6月20日	办公设备	计算机	直接购入	台	5	5,000.00	25,000.00	5	300.00	2024年12月31日
2021年12月31日	办公设备	激光打印机	直接购入	台	3	3,000.00	9,000.00	5	100.00	2024年12月31日
2022年12月31日	办公设备	复印机	直接购入	台	2	25,000.00	50,000.00	5	200.00	2024年12月31日
2023年12月31日	机器设备	机床	直接购入	台	2	300,000.00	600,000.00	20	1,000.00	2024年12月31日

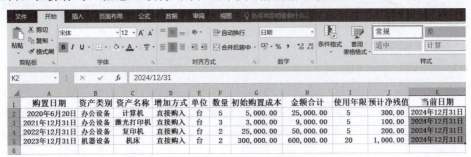

图 10-26　确定当前日期

将光标移至J列，按照上述程序，插入“已计提折旧月份”列。单击J2单元格，设置单元格公式为“=INT(DAYS360(A2,L2)/30)”，并将此公式复制到J列的其他单元格，在相关单元格显示出具体的已计提折旧月份，如图10-27所示。

函数DAYS360(A2,L2)表示计算从固定资产购置日期(认定为固定资产使用日期)开始，到当前日期的天数(如果每月按30天计算)，函数DAYS360(A2,L2)/30表示计算从固定资产使用日期开始到当前日期的月份数，如果该数据不是整数，则在其前面加一个取整函数INT()。

购置日期	资产类别	资产名称	增加方式	单位	数量	初始购置成本	金额合计	使用年限	已计提折旧月份	预计净残值	当前日期
2020年6月20日	办公设备	计算机	直接购入	台	5	5,000.00	25,000.00	5	54	300.00	2024年12月31日
2021年12月31日	办公设备	激光打印机	直接购入	台	3	3,000.00	9,000.00	5	36	100.00	2024年12月31日
2022年12月31日	办公设备	复印机	直接购入	台	2	25,000.00	50,000.00	5	24	200.00	2024年12月31日
2023年12月31日	机器设备	机床	直接购入	台	2	300,000.00	600,000.00	20	12	1,000.00	2024年12月31日

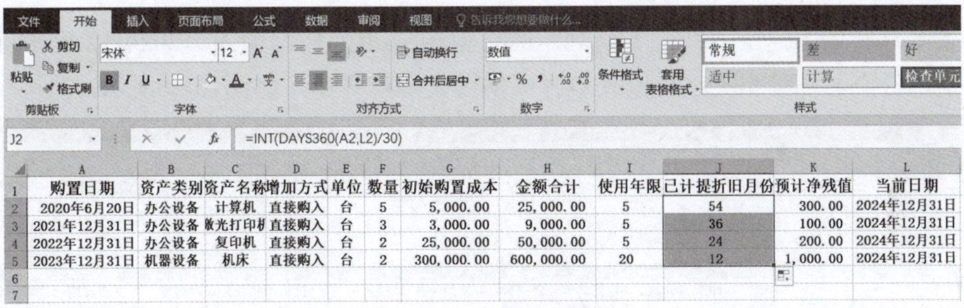

图 10-27　确定已计提折旧月份

将光标移至K列，按照上述程序，插入“已计提折旧年份”列。单击K2单元格，设置单元格公式为“=INT(J2/12)”，并将此公式复制到K列的其他单元格，在相关单元格显示出具体的已提折旧年份，如图10-28所示。

购置日期	资产类别	资产名称	增加方式	单位	数量	初始购置成本	金额合计	使用年限	已计提折旧月份	已提折旧年份	预计净残值	当前日期
2020年6月20日	办公设备	计算机	直接购入	台	5	5,000.00	25,000.00	5	54	4	300.00	2024年12月31日
2021年12月31日	办公设备	激光打印机	直接购入	台	3	3,000.00	9,000.00	5	36	3	100.00	2024年12月31日
2022年12月31日	办公设备	复印机	直接购入	台	2	25,000.00	50,000.00	5	24	2	200.00	2024年12月31日
2023年12月31日	机器设备	机床	直接购入	台	2	300,000.00	600,000.00	20	12	1	1,000.00	2024年12月31日

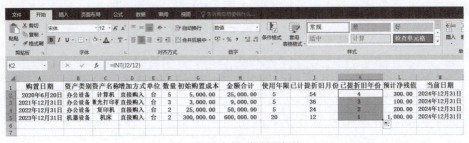

图 10-28　确定已提折旧年份

2. 固定资产折旧的计提

在计提固定资产折旧时，第一，需要确定固定资产计提折旧的方法(本例选择平均年限法计提折旧)；第二，需要考虑当月新增固定资产当月不提折旧；第三，需要考虑折旧已经计提完毕仍继续使用的固定资产不应再计提折旧；第四，需要考虑由于各种原因导致最后一个月计提折旧时，可能会出现固定资产的剩余价值小于按正常公式计算的折旧额，这时的折旧额应为固定资产的剩余价值。

具体操作步骤如下。

01 计算本月计提折旧金额。

根据前文列示，N列将反映当月计提的折旧金额。单击N1单元格，输入“本月计提折旧”。单击N2单元格，设置单元格公式为“=SLN(H2,L2,I2*12)”，并将此公式复制到N列的其他单元格，在相关单元格显示出本期各个固定资产当期(月)具体应计提的折旧额，效果如图10-29所示。

	A	B	C	D	E	F	G	H	I	J	K	L	M	N
1	购置日期	资产类别	资产名称	增加方式	单位	数量	初始购置成本	金额合计	使用年限	已计提折旧月份	已提折旧年份	预计净残值	当前日期	本月计提折旧
2	2020年6月20日	办公设备	计算机	直接购入	台	5	5,000.00	25,000.00	5	54	4	300.00	2024年12月31日	411.67
3	2021年12月31日	办公设备	激光打印机	直接购入	台	3	3,000.00	9,000.00	5	36	3	100.00	2024年12月31日	148.33
4	2022年12月31日	办公设备	复印机	直接购入	台	2	25,000.00	50,000.00	5	24	2	200.00	2024年12月31日	830.00
5	2023年12月31日	机器设备	机床	直接购入	台	2	300,000.00	600,000.00	20	12	1	1,000.00	2024年12月31日	2,495.83
6														

图 10-29　确定本月计提折旧金额

02 调整本月新增固定资产折旧。

如果本月新增固定资产，则如何列示呢？单击A6单元格，输入“2024-12-9”，随后在资产类别、资产名称等相关项目输入本月新增固定资产详情，如图10-30所示。

	A	B	C	D	E	F	G	H	I	J	K	L	M	N
1	购置日期	资产类别	资产名称	增加方式	单位	数量	初始购置成本	金额合计	使用年限	已计提折旧月份	已提折旧年份	预计净残值	当前日期	本月计提折旧
2	2020年6月20日	办公设备	计算机	直接购入	台	5	5,000.00	25,000.00	5	54	4	300.00	2024年12月31日	411.67
3	2021年12月31日	办公设备	激光打印机	直接购入	台	3	3,000.00	9,000.00	5	36	3	100.00	2024年12月31日	148.33
4	2022年12月31日	办公设备	复印机	直接购入	台	2	25,000.00	50,000.00	5	24	2	200.00	2024年12月31日	830.00
5	2023年12月31日	机器设备	机床	直接购入	台	2	300,000.00	600,000.00	20	12	1	1,000.00	2024年12月31日	2,495.83
6	2024年12月9日	运输设备	卡车	直接购入	辆	3	60,000.00	180,000.00	4	0	0	2,000.00	2024年12月31日	3,708.33

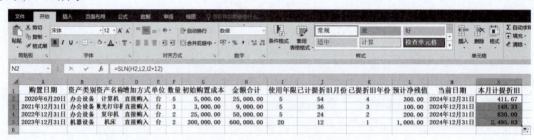

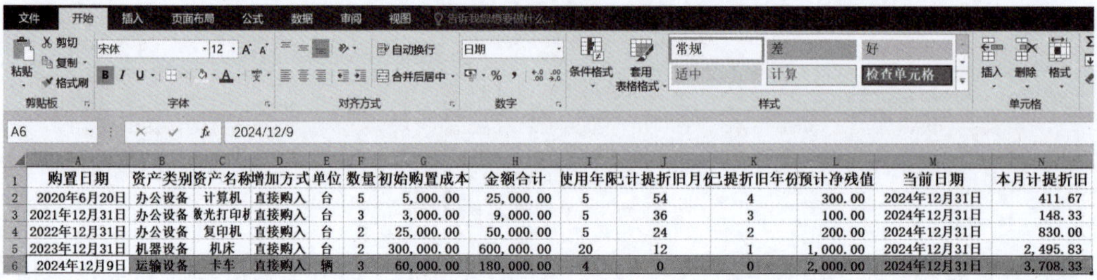

图 10-30　本月新增固定资产

我们发现第6行的运输设备属于本月新增固定资产，本月不应计提折旧，但是如果将N5公式复制到N6，则发现当月不应该计提折旧的资产也出现了当月折旧金额“3708.33”。为了规避这种错误，将N列数据在O列进行修正。

单击O1单元格，输入“本月计提折旧修正”。单击O2单元格，输入公式“=IF(J2=0,0,N2)”，并将此公式复制到O列的其他单元格。此公式的含义为：如果“已计提折旧月份”为0(即为当月新增固定资产)，则该项固定资产的月折旧额为0，否则为原月折旧额。经过修正后，可以看出当月新增固定资产的折旧已经显示为“0”，如图10-31所示。

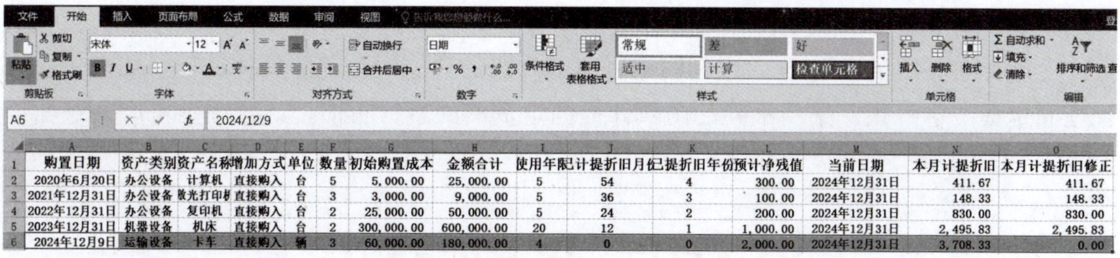

A6 =2024/12/9

	A	B	C	D	E	F	G	H	I	J	K	L	M	N	O
1	购置日期	资产类别	资产名称	增加方式	单位	数量	初始购置成本	金额合计	使用年限	已计提折旧月份	已提折旧年份	预计净残值	当前日期	本月计提折旧	本月计提折旧修正
2	2020年6月20日	办公设备	计算机	直接购入	台	5	5,000.00	25,000.00	5	54	4	300.00	2024年12月31日	411.67	411.67
3	2021年12月31日	办公设备	激光打印机	直接购入	台	3	3,000.00	9,000.00	5	36	3	100.00	2024年12月31日	148.33	148.33
4	2022年12月31日	办公设备	复印机	直接购入	台	2	25,000.00	50,000.00	5	24	2	200.00	2024年12月31日	830.00	830.00
5	2023年12月31日	机器设备	机床	直接购入	台	2	300,000.00	600,000.00	20	12	1	1,000.00	2024年12月31日	2,495.83	2,495.83
6	2024年12月9日	运输设备	卡车	直接购入	辆	3	60,000.00	180,000.00	4	0	0	2,000.00	2024年12月31日	3,708.33	0.00

图 10-31　修正后的本月计提折旧金额

03 计算截止到本期的累计折旧金额。

由于本例中规定的累计折旧的计提方法为平均年限法，故需要根据已计提折旧月份和本月计提折旧修正的数额，相乘计算出累计折旧的金额。单击P1单元格，输入“累计折旧”，单击P2单元格，设置单元格公式为“=J2*O2”，并将此公式复制到P列的其他单元格，在相关单元格显示出具体的从计提折旧开始到截止到本月的累计折旧金额，结果如图10-32所示。

P2 =J2*O2

	A	B	C	D	E	F	G	H	I	J	K	L	M	N	O	P
1	购置日期	资产类别	资产名称	增加方式	单位	数量	初始购置成本	金额合计	使用年限	已计提折旧月份	已提折旧年份	预计净残值	当前日期	本月计提折旧	本月计提折旧修正	累计折旧
2	2020年6月20日	办公设备	计算机	直接购入	台	5	5,000.00	25,000.00	5	54	4	300.00	2024年12月31日	411.67	411.67	22,230.00
3	2021年12月31日	办公设备	激光打印机	直接购入	台	3	3,000.00	9,000.00	5	36	3	100.00	2024年12月31日	148.33	148.33	5,340.00
4	2022年12月31日	办公设备	复印机	直接购入	台	2	25,000.00	50,000.00	5	24	2	200.00	2024年12月31日	830.00	830.00	19,920.00
5	2023年12月31日	机器设备	机床	直接购入	台	2	300,000.00	600,000.00	20	12	1	1,000.00	2024年12月31日	2,495.83	2,495.83	29,950.00
6	2024年12月9日	运输设备	卡车	直接购入	辆	3	60,000.00	180,000.00	4	0	0	2,000.00	2024年12月31日	3,708.33	0.00	0.00

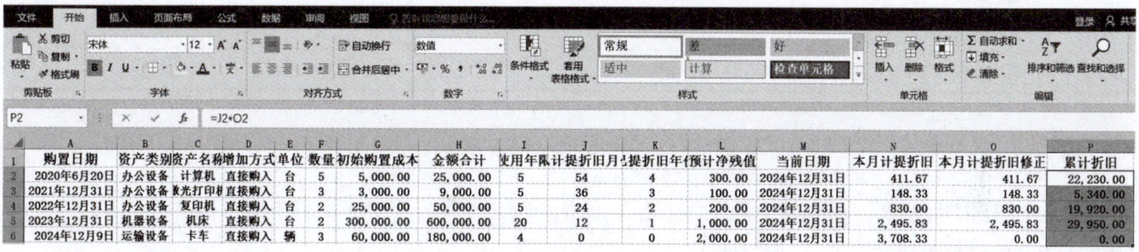

图 10-32　计算累计折旧金额

04 计算固定资产账面价值。

在不考虑固定资产减值准备的情况下，固定资产账面价值=固定资产原价-累计折旧。单击Q1单元格，输入“账面价值”。单击Q2单元格，设置单元格公式为“=H2-P2”，并将此公式复制到Q列的其他单元格，在相关单元格显示出固定资产的账面价值，结果如图10-33所示。

Q2 =H2-P2

	A	B	C	D	E	F	G	H	I	J	K	L	M	N	O	P	Q
1	购置日期	资产类别	资产名称	增加方式	单位	数量	初始购置成本	金额合计	使用年限	已计提折旧月份	已提折旧年份	预计净残值	当前日期	本月计提折旧	本月计提折旧修正	累计折旧	账面价值
2	2020年6月20日	办公设备	计算机	直接购入	台	5	5,000.00	25,000.00	5	54	4	300.00	2024年12月31日	411.67	411.67	22,230.00	2,770.00
3	2021年12月31日	办公设备	激光打印机	直接购入	台	3	3,000.00	9,000.00	5	36	3	100.00	2024年12月31日	148.33	148.33	5,340.00	3,660.00
4	2022年12月31日	办公设备	复印机	直接购入	台	2	25,000.00	50,000.00	5	24	2	200.00	2024年12月31日	830.00	830.00	19,920.00	30,080.00
5	2023年12月31日	机器设备	机床	直接购入	台	2	300,000.00	600,000.00	20	12	1	1,000.00	2024年12月31日	2,495.83	2,495.83	29,950.00	570,050.00
6	2024年12月9日	运输设备	卡车	直接购入	辆	3	60,000.00	180,000.00	4	0	0	2,000.00	2024年12月31日	3,708.33	0.00	0.00	180,000.00

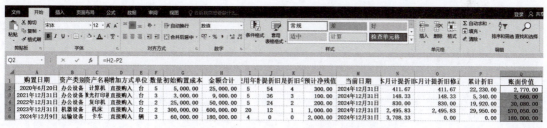

图 10-33　计算固定资产账面价值

10.4 本章小结

本章介绍了固定资产卡片账的建立和填写；列示了利用不同的折旧函数计算固定资产的累计折旧；分析了在正确计算固定资产累计折旧的基础上，进一步计算固定资产的账面价值。本章首先讲解了固定资产的基本概念和对其实施单独管理的必要性，使读者建立对固定资产重点管理的认识;接着详细列示了计提固定资产折旧的几种常用方法和相关函数;之后详细介绍了运用Excel进行固定资产卡片账的建立与登记的具体过程,如何创建和管理固定资产卡片账,采用不同的函数计提固定资产的累计折旧,计算固定资产的账面价值等。

10.5 思考练习

上机练习题

某公司有关固定资产概况资料,如表10-1所示。

表10-1 固定资产概况

项目	金额/元	预计使用年限/年	预计净残值率
机器设备	80 000	10	0.3%
办公设备	5 000	5	0.5%
建筑物	30 000 000	20	0.02%

要求如下。

(1) 利用折旧函数,采用平均年限法、双倍余额递减法、年数总和法计算各项固定资产的年折旧额和月折旧额。

(2) 假设截止到今年年底各项固定资产已经使用3年整,采用以上方法计算各项固定资产的累积折旧额和账面价值。

第 11 章

Excel 在财务管理中的应用

财务管理是组织企业财务活动、处理财务关系的一项经济管理工作,主要包括筹资、投资和利润分配等内容。筹资是企业为了满足投资和资金营运的需要,筹集所需资金的行为;投资是企业根据项目资金需要投出资金的行为。本章主要运用Excel中的财务函数,对筹资、投资中的相关问题进行分析和论述。通过本章的学习,读者能够理解并掌握Excel在财务管理中的应用。

本章学习目标
- 货币时间价值的计量。
- 资本成本的计量。
- 项目投资评价基本指标。

本章教学视频
- 债券发行价格。
- 净现值。

(以上教学视频可通过扫描前言中的二维码进行下载。)

11.1 货币时间价值的计量

11.1.1 货币时间价值概述

货币的时间价值是指资金经历一定时间的投资和再投资所增加的价值。在商品经济中,有这样一种现象:现在的一百元钱和一年后的一百元钱的经济价值不相等,或者说其经济效用不同。现在的一百元钱,比将来的一百元钱经济价值要大一些,即使不存在通货膨胀也是如此。为什么会这样呢?例如,将现在的一百元钱存入银行,存款利率为2.25%。

这一百元钱经过一年时间，其投资价值增加2.25元，这就是资金的时间价值。也就是说，资金的时间价值是资金在周转使用中由于时间因素所形成的差额价值，是资金在生产经营过程中带来的增值额，其实质是剩余价值的转化形式。

资金时间价值的表示形式有两种：一种是绝对数形式，即资金时间价值额(利息)；另一种是相对数形式，即资金时间价值率(利率)。在进行货币时间价值计算时，利息的计算有两种方法：单利和复利。

1. 单利

单利指只对本金计算利息，不对利息计息。单利终值是本金与以不变的本金计算的各期利息之和，即本金加上只对本金计算的利息。其计算公式为

$$F = P + I = P + P \times i \times n = P(1+i \times n)$$

其中：P为现值，即本金；F为终值，即n年后的本利和；i为利率；I为利息；n为计算利息的期数，即计息期。

2. 复利

复利是指不仅本金要计算利息，利息也要计算利息，即通常所说的"利滚利"。

复利终值是指一定数量的本金在一定的利率下按照复利计算出的若干时期以后的本利和。复利终值的计算公式为

$$F = P \times (1+i)^n = P(F/P, i, n)$$

复利现值是指未来某一特定时间的资金按复利计算的现在价值。其计算公式为

$$P = \frac{F}{(1+i)^n} = F(P/F, i, n)$$

3. 年金

年金是指一定时期内每期相等金额的系列收付款项，年金是按复利计息方式进行计算的。年金应同时满足两个条件：连续性和等额性。连续性是指在一定期间内，每隔相等时间段必须发生一次收付款业务。等额性是指各期发生的款项必须在数额上相等。年金的形式多种多样，如发放养老金、支付保险费、计提折旧、分期等额支付或收取租金、等额分期付款、等额分期收款、零存整取储蓄存款业务等，都属于年金问题。为便于计算年金的终值和现值，现设定以下符号：A为每年收付的金额，即年金；i为利率；FA为年金终值；PA为年金现值；n为收款、付款的期数。

年金按照收付的次数和支付的时间不同，可以分为普通年金、预付年金、递延年金和永续年金。每期期末收款、付款的年金为普通年金，也称后付年金；每期期初收款、付款的年金为预付年金，也称先付年金、即付年金；距今若干期以后发生的每期期末收款、付款的年金为递延年金；无限期连续收款、付款的年金为永续年金。

Excel提供了年金、利率、年金现值、年金终值等资金时间价值的函数，其涉及的利率均是复利，利用这些函数可以将复杂的计算变得轻而易举。而单利现值、单利终值、永续年金等的计算较简单，Excel没有提供相应的函数，可以通过直接在单元格中输入公式进行计算。

11.1.2 运用Excel计算时间价值指标

1. 终值时间价值指标

终值时间指标包括复利终值、普通年金终值和预付年金终值。

> ❖ 提示：
>
> 终值函数FV(rate, nper, pmt, pv, type)用于计算复利终值或年金终值，以及综合计算复利终值和年金终值。

1）复利终值的计算

【例11-1】嘉佑有限责任公司将1 000万元存入银行，以便5年后用于一项投资。假设存款年利率为10%，复利计息。问5年后该公司可从银行取出多少钱用于项目投资？

依题意，求5年后可从银行取出的资金数，即为求5年后复利的终值。即

$$F_5 = 1\,000 \times (1+10\%)^5 = 1\,000 \times (F/P, 10\%, 5)$$
$$= 1\,000 \times 1.610\,5 = 1\,610.51(万元)$$

计算结果表明，该公司5年后可从银行取出1 610.51万元用于项目投资。

运用Excel计算复利终值指标的基本步骤如下。

01 在Excel工作表中任选一个单元格，执行"公式"|"函数库"|"财务"命令，在"选择函数"列表框中选择FV，单击"确定"按钮，弹出"函数参数"对话框。

02 在该对话框中的相应文本框中分别输入年利率、存款期限数和存款数(现值)，如图11-1所示，单击"确定"按钮，该单元格显示的数值表示这笔存款5年后的本利和为1 610.51万元。

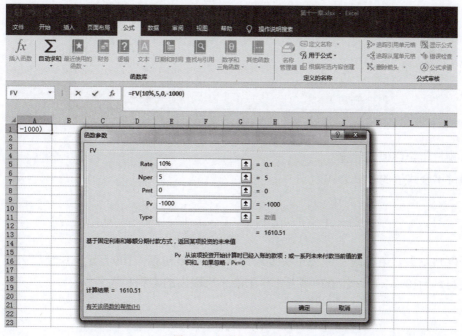

图11-1 复利终值的计算

2) 普通年金终值的计算

普通年金终值的计算公式为

$$FA = A \times \frac{(1+i)^n - 1}{i} = A(F/A, i, n)$$

【例11-2】嘉佑有限责任公司计划在5年内每年年末从银行借款10万元用于建设投资，5年末偿还，借款年利率为10%。问第5年年末公司应付的本息为多少？

依题意，求第5年年末公司应付的本息数额就是求普通年金的终值，即

$$FA = A \times (F/A, 10\%, 5) = 10 \times 6.1051 = 61.051(万元)$$

这就是说，该公司第5年年末应付的本息为61.051万元。

运用Excel计算普通年金终值指标的基本步骤如下。

01 在Excel工作表中任选一个单元格，执行"公式"|"函数库"|"财务"命令，在"选择函数"列表框中选择FV，单击"确定"按钮，弹出"函数参数"对话框。

02 在该对话框的相应文本框中分别输入年利率、借款期限数和各期借款金额，如图11-2所示，单击"确定"按钮，该单元格显示的数值表示第5年年末公司应付的本息数额为61.051万元。

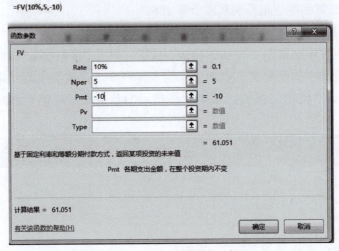

图11-2 普通年金终值的计算

3) 预付年金终值的计算

预付年金终值的计算公式为

$$FA = A \times [(F/A, i, n+1) - 1] = A \times \left[\frac{(1+i)^{n+1} - 1}{i} - 1\right]$$

【例11-3】嘉佑有限责任公司决定连续5年每年年初存入100万元用作住房公积金，银行存款利率为10%，则该公司在第五年年末能一次取出的本利和为多少？

依题意，该公司第5年年末取出款项的金额就是预付年金的终值，所以

$$FA = 100 \times \left[(F/A, 10\%, 5+1) - 1 \right] = 100 \times (7.71561 - 1) = 671.561(万元)$$

运用Excel计算预付年金终值指标的基本步骤如下。

01 在Excel工作表中任选一个单元格，执行"公式"|"函数库"|"财务"命令，在"选择函数"列表框中选择FV，单击"确定"按钮，弹出"函数参数"对话框。

02 在该对话框的相应文本框中分别输入年利率、存款期限数、各期存款金额和期初数值，如图11-3所示，单击"确定"按钮，该单元格显示的数值表示该公司在第五年年末能一次取出的本利和为671.561万元。

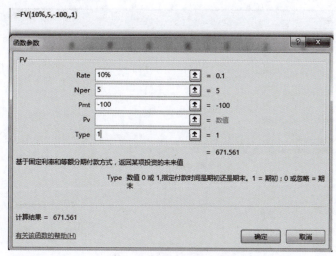

图11-3 预付年金终值的计算

2. 现值时间价值指标

现值指标计算包括复利现值、普通年金现值和预付年金现值的计算。

> ❖ 提示：
>
> 现值函数PV(rate, nper, pmt, fv, type)用于计算复利现值或年金现值，以及综合计算复利现值和年金现值。

1) 复利现值的计算

【例11-4】嘉佑有限责任公司计划5年后以1 000万元进行投资，若银行存款利率为5%，每年复利一次。问公司现在应存多少钱才能保证5年后取得项目投资所需资金1 000万元。

依题意，求公司现在需存入款项的金额实为求复利的现值，即

$$P = \frac{1000}{(1+5\%)^5} = 1000 \times (P/F, 5\%, 5)$$
$$= 1000 \times 0.7835 = 783.53(万元)$$

计算结果表明，该公司现在应一次存入783.53万元才能保证5年后取得项目投资所需资金1 000万元。

运用Excel计算复利现值指标的基本步骤如下。

01 在Excel工作表中任选一个单元格，执行"公式"|"函数库"|"财务"命令，在"选择函数"列表框中选择PV，单击"确定"按钮，弹出"函数参数"对话框。

02 在该对话框中的相应文本框中分别输入年利率、投资期限、投资终值，如图11-4所示，单击"确定"按钮，在该单元格显示的数值表示公司现在需存入款项的金额为783.53万元。因为是投入，所以结果为负数。

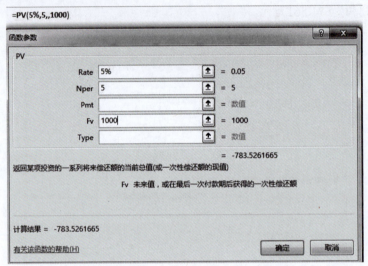

图11-4　复利现值的计算

2) 普通年金现值的计算

普通年金现值的计算公式为

$$PA = A \times \frac{1-(1+i)^{-n}}{i} = A(P/A,i,n)$$

【例11-5】某人要出国三年，需请他人代付三年的房屋物业费，每年末付10 000元。若存款利率为5%，现在他应向对方银行账户存入多少钱？

依题意，求现在需存入银行的款项属于求年金现值的问题，即

$$PA = A(P/A,i,n) = 10\ 000 \times (P/A,5\%,3) = 10\ 000 \times 2.723\ 248 = 27\ 232.48(元)$$

也就是说，某人现在应向对方银行账户一次性存入27 232.48元，对方才能每年年末帮他支付10 000元的物业费。

有关操作的步骤请参考【例11-4】，弹出"函数参数"对话框后，按照题意分别输入年利率、期限和年金金额，如图11-5所示，单击"确定"按钮，在该单元格显示的数值表示现在应向对方银行账户存入27 232.48元。

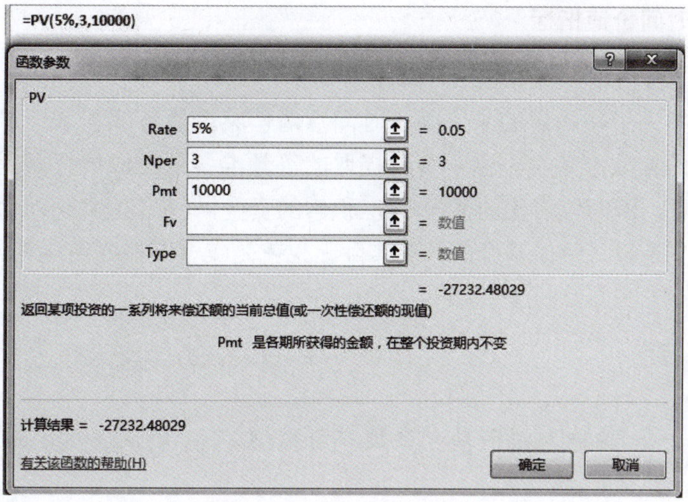

图 11-5 普通年金现值的计算

3) 预付年金现值的计算

预付年金现值的计算公式为

$$PA = A \times [(P/A, i, n-1) + 1] = A \times \left[\frac{1-(1+i)^{-(n-1)}}{i} + 1 \right]$$

【例11-6】 某人分期付款购买住宅，需每年年初支付10 000元，连续支付20年。若银行借款利率为5%，则该项分期付款如果现在一次性全部支付，共需支付现金多少？

依题意，现在需支付的金额为预付年金的现值，故需一次性支付的金额为

$$PA = 10\,000 \times [(P/A, 5\%, 20-1) + 1] = 100\,000 \times 13.085\,3 = 130\,853(元)$$

有关操作的步骤请参考【例11-4】，弹出"函数参数"对话框后，按照题意分别输入年利率、期限、年金金额和表示期初付款的逻辑值，如图11-6所示，单击"确定"按钮，该单元格显示的数值表示一次性全部支付的金额为130 853元。

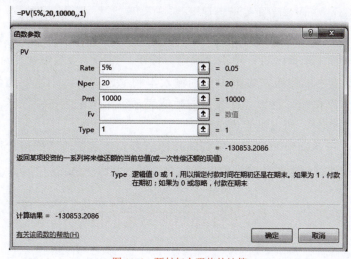

图 11-6 预付年金现值的计算

3. 特殊年金时间价值指标

特殊年金时间价值指标计算包括计算偿债基金和资本回收额。

偿债基金是指为了在约定的未来某一时间点清偿某笔债务或积累一定数额的资金而必须分次等额提取的存款准备金。由于每次提取的等额准备金类似年金存款，同样可以获得按复利计算的利息，因而应清偿的债务(或应积累的资金)即为年金终值，每年提取的偿债基金即为年金。也就是说，偿债基金的计算实际上也就是年金终值的逆运算。其计算公式为

$$A = FA \times \frac{i}{(1+i)^n - 1} = \frac{FA}{(F/A, i, n)}$$

式中：$\dfrac{i}{(1+i)^n - 1}$ 被称为偿债基金系数，可用$(A/F, i, n)$来表示，为年金终值系数的倒数。

❖ **提示：**

年金函数PMT(rate, nper, pv, fv, type)用于计算投资或贷款的等额分期偿还额，以及计算偿债基金。

【**例11-7**】嘉佑有限责任公司希望在5年内每年年末在银行存入一笔资金，以便在第5年年末归还一笔到期的100万元长期债务。若银行存款年利率为10%，则每年年末应在银行存入的款项数额是多少？

依题意，每年年末公司应在银行存入的款项数额为

$$A = 100 \times \frac{10\%}{(1+10\%)^5 - 1} = 100 \times \frac{1}{(F/A, 10\%, 5)}$$

$$= 100 \times \frac{1}{6.1051} = 16.38(万元)$$

运用Excel计算偿债基金的基本步骤如下。

01 在Excel工作表中任选一个单元格，执行"公式"|"函数库"|"财务"命令，在"选择函数"列表框中选择PMT，单击"确定"按钮，弹出"函数参数"对话框。

02 在该对话框中的相应文本框中分别输入年利率、期限、未来归还数值，如图11-7所示，单击"确定"按钮，该单元格显示的数值表示每年年末应在银行存入的款项数额为16.38万元。因为是存款，所以结果为负数。

资本回收额是指在约定的年限内等额回收初始投入资本额或清偿所欠债务额的价值指标。资本回收额的计算也就是年金现值的逆运算。其计算公式为

$$A = PA \times \frac{i}{1 - (1+i)^{-n}} = \frac{PA}{(P/A, i, n)}$$

式中，$\dfrac{i}{1-(1+i)^{-n}}$ 被称为资本回收系数，可用$(A/P, i, n)$来表示，为年金现值系数的倒数。

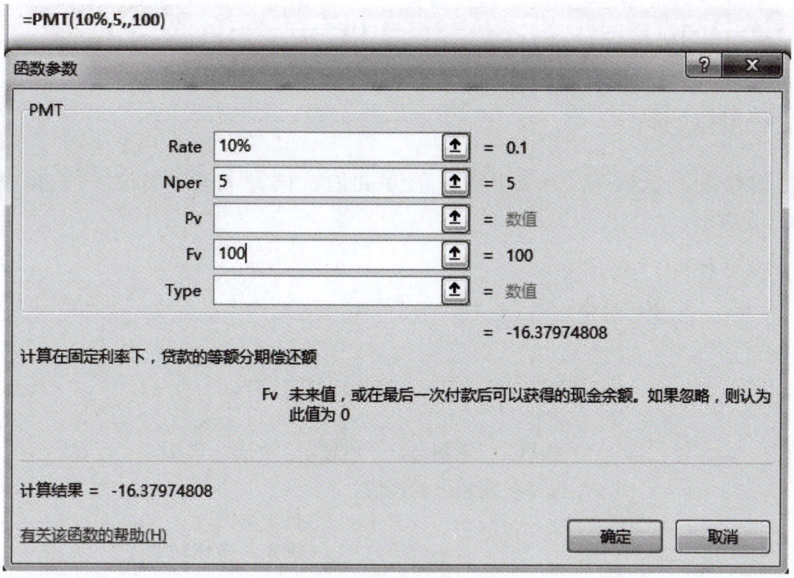

=PMT(10%,5,,100)

图 11-7 偿债基金的计算

【例11-8】嘉佑有限责任公司假设以10%的利率借款200万元,投资于某个寿命为10年的项目,每年至少要收回多少现金才可投资?

依题意,每年应收回的现金数额就是年资本回收额。所以每年应收回的现金数额为

$$A = \frac{200}{(P/A,10\%,10)} = \frac{200}{6.1446} = 32.55(万元)$$

有关操作步骤请参考【例11-7】,弹出"函数参数"对话框后,按照题意分别输入年利率、期限和未来付款额,如图11-8所示,单击"确定"按钮,该单元格显示的数值表示每年至少要收回的金额为32.55万元。

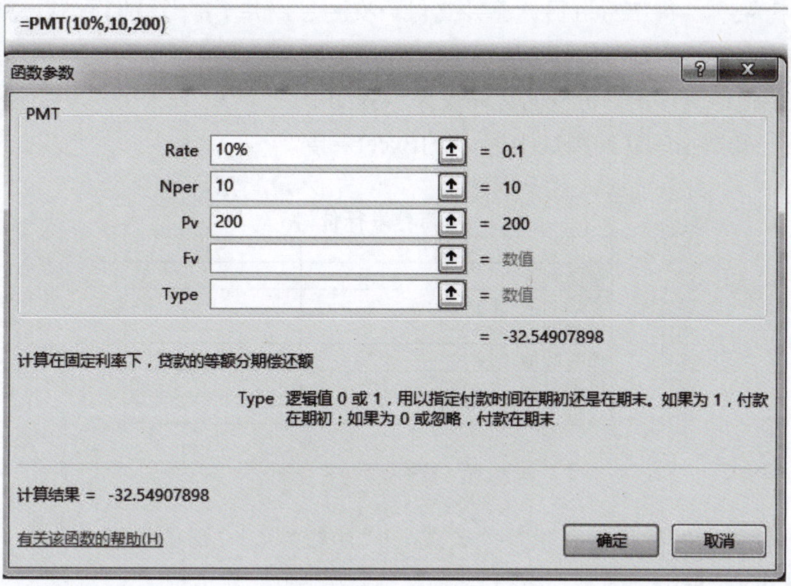

=PMT(10%,10,200)

图 11-8 资本回收额的计算

11.1.3 时间价值运用——长期债券决策分析

1. 债券发行价格的确定

债券发行价格的高低取决于4项因素：债券面值、债券利率、市场利率和债券期限。

1) 债券估价模型

债券估价模型如图11-9所示。

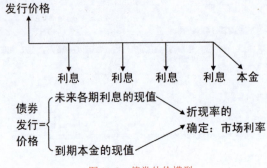

图11-9 债券估价模型

2) 计算公式

典型的债券是固定利率，每年计算并支付利息，到期归还本金。按照这种模式，债券发行价格的计算公式为

$$P = 利息 \times (P/A, i, n) + 面值 \times (P/F, i, n)$$

2. 运用 Excel 确定债券发行价格

【例11-9】嘉佑有限责任公司拟于20×1年的下一年2月1日发行面值为1 000元的债券，票面利率为5%，每年2月1日计算并支付一次利息，并于8年后的1月31日到期，市场利率为6%。计算：债券的发行价格。

运用Excel确定债券发行价格的具体操作步骤如下。

01 根据已知数据建立如图11-10所示的Excel表格。

	A	B	C
1		债券发行价格	
2		说明	数据
3		票面利率	5%
4		市场利率（Rate）	6%
5		计息期（Nper）	8
6		债券面值（FV）	−1000
7		付息类型（type）	0
8		债券发行价（PV）	
9			

图11-10 建立债券发行价格表

02 计算债券的发行价格。执行"公式"|"函数库"|"财务"命令，在"选择函数"列表框中选择PV，单击"确定"按钮，弹出"函数参数"对话框。

03 分别引用C4、C5、C6*C3和C6、C7单元格，如图11-11所示，单击"确定"按钮，得出C8单元格的值(债券发行价)为937.90元，结果如图11-12中的单元格所示。

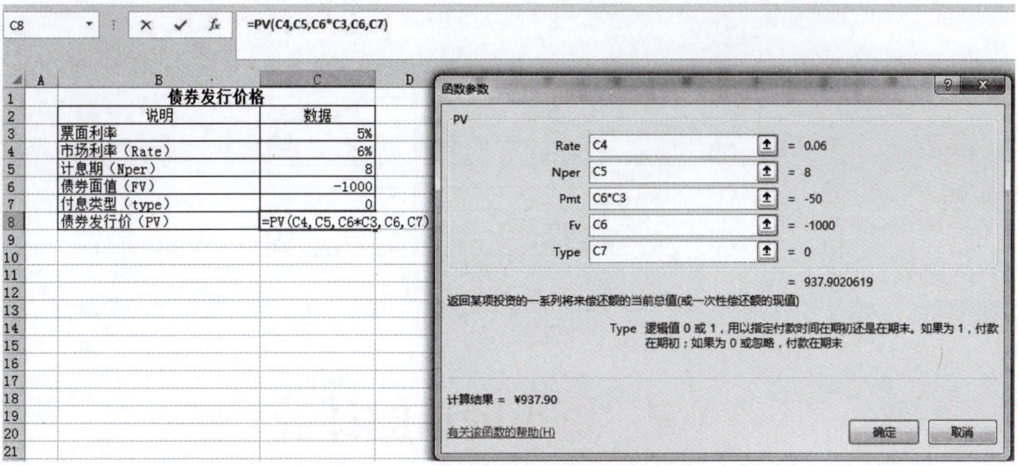

图 11-11　债券估价中 PV 函数的应用

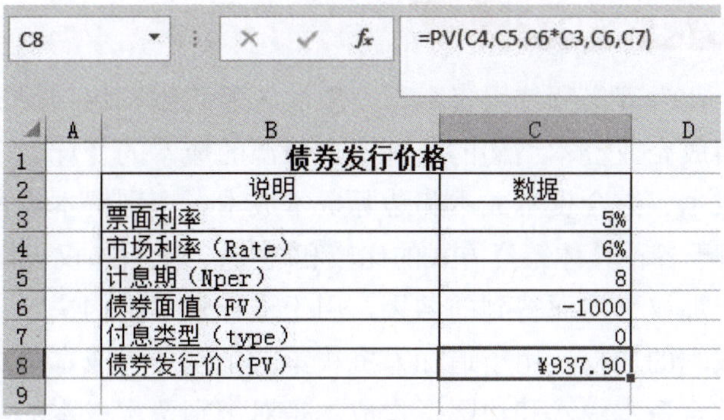

图 11-12　债券估价计算结果

计算说明：

每年支付利息(PMT)=债券面值×票面利率=C6*C3=-50(元)

债券发行价：

C8=每年债息×(P/A,i,n)+债券面值×(P/F,i,n)

=PV(C4,C5,C6*C3,C6,C7)=PV(6%,8,-50,-1000,0)=937.90(元)

> ❖ 提示：
>
> 式中由于支付利息PMT和债券到期支付面值FV都是支出，因此参数均为负值。

04 根据债券估价模型和有关数据调整相关参数，进行债券价值的动态计算。

改变表中参数数据则可立刻算出结果。例如，若【例11-9】的付息时间为期初，则仅将图11-12中C7单元格(付息类型type)的值改为1，即可在C8单元格自动计算出债券发行价格为

$$PV(C4, C5, C6*C3, C6, C7) = PV(6\%, 8, -50, -1000, 1) = 956.53(元)$$

结果如图11-13所示。

图 11-13 动态债券估价计算结果

11.2 资本成本的计量

11.2.1 资本成本概述

资本成本是指企业为筹集和使用资金而发生的各种费用，包括用资费用和筹资费用。企业的资本成本是组成企业资本结构的各种资本来源的成本的合计。资本成本按其用途可以分为：个别资本成本、综合资本成本和边际资本成本。个别资本成本是某一种筹资方式的资本成本，一般用于各种具体筹资方式的比较和评价；综合(加权平均)资本成本是对于各种个别资本成本进行加权平均而得到的结果，用于进行资本结构决策；边际资本成本是企业新筹集部分资金成本的加权，用于追加筹资决策。个别资本成本是综合资本成本和边际资本成本的基础，综合资本成本和边际资本成本是对个别资本成本的加权平均，三者均与资本结构有关。

11.2.2 个别资本成本的计量

个别资本成本包括债务资本和权益资本两大类。债务资本有长期借款和长期债券两部分。权益资本可以进一步划分为优先股、普通股和留存收益3部分。不同资本成本其计量方式也有所不同。

1. 长期借款资本成本的计量模型

一次还本、分期付息借款的成本为

$$K_L = \frac{I(1-T)}{L(1-f)} = \frac{i \times L \times (1-T)}{L(1-f)} = \frac{i(1-T)}{1-f}$$

式中：K_L 为长期借款成本，T 为所得税税率，I 为年利息，i 为年利息率，f 为筹资费用率，L 为长期借款筹资额(借款本金)。

当长期借款的筹资费(主要是借款的手续费)很少时，也可以忽略不计。

【例11-10】嘉佑有限责任公司取得5年期长期借款200万元，年利率为11%，每年付息一次，到期一次还本付息，筹资费率为0.5%，企业所得税税率为25%，则该项长期借款的

资本成本为

$$200\times11\%\times(1-25\%)/[200\times(1-0.5\%)]=8.29\%$$

运用Excel计算该项长期借款的资本成本的基本步骤如下。

01 在Excel工作表中输入借款的相关数据，如图11-14所示，分别在单元格B2、B3和B4中输入长期借款利率、所得税税率和长期借款筹资费用率。

02 在计算资本成本数据的单元格中输入公式，即在B5单元格中输入公式“=B2* (1-B3)/(1-B4)”，即可计算出该项借款的资本成本，如图11-14所示。

B5　=B2*(1-B3)/(1-B4)

	A	B	C
1	长期借款成本		
2	长期借款的利率	11%	
3	所得税率	25%	
4	长期借款筹资费用率	0.50%	
5	长期借款资本成本	8.29%	

图 11-14　长期借款资本成本

2. 债券资本成本的计量模型

发行债券的成本主要指债券利息和筹资费用。按照一次还本、分期付息的方式，长期债券资本成本的计算公式为

$$K_b=\frac{I(1-T)}{B_0(1-f)}=\frac{B\times i\times(1-T)}{B_0(1-f)}$$

式中：B为债券面值，B_0为债券筹资额(发行价)。

【例11-11】嘉佑有限责任公司计划发行10年期公司债券，面值为1 000万元，票面利率为12%，每年付息一次，发行费用率为3%，所得税税率为25%，等价发行。请确定该公司发行债券的资本成本是多少。

该债券的成本运用Excel计算，如图11-15所示。

B6　=B2*B3*(1-B5)/(B2*(1-B4))

	A	B	C	D
1	债券筹资			
2	发行总面额（万元）	1000		
3	票面利率	12%		
4	筹资费用率	3%		
5	所得税率	25%		
6	债券资本成本	9.28%		

图 11-15　债券资本成本 1

图11-15中，单元格B6的结果是通过公式“=B2*B3*(1-B5)/(B2*(1-B4))”计算得来的。

若债券溢价或折价发行，为更精确地计算资本成本，应以实际发行价格作为债券筹资额。

【例11-12】假设嘉佑有限责任公司债券的发行价格为1 200万元，其他条件相同，则其资本成本如图11-16所示。

B7 =B2*B4*(1-B5)/(B3*(1-B6))

	A	B	C	D
1	债券筹资			
2	发行总面额（万元）	1000		
3	发行价格（万元）	1200		
4	票面利率	12%		
5	所得税率	25%		
6	筹资费用率	3%		
7	债券资本成本	7.73%		
8				

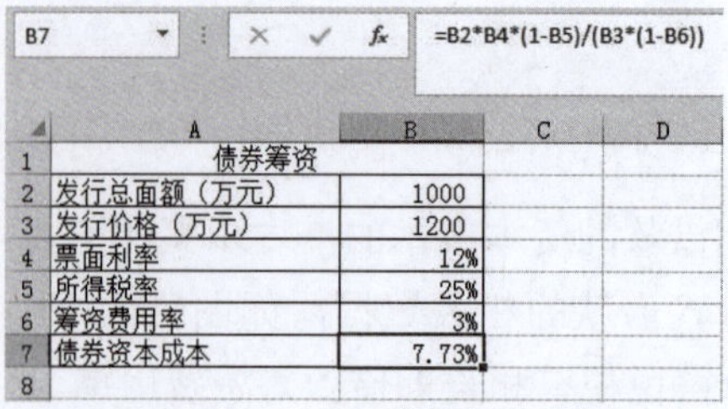

图 11-16　债券资本成本 2

其中，单元格B7中是需要计算的债券资本成本，从图11-16中可知，其计算结果为7.73%，这是通过在B7单元格中输入公式“=B2*B4*(1-B5)/(B3*(1-B6))”计算得出的。

3. 优先股资本成本的计量模型

企业发行优先股要支付筹资费用，还要定期支付股利。股利固定，但是税后支付，不具有抵税作用，优先股没有固定到期日。其计算公式为

$$K_p = \frac{D_p}{P_0(1-f)} = \frac{P \times d}{P_0 \times (1-f)}$$

式中：K_p为优先股成本，D_p为优先股年股利，P_0为优先股筹资额(发行价)，d为优先股年股利率，P为优先股面值总额。

【例11-13】嘉佑有限责任公司按面值发行100万元的优先股，筹资费用率为4%，每年支付12%的股利。计算：优先股的资本成本。

该优先股资本成本运用Excel计算，如图11-17所示。图中，单元格B6中是需要计算的优先股资本成本，其计算结果为12.50%，这是通过在B6单元格中输入公式“=B4*B3/(B2*(1-B5))”计算得出的。

B6 =B4*B3/(B2*(1-B5))

	A	B	C	D
1	优先股筹资			
2	优先股市价（万元）	100		
3	优先股股利率	12%		
4	优先股面值（万元）	100		
5	筹资费用率	4%		
6	优先股资本成本	12.50%		
7				

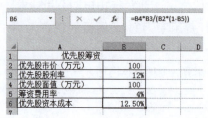

图 11-17　优先股资本成本

4. 普通股资本成本的计量模型

普通股资本成本的计量可以采用股利增长模型法、资本资产定价模型法和风险溢价法3种方法计算。

1) 股利增长模型法

股利固定增长，年增长率为g的情况下，其计算公式为

$$K_S = \frac{D_1}{V_0(1-f)} + g$$

式中：K_s为普通股成本，D_1为预期第一年年股利额，V_0为普通股市价。

【例11-14】嘉佑有限责任公司普通股每股市价为56元,将发行新普通股,筹资费用率为股价的10%,前一年股利为2元/股,今年预计每股股利增长12%。计算:普通股资本成本。

该普通股资本成本运用Excel计算,如图11-18所示。

其中,单元格B6中是需要计算的普通股资本成本,从图11-18中可知,其计算结果为16.44%,这是通过在B6单元格中输入公式"=B2*(1+B4)/(B3*(1-B5))+B4"计算得出的。

2) 资本资产定价模型法

$$K_s = R_f + \beta(R_m - R_f)$$

式中:R_f为无风险报酬率,β为股票的贝塔系数,R_m为平均风险股票必要报酬率。

【例11-15】嘉佑有限责任公司普通股β值为1.5,此时市场无风险报酬率为12%,平均风险股票必要报酬率为15%,普通股资本成本计算如图11-19所示。

其中,B5中的数值是由输入公式"=B2+B3*(B4-B2)"计算得出的。

图11-18　普通股资本成本1　　　　图11-19　普通股资本成本2

3) 风险溢价法

$$K_S = R_f + R_R$$

式中:R_R为风险溢价。

【例11-16】假定嘉佑有限责任公司普通股的风险溢价为8%,而无风险利率为5%。计算:该公司普通股的资本成本。

如图11-20所示,B4中的计算结果是13%,这是通过输入公式"=B2+B3"计算得出的。

5. 留存收益资本成本的计量模型

一般情况下,企业不会把全部的收益以股利形式分给股东,所以,留存收益也是企业资金的一种重要来源,相当于股东对企业追加投资。股东对这部分与以前缴纳的股本一样,也要有一定的报酬,所以留存收益也要计算资本成本(机会成本),与普通股资本成本计算方法一致,只不过不考虑筹资费用。

股利固定增长,年增长率为g的情况下,其计算公式为

$$K_e = \frac{D_1}{V_0} + g$$

式中:K_e为留存收益资本成本。

【例11-17】 嘉佑有限责任公司普通股目前的股价为10元/股，筹资费用率为8%，刚支付的每股股利为2元，g为3%。计算：留存收益的资本成本。

如图11-21所示，B5中的计算结果是23.60%，这是通过输入公式"=B2*(1+B4)/B3+B4"计算得出的。

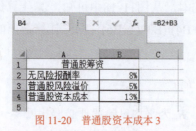

图 11-20　普通股资本成本 3　　　　　图 11-21　留存收益资本成本

11.2.3　综合资本成本的计量

企业可以从多种渠道，用多种方式筹集资金，而各种筹资方式的筹资成本是不一样的，为进行决策，必须计算企业的加权平均资本成本，即综合资本成本。

综合资本成本是衡量企业筹资的总体代价，是企业全部长期资金的总成本，是对个别资本成本进行加权平均确定的。即综合资本成本以个别资本成本为基础，以个别资本占全部资本的比重为权数计算得出。

综合资本成本=∑个别资本成本×个别资本占总资金的比重(即权重)

$$K_w = \sum_{j=1}^{n} K_j W_j$$

式中：K_w为综合资本成本，K_j为第j种个别资本成本，W_j为第j种个别资本占全部资本的比重(权数)。

【例11-18】 嘉佑有限责任公司共有资金100万元，其中长期借款30万元、长期债券10万元、普通股40万元、留存收益20万元，各种资金的资本成本分别为K_L=6%、K_b=12%、K_s=15.5%、K_e=15%。计算：该企业的综合资本成本。

该公司的综合资本成本如图11-22所示，根据题意将各种筹资方式对应的金额和资本成本的数据输入Excel表中，计算出每种筹资方式占全部筹资金额的权重，计算出每种筹资方式的权重和资本成本的乘积，E7单元格的计算利用SUM函数，E7单元格中的结果是通过输入公式"=SUM(E2:E5)"计算得出的。

筹资方式	金额（万元）	权重	资本成本	权重*资本成本
长期借款	30	0.3	6%	1.80%
长期债券	10	0.1	12%	1.20%
留存收益	20	0.2	15%	3.00%
普通股	40	0.4	15.50%	6.20%
总资金	100			
综合资本成本				12.20%

图 11-22　综合资本成本

11.3 项目投资评价基本指标

11.3.1 项目投资评价指标概述

项目投资是一种以特定项目为对象，直接与新建项目或更新改造项目有关的长期投资行为。项目投资评价指标按是否考虑资金时间价值分为两类。一类是考虑时间价值因素的折现指标(动态指标)，主要包括净现值、现值指数和内含报酬率等。它们是进行项目投资决策的主要评价指标，都是正指标，并且越大越好。另一类是不考虑时间价值因素的非折现指标(静态指标)，主要包括投资回收期和投资收益率。本节只介绍几种动态评价指标的计量。

11.3.2 动态评价指标的计量

1. 净现值(NPV)

净现值是指在项目计算期内按行业的基准收益率或其他设定折现率计算的各年净现金流量现值的代数和。净现值法现实应用的关键是如何确定折现率。如果确定了折现率或预期报酬率，就可以通过计算投资方案的净现值评价方案的优劣。

在采纳与否的决策中，若净现值大于或等于零，则表明该项目的报酬率大于或等于预期的投资报酬率，方案可取；反之，则方案不可取。在互斥方案的决策中，净现值大于零且金额最大的为最优方案。

Excel专门提供了净现值函数：

NPV(rate,value1,value2,…)

rate 为某一期间的贴现率，是一个固定值。

value1,value2,…为1到254个参数，代表支出及收入，在时间上必须具有相等间隔，都发生在期末，且务必保证支出和收入的数额按正确顺序输入。

【例11-19】嘉佑有限责任公司第一年年末要投资10 000元，而未来第2、3、4年年末的净现金流量分别为3 000元、4 200元和6 800元。假定每年的贴现率为10%，请计算该项目的净现值。

运用Excel计算项目净现值的基本步骤如下。

01 根据已知数据建立投资项目净现值的基本模型，如图11-23所示。

图11-23 投资项目净现值模型

02 选中F3单元格，并插入函数NPV()。在参数列表中分别引用相应的单元格，如

图11-24所示。

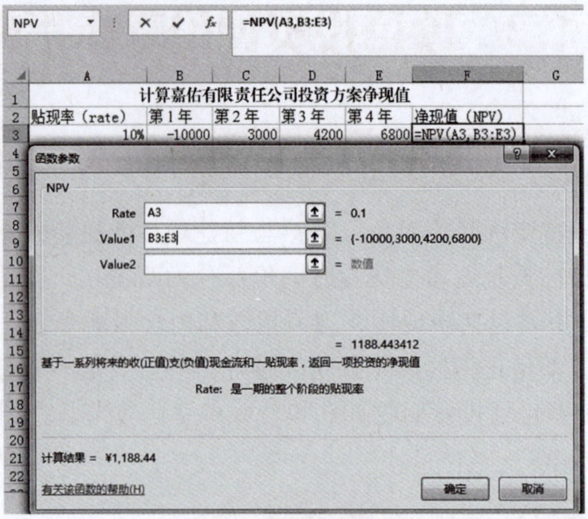

图11-24 投资方案净现值计算

03 单击"确认"按钮,计算出项目净现值为

NPV=NPV(A3,B3:E3)=1 188.44(元)

2. 现值指数(PI)

现值指数是指投产后按行业基准收益率或设定折现率计算的各年净现金流量的现值合计与原始投资的现值合计之比,即

现值指数＝投产后各年净现金流量的现值合计/原始投资的现值合计

在采纳与否的方案决策中,若现值指数大于或等于1,则表明该项目的报酬率大于或等于预定的投资报酬率,方案可取;反之,则不可取。在互斥方案的决策中,获利指数大于1且指数最大的为最优方案。

Excel没有专门提供现值指数函数,但可以利用净现值函数NPV()计算投资项目的现值指数。以【例11-19】为例,可以把投资项目的现金流入和现金流出分开来计算其净现值,然后将二者相除即得出投资方案的现值指数,如图11-25所示。

现金流入的NPV / 投资的NPV ＝ NPV(10%,0,3 000,4 200,6 800)/
NPV(10%,10 000,0,0,0)＝1.13

图11-25 现值指数计算

3. 内含报酬率(IRR)

内含报酬率又称内部收益率,是指项目投资实际可望达到的收益率,亦可将其定义为

能使投资项目的净现值等于零的折现率。内含报酬率就是方案本身的实际收益率,是净现值的逆运算,反映了投资项目的真实报酬率。净现值为绝对数指标,在相互独立的方案评价中,无法评价不同投资期投资额方案的优先次序,而内含报酬率是相对数指标,弥补了这个缺陷。无论什么样的投资方案,只要IRR大于预期报酬率,则方案可取,且IRR越大说明方案越好。

手工计算该指标时常用内插法估算,十分麻烦且不精确。Excel提供了精确计算内含报酬率的函数:

IRR(values,guess)

values代表多笔支出(负数)及收入的参数值。values必须包含至少一个正值和一个负值。函数IRR根据数值的顺序来解释现金流的顺序,故应确定按需要的顺序输入支付和收入的数值,且要与收支期对应。

guess是给定利率的估计值,如忽略估计值为0.1(10%),一般不用设定。

【例11-20】嘉佑有限责任公司要将一笔闲置资金72 000元投资某项目,并预期今后4年的净收益(净现金流量)分别为25 000元、20 000元、22 000元和23 000元,银行利率为5%。试评价该公司是否应该投资该项目。

运用Excel计算投资项目内含报酬率的基本步骤如下。

01 根据已知数据建立投资项目内含报酬率分析的基本模型,如图11-26所示。

图11-26 嘉佑有限责任公司投资项目内含报酬率模型

02 选中H4单元格,并插入函数IRR()。在Values参数中引用C4:G4单元格区域,如图11-27所示。

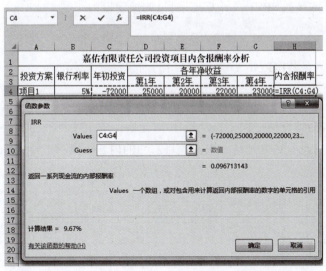

图11-27 嘉佑有限责任公司投资项目内含报酬率计算

03 单击“确定”按钮，计算出内含报酬率为IRR(C4:G4)=9.67%。

本例内含报酬率显然大于存银行的报酬率5%，所以该公司应该投资该项目。

11.3.3 项目投资决策模型

【例11-21】嘉佑有限责任公司有3个投资项目可供选择，各个项目的初始投资和各年净收益(净现金流量)如表11-1所示。若市场利率为5%，分别用净现值法和内含报酬率法进行项目投资决策。

表11-1　各个项目初始投资和各年净收益

单位：元

投资方案	年初投资	各年净收益			
		第1年	第2年	第3年	第4年
项目1	−72 000	25 000	20 000	22 000	23 000
项目2	−100 000	30 000	25 000	35 000	41 000
项目3	−100 000	40 000	50 000	35 000	0

运用Excel构建嘉佑有限责任公司项目投资决策模型的基本步骤如下。

01 根据案例的原始资料建立如图11-28所示的Excel表格。

	A	B	C	D	E	F	G	H	I
1	嘉佑有限责任公司投资决策分析模型								
2	投资方案	市场利率	年初投资	各年净收益				净现值	内含报酬率
3				第1年	第2年	第3年	第4年		
4	项目1	5%	-72,000	25,000	20,000	22,000	23,000		
5	项目2	5%	-100,000	30,000	25,000	35,000	41,000		
6	项目3	5%	-100,000	40,000	50,000	35,000	0		
7									

图 11-28　嘉佑有限责任公司项目投资决策分析模型

02 根据有关数据分别计算3个项目的净现值和内含报酬率。

在H4单元格插入函数NPV()，计算出项目1的净现值为

NPV=NPV(B4,C4:G4)=7 501.62(元)

在I4单元格插入函数IRR()，计算出项目1的内含报酬率为

IRR=IRR(C4:G4)=9.67%

选中H4单元格的填充柄，向下拖动至H6单元格，求出项目2、3的净现值。选中I4单元格的填充柄，向下拖动至I6单元格，求出项目2、3的内含报酬率。结果如图11-29所示。

	A	B	C	D	E	F	G	H	I
1	嘉佑有限责任公司投资决策分析模型								
2	投资方案	市场利率	年初投资	各年净收益				净现值	内含报酬率
3				第1年	第2年	第3年	第4年		
4	项目1	5%	-72,000	25,000	20,000	22,000	23,000	¥7,501.62	9.67%
5	项目2	5%	-100,000	30,000	25,000	35,000	41,000	¥14,487.89	10.96%
6	项目3	5%	-100,000	40,000	50,000	35,000	0	¥13,029.55	12.29%

图 11-29　嘉佑有限责任公司项目投资决策分析

03 对模型计算结果进行分析。用净现值法决策,则项目2的净现值最大,应该选择投资项目2;但用内含报酬率法决策,则项目3的内含报酬率最大,应该选择项目3。

以上结果为什么会相互矛盾呢?仔细观察图11-29,会发现项目3与项目1和项目2的投资收益不一样。显然这种情况存在两个标准:效益和效率。若从资金效率上考虑,应该根据内含报酬率大小,选择项目3作为投资方案。若从效益最大化角度考虑,则应该选择净现值最大的项目2作为最优方案。

对于互斥方案,假设在资金供给无限量的条件下,应该以净现值为标准,选择项目2。而若这3个项目为互相独立的方案,即采纳项目2时不排除同时采纳项目1和项目3,这样就很难用净现值法来确定优先次序了。这时使用内含报酬率法就可以解决这个问题,应该优先安排内含报酬率高的项目3,如有足够资金再依次安排项目2和项目1。

从这个案例可以看出,净现值法和内含报酬率法在项目投资决策中有各自的优缺点。

11.4 本章小结

本章讲解了如何利用Excel进行财务管理的基本决策。首先介绍了如何进行货币时间价值的计量,使读者对Excel在财务管理价值观念中的应用有一定的认识;然后介绍了如何利用Excel的功能进行筹资决策与投资决策。

11.5 思考练习

1. 上机练习题

(1) 某人拟购房,开发商提出两种方案:一种方案是5年后付120万元;另一种方案是从现在起每年年末付20万元,连续付5年。若目前的银行存款利率是7%,应如何付款?请用Excel列表求解。

(2) 某公司从一家银行贷款5 000万元,年利率为10%,借款期限为5年,偿还条件为每年年末等额偿还,则公司每年还款额为多少?请用Excel列表求解。

(3) 某企业计划筹资1 000万元,所得税税率为25%,有关资料如下:
- 向银行借款100万元,年利率为7%,手续费率为2%;
- 按溢价发行债券,债券面值为140万元,溢价发行价格为150万元,票面利率为9%,期限5年,每年付息一次,筹资费率为3%;
- 发行优先股250万元,预计年股利为30万元,筹资费率为4%;
- 发行普通股400万元,每股发行价格为10元,筹资费率为6%。预计第一年每股股利1.2元,以后每年按8%递增;
- 其余资金通过留用利润取得。

要求:用Excel列表求解。
- 计算个别资本成本。
- 计算该项筹资方案的综合资本成本。

(4) 假设某人年初投入资金400万元购买一家百货商店,希望其今后5年的净收益为80万元、92万元、100万元、120万元和145万元。该人可接受的最低投资收益率为8%,计算该投资项目的净现值。请用Excel列表求解。

(5) 假设某人要开一家饭店,估计需要70万元的投资,并预期今后5年的净收益为12万元、15万元、18万元、21万元和26万元,计算该项目的内含报酬率。请用Excel列表求解。

2. 问答题

列举熟悉的财务函数并举例说明它们的功能。

第 12 章

Excel 在财务分析中的应用

通过本章的学习，读者应掌握利用Excel对财务会计报表进行财务分析的方法。

本章学习目标
- 掌握如何进行比率分析。
- 掌握如何进行趋势分析。
- 掌握如何进行比较分析。
- 掌握如何进行综合财务分析。

本章教学视频
- 财务比率分析指标计算举例。
- 填制并比较资产负债表和利润表。
- 生成主营业务利润效果图。
- 企业间财务状况比较分析。
- 财务状况综合评分表。

(以上教学视频可通过扫描前言中的二维码进行下载。)

12.1 财务分析概述

财务分析又称财务报表分析，是在财务报表及其相关资料的基础上，通过一定的方法和手段，对财务报表提供的数据进行系统和深入的分析研究，揭示有关指标之间的关系、变动情况及其形成原因，从而向使用者提供相关和全面的信息，也就是将财务报表及相关数据转换为对特定决策有用的信息，对企业过去的财务状况、经营成果及未来前景做出评价。通过这一评价，可以为财务决策、计划和控制提供帮助。

财务报表中涉及的数据不仅种类繁多，而且涉及不同时期、不同企业之间的比较，因此，利用Excel所提供的各种功能来辅助财务分析和决策的人员，可以迅速、准确地完成财务分析工作。

本章将介绍财务分析中的常见方法，以及如何运用Excel进行财务分析。

12.1.1 财务分析的目的

财务报表的使用者包括投资人、债权人、经理、政府、雇员、工会和中介机构等利益关系人，不同人员所关心的问题和侧重点不同，因此进行财务分析的目的也有所不同。财务分析的目的主要包括以下几方面。

1. 评价企业的财务状况

通过对企业的财务报表等会计资料进行分析，了解企业资产的流动性、负债水平和偿债能力，从而评价企业的财务状况和经营成果，为企业管理者、投资者和债权人等提供财务信息。

2. 评价企业的资产管理水平

企业的生产经营过程就是利用资产取得收益的过程。资产是企业生产经营活动的经济资源，资产的管理水平直接影响企业的收益，它体现了企业的整体素质。通过财务分析，财务报表的使用者可以了解企业资产的管理水平和资金周转情况，为评价经营管理水平提供依据。

3. 评价企业的获利能力

通过财务分析，报表使用者可以评价企业的获利能力。利润是企业经营最终成果的体现，是企业生存和发展的最终目的。因此，所有的利益关系人都十分关心企业的获利能力。

4. 评价企业的发展趋势

通过财务分析，报表使用者可以判断出企业的发展趋势，预测企业的经营前景，从而避免因决策失误而带来的重大经济损失。

12.1.2 财务报表分析的方法

财务报表虽然可以提供大量的财务信息，但很难获取各种直接有用的信息，有时甚至还会被会计数据引入歧途，被表面假象所蒙蔽。为了让报表使用者正确揭示各种会计数据之间存在的重要关系，并且全面反映企业财务状况和经营成果，通常采用以下几种方法进行财务报表分析。

1. 财务报表纵向分析

纵向分析又称动态分析或趋势分析，是指不同时期财务报表之间相同项目变化的比较分析，即将企业连续两期(或多期)财务报表的相同项目并行排列在一起，并计算相同项目增减的绝对额和增减的百分比，编制出比较财务报表，以揭示各会计项目在这段时期内所发生的绝对金额变化和百分率变化情况。在计算相同项目增减的绝对额和增减的百分比时，基期(被比较的时期)可以是固定的(如基期固定在第一年)，也可以是变动的(如将计算期的第一期作为基期)。若基期是固定的，则称为定基趋势分析；若基期是变动的，则称为环比趋势分析。

2. 财务报表横向分析

横向分析又称静态分析，是指同一时期财务报表中不同项目之间的比较和分析，主要通过编制"共同比财务报表"(或称百分比报表)进行分析，即将财务报表中某一重要项目(如资产负债表中的资产总额或权益总额、利润表中的营业收入及现金流量表中的现金来源总额等)的数据作为100%，然后将报表中其余项目的金额都以这个重要项目的百分率形式进行纵向排列，从而揭示出各个项目的数据在企业财务中的相对意义。不仅如此，采用这种形式编制的财务报表，还使得在规模不同的企业之间进行经营和财务状况比较成为可能。因为把报表中各个项目的绝对金额都转化成百分数，在经营规模不同的企业之间就形成了可比性，这就是"共同比"的含义。当然，要在不同企业之间进行比较，其前提条件是这些企业应属于同一行业，它们所采用的会计核算方法和财务报表编制程序也必须大致相同，否则就不会得到任何有实际意义的结果。

3. 财务比率分析

财务比率是相互联系的指标项目之间的比值，用以反映各项财务数据之间的相互关系，从而揭示企业的财务状况和经营成果，是财务分析中最重要的部分。财务比率包括同一张报表中不同项目之间的比较和不同财务报表中相关项目之间的比较。财务比率的值是相对数，排除了规模的影响，具有较好的可比性。

4. 因素分析

因素分析是利用各种因素之间的数量依存关系，通过因素替换，从数量上测定各因素变动对某项综合性经济指标的影响程度的一种方法，具体包括差额分析法、指标分解法、连环替代法和定基替代法等。

12.1.3 财务分析的数据来源

会计报表的数据是财务分析的主要数据来源。财务分析的数据来源主要有以下两方面。

1. 会计核算数据源

会计核算数据源是指第6章中通过Excel生成的资产负债表、利润表和现金流量表等。财务分析以本企业的资产负债表、利润表和现金流量表为基础，通过提取、加工和整理会计核算数据来生成所需的数据报表，然后对其进行加工处理，即可得到一系列财务指标。

除了会计核算数据，进行财务分析还需要其他数据，如同行业的主要经营比率等，这些数据统称为其他数据。

2. 外部数据库

在Excel中获取外部数据源的方式之一是利用Power Query获取外部数据源，包括文本类型、数据库、内容包、服务和其他数据源。财务分析人员需要准备一份 Excel 表格作为原始数据，然后使用 Power Query 将原始数据加载到新的表格中，从而可以通过查询编辑器对数据进行处理。

利用VBA直接与ODBC通信获取外部数据库也是获取外部数据库的方式之一。在Excel中可通过宏调用Visual Basic for Application(VBA)，VBA又可以直接与ODBC通信，从而获取外部数据库。由于篇幅有限，对于如何使用Excel调用外部数据库这一部分的内容，本书不做详细介绍，有兴趣的读者可以参考和查阅其他书籍。

12.2 Excel在财务比率分析中的应用

12.2.1 财务比率分析的具体指标

财务比率分析是指将财务报表中的有关项目进行对比，得出一系列财务比率，以此来揭示企业财务状况。常用的财务比率可分为变现能力比率、资产管理比率、长期负债比率、盈利能力比率和市价比率5大类。

1. 变现能力比率

变现能力比率又称短期偿债能力比率，是衡量企业产生现金能力大小的比率，它取决于可以在近期转变为现金的流动资产的多少。反映变现能力的财务比率主要有流动比率和速动比率。

1) 流动比率

流动比率是企业流动资产与流动负债之比。其计算公式如下。

$$流动比率=流动资产/流动负债$$

流动资产一般包括货币资金、交易性金融资产、应收票据、应收账款、存货和持有待售资产等。流动负债一般包括短期借款、交易性金融负债、应付票据、应付账款、应交税费、持有待售负债等。

流动比率是衡量企业短期偿债能力的一个重要财务指标。这个比率越高，说明企业偿还流动负债的能力越强，流动负债得到偿还的保障越大。如果流动负债上升的速度过快，会使流动比率下降，从而引起财务方面的麻烦。一般情况下，营业周期、流动资产中的应收账款和存货的周转速度是影响流动比率的主要因素。因此，在分析流动比率时，还要结合流动资产的周转速度和构成情况来进行。

2) 速动比率

速动比率也称酸性测试比率，是流动资产扣除变现能力较差且不稳定的存货、预付款项等资产后形成的速动资产与流动负债之比。其计算公式如下。

$$速动比率 = 速动资产 / 流动负债$$
$$速动资产 = 货币资金 + 交易性金融资产 + 衍生金融资产 +$$
$$应收票据 + 应收账款 + 其他应收款$$
$$= 流动资产 - 存货 - 预付款项 - 持有待售资产 -$$
$$1年内到期的非流动资产 - 其他流动资产$$

影响速动比率的重要因素是金融资产的变现价值和应收账款的变现能力。

除了以上财务比率，企业还应结合影响变现能力的其他因素来分析企业的短期偿债能力。增强变现能力的因素主要有可动用的银行贷款指标、准备很快变现的长期资产及企业偿债能力的声誉等；减弱变现能力的因素主要有担保责任引起的或有负债等。

2. 资产管理比率

资产管理比率又称运营效率比率，是用来衡量企业在资产管理方面效率高低的财务比率。资产管理比率包括应收账款周转率、存货周转率、流动资产周转率、固定资产周转率和总资产周转率等。通过对这些指标的高低及其成因的考察，利益关系人能够对资产负债表的资产是否在有效运转、资产结构是否合理、所有的资产能否有效利用及资产总量是否合理等问题，做出较为客观的判断。

1) 应收账款周转率

应收账款周转率是反映年度内应收账款转换为现金的平均次数的指标。它说明一年中应收账款周转的次数，或者说每1元应收账款投资支持的营业收入。用时间表示的应收账款周转速度是应收账款周转天数，也称为应收账款收现期，它表示企业从销售开始到收回现金所需要的平均天数。其计算公式如下。

$$应收账款周转率 = 营业收入 / 平均应收账款余额$$
$$应收账款周转天数 = 365 / 应收账款周转率$$
$$平均应收账款余额 = (期初应收账款余额 + 期末应收账款余额) / 2$$

2) 存货周转率

在流动资产中，存货所占的比重较大。存货的变现能力将直接影响企业资产的利用效率，因此，企业必须特别重视对存货的分析。存货周转率是衡量和评价企业购入存货、投入生产、销售收回等各环节管理状况的综合性指标。它是营业成本与平均存货余额的比值，也称为存货的周转次数。用时间表示的存货周转率就是存货周转天数。其计算公式如下。

$$存货周转率(次数) = 营业成本 / 平均存货余额$$
$$存货周转天数 = 365 / 存货周转率$$
$$平均存货余额 = (期初存货余额 + 期末存货余额) / 2$$

3) 营业周期

营业周期是指从取得存货开始,到销售存货并收回现金为止的这段时间。营业周期的长短取决于存货周转天数和应收账款周转天数。其计算公式如下。

$$营业周期 = 存货周转天数 + 应收账款周转天数$$

存货周转率和应收账款周转率,以及二者相结合的营业周期是反映企业资产运营效率的最主要指标。

4) 流动资产周转率

流动资产周转率是营业收入与平均流动资产总额之比,它反映的是全部流动资产的利用效率。其计算公式如下。

$$流动资产周转率(次数) = 营业收入 / 平均流动资产总额$$
$$平均流动资产总额 = (期初流动资产总额 + 期末流动资产总额) / 2$$

5) 固定资产周转率

固定资产周转率指的是企业营业收入与平均固定资产净值之比。该比率越高,说明固定资产的利用率越高,管理水平越好。其计算公式如下。

$$固定资产周转率(次数) = 营业收入 / 平均固定资产净值$$
$$平均固定资产净值 = (期初固定资产净值 + 期末固定资产净值) / 2$$

6) 总资产周转率

总资产周转率指的是企业营业收入与平均资产总额之比,可以用来分析企业全部资产的使用效率。如果该比率较低,企业应采取措施提高营业收入或处置资产,以提高总资产利用率。其计算公式如下。

$$总资产周转率(次数) = 营业收入 / 平均资产总额$$
$$平均资产总额 = (期初资产总额 + 期末资产总额) / 2$$

3. 长期负债比率

长期负债比率是说明债务和资产、净资产间关系的比率。它可以反映企业偿付到期长期债务的能力。反映长期偿债能力的负债比率主要有资产负债率、产权比率、有形净值债务率和利息保障倍数。通过对负债比率的分析,可以看出企业的资本结构是否健全、合理,从而评价企业的长期偿债能力。

1) 资产负债率

资产负债率是企业负债总额与资产总额之比,又称举债经营比率,它可以反映企业的资产总额中有多少是通过举债得到的。资产负债率可以反映企业偿还债务的综合能力,该比率越高,企业偿还债务的能力越差。反之,偿还债务的能力越强。其计算公式如下。

$$资产负债率 = 负债总额 / 资产总额$$

2) 产权比率

产权比率又称负债权益比率,是负债总额与所有者权益(或股东权益,以下同)总额之比,也是衡量企业长期偿债能力的指标之一。该比率反映了债权人所提供的资金与投资人所提供的资金的对比关系,从而揭示企业的财务风险以及所有者权益对债务的保障程度。其计算公式如下。

产权比率＝负债总额／所有者权益总额

3) 有形净值债务率

有形净值债务率是企业负债总额与有形净值的百分比。有形净值是所有者权益总额减去无形资产净值。其计算公式如下。

有形净值债务率＝负债总额／(所有者权益总额－无形资产净值)

4) 利息保障倍数

利息保障倍数是税前利润加利息费用之和与利息费用的比值,反映了企业用经营所得支付债务利息的能力。其计算公式如下。

利息保障倍数＝息税前利润／利息费用
息税前利润＝税前利润＋利息费用
＝净利润＋所得税费用＋利息费用

如果企业有租金支出,则应予以考虑,相应的比率称为固定负担倍率。其计算公式如下。

固定负担倍率＝利税前收益＋租金利息费用＋租金

公式中的"息税前利润"是指利润表中未扣除利息费用和所得税费用之前的利润。它可以通过"税前利润＋利息费用"计算得到,其中,"利息费用"是指本期发生的全部应付利息,不仅包括财务费用中的利息费用,还包括计入固定资产成本中的资本化利息。由于我国2018年修订后的利润表已将"财务费用"中的"利息费用"单列,外部报表使用人员可以直接取得"利息费用"进行分析。该比率越高,说明企业用经营所得按时按量支付债务利息的能力越强。这会增强贷款人对企业支付能力的信任程度。

除了用以上相关项目之间的比率来反映长期偿债能力,企业还应该注意一些影响长期偿债能力的因素,如经营租赁、担保责任导致的或有负债等。

4. 盈利能力比率

盈利能力比率是考察企业赚取利润能力高低的比率。不论是投资人、债权人还是企业经理人,都重视和关心企业的盈利能力。因此,盈利能力指标主要通过收入与利润之间的关系、资产与利润之间的关系反映。反映企业盈利能力的指标主要有营业利润率、总资产报酬率、净资产收益率等指标,借以评价企业各要素的获利能力及资本保值增值情况。此外,在会计实务中也经常使用销售净利率、销售毛利率等指标来分析企业经营业务的获利水平,上市公司经常使用的获利能力指标还有每股收益、每股股利、市盈率和每股净资产等。

1) 营业利润率

营业利润率指的是企业一定时期营业利润与营业收入的比率。其计算公式如下。

$$营业利润率=营业利润/营业收入$$

2) 销售毛利率、销售净利率

销售毛利率表示每1元营业收入扣除销售成本后,有多少剩余可以用于各项期间费用的补偿和形成盈利。销售净利率可以评价企业通过销售赚取利润的能力,该比率越高,说明企业通过扩大销售获取收益的能力越强。销售净利率反映每1元营业收入带来净利润的多少,表示通过营业收入获得利润的水平。其计算公式如下。

$$销售毛利率=销售毛利/营业收入净额$$
$$=(销售收入净额-销售成本)/营业收入净额$$
$$销售净利率=净利润/营业收入净额$$

3) 总资产报酬率

总资产报酬率也称资产利润率或总资产收益率,是企业在一定时期内所获得的报酬总额与平均资产总额之比。总资产报酬率用来衡量企业利用全部资产获取利润的能力,反映了企业总资产的利用效率。其计算公式如下。

$$总资产报酬率=息税前利润/平均资产总额$$
$$息税前利润=税前利润+利息费用$$
$$=净利润+所得税费用+利息费用$$

4) 净资产收益率

净资产收益率是在一定时期内企业的净利润与平均净资产之比。净资产收益率是评价企业获利能力的一个重要财务指标,反映了企业自有资本获取投资报酬的高低。其计算公式如下。

$$净资产收益率=净利润/平均净资产$$
$$平均净资产=(期初所有者权益总额+期末所有者权益总额)/2$$

5. 市价比率

市价比率又称市场价值比率,实质上是反映每股市价和企业盈余、每股账面价值关系的比率,它是上述4个指标的综合反映。管理者可根据该比率来了解投资人对企业的评价。市价比率包括每股盈余、市盈率、每股股利、股利支付比率和每股账面价值等指标。

1) 每股盈余

每股盈余是扣除优先股股利后的净利润与发行在外的普通股平均股数的比值,是衡量股份制企业盈利能力的指标之一。其计算公式如下。

$$每股盈余=(净利润-优先股股息)/发行在外的加权平均普通股股数$$

每股盈余反映普通股的获利水平，指标越高，每股可获得的利润越多，股东的投资效益越好；反之，则越差。由于每股盈余是一个绝对指标，因此在分析时，还应结合流通在外的普通股的变化及每股股价高低的影响。

2) 市盈率

市盈率是每股市价与每股盈余相比计算得到的比率，是衡量股份制企业盈利能力的重要指标之一。其计算公式如下。

市盈率＝每股市价/每股盈余

公式中的每股市价是指每股普通股在证券市场上的买卖价格。每股市价与每股盈余比率是衡量股份制企业盈利能力的重要指标，市盈率反映投资者对每1元净利润愿支付的价格。

3) 每股股利

每股股利是普通股分配的现金股利总额与普通股总股份数的比值，是衡量股份制企业获利能力的指标之一。其计算公式如下。

每股股利＝现金股利总额－优先股股利/普通股总股份数

4) 股利支付比率

股利支付比率是普通股每股股利与每股盈余的比例，反映普通股东从每股全部盈余中能分到手的那部分的数量多少。股利支付比率反映公司的净利润中有多少用于现金股利的分派。其计算公式如下。

股利支付比率＝每股股利/每股盈余

5) 每股账面价值

每股账面价值是股东权益总额减去优先股权益后的余额与发行在外的普通股股数的比值，反映的是发行在外的每股普通股所代表的企业记在账面上的股东权益额。其计算公式如下。

每股账面价值＝(股东权益总额－优先股权益)/发行在外的普通股股数

12.2.2 利用Excel计算和分析财务比率

利用Excel进行各财务比率的计算，方法比较简单，可直接用Excel中的数据链接功能，在财务比率的计算公式基础上对其进行定义。即根据已有财务报表中的原始数据(主要是资产负债表和利润表)，从不同工作表的财务报表中读取数据，设计相应的公式，并在相应的单元格中输入公式。

以嘉佑有限责任公司20×0年和20×1年的财务报表数据为例(资产负债表和利润表)，利用Excel计算和分析财务比率。相关财务报表项目已按财政部发布的《关于修订印发2019年度一般企业财务报表格式的通知》财会〔2019〕6号文进行更新。具体操作步骤如下。

01 首先打开Excel，创建嘉佑有限责任公司20×1年度的资产负债表和利润表，如图12-1和图12-2所示。

资产负债表

资产	期末余额	年初余额	负债和所有者权益	期末余额	年初余额
编制单位：嘉佑有限责任公司		20×1年12月31日			单位：万元
流动资产：			流动负债：		
货币资金	900	800	短期借款	2,300	2,000
交易性金融资产	500	1,000	交易性金融负债	0	0
衍生金融资产	0	0	衍生金融负债	0	0
应收票据	0	0	应付票据	0	0
应收账款	1,300	1,200	应付账款	1,200	1,000
预付款项	70	40	预收款项	400	300
其他应收款	80	60	应付职工薪酬	20	20
存 货	5,200	4,000	其他应付款	80	80
持有待售资产	0	0	持有待售负债	0	0
一年内到期的非流动资产	0	0	一年内到期的非流动负债	0	0
其他流动资产	0	0	流动负债合计	4,000	3,400
流动资产合计	8,050	7,100	非流动负债：		
非流动资产：			长期借款	2,500	2,000
债权投资	400	400	应付债券	0	0
其他债权投资	0	0	长期应付款	0	0
长期应收款	0	0	预计负债	0	0
长期股权投资	0	0	递延所得税负债	0	0
其他权益工具投资	0	0	其他非流动负债	0	0
投资性房地产	0	0	非流动负债合计	2,500	2,000
固定资产	14,000	12,000	负债合计	6,500	5,400
在建工程	0	0	所有者权益：		
无形资产	550	500	实收资本（或股本）	10,000	10,000
开发支出	0	0	其他权益工具	0	0
商誉	0	0	资本公积	1,000	1,000
长期待摊费用	0	0	其他综合收益	0	0
递延所得税资产	0	0	盈余公积	1,600	1,600
其他非流动资产	0	0	未分配利润	2,900	1,000
非流动资产合计	14,950	12,900	所有者权益合计	16,500	14,600
资产总计	23,000	20,000	负债和所有者权益总计	23,000	20,000

图12-1 嘉佑有限责任公司20×1年度资产负债表

利润表

项 目	本期金额	上期金额
编制单位：嘉佑有限责任公司　20×1年度		单位：万元
一、营业收入	21,200	18,800
减：营业成本	12,400	10,900
税金及附加	1,200	1,080
销售费用	1,900	1,620
管理费用	1,000	800
研发费用	0	0
财务费用	300	200
其中：利息费用	300	200
利息收入	0	0
加：其他收益	0	0
投资收益（损失以"-"号填列）	300	300
公允价值变动收益（损失以"-"号填列）	0	0
信用减值损失（损失以"-"号填列）	0	0
资产减值损失（损失以"-"号填列）	0	0
资产处置收益（损失以"-"号填列）	0	0
二、营业利润（亏损以"-"号填列）	4,700	4,500
加：营业外收入	150	100
减：营业外支出	650	600
三、利润总额（亏损总额以"-"号填列）	4,200	4,000
减：所得税费用	1,050	1,000
四、净利润	3,150	3,000
（一）持续经营净利润（净亏损以"-"号填列）	3,150	3,000
（二）终止经营净利润（净亏损以"-"号填列）	0	0
五、其他综合收益的税后净额	1,000	1,000
（一）不能重分类进损益的其他综合收益	0	0
（二）将重分类进损益的其他综合收益	1,000	1,000
六、综合收益总额	4,150	4,000

图12-2 嘉佑有限责任公司20×1年度利润表

02 按照财务分析比率分类创建一个财务比率分析表的框架，效果如图12-3所示。

第12章 Excel在财务分析中的应用

	A	B	C	D
1		财务比率分析表	20×1	20×0
2	一、变现能力比率			
3	流动比率	流动资产/流动负债		
4	速动比率	（货币资金+交易性金融资产+衍生金融资产+应收票据+应收账款+其他应收款）/流动负债		
5				
6	二、长期负债比率			
7	资产负债率	负债总额/资产总额		
8	产权比率	负债总额/所有者权益总额		
9	有形净值债务率	负债总额/（所有者权益-无形资产净值）		
10	利息保障倍数	息税前利润/利息费用		
11				
12	三、资产管理比率			
13	存货周转率	营业成本/平均存货		
14	应收账款周转率	营业收入/平均应收账款		
15	流动资产周转率	营业收入/平均流动资产		
16	总资产周转率	营业收入/平均资产总额		
17				
18	四、盈利能力比率			
19	营业利润率	营业利润/营业收入		
20	总资产报酬率	息税前利润/平均资产总额		
21	净资产收益率	净利润/平均净资产		

图12-3 财务比率分析表

03 在财务比率分析表中创建公式和跨表引用数据。以计算20×1年流动比率为例，将光标移至C3单元格后单击以选取该单元格，如图12-4所示。

图12-4 选取财务比率分析表的单元格

04 在C3单元格输入"="，进行单元格函数公式的编辑，如图12-5所示。

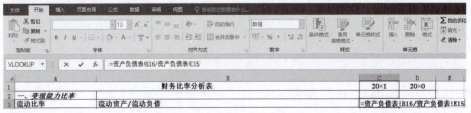

图12-5 单元格函数公式的编辑

05 根据流动比率公式提示(流动比率=流动资产/流动负债)，首先单击工作簿中的"资产负债表"工作表，将光标移至单元格B16(单元格B16为嘉佑有限责任公司期末流动资产余额合计)并单击，然后在函数编辑栏中输入"/"。最后单击单元格E15(单元格E15为嘉佑有限责任公司期末流动负债余额合计)，生成流动比率计算公式，如图12-6所示。

图12-6 流动比率计算公式

06 按Enter键确认，结束公式的输入，这时单元格中已显示计算结果，注意将单元格的格式调整为数值，如图12-7所示。

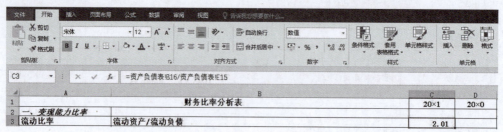

图12-7 流动比率公式计算结果

07 如果需要计算20×0年的流动比率，由于计算公式一致，相对引用工作表也一致，因此可以直接将20×1年的流动比率计算公式复制到单元格D3，自动生成20×0年流动比率的计算公式，从而进行两年数据的对比(为了简化计算，在输入公式时，均使用各年年末数据)，如图12-8所示。

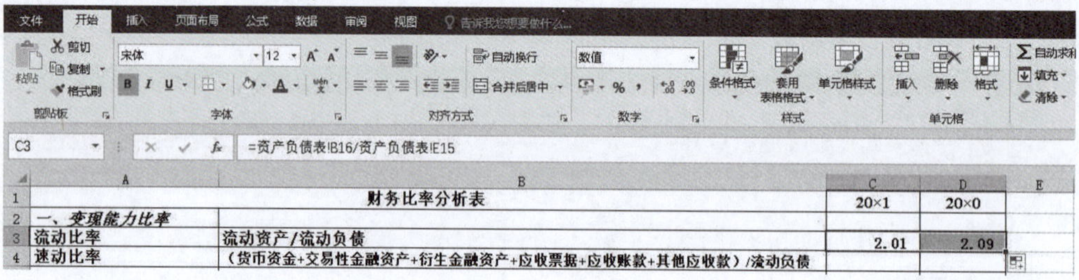

图12-8 自动生成20×0年流动比率公式的计算结果

08 使用同样的方法，按照公式提示，在相应的单元格中输入速动比率的计算公式，以便计算速动比率，如图12-9和图12-10所示。

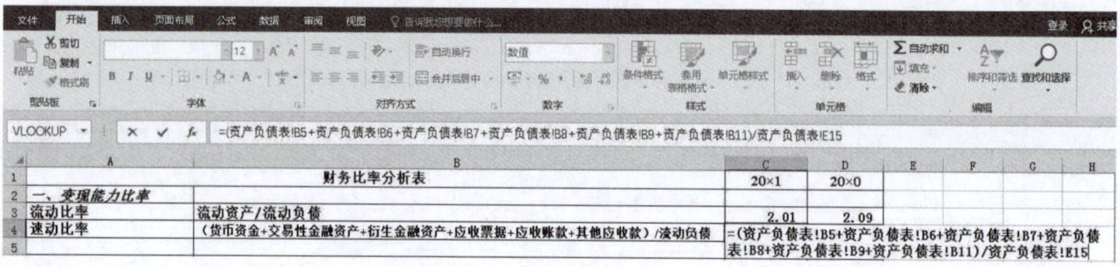

图12-9 速动比率计算公式

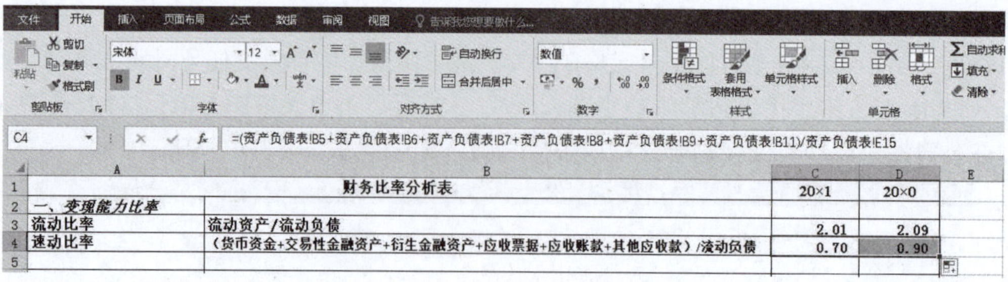

图12-10 速动比率计算结果

09 使用相同的方法，按照公式提示，在"财务比率分析表"相应的单元格中输入各个财务比率的计算公式，并对已经输入的公式进行复制、粘贴操作。图12-11所示的显示模式为“公式审核”，是生成的各财务比率计算公式。

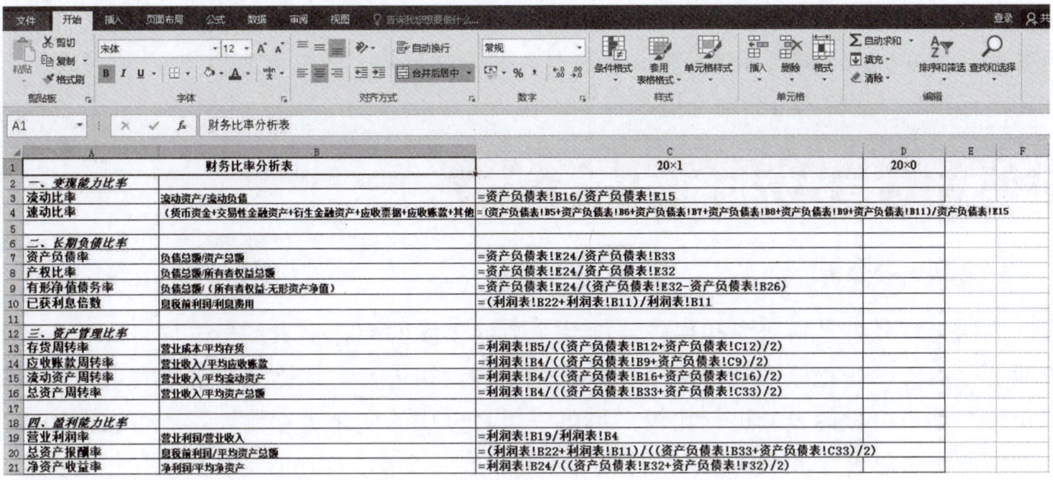

	A	B	C	D
1	财务比率分析表		20×1	20×0
2	一、变现能力比率			
3	流动比率	流动资产/流动负债	=资产负债表!B16/资产负债表!E15	
4	速动比率	（货币资金+交易性金融资产+衍生金融资产+应收票据+应收账款+其他	=(资产负债表!B5+资产负债表!B6+资产负债表!B7+资产负债表!B8+资产负债表!B9+资产负债表!B11)/资产负债表!E15	
5				
6	二、长期负债比率			
7	资产负债率	负债总额/资产总额	=资产负债表!E24/资产负债表!B33	
8	产权比率	负债总额/所有者权益总额	=资产负债表!E24/资产负债表!E32	
9	有形净值债务率	负债总额/（所有者权益-无形资产净值）	=资产负债表!E24/(资产负债表!E32-资产负债表!B26)	
10	已获利息倍数	息税前利润/利息费用	=(利润表!B22+利润表!B11)/利润表!B11	
11				
12	三、资产管理比率			
13	存货周转率	营业成本/平均存货	=利润表!B5/((资产负债表!B12+资产负债表!C12)/2)	
14	应收账款周转率	营业收入/平均应收账款	=利润表!B4/((资产负债表!B9+资产负债表!C9)/2)	
15	流动资产周转率	营业收入/平均流动资产	=利润表!B4/((资产负债表!B16+资产负债表!C16)/2)	
16	总资产周转率	营业收入/平均资产总额	=利润表!B4/((资产负债表!B33+资产负债表!C33)/2)	
17				
18	四、盈利能力比率			
19	营业利润率	营业利润/营业收入	=利润表!B19/利润表!B4	
20	总资产报酬率	息税前利润/平均资产总额	=(利润表!B22+利润表!B11)/((资产负债表!B33+资产负债表!C33)/2)	
21	净资产收益率	净利润/平均净资产	=利润表!B24/((资产负债表!E32+资产负债表!F32)/2)	

图 12-11　生成各财务比率计算公式

公式的计算结果如图12-12所示。注意：该财务比率分析表中20×0年的相关指标缺乏年初数，只能用本年数进行计算。这对指标的可比性有一定影响，实务中由于历史资料充分，一般不存在这种问题。

将计算得到的数据与同行业企业的财务指标标准值进行比较，即可对企业的财务状况和经营成果进行评价。

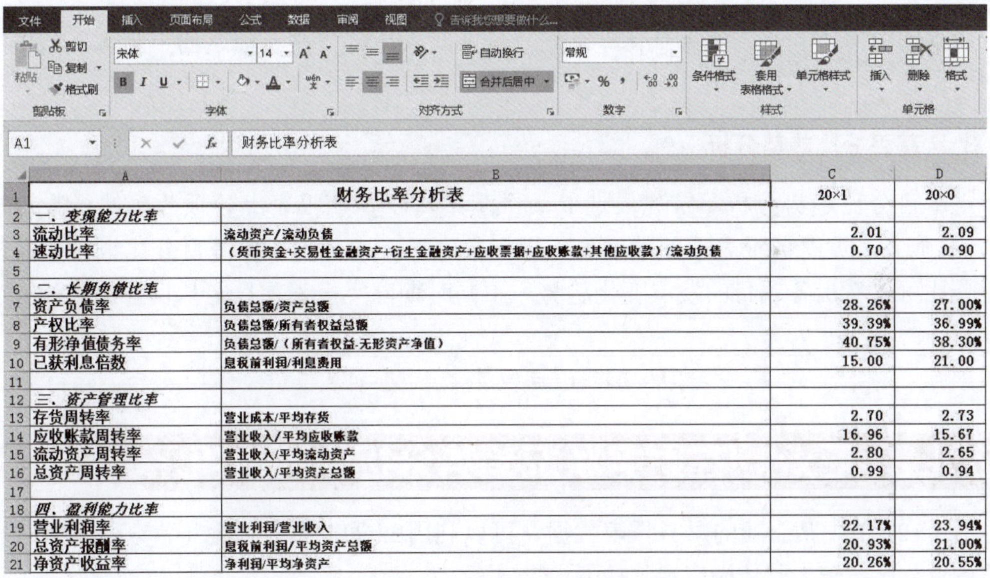

	A	B	C	D
1	财务比率分析表		20×1	20×0
2	一、变现能力比率			
3	流动比率	流动资产/流动负债	2.01	2.09
4	速动比率	（货币资金+交易性金融资产+衍生金融资产+应收票据+应收账款+其他应收款）/流动负债	0.70	0.90
5				
6	二、长期负债比率			
7	资产负债率	负债总额/资产总额	28.26%	27.00%
8	产权比率	负债总额/所有者权益总额	39.39%	36.99%
9	有形净值债务率	负债总额/（所有者权益-无形资产净值）	40.75%	38.30%
10	已获利息倍数	息税前利润/利息费用	15.00	21.00
11				
12	三、资产管理比率			
13	存货周转率	营业成本/平均存货	2.70	2.73
14	应收账款周转率	营业收入/平均应收账款	16.96	15.67
15	流动资产周转率	营业收入/平均流动资产	2.80	2.65
16	总资产周转率	营业收入/平均资产总额	0.99	0.94
17				
18	四、盈利能力比率			
19	营业利润率	营业利润/营业收入	22.17%	23.94%
20	总资产报酬率	息税前利润/平均资产总额	20.93%	21.00%
21	净资产收益率	净利润/平均净资产	20.26%	20.55%

图 12-12　财务比率分析表计算结果

12.3　财务状况的趋势分析

一个会计年度中可能有一些偶然事项，这些事项既不能代表企业的过去，也不能说明其未来，因此，只分析一个会计年度的财务报表往往不够全面。如果对企业若干年的财务报表按时间序列做分析，就能看出其发展趋势，有助于规划未来，同时有助于判断本年度是否具有代表性。不同时期的分析有3种常用方法：多期比较分析、结构百分比分析和定基百分比趋势分析。不同时期的分析，主要是判断发展趋势，故亦称为趋势分析；分析时主要使用百分率，故称为百分率分析。

12.3.1 趋势分析的具体方法

1. 多期比较分析

多期比较分析是指研究和比较连续几个会计年度的会计报表及相关项目。其目的是查明变化内容、变化原因及其对企业未来的影响。在进行多期比较分析时，可以用前后各年每个项目金额的差额进行比较，也可以用百分比的变化进行比较，还可以在计算出各期财务比率后进行多期比较。比较的年度数一般为5年，有时甚至要列出10年的数据。图12-12所示为连续两年的比较分析表。

2. 结构百分比分析

结构百分比分析是把常规的财务报表换算成结构百分比报表，然后逐项比较不同年份的报表，查明某一特定项目在不同年度间百分比的差额。同一报表中不同项目结构分析的计算公式如下。

结构百分比=部分/总体

通常情况下，利润表的"总体"是指"营业收入"；资产负债表的"总体"是指"总资产"。

3. 定基百分比趋势分析

定基百分比趋势分析，首先要选取一个基期，将基期报表上各项数额的指数均定为100，其他各年度财务报表上的数字也均用指数表示，由此得出定基百分比报表。通过定基百分比可以看出各项目的发展变化趋势。不同时期同类报表项目定基百分比的计算公式如下。

考察期指数=考察期数值/基期数值

12.3.2 Excel在财务状况趋势分析中的应用

沿用12.2节中某企业的财务报表数据，可以利用Excel非常方便地将常规财务报表转换为结构百分比报表。具体操作步骤如下。

01 新建如图12-13所示的"比较资产负债表"工作表。

02 在该工作表中，单击单元格C5，在其中输入计算公式"=B5/$B$33"，并向下拖动光标列向复制公式直到单元格C33，如图12-14所示。

03 单击选中C列，单击百分比按钮 %，生成百分比数据，但此时生成的百分比数据为整数，不够精确，再单击保留小数按钮，保留两位小数，完成单元格格式的设置，效果如图12-15所示。

图 12-13　新建"比较资产负债表"

图 12-14　复制计算公式

图 12-15　设置单元格格式

04 单击单元格E5，输入计算公式"=D5/$D$33"，并且拖动鼠标，列向复制公式直到单元格E33；单击单元格H5，输入计算公式"=G5/$G$33"，并且拖动鼠标，列向复制公式直到单元格H33；单击单元格J5，输入计算公式"=I5/$I$33"，并且拖动鼠标，列向复制公式直到单元格J33，得到比较百分比资产负债表，如图12-16所示。

	A	B	C	D	E	F	G	H	I	J
1					比较资产负债表					
2	编制单位：嘉佑有限责任公司					20×1年12月31日			单位：万元	
3	资　产	20×1		20×0		负债和所有者权益	20×1		20×0	
4	流动资产：					流动负债：				
5	货币资金	900	3.91%	800	4.00%	短期借款	2,300	10.00%	2,000	10.00%
6	交易性金融资产	500	2.17%	1,000	5.00%	交易性金融负债	0	0.00%	0	0.00%
7	衍生金融资产	0	0.00%	0	0.00%	衍生金融负债	0	0.00%	0	0.00%
8	应收票据	0	0.00%	0	0.00%	应付票据	0	0.00%	0	0.00%
9	应收账款	1,300	5.65%	1,200	6.00%	应付账款	1,200	5.22%	1,000	5.00%
10	预付款项	70	0.30%	40	0.20%	预收款项	400	1.74%	300	1.50%
11	其他应收款	80	0.35%	60	0.30%	应付职工薪酬	20	0.09%	20	0.10%
12	存　货	5,200	22.61%	4,000	20.00%	其他应付款	80	0.35%	80	0.40%
13	持有待售资产	0	0.00%	0	0.00%	持有待售负债	0	0.00%	0	0.00%
14	一年内到期的非流动	0	0.00%	0	0.00%	一年内到期的非流动	0	0.00%	0	0.00%
15	其他流动资产	0	0.00%	0	0.00%	流动负债合计	4,000	17.39%	3,400	17.00%
16	流动资产合计	8,050	35.00%	7,100	35.50%	非流动负债：				
17	非流动资产：					长期借款	2,500	10.87%	2,000	10.00%
18	债权投资	400	1.74%	400	2.00%	应付债券	0	0.00%	0	0.00%
19	其他债权投资	0	0.00%	0	0.00%	长期应付款	0	0.00%	0	0.00%
20	长期应收款	0	0.00%	0	0.00%	预计负债	0	0.00%	0	0.00%
21	长期股权投资	0	0.00%	0	0.00%	递延所得税负债	0	0.00%	0	0.00%
22	其他权益工具投资	0	0.00%	0	0.00%	其他非流动负债	0	0.00%	0	0.00%
23	投资性房地产	0	0.00%	0	0.00%	非流动负债合计	2,500	10.87%	2,000	10.00%
24	固定资产	14,000	60.87%	12,000	60.00%	负债合计	6,500	28.26%	5,400	27.00%
25	在建工程	0	0.00%	0	0.00%	所有者权益：				
26	无形资产	550	2.39%	500	2.50%	实收资本（或股本）	10,000	43.48%	10,000	50.00%
27	开发支出	0	0.00%	0	0.00%	其他权益工具	0	0.00%	0	0.00%
28	商誉	0	0.00%	0	0.00%	资本公积	1,000	4.35%	1,000	5.00%
29	长期待摊费用	0	0.00%	0	0.00%	其他综合收益	1,000	4.35%	1,000	5.00%
30	递延所得税资产	0	0.00%	0	0.00%	盈余公积	1,600	6.96%	1,600	8.00%
31	其他非流动资产	0	0.00%	0	0.00%	未分配利润	2,900	12.61%	1,000	5.00%
32	非流动资产合计	14,950	65.00%	12,900	64.50%	所有者权益合计	16,500	71.74%	14,600	73.00%
33	资产总计	23,000	100.00%	20,000	100.00%	负债和所有者权益总计	23,000	100.00%	20,000	100.00%

图12-16　比较百分比资产负债表

05 新建"比较利润表"工作表，在该工作表中，单击单元格C4，输入计算公式"=B4/$B$4"，并且拖动鼠标，列向复制公式直到单元格C30；单击单元格E4，输入计算公式"=D4/$D$4"，并且拖动鼠标，列向复制公式直到单元格E30，得到比较百分比利润表，如图12-17所示。

	A	B	C	D	E
1	比较利润表				
2	编制单位：嘉佑有限责任公司	20×1 年度		单位：万元	
3	项　　目	20×1		20×0	
4	一、营业收入	21,200	100.00%	18,800	100.00%
5	减：营业成本	12,400	58.49%	10,900	57.98%
6	税金及附加	1,200	5.66%	1,080	5.74%
7	销售费用	1,900	8.96%	1,620	8.62%
8	管理费用	1,000	4.72%	800	4.26%
9	研发费用	0	0.00%	0	0.00%
10	财务费用	300	1.42%	200	1.06%
11	其中：利息费用	300	1.42%	200	1.06%
12	利息收入	0	0.00%	0	0.00%
13	加：其他收益	0	0.00%	0	0.00%
14	投资收益（损失以"-"号填列）	300	1.42%	300	1.60%
15	公允价值变动收益（损失以"-"号填列）	0	0.00%	0	0.00%
16	信用减值损失（损失以"-"号填列）	0	0.00%	0	0.00%
17	资产减值损失（损失以"-"号填列）	0	0.00%	0	0.00%
18	资产处置收益（损失以"-"号填列）	0	0.00%	0	0.00%
19	二、营业利润（亏损以"-"号填列）	4,700	22.17%	4,500	23.94%
20	加：营业外收入	150	0.71%	100	0.53%
21	减：营业外支出	650	3.07%	600	3.19%
22	三、利润总额（亏损总额以"-"号填列）	4,200	19.81%	4,000	21.28%
23	减：所得税费用	1,050	4.95%	1,000	5.32%
24	四、净利润	3,150	14.86%	3,000	15.96%
25	（一）持续经营净利润（净亏损以"-"号填列）	3,150	14.86%	3,000	15.96%
26	（二）终止经营净利润（净亏损以"-"号填列）	0	0.00%	0	0.00%
27	五、其他综合收益的税后净额	1,000	4.72%	1,000	5.32%
28	（一）不能重分类进损益的其他综合收益	0	0.00%	0	0.00%
29	（二）将重分类进损益的其他综合收益	1,000	4.72%	1,000	5.32%
30	六、综合收益总额	4,150	19.58%	4,000	21.28%

图12-17　比较百分比利润表

根据比较资产负债表(如图12-16所示)和比较利润表(如图12-17所示)的计算结果，可以分析该企业的资产、负债和所有者权益的变化趋势，同时可以分析应该采取何种有效措施改善财务状况。

此外，为了直观地反映出财务状况的变动趋势，还可以利用图解法进行财务状况趋势分析。所谓图解法，是指将企业连续几个会计期间的财务数据或财务指标绘制成图，并根据图形走势来判断企业财务状况及其变化趋势。

这种方法能比较简单、直观地反映企业财务状况的发展趋势，使分析者能够发现一些通过比较法所不易发现的问题。

【例12-1】某企业20×1至20×6年主营业务利润的数据如图12-18所示。根据该内容进行图解法操作，具体操作步骤如下。

某公司20×1年至20×6年主营业务利润					单位：万元	
年度	20×1年	20×2年	20×3年	20×4年	20×5年	20×6年
主营业务利润	3,310	3,542	3,588	3,681	3,410	3,350

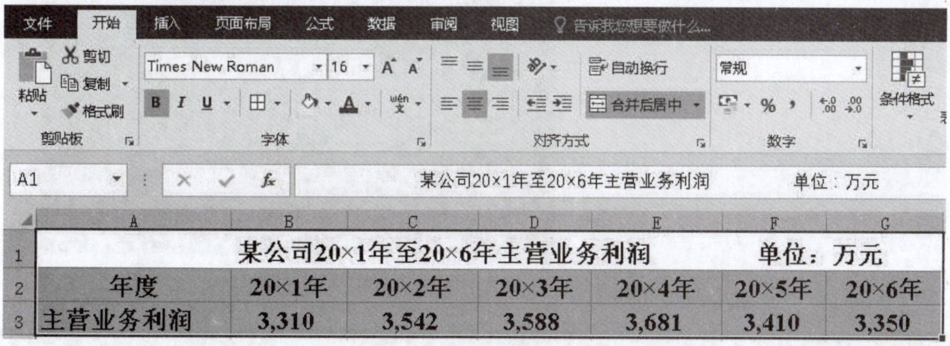

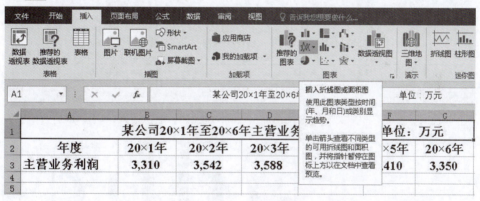

图 12-18　主营业务利润表

01 单击A1单元格，在“插入”选项卡的“图表”组中，单击“插入折线图或面积图”按钮，如图12-19所示。

图 12-19　单击“插入折线图或面积图”按钮

02 可以根据制表要求，选择二维折线图、三维折线图或其他图表类型，选择“二维折线图”中的某种“折线图”，系统即可自动生成二维折线图，效果如图12-20所示。在图表创建完成后，可以按照前文所述，修改其各种属性，以使整个图表更加完善。

03 除了自动生成折线图，还可以根据需要调整为柱形图、饼图、条形图、面积图、散点图及所需要的其他图表。例如，单击“插入柱形图或条形图”按钮，选择“二维柱形图”中的“簇状柱形图”，即可自动生成二维簇状柱形图，效果如图12-21所示。

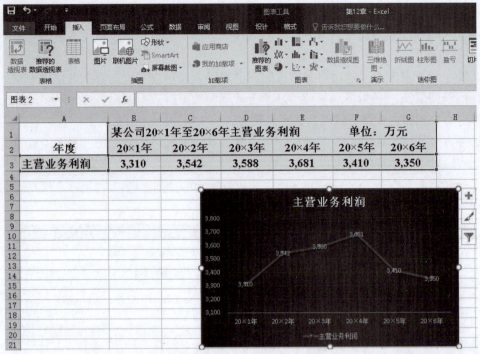

图 12-20　自动生成主营业务利润二维折线效果图

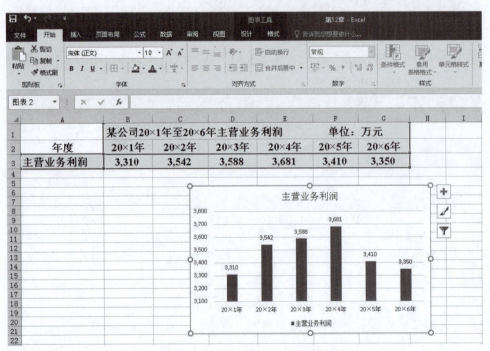

图 12-21　自动生成主营业务利润二维簇状柱形效果图

从20×1至20×6年该企业主营业务利润折线图中可以看出,该企业的主营业务利润一直呈上升趋势,20×4年达到高峰,20×5年出现下降趋势。因此,该企业应该寻找20×5至20×6年间销售净利润发生趋势变动的原因,以便采取措施尽量提高主营业务利润率或维持主营业务利润率不再继续下跌。

12.4 企业间财务状况的比较分析

12.4.1 财务状况比较分析的具体方法

在进行财务报表分析时,经常会碰到的一个问题是:计算出财务比率后,使用者会发现无法判断它是偏高还是偏低。如果仅仅将该数据与本企业的历史数据进行比较,只能看出自身的变化,无法知道其在竞争中所处的地位。而如果将该数据与同行业、同规模的其他企业进行比较,则可以看出与对方的区别,从而为发现问题和查找差距提供线索。

行业平均水平的财务比率可以作为比较的标准,并经常被作为标准财务比率,如标准的流动比率、标准的资产利润率等。标准财务比率可以作为评价一个企业财务比率优劣的参照物。以标准财务比率为基础进行比较分析,更容易发现企业的异常情况,便于揭示企业存在的问题。

通常可以采用"标准财务比率"或"理想财务报表"进行比较和分析。

1. 用标准财务比率进行比较、分析

标准财务比率就是特定国家、特定时期和特定行业的平均财务比率。

一个标准的确定,通常有两种方法。一种方法是采用统计方法,即以大量历史数据的统计结果为标准。这种方法是假定大多数是正常的,社会平均水平是反映标准状态的。脱离了平均水平,就是脱离了正常状态。另一种方法是采用工业工程法,即以实际观察和科学计算为基础,推算出一个理想状态作为评价标准。这种方法假设各变量之间有其内在的比例关系,并且这种关系是可以被认识的。实践中,人们经常将以上两种方法结合起来使用,它们互相补充、互相印证,单独使用其中的一种方法来建立评价标准的情况很少发生。

对于行业的平均财务报表比率,在使用时应注意以下问题。

第一,行业平均指标是根据部分企业抽样调查来的,不一定能真实反映整个行业的实际情况。如果其中有一个极端的样本,则可能歪曲整个实际情况。

第二,计算平均数的每一个公司采用的会计方法不一定相同,资本密集型与劳动密集型企业可能在一起进行平均。负有大量债务的企业可能与没有债务的企业在一起进行平均。因此,在进行报表分析时往往要对行业平均财务比率进行修正,尽可能建立一个可比的基础。

2. 采用理想财务报表进行比较、分析

理想财务报表是根据标准财务比率和所考察企业的规模来共同确定的财务报表。该报表反映了企业的理想财务状况,决策人可以将该表与实际的财务报表进行对比分析,从而找出差距和原因。

1) 理想资产负债表

理想资产负债表的百分比结构,来自行业平均水平,同时进行必要的推理分析和调整。表12-1所示的是一个以百分比来表示的理想资产负债表。

表12-1 理想资产负债表

项目	理想比率	项目	理想比率
流动资产：	60%	负债：	40%
速动资产	30%	流动负债	30%
非速动资产	30%	长期负债	10%
固定资产：	40%	所有者权益：	60%
		实收资本	20%
		盈余公积	30%
		未分配利润	10%
总计	100%	总计	100%

表12-1中的比例数据按如下过程来确定。

- 以资产总计为100%，根据资产负债率确定负债百分比和所有者权益百分比。通常认为，负债应小于自有资本，这样的企业在经济环境恶化时能保持稳定。但是，过小的资产负债率，也会使企业失去在经济繁荣时期获取额外利润的机会。一般认为自有资本占60%、负债占40%是比较理想的状态。当然，这个比率会因国家、历史时期和行业的不同而不同。

- 确定固定资产占总资产的百分比。通常情况下，固定资产的数额应小于自有资本，以占到自有资本的2/3为宜。

- 确定流动负债的百分比。一般认为流动比率以2为宜，那么在流动资产占60%的情况下，流动负债是其一半占30%，因此，在总负债占40%、流动负债占30%时，长期负债占10%。

- 确定所有者权益的内部百分比结构。其基本要求是，实收资本应小于各项积累，以积累为投入资本的两倍为宜。这种比例可以减少分红的压力，使企业有可能重视长远的发展。因此，实收资本为所有者权益(60%)的1/3(即20%)，盈余公积和未分配利润是所有者权益(60%)的2/3(即40%)。至于盈余公积和未分配利润之间的比例，并非十分重要，因为未分配利润的数字经常变化。

- 确定流动资产的内部结构。一般认为速动比率以1为宜。因此，速动资产占总资产的比率与流动负债相同，也应该为30%，存货因为占流动资产的一半左右，则非速动资产(主要是存货)亦占总资产的30%。

在确定了以百分比表示的理想资产负债表后，可以根据具体企业的资产总额建立绝对数的理想资产负债表，然后将企业报告期的实际资料与之进行比较分析，以判断企业财务状况的优劣。

2) 理想利润表

理想利润表的百分比以营业收入为基础。一般来说，毛利率因行业而异。周转快的企业奉行薄利多销的销售原则，毛利率一般偏低，如快消行业；周转慢的企业毛利率一般定得比较高，如奢侈品销售行业。实际上，每个行业都有一个自然形成的毛利率水平。表12-2所示的是一个以百分比表示的理想利润表。

表12-2 理想利润表

项目	理想比率
营业收入	100%
销售成本(包括销售税金)	75%
毛利	25%
期间费用	13%
营业利润	12%
营业外收支净额	1%
税前利润	11%
所得税费用	4%
税后利润	7%

假设某公司所在行业的毛利率为25%，则销售成本率为75%。在毛利率中，可用于期间费用的约占一半，在本例中按13%处理，余下的12%是营业利润。营业外收支净额的数额不大，本例按1%处理。虽然所得税税率为25%，但是由于有纳税调整等原因，实际负担在三分之一左右，多数还可能超过三分之一，故本例按税前利润(11%)的三分之一左右处理，定为4%，这样余下的税后利润为7%。

在确定了以百分比表示的理想利润表之后，即可根据企业某期间的营业收入数额来设计绝对数额表示的理想利润表，然后与企业的实际利润表进行比较，以判断其优劣。

12.4.2 Excel在企业间财务状况比较分析中的应用

以标准财务比率分析为例进行说明。标准财务比率分析的数据来源为已有的财务报表数据，可采用数据链接的方法来调用相关的数据。本例中的数据来源为12.2节“财务比率分析表”中20×1年的数据，如图12-12所示。具体操作步骤如下。

01 打开该工作簿，插入一个新的工作表，并将其命名为“标准财务比率分析”。

02 在选择项目“财务比率”时，根据需要选择并输入常用财务比率指标(图12-22所示的单元格A2至单元格A9中所选用的财务比率)，如图12-22所示。

	A	B	C	D
1	项目	标准财务比率	本企业财务比率	差异
2	流动比率			
3	速动比率			
4	资产负债率			
5	已获利息倍数			
6	应收账款周转率			
7	总资产周转率			
8	营业利润率			
9	净资产收益率			

图 12-22 选取常用的财务比率指标

03 在单元格C2中输入公式“=VLOOKUP(A2,'财务比率 '! $A$3:$C$21,3,FALSE)”，将该公式列项复制到C3~C9单元格。生成对12.2节20×1年各个财务比率的调用结果(这里采用VLOOKUP函数进行数据的调用)，如图12-23所示。

项目	标准财务比率	本企业财务比率	差异
流动比率		2.01	
速动比率		0.70	
资产负债率		28.26%	
已获利息倍数		15.00	
应收账款周转率		16.96	
总资产周转率		0.99	
营业利润率		22.17%	
净资产收益率		20.26%	

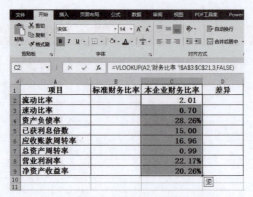

图 12-23　调用图 12-12 财务比率分析表的数据

04 在单元格区域B2:B9中输入从有关渠道得到的标准财务比率，在单元格D2中输入公式“=C2-B2”，得到企业实际的流动比率与标准的流动比率之间的差异值。利用Excel的公式复制功能，将该单元格中的公式复制到单元格区域D3:D9中，如图12-24所示。

项目	标准财务比率	本企业财务比率	差异
流动比率	2.58	=VLOOKUP(A2,'财务比率'!$A$3	=C2-B2
速动比率	1.75	=VLOOKUP(A3,'财务比率'!$A$3	=C3-B3
资产负债率	0.48	=VLOOKUP(A4,'财务比率'!$A$3	=C4-B4
已获利息倍数	2.46	=VLOOKUP(A5,'财务比率'!$A$3	=C5-B5
应收账款周转率	8.58	=VLOOKUP(A6,'财务比率'!$A$3	=C6-B6
总资产周转率	1.43	=VLOOKUP(A7,'财务比率'!$A$3	=C7-B7
营业利润率	0.25	=VLOOKUP(A8,'财务比率'!$A$3	=C8-B8
净资产收益率	0.18	=VLOOKUP(A9,'财务比率'!$A$3	=C9-B9

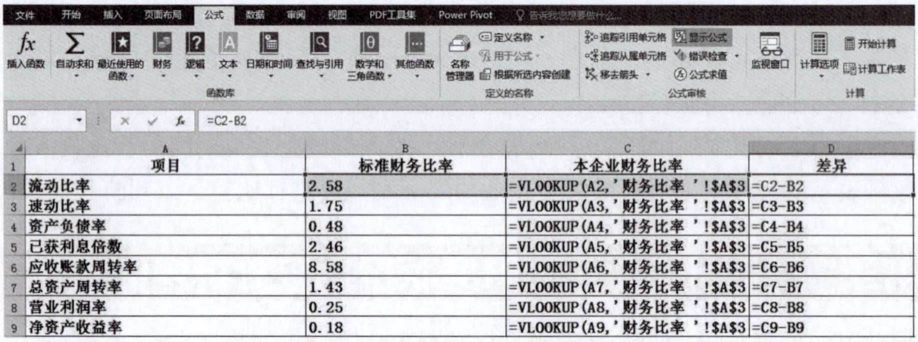

图 12-24　财务比率差异计算公式

05 形成标准财务比率分析表，进而对本企业财务比率与标准财务比率进行比较，找出存在的差异及其形成的原因，如图12-25所示，并提出改进措施。

项目	标准财务比率	本企业财务比率	差异
流动比率	2.58	2.01	-0.57
速动比率	1.75	0.70	-1.06
资产负债率	48.00%	28.26%	-19.74%
已获利息倍数	2.46	15.00	12.54
应收账款周转率	8.58	16.96	8.38
总资产周转率	1.43	0.99	-0.44
营业利润率	25.00%	22.17%	-2.83%
净资产收益率	18.00%	20.26%	2.26%

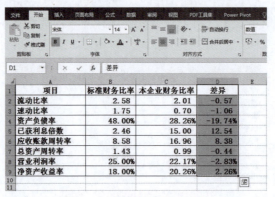

图 12-25　标准财务比率分析表

12.5　财务状况综合分析

财务状况综合分析是指对各种财务指标进行系统、综合的分析，以便对企业的财务状况做出全面、合理的评价。

企业的财务状况是一个完整的系统，内部各种因素相互依存、相互作用，所以进行财务分析要了解企业财务状况内部的各项因素及其相互之间的关系，这样才能较为全面地揭示企业财务状况的全貌。

12.5.1 财务状况综合分析的具体方法

财务状况综合分析与评价的方法分为财务比率综合评分法和杜邦分析法两种。

1. 财务比率综合评分法

财务状况综合评价的先驱者之一是亚历山大·沃尔。他在20世纪初出版的《信用晴雨表研究》和《财务报表比率分析》中提出了信用能力指数的概念，把若干个财务比率用线性关系结合起来，以此评价企业的信用水平。沃尔选择了7种财务比率，分别给定了其在总评价中占的比重，总和为100分，然后确定标准比率，并与实际比率相比较，评出各项指标的得分，最后求出总评分。表12-3所示的是沃尔所选用的7个指标及标准比率。

表12-3　沃尔所选用的指标及标准比率

财务比率	比重	标准比率
流动比率X_1	25%	2.00
净资产/负债X_2	25%	1.50
资产/固定资产X_3	15%	2.50
销售成本/存货X_4	10%	8.00
销售额/应收账款X_5	10%	6.00
销售额/固定资产X_6	10%	4.00
销售额/净资产X_7	5%	3.00

则综合财务指标Y的计算公式如下。

$$Y = 25\% \times X_1 + 25\% \times X_2 + 15\% \times X_3 + 10\% \times X_4 + 10\% \times X_5 + 10\% \times X_6 + 5\% \times X_7$$

进行财务状况的综合评价时，一般认为企业财务评价的内容主要是盈利能力，其次是偿债能力，此外还有成长能力。它们之间大致可按5：3：2来分配比重。盈利能力的主要指标是资产净利率、销售净利率和净资产报酬率。这3个指标可按2：2：1来分配比重。偿债能力有4个常用指标，即资产负债率、流动比率、应收账款周转率和存货周转率。成长能力有3个常用指标，即销售增长率、净利增长率和人均净利增长率。

综合评价方法的关键技术是"标准评分值"的确定和"标准比率"的建立。标准比率应以本行业平均数为基础，适当进行理论修正。

2. 杜邦分析法

杜邦分析法是利用各个主要财务比率之间的内在联系，建立财务比率分析的综合模型，以此综合地分析和评价企业财务状况和经营业绩的方法。采用杜邦分析系统图将有关分析指标按内在联系加以排列，从而直观地反映出企业的财务状况和经营成果的总体面貌。该分析法由美国杜邦公司的经理创造，因此称为杜邦体系(The Du Pont System)，图12-26所示为杜邦分析体系图。

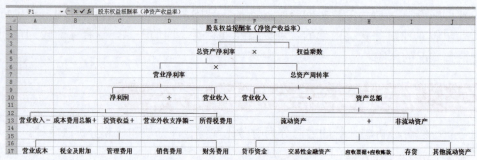

图 12-26　杜邦分析体系图

杜邦分析法的作用在于解释指标变动的原因和变化趋势，为决策者采取措施指明方向。从杜邦分析体系图中可以了解以下财务信息。

第一，股东权益报酬率是一个综合性极强、极有代表性的财务分析指标，它是杜邦体系的核心。企业财务管理的重要目标之一是实现股东财富的最大化，股东权益报酬率反映了股东投入资金的获利能力，反映了企业筹资、投资和生产运营等各方面经营活动的效率。股东权益报酬率取决于企业的总资产报酬率和权益乘数。总资产报酬率主要反映企业运用资产进行生产经营活动的效率如何，而权益乘数则主要反映企业的筹资情况，即企业资金的来源结构如何。

第二，总资产报酬率又称总资产净利率，是反映企业获利能力的一个重要财务比率，它揭示了企业生产经营活动的效率，综合性也很强。企业的营业收入、成本费用、资产结构、资产周转速度及资金占用量等各种因素都直接影响资产报酬率的高低。总资产报酬率是营业净利率与总资产周转率的乘积。因此，企业可以从销售活动与资产管理等各方面来对其进行分析。

第三，从企业的销售方面来看，营业净利率反映了企业净利润与营业收入之间的关系。一般来说，营业收入增加，企业的净利润也会随之增加。但是，要想提高营业净利率，则必须一方面提高营业收入，另一方面降低各种成本费用，这样才能使净利润的增长高于营业收入的增长，从而使得营业净利率提高。

第四，在企业资产方面，应该主要分析以下两方面。

- 分析企业的资产结构是否合理，即流动资产与非流动资产的比例是否合理。资产结构实际上反映了企业资产的流动性，它不仅关系到企业的偿债能力，还会影响企业的获利能力。

- 结合营业收入，分析企业的资产周转情况。资产周转速度直接影响企业的获利能力。如果企业资产周转较慢，则会占用大量资金，导致资金成本增加，企业的利润减少。对资产周转情况，不仅要分析企业总资产周转率，还要分析企业的存货周转率与应收账款周转率，并将其周转情况与资金占用情况结合分析。

总之，从杜邦分析系统可以看出，企业的获利能力涉及生产经营活动的方方面面。股东权益报酬率与企业的筹资结构、销售规模、成本水平及资产管理等因素密切相关，这些因素构成了一个完整的系统，而系统内部各因素之间又相互作用。只有协调好系统内部各个因素之间的关系，才能使股东权益报酬率得到提高，从而实现股东财富最大化的理财目标。

12.5.2 Excel在企业财务状况综合分析中的应用

1. 运用 Excel 进行财务比率综合评分

以12.2节工作簿中"财务比率分析表"的数据为例(参见图12-12)。具体操作步骤如下。

01 打开该工作簿后,插入一个新的工作表,并将其命名为"财务比率综合评分表"。

02 选择评价企业财务状况的财务比率。所选择的财务比率要具有全面性、代表性和一致性。根据企业的不同情况,选择合适的财务比率。经过综合考虑,将该企业中有代表性的财务比率分别输入A3~A11单元格中,如图12-27所示。

	A	B	C	D	E	F
1	财务比率综合评分表					
2	财务比率	评分值	标准值	实际值	关系比率	实际得分
3	流动比率					
4	速动比率					
5	资产负债率					
6	存货周转率					
7	应收账款周转率					
8	总资产周转率					
9	总资产报酬率					
10	净资产收益率					
11	营业利润率					

图 12-27 财务比率综合评分表

03 设定评分值。根据各项财务比率的重要程度,确定其标准评分值,即重要性系数,并分别输入对应的单元格B3~B11中,如图12-28所示。

	A	B	C	D	E	F
1	财务比率综合评分表					
2	财务比率	评分值	标准值	实际值	关系比率	实际得分
3	流动比率	10				
4	速动比率	10				
5	资产负债率	12				
6	存货周转率	10				
7	应收账款周转率	8				
8	总资产周转率	10				
9	总资产报酬率	15				
10	净资产收益率	15				
11	营业利润率	10				

图 12-28 确定评分值

04 设定标准值。确定各项财务比率的标准值,即企业现实条件下比率的最优值。标准值参考同行业的平均水平,并经过调整后确定。分别将标准值输入相应的单元格C3~C11中,如图12-29所示。

	A	B	C	D	E	F
1	财务比率综合评分表					
2	财务比率	评分值	标准值	实际值	关系比率	实际得分
3	流动比率	10	1.62			
4	速动比率	10	1.1			
5	资产负债率	12	0.43			
6	存货周转率	10	6.5			
7	应收账款周转率	8	13			
8	总资产周转率	10	2.1			
9	总资产报酬率	15	0.32			
10	净资产收益率	15	0.58			
11	营业利润率	10	0.15			

图 12-29 确定标准值

05 计算企业在某一时期内各项财务比率的实际值。这里仍然采用数据链接的方式，每个财务比率计算所引用的公式及单元格位置如图12-30所示。

	A	B	C	D	E	F
1				财务比率综合评分表		
2	财务比率	评分值	标准值	实际值	关系比率	实际得分
3	流动比率	10	1.62	=VLOOKUP(A3,'财务比率 '!$A$3:$C$21,3,FALSE)		
4	速动比率	10	1.1	=VLOOKUP(A4,'财务比率 '!$A$3:$C$21,3,FALSE)		
5	资产负债率	12	0.43	=VLOOKUP(A5,'财务比率 '!$A$3:$C$21,3,FALSE)		
6	存货周转率	10	6.5	=VLOOKUP(A6,'财务比率 '!$A$3:$C$21,3,FALSE)		
7	应收账款周转率	8	13	=VLOOKUP(A7,'财务比率 '!$A$3:$C$21,3,FALSE)		
8	总资产周转率	10	2.1	=VLOOKUP(A8,'财务比率 '!$A$3:$C$21,3,FALSE)		
9	总资产报酬率	15	0.32	=VLOOKUP(A9,'财务比率 '!$A$3:$C$21,3,FALSE)		
10	净资产收益率	15	0.58	=VLOOKUP(A10,'财务比率 '!$A$3:$C$21,3,FALSE)		
11	营业利润率	10	0.15	=VLOOKUP(A11,'财务比率 '!$A$3:$C$21,3,FALSE)		
12	合计	100				

图12-30 实际值的调用公式

06 计算企业在该时期内各项财务比率的实际值与标准值之比，即计算关系比率。单击单元格E3，输入计算公式"=D3/C3"。利用Excel的公式复制功能，将单元格E3中所使用的公式复制并粘贴到单元格E4~E11中，如图12-31所示。

	A	B	C	D	E	F
1				财务比率综合评分表		
2	财务比率	评分值	标准值	实际值	关系比率	实际得分
3	流动比率	10	1.62	2.01	1.24	
4	速动比率	10	1.1	0.70	0.63	
5	资产负债率	12	0.43	0.28	0.66	
6	存货周转率	10	6.5	2.70	0.41	
7	应收账款周转率	8	13	16.96	1.30	
8	总资产周转率	10	2.1	0.99	0.47	
9	总资产报酬率	15	0.32	0.21	0.65	
10	净资产收益率	15	0.58	0.20	0.35	
11	营业利润率	10	0.15	0.22	1.48	
12	合计	100				

图12-31 计算关系比率值

07 利用关系比率计算出各项财务比率的实际得分。各项财务比率的实际得分是关系比率和评分值的乘积。单击单元格F3，输入计算公式"=E3×B3"。利用Excel的公式复制功能，将单元格F3中所使用的公式复制并粘贴到单元格F4~F11中，如图12-32所示。

	A	B	C	D	E	F
1				财务比率综合评分表		
2	财务比率	评分值	标准值	实际值	关系比率	实际得分
3	流动比率	10	1.62	2.01	1.24	12.42
4	速动比率	10	1.1	0.70	0.63	6.32
5	资产负债率	12	0.43	0.28	0.66	7.89
6	存货周转率	10	6.5	2.70	0.41	4.15
7	应收账款周转率	8	13	16.96	1.30	10.44
8	总资产周转率	10	2.1	0.99	0.47	4.70
9	总资产报酬率	15	0.32	0.21	0.65	9.81
10	净资产收益率	15	0.58	0.20	0.35	5.24
11	营业利润率	10	0.15	0.22	1.48	14.78
12	合计	100				

图12-32 计算各项财务比率的实际得分

08 计算总得分。单击单元格F12，并单击"求和"按钮 Σ，按Enter键后得到合计值。或采用输入计算公式"=SUM(F3:F11)"的方法，得到合计值，结果如图12-33所示。

如果综合得分等于或接近100分，则说明其财务状况良好，达到了预先确定的标准；如果综合得分过低，则说明其财务状况较差，应该采取措施加以改善；如果综合得分超过100分，则说明财务状况很理想。

	A	B	C	D	E	F
1			财务比率综合评分表			
2	财务比率	评分值	标准值	实际值	关系比率	实际得分
3	流动比率	10	1.62	2.01	1.24	12.42
4	速动比率	10	1.1	0.70	0.63	6.32
5	资产负债率	12	0.43	0.28	0.66	7.89
6	存货周转率	10	6.5	2.70	0.41	4.15
7	应收账款周转率	8	13	16.96	1.30	10.44
8	总资产周转率	10	2.1	0.99	0.47	4.70
9	总资产报酬率	15	0.32	0.21	0.65	9.81
10	净资产收益率	15	0.58	0.20	0.35	5.24
11	营业利润率	10	0.15	0.22	1.48	14.78
12		100				75.74

图 12-33　计算总得分

在本例中，该企业的财务比率综合评分为75.74分，说明该企业的财务状况不太理想，低于同行业平均水平。决策者需要对此财务状况加以分析，了解造成不理想状态的原因，并加以改进。

2. 运用Excel进行杜邦分析

下面以某企业为例，借助杜邦分析系统，说明该方法在Excel中的应用。具体操作步骤如下。

01 打开工作簿，建立一个新工作表，并将其命名为"杜邦分析表"，然后输入相关比率及数据，如图12-34所示。

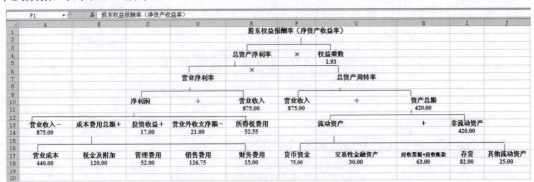

图 12-34　杜邦分析法的公式、数据图

02 在图中需要输入公式的单元格中输入相应的公式，如图12-35所示。

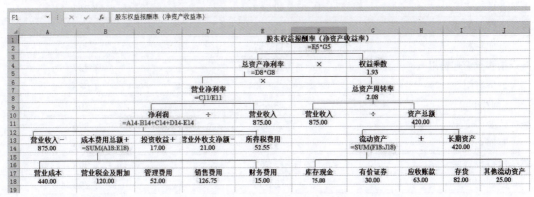

图 12-35　杜邦分析法的公式表示

03 按Enter键显示计算结果，如图12-36所示。

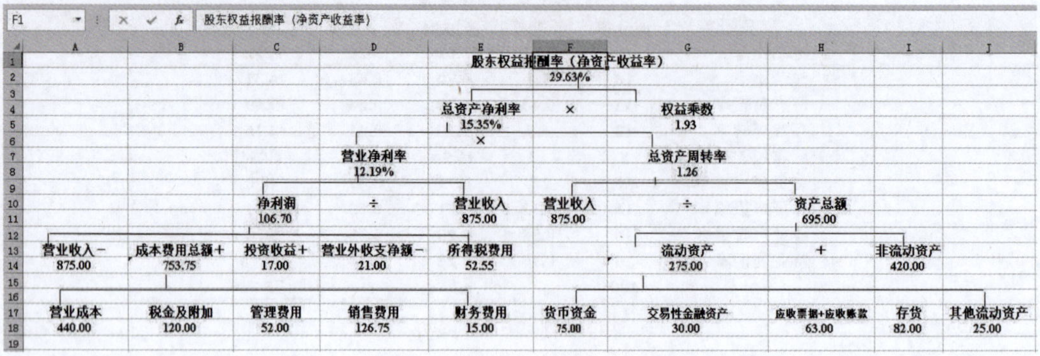

图12-36 杜邦分析法的数值显示

12.6 本章小结

本章介绍了财务分析的各种方法比率分析、趋势分析、比较分析、综合分析，以及采用Excel进行具体分析的方法。本章首先介绍了财务分析的基本概念和目的，使读者建立一种感性认识，接下来详细介绍了各种财务分析方法的内容和特点；然后详细讨论了运用Excel进行财务分析的过程，如创建财务会计报表、构建比率分析公式、建立企业间数据比较及构建综合分析模型等；最后学习利用财务分析的结果进行评价，得出结论。

12.7 思考练习

上机操作题

(1) 资料：某公司有关财务信息如表12-4和表12-5所示。

表12-4 利润详细资料

单位：万元

项目	20×1年	20×2年
主营业务收入	42 768	48 253
减：主营业务成本	31 611	34 832
营业毛利	11 157	13 421
减：销售及管理费用	6 542	7 437
财务费用	960	1 086
营业利润	3 655	4 898
减：营业外支出	578	506
利润总额	3 077	4 392
减：所得税费用	769	1 098
净利润	2 308	3 294

表12-5 资产负债表(简表)

单位：万元

项目	20×1年12月31日	20×2年12月31日
资产总计	34 753	46 282
长期负债	10 760	18 491
所有者权益合计	12 993	16 793

要求：
- 根据上述资料，计算以下财务比率：销售毛利率、销售净利率、营业利润率、销售净利率、总资产利润率和总资产报酬率；
- 对该企业的获利能力进行评价。

❖ 注意：

为简化起见，总资产、长期负债及所有者权益直接使用期末数。

(2) 资料：某公司过去5年的销售记录如表12-6所示。

表12-6 销售记录

单位：元

年份	销售额
20×1	1 890 532
20×2	2 098 490
20×3	2 350 308
20×4	3 432 000
20×5	3 850 000

要求：请根据该公司连续5年的销售情况制作出趋势分析图。

(3) 资料：某企业20×1年末的资产负债表(假定全部数据均在表中)如表12-7所示。

表12-7 资产负债表

单位：万元

资产	年初数	年末数	负债及所有者权益	年初数	年末数
货币资金	1 000	960	短期借款	2 000	2 800
应收账款	?	1 920	应付账款	1 000	800
存货	?	4 400	预收账款	600	200
其他流动资产	0	64	长期借款	4 000	4 000
固定资产	5 790	6 400	所有者权益	5 680	5 944
总计	13 280	13 744	总计	13 280	13 744

补充资料：
- 年初速动比率为0.75，年初流动比率为2.08；
- 该企业所在行业的平均流动比率为2；
- 该企业为汽车生产厂家，年初存货构成主要为原材料、零配件，年末存货构成主要为产成品(汽车)。

要求：
- 计算该企业年初应收账款、存货项目的金额；
- 计算该企业年末流动比率，并做出初步评价；
- 分析该企业流动资产的质量，以及短期偿债能力。

(4) 资料：已知某企业20×1年和20×2年的有关资料如表12-8所示。

表12-8 企业相关信息

单位：万元

项目	20×1年	20×2年
营业收入	280	350
全部成本	235	288
其中：销售成本	108	120
管理费用	87	98
财务费用	29	55
销售费用	11	15
利润总额	45	62
所得税费用	15	21
税后净利	30	41
资产总额	128	198
其中：固定资产	59	78
库存现金	21	39
应收账款(平均)	8	14
存货	40	67
负债总额	55	88

要求：运用杜邦财务分析体系对该企业的股东权益报酬率及其增减变动原因进行分析。

(5) 资料：假设某企业所处行业各指标的重要性系数及其标准值和企业的实际值如表12-9所示。

表12-9 重要性系数、实际值和标准值对照

指标	重要性系数	实际值	标准值
营业利润率	0.15	14%	15%
总资产报酬率	0.15	10%	9%
净资产收益率	0.15	13%	12%
资产保值增值率	0.10	9%	8%
资产负债率	0.05	45%	50%
流动比率	0.05	1.7	2
应收账款周转率	0.05	3次	4.5次
存货周转率	0.05	2.5次	3次
社会贡献率	0.1	18%	20%
社会积累率	0.15	25%	28%
合计	1.0	—	—

要求：运用综合系数分析法对该企业的实际状况进行评价。

参考文献

[1] 财政部. 企业会计准则2019年版[M]. 上海：立信会计出版社，2019.

[2] 财政部注册会计师考试委员会办公室. 财务成本管理[M]. 北京：经济科学出版社，2019.

[3] 财政部注册会计师考试委员会办公室. 会计[M]. 北京：中国财政经济出版社，2019.

[4] 财政部. 企业会计准则——应用指南2019年版[M]. 上海：立信会计出版社，2019.

[5] Excel Home. Excel 2016应用大全[M]. 北京：北京大学出版社，2018.

[6] 神龙工作室. Excel 2016数据处理与分析入门与精通[M]. 北京：人民邮电出版社，2021.

[7] Excel Home. Excel2016在财务管理中的应用[M]. 北京：人民邮电出版社，2021.

[8] 赛贝尔咨询. Excel 2016会计与财务管理从入门到精通[M]. 北京：清华大学出版社，2019.

[9] 恒盛杰咨讯. Excel 2016办公专家入门到精通[M]. 北京：机械工业出版社，2018.

[10] 钟爱军. Excel在财务与会计中的应用[M]. 2版. 北京：高等教育出版社，2019.